ビジネス・キャリア検定試験® 標準テキスト

企業法務
（取引法務）

牧野 和夫 監修
中央職業能力開発協会 編

2級

第3版

JN056705

発売元 社会保険研究所

ビジネス・キャリア検定試験
標準テキストについて

　企業の目的は、社会的ルールの遵守を前提に、社会的責任について配慮しつつ、公正な競争を通じて利潤を追求し永続的な発展を図ることにあります。その目的を達成する原動力となるのが人材であり、人材こそが付加価値や企業競争力の源泉となるという意味で最大の経営資源と言えます。企業においては、その貴重な経営資源である個々の従業員の職務遂行能力を高めるとともに、その職務遂行能力を適正に評価して活用することが最も重要な課題の一つです。

　中央職業能力開発協会では、「仕事ができる人材（幅広い専門知識や職務遂行能力を活用して、期待される成果や目標を達成できる人材）」に求められる専門知識の習得と実務能力を評価するための「ビジネス・キャリア検定試験」を実施しております。このビジネス・キャリア検定試験は、厚生労働省の定める職業能力評価基準に準拠しており、ビジネス・パーソンに必要とされる事務系職種を幅広く網羅した唯一の包括的な公的資格試験です。

　2級試験では、課長、マネージャー等を目指す方を対象とし、担当職務に関する幅広い専門知識を基に、グループやチームの中心メンバーとして、創意工夫を凝らし、自主的な判断・改善・提案を行うことができる人材の育成と能力評価を目指しています。

　中央職業能力開発協会では、ビジネス・キャリア検定試験の実施とともに、学習環境を整備することを目的として、標準テキストを発刊しております。

　本書は、2級試験の受験対策だけでなく、その職務のグループやチームの中心メンバーとして特定の企業だけでなくあらゆる企業で通用する実務能力の習得にも活用することができます。また、企業の要として現在活躍され、あるいは将来活躍されようとする方々が、自らのエンプロイアビリティをさらに高め、名実ともにビジネス・プロフェッショナルになることを目標にし

ています。

　標準テキストは、読者が学習しやすく、また効果的に学習を進めていただくために次のような構成としています。

　現在、学習している章がテキスト全体の中でどのような位置付けにあり、どのようなねらいがあるのかをまず理解し、その上で節ごとに学習する重要ポイントを押さえながら学習することにより、全体像を俯瞰しつつより効果的に学習を進めることができます。さらに、章ごとの確認問題を用いて理解度を確認することにより、理解の促進を図ることができます。

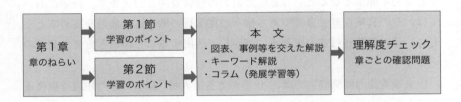

　本書が企業の人材力の向上、ビジネス・パーソンのキャリア形成の一助となれば幸いです。

　最後に、本書の刊行に当たり、多大なご協力をいただきました監修者、執筆者、社会保険研究所編集部の皆様に対し、厚く御礼申し上げます。

中 央 職 業 能 力 開 発 協 会
（職業能力開発促進法に基づき国の認可を受けて
　設立された職業能力開発の中核的専門機関）

目次

ビジネス・キャリア検定試験　標準テキスト
企業法務 2級〔第3版〕
（取引法務）

契約書の作成と審査の実務

この章のねらい

　正確で迅速な契約書の作成・審査は、法務担当者にとって最も基礎的かつ重要な実務スキルの1つといえよう。契約書作成・審査スキルを養うためのベースとなるのが、民法・商法・会社法を中心とする実定法の知識と解釈能力であることはいうまでもないが、契約書を構成する「森」と「木」を理解することも同様に重要である。

　すなわち、民法等の実定法の知識と法解釈の技術を前提に、①契約書全体の構成（過不足のない条項による契約書の構成）の理解と、②各契約類型における主要論点（当事者の権利義務に最も影響のある条項の処理）についての理解である。

　第1章では、第1節において企業法務の実務において頻繁に取り扱われる契約の類型を取り上げ、上記2点を中心に実務上のポイントを説明する。第2節では、独禁法、下請法、消費者契約法、特定商取引法、知財法など、近時、取引上の契約書作成やインターネット取引における約款作成などにおいて特に重要性が高まっている法令について解説を加える。

<table>
<tr><td>第 1 節</td><td># 契約の実務</td></tr>
</table>

第 1 節　契約の実務

学習のポイント

◆非典型契約とは、民法第3編第2章「契約」に列挙される以
外の契約のことをいうが、その種類は、企業活動の種類に応
じ無限に想定される。実務では、むしろ非典型契約のほうが
重要である。

◆重要な典型契約と各種非典型契約のひな型をベースに、契約
書の全体構成と考え方を理解する。

◆それぞれの契約書の作成および審査において、留意すべき主
要論点について理解する。

◆特許・ノウハウ・ライセンス契約書作成のポイント、キーワ
ード、ロイヤリティーの交渉戦略について学ぶ。

◆ソフトウェア・ライセンス契約書作成のポイント、交渉の極
意、社外弁護士やコンサルタントの活用について学ぶ。

1　契約書の審査・作成に向けて

　典型契約とは、民法第3編第2章「契約」に列挙される契約をいい、
非典型契約は、それ以外のすべての契約をいう。典型・非典型契約を問
わず、契約の審査・作成のためには、民法・商法・会社法をはじめとす
る実体法に関する知識・解釈技術が必要不可欠である。1つは、契約は、
「強行法規」に反することはできない点において、実体法上、何が強行法
規であるかという知識が前提となる。他方、「強行法規」以外は、「任意
規定」といって、当事者が異なる定めをすることが可能であり、「任意規

定」に定めがあるものについて何も取り決めなかった場合には、「任意規定」により契約内容が補充されることになる。たとえば、契約書において「損害賠償請求条項」や「解除条項」が定められていなかったとしても、契約当事者の一方に契約違反があれば、民法上、それぞれ415条、540条で、損害賠償や解除が可能とされる場合がある。

このように、契約書に記載すべきもの、記載しなくてもよいものなどを、契約当事者のそれぞれの立場において、有利・不利を判断し、審査・作成するのが法務担当者の役割であるため、特に、民法の基本的な理解と解釈技術の習得は、必須となるのである。

（1）強行法規（規定）と任意規定

簡単にいうと、「契約自由の原則」によって、契約当事者で合意された契約は尊重されるが、取締法規違反等の場合に例外的に無効とされる場合もある。ここで、少し難しい言葉だが、強行法規（規定）と任意規定について説明しておく。もう少しわかりやすくいうと、契約と法律（民法や取締法規）との関係ということになる。

強行法規（規定）とは、締結された契約に法律違反があった場合に契約の内容を修正したり、契約自体を無効にしてしまうということである。契約の内容を修正したり、契約自体を無効にしてしまうことができる強力な法律のことを、強行法規（規定）と呼ぶ。たとえば、労働基準法で労働時間や休日や有給休暇の規定があるが、これらは強行法規（規定）なので、たとえば1カ月間休みも取らずに1日12時間働くという雇用契約が締結されたとしても、これらの労働時間や休日の強行法規（規定）が適用されて、その限度で雇用契約の内容が修正される。

それに対して、任意規定とは、たとえば民法570条に、売買の目的物に関して売主の瑕疵担保責任という規定がある。この瑕疵担保責任の規定に反して、たとえばこの責任を排除する契約を締結することは許されている。ところが、売主の瑕疵担保責任について契約書で何も書かれていない場合には、この民法570条が補充的に適用されて、売主の瑕疵担

3

保責任が契約当事者間で有効に適用される。こうして、契約当事者間で
その適用を排除できたり、あるいは、契約当事者間で特に合意がされて
いない場合に補充的に適用される法律の規定のことを、任意規定と呼ぶ。
　損害賠償責任に金額制限を付けるかどうかについても、契約当事者間
で特に合意がされていないと青天井になるので注意が必要である。

① 　書くと無効になる条項とは

　契約書に書くとその条項が無効になる、あるいは、契約全体が無効に
なるリスクがある条項には、具体的にどのような条項があるだろうか。

【具体例１】

　たとえば、消費者契約（企業と消費者間のネット上の売買契約）の企
業側の取引約款の中で、「製品に瑕疵があった場合に保証責任を一切負
わない」と規定してあったとする。この条項は「事業者の損害賠償責任
を免除する条項」であり、消費者契約法８条に該当するので、当該条項
は無効となる。

【具体例２】

　たとえば、販売代理店契約書に「販売店は、供給業者から購入した本
件製品を供給業者が指定する価格未満の価格で第三者へ再販売してはな
らない」という、いわゆる再販売価格の拘束規定があった場合には、自
由競争を阻害する不公正取引に該当するので、独占禁止法（以下「独禁
法」という）違反で当該規定が無効とされる。

【具体例３】

　たとえば、外国為替管理法で禁止されている対象国へ再輸出すること
を契約上規定している、買主であるタイの企業との売買契約は、取引自
体が違法性を帯びることになり、禁止対象国への輸出行為が達成されな
ければ契約の目的を達成しないと解釈されるので、当該売買契約全体が
無効になると解釈される。

② 　契約書に何も書いていないからといって責任を負わないことにはな
　　らない

　たとえば、契約違反による損害賠償責任について契約書には何も書い

ていなくても、民法の一般的なルールが適用されることになる。それによれば、契約違反と発生した損害との間に法律的な因果関係（発生した損害が一般に予見が可能かどうか）が認められれば、金額的には上限はない。つまり、損害賠償責任は青天井になる。

　また、たとえば、特許のライセンス契約書で改良技術の帰属（どちらの当事者に権利が帰属するか）について何も書いていなくても、特許法や著作権法の規定の一般的なルールが適用される。

2　売買契約

【事例】

> 　A社は、分析機器メーカーであるが、ゴム製品メーカーであるB社は、A社の製造した分析機器X1台を5,000万円で購入することを検討しており、A社とB社との間で、Xの売買契約について交渉が行われている。

（1）売買（スポットおよび継続的）契約において取り決めが必要な事項

　売買とは、「当事者の一方がある財産権を相手方に移転することを約し、相手方がこれに対して、その代金を支払うことを約する」ことによって成立する契約であり（民法555条）、合意のみで成立する諸成契約と解釈されている。ただし、実務上は、口頭の合意のみで売買が行われるのは、代金額が少額かつ目的物の引渡しと代金の支払いが同時にされることがほとんどで、実務上は、最低限、売買の目的物の特定、目的物の代金、売買代金の支払時期、目的物の引渡条件について定めた売買契約書を締結することが多い。売買契約書という書面を交わすことができない特別の事情がある場合を除き、後日紛争になったときに備えて、必ず売買契約書という書面を締結しておくことが肝要である。

（2）交渉で争点となることが多い条項

　実務上売買契約が締結される際に当事者間で争点になることが多い主たる条項について、以下個別に説明を行う。

①　売主の契約不適合責任の期間

　売主の契約不適合責任については、『企業法務3級』第5章第2節**2**(6) に、基本的な事項については説明がなされていることから、本テキストではその点については触れず、あくまで争点になることが多い条項の解説に必要最小限の範囲内で説明を行うものとする。

　商人間の売買においては、まず買主は「目的物を受領したときは、遅滞なく、そのものを検査しなければならない」（商法526条1項）。そして、検査し「種類、品質又は数量に関して契約の内容に適合しないことを発見したとき」または「売買の目的物に直ちに発見することができない瑕疵がある場合において、買主が6箇月以内にその瑕疵を発見したとき」は、直ちに売主に対してその旨の通知をしなければ、不適合を理由とする履行の追完の請求、代金の減額の請求、損害賠償の請求、契約の解除をすることができない（同条2項）。この商法上の規定は改正前の瑕疵担保責任の規定と同様に、任意規定であることから、実務上は、当事者間の取引上の力関係や交渉を通じて、6カ月という期間については、延長または短縮されることが多い。

　売主としては、みずから目的物を製造せず、第三者から購入して販売をするケースや、第三者から購入した部品や原材料を用いて目的物を製造するケースにおいては、売主が当該第三者に契約不適合責任を追及できる期間と同一またはより短期の契約不適合責任の期間を設定する必要がある。もし売主が、民法上、第三者に対して契約不適合責任を追及できる期間よりも長い期間の契約不適合責任を買主に対して負うことを売買契約上規定した場合には、売主は、当該期間において隠れた契約の内容の不適合が発見されたときには当該契約不適合に過失があるかどうかを問わず、損害賠償責任や代金の減額義務を負うこととなり、売主が第三者に転嫁できないリスクを負うことになる点に注意が必要である。

　これに対して、買主としては、契約不適合責任を負う期間をできる限り長くすることを交渉により勝ち取ることが必要となる。特に、買主が目的物を購入後、当該目的物を一定期間倉庫に保管しておくケースや当該目的物を用いて別の製品を製造するケースなどにおいては、倉庫に保管されることが予想される期間や製品の製造に必要な期間を踏まえたうえで、自己の転売先やエンドユーザーが買主に求めるであろう契約不適合責任の期間も踏まえ、余裕を持った期間を設ける必要がある。

② 製造物責任

　製造物責任については、製造物に起因する事故による消費者の被害を防止・救済するために、民法の特則として、製造者等が無過失であっても「製品の欠陥」「損害の発生」、製品の欠陥と損害発生の間の「因果関係」を被害者が立証すれば、製造者等の損害賠償責任を認める製造物責任法が平成6（1994）年に制定されている。

　買主自身が売主により製造された製造物を売主から購入した場合は、前述の売主の瑕疵担保責任を理由に売主に損害賠償請求を求めることができるが、買主自身は当該製造物を使用せず、これを第三者に転売し、第三者がこれをさらにエンドユーザーに転売するといったケースでは、実際に製造物に欠陥があった場合に直接損害を被るのはエンドユーザーであることが多い。エンドユーザーが製造物責任法に基づき直接製造者に対して損害賠償責任を求めることもできるが、実際には、大量に製造した製造物の1つにだけ欠陥があることはまれであり、一定の期間に作られた同じ型番の製品については同様の欠陥があることが多い。製造者とエンドユーザー間にいる中間業者としても、製品の回収、回収のための告知作業等を行う事態になることが多く、その場合、製品の回収等に要した費用を誰が負担するかについて争いとなることが多い。

　そのため、売買契約においては、そうした製造物の欠陥に起因する事故が起きた際に、買主が製品の回収作業や告知作業に関して支出した費用や転売先に対する代金の返還等の損害について、買主としてはすべて売主に対して賠償請求ができる旨を条文で明記することが望ましい。他

方、売主としては、製造物に欠陥があり製造物の回収等が必要になった場合でも、個別具体的な事情をもとに買主にも一定の負担を求めることができるようにするため、買主に対し賠償すべき範囲および賠償額について協議を申し入れることができ、申し入れを受けた買主は誠実にこれに対する義務を明記することが考えられる。

③ 知的財産権の侵害

売主が買主に対し販売した商品に欠陥はないとしても、売主が製造した製品が意図せずして、第三者の知的財産権を侵害しているという事態が発生することがある。そのため、買主としては、売主から購入する製品が第三者の知的財産権を侵害していないこと（第三者の知的財産権の不侵害）を、売主に保証させることが考えられる。売主自身が製造した製品であれば、売主は、メーカーとして、自社の製品が第三者の特許権や実用新案権を侵害しないかどうかは責任を持って確認すべき事柄であることから、そのような保証をする旨の条項を受け入れるのもやむを得ないケースが実務上多い。これに対し、売主自身がメーカーではなく、単なる輸入者や中間流通業者である場合は、取扱製品が第三者の知的財産権を侵害しているかどうかについて十分審査をするだけの技術的知見も予算もないケースが多い。

そのようなケースにおいて買主の要請に安易に応じて、第三者の知的財産権の不侵害について保証をすると、万一商品が実際に第三者の財産権を侵害していたことが発覚した場合には、売り先から保証債務の履行を求められこれに応じざるを得ないことが多い。だが、当該売主がその仕入れ先である商社やメーカーに対して同じ範囲の保証債務の履行を求められるかどうかは、当該売主と当該仕入れ先との売買契約の内容しだいということになる。そこで、売主として買主に対して第三者の知的財産権の不侵害を保証するに際しては、事前に仕入れ先との間で、第三者の知的財産権の不侵害についてきちんと契約上、保証を取り付けておくことが重要であり、売り先に対しての保証の範囲はあくまで仕入れ先から売主が得られた保証の範囲と同等または狭い範囲にすることが肝要である。

④　損害賠償額の上限を定める条項

　売買契約において債務不履行があった場合に、当該債務不履行により通常生ずべき損害および当事者が予見すべきであった特別の事情によって生じた損害について、相手方に対して賠償責任を負うことになるのが民法の原則である（民法415条1項、416条）。ただし、当該債務不履行が、契約その他の債務の発生原因および取引上の社会通念に照らして、債務者の責めに帰することができない事由によるものであるときは免責される（同法415条1項ただし書）。売買契約においては、買主は基本的に代金支払債務を負うだけであり、それ以上の債務を負うことは少ないので、損害賠償の範囲についてはそこまで神経質になることはない。これに対し、売主としては、納期に売買の目的物を納入できないという債務不履行に陥るリスク、納入した目的物が売買契約で合意された仕様を満たさないという債務不履行に陥るリスク等、さまざまなリスクを負うことが多い。

　そこで、売主としては、賠償義務を合理的な範囲に限定しておく必要がある。実務上は、売主は、売買契約の違反があった場合には、「相手方に生じた直接かつ現実に生じた通常損害につき賠償を請求できる」旨の規定を設けることを要求することが多い。さらに、売主が負う賠償責任は、買主が売主から購入した目的物を利用し、高額な製品を製造する場合などにおいて、納期が遅れたことにより、売主の製造ラインが停止してしまうような場合は、売主が負う直接かつ現実に生じた通常損害といえども非常に高額となる可能性があることから、売主が買主に対して負う損害賠償責任の上限を当該目的物の売買価格と同額または一定金額として定めることが売主としては望ましい。

　反対に、買主としては、購入した目的物の売買価格と同額の賠償を受けるだけではカバーできない可能性があることから、かかる損害賠償責任の上限額を定める条項を設けることは受け入れがたいケースも多い。この点は売買契約の売主と買主の利害が真っ向から対立する場面であり、交渉でもこの点が最後までネックとなり、合意に至らないことも多い。

なお、賠償責任の上限を定める条項は、債務不履行に基づく賠償責任にだけ適用されるだけではなく、製造物責任、不法行為その他の法律構成のいかんを問わず、適用されるようにしておくことが売主にとっては望ましいことはいうまでもない。

【実務上のポイント】

1. 売買契約は、特別の事情がない限り、後日の紛争を回避する観点から売買契約書という書面を作成し締結することが重要である。
2. 契約不適合責任を負う期間については、具体的な事情を考慮のうえ、適宜伸長の是非を検討し、契約書に明記する必要がある。
3. 製造物責任に関する条項を設けるときは、買主、売主それぞれの立場を考慮のうえ契約書においてどこまで具体的に記載するか慎重に検討する必要がある。
4. 売主が、知的財産権の不侵害を保証するに際しては、保証の範囲について慎重に検討し契約書に定める必要がある。
5. 売買契約においては、損害賠償責任の範囲を定めるとともに、上限を設定するかどうかについても売主、買主それぞれの立場を踏まえて、慎重に判断し、契約書に定める必要がある。

3　継続的売買契約（取引基本契約）

【事例】

A社は、エレクトロニクス部品メーカーで、中小企業であるが、ある重要部品について高い市場シェアを有している。B社は、大手家庭用電器製品のメーカーで、A社より当該部品を継続的に調達することを検討しており、A社とB社との間で取引基本契約について交渉が行われている。

（１）どのような取引を対象にする契約か

　典型的な売買契約は、通常１回の売買を前提としており、売主が売買
の目的物を買主に対して引き渡せば契約上の売主の義務履行は完了する。
これに対し、継続的売買契約とは、一定期間にわたり売主が買主に対し
同種の目的物を反復継続的に売買する取引を対象とするものである（実
務上「取引基本契約」と呼ばれることも多い）。

　すなわち、継続的売買契約は、反復継続的に行われるそれぞれの売買
取引（「個別契約」と呼ばれる）に共通して適用される条件を（個別契約
中に繰り返し規定することなしに）まとめて取り決めるという点に特徴
がある。また、具体的な売買契約上の当事者間の権利義務関係は、個別
契約の締結によって初めて成立し、基本契約たる継続的売買契約を締結
することによって成立するものではないことに注意する必要がある。

　たとえば、本事例において、Ａ社が、晴れてＢ社との取引基本契約の
締結を果たしたとしても、Ａ社としてはいまだＢ社に対して製品を納入
する権利を法的には確保したことにはならない。あくまでＡ社・Ｂ社間
において取引基本契約に基づく個別契約が締結されたときに初めて、Ａ
社はＢ社に対して製品を売り渡すという具体的な売買契約上の権利を取
得することになる。→図表１-１-１

図表１-１-１ ● 売買契約の成立

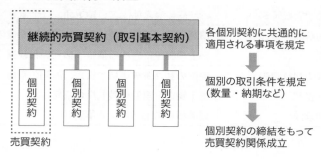

（2）契約の構成と主要条項

　それでは、B社から提出された契約書ドラフトを、A社の法務担当者の立場で検討してみる。契約書の構成は図表1-1-2のとおりである。

　前述の製品売買契約の重要事項に加えて、ここでは、継続的売買契約に特有な条項および特に留意すべき条項を中心に見ていく。

図表1-1-2 ● 契約書の構成

	条　　　項	内　　　容
1	契約の目的	基本契約性の明示と個別契約との関係
2	個別契約	個別契約の成立と優先適用関係
3	納入条件	製品納入場所・納入手配など
4	検収・受領	製品の検収手続き・不合格品の措置
5	支払条件	締め日、支払日、支払方法
6	所有権移転・危険負担	所有権の移転時期・危険負担の移転時期
7	契約不適合責任	契約不適合があった場合の売主の対応責任範囲
8	製造物責任	製品の欠陥による拡大損害発生時の責任範囲
9	知的財産権	第三者の知的財産権侵害の場合の措置
10	履行遅滞	売主の納期遅滞時の違約金、遅延損害金
11	権利義務譲渡禁止	本契約上発生する権利譲渡・義務引受けの禁止
12	機密保持	本契約履行に伴う営業・技術機密の保持
13	有効期間と解約	本契約の有効期間、自動更新、任意解約
14	契約解除	債務不履行時等の契約解除、契約解除後の措置
15	相殺	売主の買主に対する債権・債務の相殺権
16	期限の利益喪失	期限の利益喪失事項の特定、通知の有無
17	合意管轄	第1審の合意管轄裁判所の指定
18	協議解決	疑義事項の協議による解決

① 契約の目的（基本契約性）と取引対象の特定

> 第１条　本契約は、Ａ・Ｂ間における本件目的物の個々の売買契約（以下「個別契約」という）に共通的に適用される条件を規定することを目的とする。
> 　２．前項にいう「本件目的物」とは、ＢがＡから購入するすべての物品をいうものとする。

　本契約の基本契約性を規定した条文である。取引基本契約の締結では個別の売買について具体的な権利義務関係が発生しないことを宣言する意味もある。

　第２項は、本契約の適用範囲を特定する重要な条文であり、Ａ社としては本契約の取引条件が意図しない範囲まで拡大して適用されないよう、慎重に吟味する必要がある。Ａ社のドラフトは「ＢがＡから購入するすべての物品」というように非常に幅広い内容になっているが、Ａ社としてより狭い範囲に特定したいのであれば、

> 前項にいう「本件目的物」とは、ＢがＡから購入する電子部品のうち、本契約別表に規定するものをいう。

のように、契約書別表に取引対象となる製品を特定して、当該製品のみを本契約の適用対象にすることも考えられる。

② 個別契約

> 第２条　個別契約は、Ｂが、本件目的物の数量、単価、納期、納入場所、その他個別契約の履行に必要な条件を規定した注文書をＡに対して発行し、Ａが当該注文に関して注文請書をＢに発行したときに成立するものとする。
> 　２．Ａは、Ｂの注文書の内容に異議がある場合には、注文書受領の日から５日以内にＢに対し異議を申し出るものとし、当該申出がない場合は、Ｂの注文書の内容を承諾したものとみなす。
> 　３．本契約の内容と個別契約の内容に相違があるときは、個別契約の

> 規定が優先して適用される。

第1項は、個別契約の形式（注文書・注文請書の交換形式）と個別契約の成立時点についての規定である。民法の隔地者間の契約成立時期の原則（民法522条1項）に従い、申込みの承諾にあたる注文請書の発行時点で契約が成立すると規定しており、特に問題はない。なお、電子商取引（EDI）によるオンラインでの個別契約を行う場合には、契約の方式と成立時期について別途の取り決めが必要になる。

第2項は、商法509条のみなし承諾の考え方を規定したものである。A社としては注文受領から5日でみなし承諾が成立することになるので、A社の社内受注処理プロセスとして対応可能な期間なのかどうか、慎重に吟味する必要がある。また、A社としては、注文書発行から一定期間経過後にA社から諾否の返事がない場合の措置として、みなし承諾規定に代えて、申込みの効力喪失（商法508条1項）を規定することも考えられる。

> 2．Aが、Bの注文書受領の日から5日以内にBに対し諾否の通知をしなかった場合、Bの注文書は失効したものとみなす。

第3項は、本契約と個別契約の内容に相違がある場合の優先順位を規定したものである。契約例のように、個別契約の規定のほうが優先するという規定が一般的である。

③ 有効期間と解約

> 第13条 本契約の有効期間は、契約締結の日から2年間とする。ただし、契約有効期間満了の1カ月前までにA・Bのいずれからも書面による申出がない場合は、本契約と同一内容でさらに1年間有効とし、以後も同様とする。
> 2．前項の規定にかかわらず、A及びBは相手方に対し3カ月前までに書面で通知することにより、本契約を解約することができる。

　第１項は、契約有効期間２年で１年ごとの自動更新条項がつけられたものである。売主であるＡ社としては、長期的な取引関係を前提としているので、当初の契約期間がＢ社向け製品にかかった初期投資の回収に十分な期間であるか、更新拒絶の通知期間が自社の調達・製造工程との関係で十分であるかを検討する必要がある。

　第２項は、契約期間中の一方的通知による任意解約の条項である。本条は通常は売主側に不利に働くので、Ａ社としては、まず本条を削除するか否かを検討すべきである。本条を削除しない場合であっても、継続

Column ちょっとご注意

重 要 | 重要継続的取引関係の解約と解約通知期間

　民法の契約自由の原則に従えば、契約期間の満了により取引が平穏に終了しそうであるが、長年にわたる継続的取引がある場合には、そうはいかない。

　継続的取引関係の解約に関し裁判で争われた事例として、約７年間にわたり、売主の売上げの約８割を占める取引を継続しており、その間売主は相応の投資をして必要な機械設備、人員等の確保に努めるなどの相当の金銭的出捐をしたところ、買主が一方的に取引を中止する旨の通知をした事案がある（東京地判昭和57年10月19日）。裁判所は、「注文者は、已むを得ない特段の事情がなければ、相当の予告期間を設けるか、または相当な損失補償をなさない限り一方的に取引を中止することは許されないと解するのが、公平の原則ないし信義誠実の原則に照らし相当である」と判示したうえで、６カ月分の逸失利益について、売主の損害賠償請求を認めた。

　継続的取引契約の相手方からの損害賠償請求を回避するために、解約通知期間をどれだけ確保すればよいかについては、取引の継続期間、規模、相手方事業の当該取引への依存度等を考慮してケース・バイ・ケースで判断するしかないが、本件で示された「６カ月」という期間は、１つの基準として実務上も重要といえる。前記契約例の３カ月という解約通知期間の規定は、直ちに無効になるものではないが、取引の継続期間が長くなればなるほど、実際の解約通知期間は、契約上規定されている３カ月よりも長い期間で行うほうが実務上はより安全と考えられる。

的な取引契約関係の任意解約においては、解約通知の期間が短く、長期
の取引関係を破壊されたことにより相手方に不測の損害を与えた場合に
は、仮に契約の規定どおりに解約通知を行ったとしても、損害賠償責任
が発生する場合もあるので注意を要する（「Column ちょっとご注意」
参照）。第2項の規定は3カ月の解約通知期間となっているが、上記の
観点から、A社としては解約通知期間を6カ月にするなども検討すべき
である。

④　損害賠償責任の上限

　売買契約の箇所で詳しく述べたとおり、売主としては、債務不履行に
よる賠償責任はもちろん、製造物責任、不法行為責任、その他の法律構
成のいかんを問わず、買主に対して負う賠償責任については、当該賠償
責任発生の原因となる目的物を納入した日を含む過去の一定期間内に、
売主が買主に対し納入した代金の合計額または合計額の一定割合等を上
限として定める旨の条項を定めることが、リスクの限定の観点からは望
ましい。

【実務上のポイント】

1．継続的売買契約（取引基本契約）とは個別契約に共通的に適用
　される条件をまとめて規定する契約である。その契約締結によっ
　て、個別の売買取引の権利義務が発生するわけではない。

2．継続的売買契約においては、当該契約の条項が適用される個別
　契約の範囲、個別契約の成立時期、および個別契約との優先関係
　を明確に規定しておく必要がある。

3．継続的売買契約の解約については、長期的な取引関係の解消に
　より相手方の事業に重大な影響を与える場合には、損害賠償請求
　の対象となる場合があるので、解約通知期間の設定について注意
　が必要である。

---

4 販売代理店契約

【事例】

> A社は、九州で健康食品の製造販売を行っている事業者である。今回、事業拡大に伴って、販売代理店を全国各地域で起用し、販売代理店を通じて健康食品の販売を全国展開することを考えている。あなたは、A社の法務担当で、営業部門より販売代理店契約のひな型の起案を依頼された。

（１）どのような取引を対象にする契約か

　販売代理店契約とは、本事例のように、販売代理店が販売元に代わって製品の販売促進や顧客開拓、および実際の製品販売を行うことを内容とする契約である。「代理店」と呼び習わされているが、販売元と販売代理店との契約関係は代理契約関係ではなく、売買契約関係であるのが通例である*。

　　*　販売元と販売代理店との関係が売買契約ではなく、販売代理店の業務として単に販売元が扱う製品の顧客を勧誘してくるのみで、実際の売買契約は販売元と顧客が直接締結するという形式もある（売買契約の成立をもって販売元が成約手数料を販売代理店に支払う）。この場合の契約関係は、むしろ「販売業務委託契約」という形式をとっていることが多いようである。本項では、前述のとおり売買契約関係を前提とした販売代理店契約について述べる。

　したがって、販売代理店契約には、本節 **3** で説明した継続的売買契約と共通の条項が多く含まれるが、販売代理店契約特有の点としては、①販売元が販売代理店に対して対象製品を購入し顧客に販売できる権利を与える（販売代理店としての指名）という点と、②その権利に付随して、販売代理店が販売元に対してさまざまな義務を負うという点である。

　後者の販売代理店の義務の例としては、以下のようなものがある。

　ア　販売地域、購入数量等に関する義務
　イ　広告宣伝などの販促活動に関する義務

　ウ　販売状況の報告義務

　エ　競業製品の取引制限

　オ　商標・サービスマークの利用に関する制限

　また、販売代理店のうち、特定の販売地域において排他的な販売権を与えられたものを総代理店という。

　新たに販売代理店契約のひな型を起案するＡ社の法務担当者としては、販売元としてなるべく販売代理店をコントロールできるように義務を課しておきたいところであるが、最も注意しなければならないのは、当該義務が独禁法の規制に抵触しないようにすることである。この点については、次項以下で具体的に説明する。

（2）契約の構成と主要条項

　販売代理店契約書の構成は図表１－１－３のとおりである。

　第７条以降の規定は、基本的には継続的供給契約の条項と同様であるので、ここでは、販売代理店契約に特有の第１条〜第６条の規定について説明する。

第１条　甲【販売元】は、甲が製造する下記製品（以下「本製品」という）の販売代理店として、乙【販売代理店】を指定し、乙に対して継続的に本製品を売り渡すとともに、乙はこれを買い受ける。なお、乙の販売地域（以下「販売地域」という）は下記のとおりとする。

　　本製品：　健康サプリメントＡＢＣ

　　販売地域：　関東甲信越各県

---

①　販売代理店の指定

　販売代理店として取り扱う製品と販売地域を特定する条文である。条文の例では、通常の販売代理店としての指定であるから、甲が同一の販売地域に他の販売代理店を指定することも可能となる。販売地域で唯一の排他的な販売権を与える場合には、「総販売代理店として指定する」と規定すればよい。なお、販売代理店契約における販売地域の制限は、

図表1-1-3 ●販売代理店契約書の構成

	条　　　項	内　　　容
1	販売代理店の指定	対象製品と対象地域を特定して販売代理店に指定
2	販売代理店の業務	販売代理店の業務内容の特定
3	二次代理店の起用	二次代理店の起用権限の有無と責任
4	競合製品の取扱い	競合する製品の取扱いに関する制限
5	最低販売数量	販売代理店が販売する義務を負う最低数量の特定
6	販売協力	販売元による販売協力の内容
7	個別契約	個別契約の成立と優先適用関係
8	納入条件	製品納入場所・納入手配など
9	検収・受領	製品の検収手続・不合格品の措置
10	支払条件	締め日、支払日、支払方法
11	所有権移転・危険負担	所有権の移転時期・危険負担の移転時期
12	契約不適合責任	契約の不適合があった場合の売主の対応責任範囲
13	製造物責任	製品の欠陥による拡大損害発生時の責任範囲
14	知的財産権	第三者の知的財産権侵害の場合の措置
15	履行遅滞	売主の納期遅滞時の違約金、遅延損害金
16	相殺	売主の買主に対する債権・債務の相殺権
17	権利義務譲渡禁止	本契約上発生する権利譲渡・義務引受けの禁止
18	機密保持	本契約履行に伴う営業・技術機密の保持
19	有効期間と解約	本契約の有効期間、自動更新、任意解約
20	契約解除	債務不履行時等の契約解除、契約解除後の措置
21	期限の利益喪失	期限の利益喪失事項の特定、通知の有無
22	合意管轄	第1審の合意管轄裁判所の指定
23	協議解決	疑義事項の協議による解決

場合により独禁法の不公正な取引方法に該当するので注意を要する。

　本契約例のように、販売代理店に対して、ある特定の地域を販売活動の主たる責任地域として定め、当該販売地域内での営業活動を義務づけること（責任地域制）、または店舗等の設置場所を当該販売地域内に限

定すること（販売拠点制）は問題がないが、①販売元が「市場における有力なメーカー」*である場合で、販売代理店に対して当該販売地域外における販売を制限したり、②当該販売地域以外の顧客側からの引き合いや注文に応じることを一切禁止するような規定は、不公正な取引方法に該当し、独禁法違反となりうる（一般指定13項（拘束条件付取引））。

    * 「市場における有力なメーカー」とは、当該市場におけるシェアが20%を超えることが一応の目安となる（公正取引委員会「流通・取引慣行に関する独占禁止法上の指針」（2017年6月16日改正）第1部3（4））

② 販売代理店の業務

> 第2条　乙は、本製品の販売代理店として以下の業務を行う。
> 　（1）販売地域における本製品の販売及び広告、宣伝等の販売促進活動
> 　（2）本製品に関する顧客からの問い合わせ、クレーム、返品対応等のアフターサービスの実施
> 　（3）販売地域における健康食品の市場調査
> 　（4）その他前各号に付随する業務
> 　2．甲及び乙は、協議のうえ販売代理店の業務内容を変更することができる。
> 　3．乙は、本条第1項に規定する販売代理店の業務を行うにあたり、いかなる意味においても甲を代理する権限を有しないものとし、甲を代理する権限を有すると認められるような一切の表示又は行為を行ってはならない。

　販売代理店の業務内容に関する条項である。第1項1号～3号は販売代理店に実施させる業務を具体的に列挙する。4号は、契約書のドラフトにおいて限定列挙項目に、ある程度幅をもたせる場合によく用いられる手法である。第2項では将来の業務内容変更の可能性について規定している。

　第3項は、販売代理店が、販売元を代理しているかのような誤認を与える表示または行為を取引の相手方に行うことによって、販売元が表見

代理（民法109条）の責任を負うことを防止する趣旨の条文である。

③　二次代理店の起用

> 第3条　乙が、販売地域内において二次代理店を指名し、当該二次代理店
> 　　　　を通じて販売地域内の顧客に対し本製品を再販売する場合には、事
> 　　　　前に甲の書面による承諾を得なければならない。
> 　　２．乙は、本契約において乙が負うのと同等の義務を当該二次代理店
> 　　　　に対し負わせるものとし、当該二次代理店が当該義務を遵守するよ
> 　　　　う必要な監督指導を行わなければならない。
> 　　３．乙は、当該二次代理店の行為に関し、甲に対し直接に本契約上責
> 　　　　任を負うものとする。

　本契約における乙と二次代理店の関係は、あくまで売主と買主の関係
であるから、二次代理店は乙の履行補助者ではないが、販売元である甲
としては、自社製品の販売に関する信用を維持するため、乙に対して二
次代理店をコントロールする責任を負わせておく必要がある。

　第1項では、二次代理店の指名について、甲の書面による事前承諾を
必要としている。乙が総代理店であり、ある程度広範な権限を与えるよ
うな場合には、第2項および第3項の責任を総代理店が負うことを前提
として、甲に対する通知のみで足りるとすることも可能であろう。

　第2項および第3項は、二次代理店の行為に関する乙の監督責任と、
二次代理店の行為に起因する責任追及を甲が乙に対して直接行えるよう
に契約上定めるものである。

④　競合製品の取扱い

> 第4条　乙は、甲の書面による事前承諾がない限り、販売地域において、
> 　　　　本製品と類似し又は競合する製品を販売してはならない。

　契約例のように、販売元が、販売代理店による競合製品の取扱いを制
限することは、直ちに独禁法上問題になるものではないが、①販売元が
「市場における有力なメーカー」（前掲＊）であり、②競合製品の取扱制

限により、新規参入者や既存の競争者が代替的な流通経路を容易に確保できなくなるおそれがある場合には、不公正な取引方法に該当し、独禁法違反となりうる（一般指定11項（排他条件付取引）または13項（拘束条件付取引））。

⑤　最低販売数量

> 第5条　乙は、本製品を毎月_____以上販売しなければならない。
>
> 　　2．乙は、毎月10日までに、前月の本製品販売数を甲に対し所定の書
> 　　　式にて報告するものとする。

　販売代理店による最低販売数量と販売数の報告義務を定めた条項である。販売代理店に対して最低販売数量を設定すること自体は独禁法上問題ないが、当該最低販売数量の設定が販売代理店の経営を圧迫するような過度な負担を強いるような場合は、優越的地位の濫用として独禁法上問題となることもあるので注意を要する。なお、「最低販売数量」を「最低購入数量」あるいは「最低販売（購入）金額」とする場合がある。

⑥　販売協力

> 第6条　乙は、販売地域内においては、乙の名及び費用負担において営業
> 　　　活動を行う。甲は、本製品の販売に必要な広告物、包装、製品カタロ
> 　　　グ、その他の販売促進資料を乙に対し無償で提供することができる。
>
> 　　2．甲は、甲が別途指定する商標を、乙が本製品の販売活動に関連し
> 　　　て使用することを許諾する。

　第1項は、販売代理店の名義および費用負担による営業活動の原則と、甲による販売代理店に対する広告等の販売促進資料の提供を規定したものであるが、提供はあくまで販売元の任意によるものであり、義務ではない。販売元の義務として規定する場合には、提供する販売促進資料の範囲を「別途甲が指定する」ものに限定する等の手当てが必要である。なお、販売代理店による営業活動には、販売元が保有する本製品関連の商標の使用許諾を伴うことが通常である（第2項）。

【実務上のポイント】

1．販売代理店契約の基本構造は、「代理」という名称にかかわらず、一般には売買契約である。
2．販売代理店契約では、「売買契約」関係をベースとして、①販売元が、販売代理店に対して対象製品を購入し顧客に販売できる権利を与えるのに対し（販売代理店としての指名）、②販売代理店が、その権利に付随して、販売地域制限、競合製品の取引制限、最低販売数量等の義務を負う。
3．販売元の市場における地位および販売代理店に課す各種の義務の内容によっては、独禁法違反の問題が発生するおそれがあるので、十分に注意を要する。

Column ☕ **コーヒーブレイク**

《販売代理店契約と「在庫責任」について》

　ここでは、最も一般的な売買契約型の販売代理店契約を取り上げたが、実務上は、「販売代理店契約」という表題のもと、いろいろな形式の販売代理店契約が存在する。本文中でも取り上げた、販売仲介業務を受託する形の販売代理店契約や、販売元から顧客との売買契約の代理権を授与されているものもある。販売代理店側の法務担当者の立場に立った場合、まず把握すべきは、当該販売代理店契約において、販売代理店側が製品に関して在庫責任を負うか否かである。

　本事例のような「売り切り・買い切り」の売買契約型の場合は、販売代理店で売れ残りが出た場合の在庫リスクは販売代理店の負担となるので、事業採算性リスクが大きい（売れればリターンも大きい）。

　一方、「仲介型」や「代理権授与型」の販売代理店契約の場合は、売れ残り品の在庫リスクは販売元が負うので、事業採算性リスクは小さい（リターンも手数料収入のみなので通常小さい）。ドラフトの検討にあたっては、独禁法違反等の法的なチェックも重要であるが、上記の事業リスクの大きさの把握を前提として、販売代理店の具体的な権利義務内容がそれにバランスしているか（たとえば、事業採算性リスクが大きい場合は、販売代理店としての活動の制約が小さく、かつ販売元の援助を最大化する方向にしなければならない）というビジネスの観点も加味してチェックしておきたい。

5 業務委託契約、請負、準委任・委任

　まずは、「業務委託」「請負」と「準委任」の違いについて、それぞれの概念と相互の関係を正確に理解しておこう。大雑把な対応関係として、「業務委託（契約）」は、「請負（契約）」と「準委任（契約）」の両方を含む包括的な概念である。

　「請負」とは、仕事の完成を約束する契約であり、成果物の引渡しが前提となっている場合には、成果物に瑕疵がないことを保証する（請負人の瑕疵担保責任）ことになる。他方で、「準委任」とは、訴訟の遂行など法律行為に適用される、民法643条〜655条の「委任」の規定をシステムやプログラムの完成などの「事実行為」に準用するものである。

> （準委任）
> 第656条　この節の規定は、法律行為でない事務の委託について準用する。

　後者の「準委任」は「役務提供」と等しいと考えてよい。請負か単純役務提供（準委任）かにより、請負＝瑕疵担保責任、準委任＝債務不履行（善管注意義務違反）という図式になる。両者の法的効力を比較すると図表1−1−4のようになる。これを見ると、ベンダー側は、できる限

図表1−1−4 ●「請負」と「準委任」の法的効力

	請　負	準　委　任
債務の履行	仕事の完成時	役務の提供時
契約不適合責任	あり	なし ただし債務不履行責任（善管注意義務違反）あり
対価請求権の発生時点	仕事の完成時	役務の提供時
不可抗力による履行不能時の危険負担	請負人 再度仕事の完成を要する	役務提供をしていればその分の報酬請求が基本的に可能
典型例	建築工事の請負 システム開発の請負	プログラム開発時の要件定義 準委任形態のサポート契約

り「準委任」を選択したいと考えるが、ユーザー側は「請負」を選択したいと考えるであろう。

IT契約の冒頭で「本契約は、民法上の請負と解釈する」と契約の性質が明記される場合もあるが、多くの場合には、「請負（契約）」と「準委任（契約）」のいずれかが明記されておらず、契約の解釈により決定される場合が多い。こうしたハイブリッド型（混成型）では、たとえば、ベンダーが一定の瑕疵担保責任を負うが、代金支払請求権は仕事の完成時ではなく、契約締結時から一定期間内とするといったことも可能である。

【プロバイダーの業務委託契約（請負か準委任）以外の契約形態】

プロバイダーの業務委託契約（請負か準委任）以外の契約形態については、ライセンス、（クラウド利用権のような）アクセス権、サービス（役務提供）などの契約関係が考えられる。ところが、データやプログラムの提供者がアメリカの大手IT企業になると、契約交渉のパワーをどちらが持つかによって、データやプログラムの提供者と完成車メーカーとの間のサービス契約がどのような契約形態をとるかが影響を受けることになる。請負など業務委託契約ではなく、ライセンス、（クラウド利用権のような）アクセス権の形態は、基本的には、現状有姿（つまり無保証）で損害賠償責任も負わないとする場合が多い。そうなると結局は、交渉力を持たないと完成車メーカーがすべての損害を負担することにもなりかねない。ライセンス、（クラウド利用権のような）アクセス権を含めて整理すると、図表1-1-5のようになる。

① 業務委託契約の背景思想

基本的に、日本の民法における請負か準委任か、いずれの構成をとるかを検討して、契約書のドラフトに着手すべきである。英文契約では、日本法を準拠法に指定しておいて、「本契約は請負（Ukeoi）とする」としておけば、民法の請負の規定が適用されるが、他国法を準拠法に指定する場合には、それが通用しないので、個々の契約条件をどちらの構成にするかをレビューする必要がある。

プログラム開発委託契約書は、スポット契約であることも多いが、そ

図表１-１-５ ● 広義の「プロバイダー」の契約上の地位
　　　　　　　　（以下の選択肢がある）

	請　負	準委任	ライセンス	アクセス権
当事者の関係	発注者が仕様を決定し、受注者が仕事を完成する	特定の作業/サービスを受注者が発注者へ提供する	ライセンサーがライセンシーへ知的財産の使用許諾を行う	プロバイダーが顧客へサービス提供のための利用権を与える
債務の履行の完了	仕事の完成時	役務の提供の完了時	使用許諾が債務の履行となる	アクセス権の付与が債務の履行となる
契約不適合責任	あり	なしただし債務不履行責任（善管注意義務違反）あり	現状渡し/無保証損害賠償責任を限定（直接のみ、上限あり）	現状渡し/無保証損害賠償責任を限定（直接のみ、上限あり）
対価請求権の発生時点	仕事の完成時	役務の提供時	前払いが多い	前払いが多い
不可抗力による履行不能時の危険負担	請負人再度仕事の完成を要する	役務提供をしていればその分の報酬請求が可能	不可抗力免責を規定する場合が多い	不可抗力免責を規定する場合が多い
典型例	建築工事の請負システム開発の請負	プログラム・ライセンスデータ・ライセンス契約準委任形態のサポート契約	ソフトウェア・ライセンス契約（シュリンクラップ契約）	クラウドサービス契約（規約）

の後の取引を想定して、基本契約の建付けにする場合が多い。

　これは、サービス契約と同様に、基本契約のプログラム開発契約と個別契約のSOW（Statement/ Specifications/ Scope of Works）の建付けになっている。下記のサンプル条項は、基本契約＋SOWの構成を前提としている。

② 業務委託

委託業務
　本契約の定めるところに従い、受託者は、業務（以下「本業務」という）を提供し、別紙として本契約に添付される作業指示書（以下「SOW」という）に記載されるソフトウェア（以下「本ソフトウェア」という）を開発し、納入するものとする。SOWには、本契約に基づいて受託者によっ

て作成され、納入される本ソフトウェアに関する仕様（以下「本件仕様」という）および受領手続が含まれる。現行のSOWの変更の結果として必要とされる業務を含め、受託者が実施する追加的ないかなる業務も、当事者間の相互の書面による合意によるものとする。

③　引渡し条件

　受託者の検査期間と委託者の修正期間を、それぞれ14日間としているのは、1つの例である。実際には、現場の実情を考慮して、当事者間で交渉の結果、日数が合意されることになる。

　検査するための基準については、後日争いにならないように、SOWの仕様書の内容をベースに、当事者間で合意しておくことが必要となる。

引渡し条件

　受託者は、別紙に記載される納入日までに本ソフトウェアを委託者に納入すべく合理的な努力をするものとする。本ソフトウェアは当該納入日において本件仕様に従った作動をするものとする。委託者は、本ソフトウェアの受領から14日以内にこれを審査し、受領するか、本ソフトウェアが本件仕様に一致していない場合は、受領しない旨を書面で受託者に通知するものとする。受託者は、当該通知を受領し次第、かかる不一致（不適合）を修正する合理的な努力をするものとし、かかる修正の完了について委託者に通知するものとする。委託者は、その通知の受領後、本ソフトウェアの修正箇所を審査し、14日以内に受託者に報告するものとする。このサイクルは、合理的に必要な範囲でのみ繰り返されるものとする。本ソフトウェアは、（ⅰ）委託者が受託者に受領の旨通知した場合、または（ⅱ）委託者が上述の14日という期間内に本ソフトウェアに瑕疵がある旨書面で通知しなかった場合のいずれか早い日に、委託者によって受領されたものとみなす。

④　税金および支払い条件

　最初のポイントは、税金規定である。この税金規定は、特にライセンス料や技術対価（プログラム開発の委託料やトレーニング料も含む）を

海外送金する場合に非常に重要となる。とりわけ「源泉徴収税（with-holding taxes）」の取扱いだ。技術の対価を海外のライセンサーへ送金する場合には、原則として、送金するライセンシーの国では、源泉徴収義務を課する法律があるので、源泉徴収された金額をどちらの当事者が負担するかによって、ライセンシーの手取り分が変わってくるからである。

　ライセンス料の手取り分が変わってくるので、両当事者は真剣になる。契約交渉の最後の段階になって源泉分をどちらが負担するかでトラブルにならないように、源泉徴収義務の有無や取り戻しの手続については、契約交渉の初期の段階であらかじめ双方でよく調査しておき、それを前提にライセンス料の金額を交渉・合意すべきである。

　次に、対価の支払いは、成果物の引渡しや業務の完了とリンクしていない点に注意する必要がある（つまり、以下の例文は、準委任の構成をとっている）。

税金および支払い条件

1．受託者が実施する本業務の対価として、委託者は、受託者に対し、別紙に記載する委託料を支払うものとする。委託料は、税金その他いかなる料金（受託者の本業務の提供または委託者の本ソフトウェアの使用に対して現在もしくは将来的に課される販売税もしくは利用税を含む）も含まず、かかる税金および料金は委託者が支払いまたは補償するものとする。

2．委託者は、本契約上の金額を、受託者が委託者に請求書を送付した日から14日以内に受託者の指定する銀行口座に電子送金で日本円で支払うものとする。受託者は、期限を徒過した未払いの代金に対して月1.5%の割合の利子を請求することができる。

---

⑤　権利の帰属

　プログラムの開発契約では、成果物が出てくるので、成果物の知的財産権の帰属が受託者なのか委託者なのかが常に問題となる。下記のサンプル条項では、受託者に帰属するとされている。

権利の帰属

　両当事者は、受託者が本ソフトウェアに関するすべての権利、所有権および利益ならびに本ソフトウェアに関連して着想されまたは取得されたすべての権利（特許権、著作権および商標権を含むがこれらに限られない）を有することに合意する。両当事者間で別途書面により別段の合意をした場合を除き、受託者は、本ソフトウェアおよびその部分を独立してライセンスし、利用する権利を有するものとする。受託者は、本ソフトウェアを委託者およびその顧客に無償でライセンスするものとする。

⑥　SOW（Specification of Work）個別契約の一般的な書式

　簡単に図表1-1-6のように、一覧表で済ませる場合もあるが、他方で、契約書の形式により条項で詳細に記述する場合もあり、内容はさまざまである。

図表1-1-6 ● SOW個別契約の書式（例）

目録No.		明　　細
1	本件業務の明細書	コンピュータプログラムの開発業務
2	本件プログラム	仕様書
3	成果物	
4	委託料及び支払い方法	
5	保証期間	
6	特記事項	【特別な契約条件などが記載されるので、注意すべき項目である】

6　ソフトウェア開発委託契約

【事例】

　A社は、自動車向けエンジン制御ソフトウェアの開発を得意とす

るソフトウェア開発業者であるが、このたび、大手航空機部品メーカーB社から、B社が新たに開発する小型旅客機向けエンジンを制御するソフトウェアの開発を受注することとなった。以下のような場合、A社、B社は契約内容の検討・交渉にあたり、それぞれどのようなポイントに注意すべきか。

(1) A社は、自動車向けエンジン制御ソフトウェア基盤として開発することで、開発費用と開発期間を抑制できると考えている。

(2) A社は、当該エンジン制御ソフトウェアのうち、燃料の噴射を制御するソフトウェアの部分については、専門の開発業者であるC社が開発したソフトウェアを組み込みたいと考えている。

(3) B社は、同型エンジンの派生型エンジンの制御ソフトウェアについては、A社に委託して開発した制御ソフトウェアを自社内でカスタマイズ(改変・最適化)して使用したいと考えている。

(4) B社は、今回開発されたソフトウェアを、同業他社であるD社が製造するエンジンにも使用できるよう自社内で追加開発したうえ、D社にライセンス(利用許諾)して開発委託費を回収したいと考えている。

(5) A社も同様に、D社からの開発受注を得たい考えであり、今回納品するソフトウェアは、B社製造に係るエンジンにのみの利用に限定したいと考えている。

(6) A社としては、万一、ソフトウェアの不具合によって航空機事故が生じた場合に、機体の価額の賠償、乗員乗客に対する賠償、航空機の運航停止による賠償等、賠償責任の範囲が無限定に拡大することは、会社存続にかかわる事態となるため、賠償責任の範囲を限定したいと考えている。

(1) 開発委託契約の特質

開発委託契約とは、委託者が受託者に対して、一定の対価の支払いと

引き換えに、何かしらの成果物の開発を委託し、当該成果物の完成と引渡しを目的とする契約である。委託者の側面から見れば、委託者自身ではできない何らかの成果物の開発および完成を、委託者に代わり第三者にゆだねるものである。このような、成果物の完成と引渡しを本質とする開発委託契約は、民法上の請負契約（→本節「**5**業務委託契約、請負、準委任・委任」）の性質を有するものである。

　ここで注意を要するのは、一般に「開発委託契約」との表題を有する契約であっても、その実は、何らかの成果物の完成と引渡しを目的とせず、開発業務の一部の作業ないし業務を委託するにすぎず、準委任（→本節**5**）の性質を有するものである場合も多いことである。

　たとえば、委託者が、ソフトウェアの開発過程における動作の不具合確認・検証を行う業務を受託者に委託する場合、機械メーカーが新たな新製品を開発するに際し、開発工程の管理業務（プロジェクト管理業務等）を第三者に委託する場合などは、開発委託契約と名づけられた契約であっても、契約履行の内容は、成果物の完成と引渡しを行うことではなく、当該業務遂行自体が契約履行の内容となっているのであり、契約としては、請負ではなく準委任の性質を有するものといえる。

　もちろん、準委任の性質を有する契約について「開発委託契約」と名づけてはならない理由はどこにもない。契約交渉ないし契約書作成の担当者として、請負と準委任の性質の違いをよく理解し、期待される契約の履行内容がどちらに当たるのか（あるいは両者併有の場合もあろう）を十分に把握し、請負型・準委任型に応じた契約交渉と契約書作成を行うことが肝要となる。特に受託者にとっては、成果物の完成と引渡しが履行内容となる請負型の契約と、委託者の指示に従った業務の遂行が履行内容となる準委任型の契約とでは、その負うべき責任の重さが異なるため（一般的には前者のほうが重い）、注意が必要である。

　以下では、成果物としてソフトウェアの完成と引渡しを対象とする、請負型の開発委託契約を前提に説明を進める。

（2）ソフトウェア開発委託契約の類型

　ソフトウェアとは、ハードウェアに対置される概念であり、主として、一定の動作を目的とする、複数のコンピュータ上で実行されるプログラムの集合体を指すのが一般的である（コンピュータ・ソフトウェア）。各種デバイスの進化により、ソフトウェアも家庭用機器に組み込まれるプログラム（例：自動調理機能を備えた電子レンジ）、自動車に搭載される一連のプログラム（例：障害物を検知し自動的にブレーキをかけるプログラム）、業務用工業機器（例：産業ロボット）に組み込まれるプログラム、あるコンピュータプログラムとハードウェアの連携を支えるミドルウェア、ゲームソフトウェアなど、そのバリエーションは多岐にわたる。また、近時は、プログラムそのものでなくても、スマートフォンやコンピュータ・ソフトウェア上の一定の共通プラットフォーム上で動作するコンピュータグラフィックスと音声とを合わせた動画自体がソフトウェアとして開発されるケースもある（CG動画もハードウェアに対置される概念としてはソフトウェアである）。

　契約内容を考え、交渉するにあたっては、開発委託の対象となるソフトウェアの性質（動作環境、使用用途、使用者の範囲）を十分に理解し、確定する必要がある。この理解・確定が不十分である場合には、契約書に記載すべき成果物の定義・要件が不明確になるばかりか、一般条項の検討にあたっても、ソフトウェアの瑕疵（いわゆるバグ）により生じる損害の範囲に想像が及ばず、委託者・受託者のいずれのいわゆる場合においても予期せぬ不利益を生じるおそれがあるからである（例：事例のように、旅客機に組み込まれた飛行制御プログラムに瑕疵があった場合を想起せよ）。

（3）ソフトウェア開発委託契約の特徴

　ソフトウェア開発委託契約が、受託者がある特定の仕様を満たす一連のコンピュータプログラムを完成して委託者に引き渡し、委託者がその対価を受託者に支払うことを約する契約である場合、請負契約としての

性質を有することは先に述べたとおりである。したがって、ソフトウェア開発委託契約における委託者（注文者）と受託者（請負人）間の権利義務関係には、特約で排除されない限り、民法の請負契約に関する通則（民法632条〜642条）が適用されることになる。ただし、契約の対象物としてのソフトウェアが有する以下のような特殊性から、通常の請負契約とは異なった注意が必要となる。

① ソフトウェアを構成する一連のプログラムに関しては、その権利の発生・移転・消滅等が原則として著作権法によって規律され、ソフトウェアの開発委託は、建物の建築請負と異なり、完成したソフトウェアが記録された媒体を物理的に引き渡すだけでは必要な権利関係が移転しない場合があり、著作権法の正確な理解に基づく契約内容の構築が必要となる。

② ソフトウェアを構成する一連のプログラムの中には、受託者がすでに開発をしていて他のソフトウェアにも一般的・普遍的に使用されるプログラムを用いる場合が多く、同様に、個々のプログラムにおいても、モジュールやルーティンと呼ばれる、他のソフトウェア開発にも一般的・普遍的に使用される部分が含まれることも多い。開発したソフトウェアの著作権が請負契約の通則に従ってすべて注文者側に権利移転してしまうと、ソフトウェアの開発業者としては、今後、他の同様の処理を要するソフトウェアを作れなくなるという不都合が生じる。

③ 上記と同様に、ソフトウェアを構成する一連のプログラムの中には、第三者が開発した他の汎用プログラムや著作物を用いる場合がむしろほとんどであり、開発したソフトウェアを構成するプログラムに関するすべての権利を完全に委託者（注文者）に移転することは事実上不可能といってよい。

④ 以上からも理解できるとおり、ソフトウェア開発委託契約においては、受託者（請負人）または第三者にソフトウェアに関する権利の一部が留保されることがほとんどであり、その場合、契約書に契

　　約条項として明示されるか否かは別として、契約内容に、ソフトウェアのライセンス（使用許諾）という側面が加わることも看過してはならない（→本節「**8** ソフトウェア・ライセンス契約」）。

⑤　ソフトウェアの瑕疵（いわゆる「バグ」）については、組み込まれるコンピュータのあらゆる動作条件において誤作動が発生しないことを完全に保証することは技術的にも困難であり、また、特に業務用のソフトウェアにおいては、ソフトウェアの瑕疵によりソフトウェアが組み込まれた機器が誤作動を起こし業務が停止した場合や事故が生じた場合には、損害が著しく拡大する可能性があり、ソフトウェアの開発業者に多額の賠償責任が生じるリスクがある。

　本事例のように、ソフトウェア開発の特殊性を前提として、ソフトウェアの開発委託契約実務においては、完成した目的物であるソフトウェアの権利移転の範囲と、ソフトウェアの瑕疵に関する受託者（請負人）の責任限定の規定が重要な論点となることが多い。以下では、それらの論点を中心にソフトウェア開発委託契約の主な構成について見ていく。

　平成29（2017）年改正前民法では、請負と準委任とでは、報酬請求権で大きな差異があったが（請負では、仕事の全体を完成・引渡しをしないと対価請求権が発生しないが、準委任では、すでに行った作業については対価請求ができる）、平成29年に成立して施行された民法（債権法）改正により、①請負人の責めに帰することができない事由によって仕事を完成することができなくなった場合、または②仕事の完成前に請負が解除された場合において、すでに行われた仕事の結果のうち、可分な部分の給付によって注文者が利益を受けるときは、その部分を仕事の完成したものとみなされ、その結果として、請負人は、注文者が受ける利益の割合に応じて報酬を請求することができる旨が定められた（改正民法634条）。また、請負人の担保責任に関しても、契約に基づく一般の債務不履行責任と同質なものとして整理された売買の売主の担保責任に関する新たな規律に準じて取り扱うこととされた。その結果、平成29年改正

前民法における請負人の担保責任に関する規定の多くは削除され、売買に関する規定の準用による処理が基本となっている。改正法は、令和 2（2020）年 4 月から施行される（→詳細については本節「**17**民法改正の概要」）。

　もっとも、ソフトウェア開発委託契約が請負の性質を有するとしても、民法の請負に関する規定は当事者の特約、すなわち契約書上での記載により変更可能な任意規定であるため、報酬請求のあり方、受託者の担保責任の範囲を含め、契約内容につき、1 つひとつ確実に交渉・合意し契約書に記載しておくことが肝要である。

（4）契約の構成と主要条項

　ソフトウェア開発委託契約の構成は図表 1-1-7 のとおりである。

図表 1-1-7 ● ソフトウェア開発委託契約の構成

	条　　項	内　　容
1	ソフトウェアの開発委託	開発対象のソフトウェアの特定と請負契約の成立
2	契約金額	契約金額の特定と支払方法
3	第三者の知的財産権	開発ソフトウェアが第三者の権利を侵害しないことの保証
4	納入・受入検査	開発ソフトウェアの受入検査の手続
5	権利の移転	開発ソフトウェアの権利移転の範囲
6	担保責任	開発ソフトウェアに瑕疵があった場合の保証範囲
7	守秘義務	開発業務に関連して知り得た機密情報の取扱い
8	契約解除	契約解除の条件を規定
9	合意管轄	第 1 審の管轄裁判所に関する規定
10	協議解決	信義誠実の原則、協議による解決

①　ソフトウェアの開発委託

第 1 条　乙は、本契約に定める条件に基づき、下記の対象ソフトウェア（以下「対象ソフトウェア」という）の開発・完成業務（以下「本

> 　業務」という）を甲より請負うものとする。対象ソフトウェアの詳
> 　細については本契約添付のソフトウェア仕様書（以下「仕様書」と
> 　いう）に定めるものとする。
>
> 記
>
> 小型航空機用ジェットエンジン制御ソフトウェア一式

　甲（委託者）が乙（受託者）に対して、ソフトウェアの開発を委託することを規定する条文である。「開発・完成業務を請負う」という表現で、甲・乙間の基本的な契約関係が民法上の請負によるものであることを明記している。ソフトウェアの開発委託は、契約書においてソフトウェアの仕様をなるべく具体的に特定することが重要である。上記の事例では、対象ソフトウェアの仕様の詳細については、別添の仕様書で特定する形をとっている。

【実務上のポイント】
　ソフトウェアの開発委託の目的となるソフトウェアの仕様の詳細については、契約書の根幹をなす重要なポイントとなる。開発委託業務の履行完了を測定する納入・受入検査の基準の前提となるのみならず、ソフトウェアの使用目的・使用範囲・動作環境を確定し、その後の契約内容の交渉・確定を導く最も重要な基礎となるからである。契約書作成担当者は技術的に明るくない場合も多いであろうが、少なくとも、以上の要素が含まれているか、仕様の確定に必要な記載事項として漏れがないか等について、受託者側の場合は実際の開発業務を担当する部門の、委託者側の場合は受入検査を行う部門の精密かつ確実な確認をとる必要がある。特に、受託者にとっては、仕様書があいまいであると開発すべきソフトウェアの範囲を画することができないばかりか、受入検査を拒否されるリスクやソフトウェアに予測しない瑕疵が生じた場合の責任帰属を否定できない

リスクが生じるため、注意が必要である。実際の開発委託契約交渉
の現場においても、契約書作成・審査担当者の同席の有無は別とし
て、仕様書の記載内容を巡って攻防が繰り広げられる場合が多い。

② 第三者の知的財産権

第3条 乙は、本業務の遂行及び甲（甲より利用許諾又は権利譲渡を受け
　　　た第三者を含む）による対象ソフトウェアの利用に必要な一切の第
　　　三者の知的財産権等に係る許諾、その他必要な合意、承認を取得す
　　　るものとする。
　　2．乙は、本業務の遂行又は甲による対象ソフトウェアの利用に関し、
　　　第三者の知的財産権等その他の権利を侵害している、又は侵害して
　　　いる可能性があるとして甲と第三者との間でクレーム、紛争又は訴
　　　訟等が発生したときは、乙は訴訟費用を含むすべての費用を負担し、
　　　責任をもって当該紛争等を処理、解決し、甲を免責するとともに、
　　　甲が被った損害を賠償するものとする。

　ソフトウェアの開発にあたっては、すでに第三者が権利を保有してい
るソフトウェアを一部に組み込んで作成することがあることは先に述べ
たとおりである。この場合、乙が当該第三者から正当な使用許諾（乙に
よる開発および甲による使用についての許諾）を受けていることが前提
となるので、第1項は、委託者たる甲の立場に立ち、その義務を乙に負
わせる趣旨を明確にする条文である。
　本【事例】(4)のように、ソフトウェアをさらに第三者に使用させる
ことや委託者による追加開発が明確に想定される場合に、より安全を企
図し、以下のような文言とすべきである。

　乙は、対象ソフトウェアに第三者が権利を有するプログラム等が含まれ
る場合、当該第三者の名称、所在地、当該第三の権利の内容を記載した書
面を甲に提出するとともに、本業務の遂行及び甲による対象ソフトウェア

> の利用（仕様書に記載された対象ソフトウェアの利用目的に従い対象ソフトウェアの利用を第三者に許諾することも含む）に必要となる当該第三者からの一切の知的財産権等の許諾、その他必要な合意、承認を取得するものとする。

　第2項は、第1項を前提として、乙としては、完成した対象ソフトウェアを権利の瑕疵がない（第三者による権利の制約がない）形で引き渡すことが請負人たる委託者の義務となるので、第三者から対象ソフトウェアに関して知的財産権等の権利侵害の主張がなされ、紛争となった場合には、乙の請負人としての義務違反があったものとして、その紛争対応に関する費用と甲が被った損害について乙が責任を負うという規定である。ただし、当該権利の瑕疵に関する紛争が、対象ソフトウェアの仕様についての委託者である甲による特定の指示または指図に起因する場合は、乙として責任を負うことは不合理である。したがって、受託者たる乙の立場としては、この場合、以下のような内容の条項を、「ただし書」として付け加えておくべきである。

> ただし、当該紛争等が専ら甲の提示した仕様書等による指定又は甲の指示・指図若しくは命令に起因する場合において、これらの指定等が不適切であることを乙が本業務の履行の際に過失なくして知り得なかったときは、この限りではない。

③　権利の移転

> 第5条　対象ソフトウェアに係る著作権は、対象ソフトウェアの引渡完了とともに乙から甲に移転するものとする。なお、乙は、甲（甲より利用許諾又は権利譲渡を受けた第三者を含む）に対し、対象ソフトウェアに係る著作者人格権を行使しないものとする。

　請負の目的物である対象プログラムの引渡しの効果として、対象プログラムに関する著作権がすべて注文者である甲に移転する旨の規定であ

る。なお、乙の対象プログラムの作成者としての著作者人格権について
は、一身専属的権利であり、契約上甲に対して譲渡することができない
が、将来にわたって甲が対象プログラムの改変を行った場合に、乙から
クレームを受けることを防止するため、契約例の「なお書」の部分のよ
うに乙による著作者人格権の行使を契約上制限しておく必要がある。

　ここで特に注意が必要なのは、本【事例】(3)、(4)のように、受託者が
開発委託の成果物として納品を受けたソフトウェアについて追加開発な
どの変更を加えたい場合の契約文言である。著作権法上、原著作者を保
護する規定である著作権法27条の権利（翻案権）および同法28条の権利
（二次的著作物の利用に関する原著作者の権利）については、契約上明示
しておかなければ（単に著作権が譲渡ないし移転すると記載するのみで
は）、譲渡・移転されないとされていることである（著作権法61条2項）。
本【事例】(3)、(4)におけるB社の立場からは、以下のように「かっこ
書」を加えた条項としておくことが必要である。

> 　対象ソフトウェアに係る著作権（著作権法第27条及び第28条に掲げる
> 権利を含む）は、対象ソフトウェアの引渡完了とともに乙から甲に移転す
> るものとする。なお、乙は、甲（甲より利用許諾又は権利譲渡を受けた第
> 三者を含む）に対し、対象ソフトウェアに係る著作者人格権を行使しない
> ものとする。

　さらに、乙としては、前記 **(3)** ②のように、すでに乙が開発し権利を
保有する汎用的なプログラム、モジュール・ルーティン等についての権
利に関する規定を「ただし書」として入れておくことも重要である。

> 　ただし、対象ソフトウェアに含まれる本業務着手以前に乙が著作権を保
> 有していた著作物については、乙がその権利を引き続き保有するものし、
> 当該乙の権利留保部分についても、甲（甲より利用許諾又は権利譲渡を受
> けた第三者を含む）は、対象ソフトウェアを仕様書に記載された利用目的
> の範囲で自由に利用することができる。

　前記の「ただし書」は、当該プログラム、モジュール・ルーティン部分については、甲に著作権が移転せず乙に権利を留保されるが、甲は対象ソフトウェアを利用する範囲で当該プログラム、モジュール・ルーティン部分を自由に利用することができる権利の許諾を受けることとしている。これにより、甲は当該プログラム、モジュール・ルーティンの著作権は取得しないが、対象ソフトウェアの利用に限っては実質的に著作権の移転を受けたのと同様の効果を得ることができることとなる。

④　契約不適合責任

第6条　乙は、対象ソフトウェアが仕様書その他の本契約に定める諸条件に適合していることを保証する。
　　2．甲は、対象ソフトウェアの引渡しの日から1年以内に、前項に定めた保証に合致しない何らかの不適合のあることを発見したときは、乙に対して速やかに通知し、次の各号に定めるいずれかの措置を採ることができる。
　　　(1)　不適合のある対象ソフトウェアを乙の責任と費用負担で、甲が定める相当の期間内に修正することを乙に請求すること。
　　　(2)　前号に定める修正では、本契約の目的を達することができない場合は、本契約の全部又は一部を解除すること。
　　3．甲は、乙に対し、前項の不適合によってこうむった損害の賠償を、前項に定める措置と併せて、又は前項に定める措置に代えて請求することができる。

　第1項は、対象ソフトウェアが本契約および仕様書に具体的に規定された条件に適合していることを保証するもので、乙にとっても合理的な内容といえる。第2項は、ソフトウェア引渡しの日から1年以内の契約不適合責任を認めるものであるが、民法上の規定は「不適合を知った時から1年以内」となっている（民法637条1項）。ソフトウェアの瑕疵（いわゆるバグ）については、その発見が遅れる場合もあるため、乙にとっては引渡から1年間を基準としておくことが合理的である。第3項の規定は、基本的には民法に規定される請負人の契約不適合責任に沿ったも

のであるが、前記 **(3)** ⑤で述べたとおり、ソフトウェアの瑕疵の完全な除去が性質上困難であることと、業務ソフトウェアの瑕疵に伴う拡大損害の可能性があるため、本件のような場合、対象ソフトウェアの瑕疵に起因する乙の責任について、何らかの上限額を設定することが一般的である。

　以下は、乙の責任額の上限を本契約の契約金額と同額に設定する場合の例である。

> 4．本条第1項ないし第3項の規定にかかわらず、対象ソフトウェアの瑕疵に基づいて乙が甲に対し負担する責任額の上限は、本契約第2条規定の契約金額と同額とする。

【実務上のポイント】
1．ソフトウェア開発委託契約は、民法上請負契約としての性質を有するが、請負の成果物であるコンピュータプログラムの特殊性から、通常の請負契約とは異なる注意が必要である。
2．ソフトウェアの開発には、すでに開発済みでかつ他のソフトウェアにも汎用的に利用可能なプログラム、モジュール・ルーティン部分が含まれることが多く、当該プログラム、モジュール・ルーティン部分の著作権の留保等について、明確な規定が必要である。
3．開発期間と予算が限定されたソフトウェアの開発において、ソフトウェアを構成する個々のプログラムの瑕疵を完全に排除することは不可能であり、成果物であるソフトウェアの瑕疵に起因する受託者の契約上の責任について、上限額の設定を検討すべきである。

Column　コーヒーブレイク

《プログラムの特許権による保護》

　ソフトウェア開発委託契約の成果物であるプログラムは、コンピュータに対する指令の組み合わせを「表現」したものとして、著作物として保護される（著作権法2条1項10の2号）以外に、成果物に係るアイデア＝「技術的思想」が発明に該当して特許権の対象となりうる可能性がある（特許庁「特定技術分野の審査の運用指針（コンピュータ・ソフトウェア関連発明）」参照）。ただし、一般の業務用ソフトウェアが特許の要件である新規性や進歩性を満たすことはかなり困難であり、また実際のソフトウェアの開発過程においても、成果物に含まれるアイデアが委託者側の定めた仕様に帰属するものなのか、または受託者側の開発に係るものなのかを峻別することが現実的でないことが多い。このため、ソフトウェア開発委託契約において成果物に係る権利移転の対象として特許権が規定されることは実務上少ないようであるが、当該ソフトウェアが進歩性の高いビジネスモデルの一部を構成しており、将来ビジネスモデル特許の出願を意識しているような場合には、委託者側として成果物に係る発明についての権利帰属に関しての規定も検討するべきであろう。

7　ライセンス契約（特許・著作権・商標等）

【事例問題】

　日本の電子部品メーカーA社は、ドイツの光学機器メーカーB社が保有する光学センサーの製造技術の特許とノウハウを利用して、スポーツ用超小型デジタルカメラ（以下「本製品」という）を製造・販売することを企画している。さらに、A社は、本製品には日本の著名なスポーツ用品メーカーC社のブランド・キャラクターを付して販売し、その広告宣伝には元オリンピック選手で現在は人気芸能人となっているD氏の肖像写真を用いたいと考えている。A社は、B社、C社およびD氏それぞれとの契約交渉を始めたが、契約

内容の検討、交渉を行うにあたり、どのようなポイントに注意すべきか。以下の点について学習を進めつつ検討されたい。

(1) なぜライセンス契約書が必要となるのか。

(2) 主要なライセンス契約書の種類にはどのようなものがあるか。

(3) ライセンス契約に用いられるキーワードには、それぞれどのような意味があるか。

(4) キャラクターラインセンス契約書の参考書式を通じてライセンス契約の基本構成を学習する。

(5) 特許・ノウハウライセンス契約書作成・交渉のポイントにはどのようなものがあるか。

(6) 製造技術援助ライセンス契約書作成・交渉のポイントにはどのようなものがあるか。

(7) ロイヤリティー（使用料）の交渉戦略にはどのようなものがあるか。

（1）ライセンス契約とは何か

　ライセンス契約とは、権利者（ライセンサー）が有する何らかの権利の対象となるものの使用を、使用者（ライセンシー）に認める契約類型をいう。英文契約上の契約書名をカタカナ化したものであるが、日本語では使用許諾契約と呼ばれ、ライセンサーを許諾者、ライセンシーを被許諾者という場合もある。

　ライセンス契約の本質は、ライセンシー（被許諾者）から見れば、ライセンサー（許諾者）が有する権利の対象となるものを、合法的に、すなわちライセンサーの権利を侵害することなしに使用することを可能とするものであり、ライセンサーから見れば、自己が有する権利の対象となるものの利用を、契約の相手方たるライセンシーに一定の範囲でラインセンス（許諾）するものである。

（2）ライセンス契約の権原

　上記で述べたように、ライセンス契約の本質は、ライセンサーが有する権利の対象となるものの使用許諾である。したがって、ライセンサーには使用許諾のもととなる何らかの権原がある。一般的には、この権原は実定法上の排他的支配権・独占権であり、知的財産権として保護される権利や、芸能人を含む著名人の肖像や芸名・氏名などに生じるパブリシティー権がこれに該当する。

　したがって、ライセンス契約の起案・審査を行うにあたっては、知的財産権やパブリシティー権に関する正確な理解が必須となる。

① 知的財産権の基礎知識

　知的財産権には、特許権や著作権などの創作意欲の促進を目的とした「知的創造物についての権利」と、商標権や商号などの使用者の信用維持を目的とした「営業標識についての権利」に大別される。

　また、特許権、実用新案権、意匠権、商標権および育成者権については、客観的内容を同じくするものに対して排他的に支配できる「絶対的独占権」といわれている。一方、著作権、回路配置利用権、商号および不正競争防止法上の利益については、他人が独自に創作したものには及ばない「相対的独占権」といわれている。

　基本的には、図表1-1-8の知的財産権の種類のそれぞれに対応したライセンス契約（使用許諾契約）が存在する。知的財産権全般の基礎知識として必要なものは図表1-1-9および図表1-1-10に示すとおりである。

② パブリシティー権

　著名人などの個人の氏名、肖像等（以下「肖像等」という）が、商品の販売等を促進する顧客吸引力を有する場合、そのような顧客吸引力を排他的に利用する権利をパブリシティー権という。パブリシティー権について明文上の根拠はなく、その根拠については諸説あるものの、最高裁は、人格権に由来する権利とした（ピンク・レディー事件最判平成24年2月2日）。この判決において最高裁は、①肖像等それ自体を独立して

鑑賞の対象となる商品等として使用する場合、②商品等の差別化を図る目的で肖像等を商品等に付する場合、③肖像等を商品等の広告として使用する場合など、もっぱら肖像等の有する顧客吸引力の利用を目的とするといえる場合に、パブリシティー権の侵害が成立する（不法行為法上違法となる）とした。

著名人の肖像を商品のテレビコマーシャルに用いたり、屋外広告物に用いたりする場合には、このようなパブリシティー権を権原として、許諾者（著名人または著名人から委任を受けた芸能プロダクション等）と利用者（広告主等）との間でライセンス契約が結ばれることになる。

図表1-1-8●知的財産権の種類図解

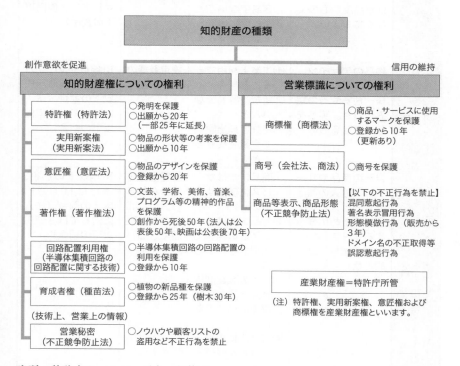

出所：特許庁ホームページを一部修正

図表１-１-９ ●知的財産権の概要および罰則規定

産業財産権

	何が保護されるか	保護を受けるための要件等	存続期間	侵害したときの罰則
特 許	発明のうち高度なもの。発明には、「物」「方法」「物の生産方法」の３つがある。	①産業上利用できること ②新規、容易でないこと ③特許庁に出願して登録を受けること	原則として出願の日から20年	10年以下の懲役、または1,000万円以下の罰金（法人に対しては３億円以下の罰金）
実 用 新 案	物品の形状・構造または組み合わせに係る考案。発明ほど高度なものでなくてもよい。	①産業上利用できること ②新規、きわめて容易でないこと ③特許庁に出願して登録を受けること	出願の日から10年	５年以下の懲役、または500万円以下の罰金（法人に対しては３億円以下の罰金）
意 匠	物品のデザイン、物品の形状・模様・色彩やその組み合わせ。美感を起こさせるもの	①工業上利用できること ②新規、容易でないこと ③特許庁に出願して登録を受けること	設定登録の日から20年	10年以下の懲役、または1,000万円以下の罰金（法人に対しては３億円以下の罰金）
商 標	自己の商品やサービスと他人の商品やサービスとを区別するために表示するマーク（文字・図形・記号・立体的形状）	①商品またはサービスに使用するもの ②商品またはサービスとの関係で識別力を持つもの ③他人の登録商標と同一または類似でないことなど ④特許庁に出願して登録を受けること	設定登録の日から10年（ただし、10年ごとに更新できる）	10年以下の懲役、または1,000万円以下の罰金（法人に対しては３億円以下の罰金）

著作権

	何が保護されるか	保護を受けるための要件等	存続期間	侵害したときの罰則
著作権	音楽、映画、コンピュータプログラム等の著作物	①創作的な表現であること②何らの方式を必要とせず、創作と同時に発生する	著作者の生存中および死後70年間（原則的期間）(映画は公表から70年)	10年以下の懲役、または1,000万円以下の罰金（法人3億円以下の罰金）

その他

	何が保護されるか	保護を受けるための要件等	存続期間	侵害したときの罰則
半導体集積回路配置	半導体の集積回路の回路位置（レイアウト）	申請し、登録により発生する	設定登録の日から10年	3年以下の懲役、または100万円以下の罰金
商号（会社法）	商人（会社等）が取引上自己を表示するために用いる名称	不正競争の目的で類似商号を使用してはならない（不正競争防止法）		
不正競争の防止（不正競争防止法）	他人の周知表示・著名表示・商品等表示の使用、他人の信用を堕としめる行為や、商品の形の模倣等の防止、営業秘密の保護など	①周知されている他人の商品表示を使用し、他人の商品と混同を生じさせる行為②他人の著名な商品等表示を使用すること③発売3年未満の他人の商品形態を模倣した商品の譲渡等④営業秘密の保護など		①〜③は5年以下の懲役または500万円以下の罰金、④は10年以下の懲役または1,000万円以下の罰金（法人に対しては3億円以下の罰金）（④については15年以下の懲役へ改定予定）

出所：特許庁

図表1−1−10 ● 特許、著作権によるコンピュータプログラムの保護の比較

	特許による保護	著作権による保護
権利化	・権利化には相対的に必要、時間がかかる。 ・特許出願および審査請求が必要。 ・特許要件（「発明」であること[注1]、新規性・進歩性[注2]、産業上の利用性等）を満足し、登録されねばならない。 注1：「発明」であること…特許法で定義された「発明」（特許の対象）に該当すること 注2：新規性・進歩性…従来のものに比べて新しいこと、技術的な進歩があること	・権利化にコストはかかからない（ただし、創作月日の登録[注3]を受ける場合には、手数料（1件3万円）がかかる）。 ・創作と同時に自動的に権利が発生（いかなる方式の履行（出願願）も不要）。 ・創作性が不可欠。 注3：登録すると、その登録に係る年月日において創作があったものと推定される
権利の内容	・発明（技術的アイディア）を保護。 ・権利者に特許発明を実施する排他的権利（他人が無断で特許発明を生産、販売、使用等することを阻止できる。）を付与。 ・ソフトの核となる機能を保護できる。 （競争者は、コンピュータプログラムの基礎となる解法（アルゴリズム）または核となるプロセスを模倣できない）	・著作物の表現を保護。 ・著作権者は、他人が無断で著作物を複製、貸与、翻訳等をすることを阻止できる。 ・ソフトの核となる機能を保護しない（競争者は、コンピュータプログラムの基礎となる解析（アルゴリズム）または核となるプロセスを模倣できる）。 ・著作財産権の他に、著作者人格権（公表権、氏名表示権、同一性保持権（プログラムについては例外あり）もある）。 （著作権は種々の支分権の束である）
権利期間	・20年（出願日から起算）	・70年（著作権者が承認した著作物の公表の日の属する年の翌年から起算）

出所：特許庁

③　特殊なライセンス契約の権原

　以上のほか、近時は、典型的なライセンス契約とは趣を異にするものの、個人情報の利用や一般人の肖像利用についても、契約上、その権利主体の許諾をとることが実務として定着してきているといえる。たとえば、Webを通じたアンケートや商品評価の際に個人情報の入力を求め、その利用の許諾を入力者に求める場合には、その直接の根拠法令が個人情報保護法であるものの、入力者に一定の範囲での個人情報の利用許諾を求める側面においてはライセンスの側面がある。また、消費者参加型のイベント等において、そこで撮影された写真に参加者の肖像が含まれることをあらかじめ告知したうえで、イベントの参加条件として、かかる肖像の一定範囲での利用（たとえば、商品宣伝チラシへの掲載）について事前の許諾を求めることも同様である。これら、消費者ないし参加者と企業との権利関係を整理し、あらかじめ一定範囲での情報・肖像等の利用について規約という形で契約上の同意を得るという場合においても、ライセンス契約を通じて得る実務知識が役立つのである。

（3）主要なライセンス契約書の種類

　ここでは、企業で取り扱うライセンス契約のうち下記の典型的な契約類型を取り上げ紹介する。

①　特許・ノウハウライセンス契約

　ライセンス契約の対象技術が、特許および関連ノウハウの場合の契約である。ライセンスされる対象技術を特定して限定できることが特色である。

②　製造技術援助ライセンス契約

　ライセンス契約の対象技術が、特定製品を製造するために必要な技術を包括したものである場合の契約である。包括技術には、関連特許およびノウハウが含まれる。特定製品の製造技術を包括したものなので、ライセンスされる対象技術が特定されず限定が難しい点が欠点である。

③　商標・ブランドライセンス契約

　有名ブランドのロゴを付した商品の製造・販売許諾のように、商標や
ブランドの使用を許諾する契約である。ライセンサー（商標・ブランド
の保有者）にとっては、商標やブランドを育成するために投資した資本
を回収する一手段であると同時に、商標・ブランドの価値を維持するた
め、または毀損されることを防止するため、ライセンス対象商品の限定
や、ライセンス対象商品の品質要求・検査などが重要なポイントになる。
他方、ライセンシーにとっては、著名商標・ブランドを利用することに
より商品の差別化ないし付加価値向上につながることになる。商標・ブ
ランドライセンスといっても、文字の商標のみを許諾する場合、ロゴの
みの使用を許諾する場合、また、文字・ロゴ・デザイン等を含めたブラ
ンドの世界観全体をライセンスする場合などバリエーションはさまざま
である。

④　キャラクターライセンス契約

　漫画やアニメーション上のキャラクター画像を商品や商品広告に使用
する場合のように、著作権法上保護を受ける著作物（美術の著作物）を
権原とするライセンス契約であり、著作物利用許諾契約と表現される場
合もある。その経済的効用および注意点は、③「商標・ブランドライセ
ンス契約」で述べたものとおおむね同様である。

⑤　商品化権許諾契約

　漫画やアニメのキャラクターを玩具その他商品に用いる場合や著名ブ
ランドの新商品展開を行う場合のライセンス契約について、商品化権許
諾契約と呼ばれることがある。ライセンスの権原は、そのライセンス内
容、ライセンス対象にもよるが、著作権、商標権、また場合により不正
競争防止法上の保護を受けうる地位の複合的なものである場合が多く、
その実質は、キャラクターライセンス契約と商標・ブランドライセンス
の複合形態である。本契約形態の特質は、商標・ブランドライセンス契
約、キャラクターライセンス契約において述べた特徴と重なるものとい
える。

⑥　ソフトウェア・ライセンス契約

　ライセンス契約の対象がソフトウェアの場合の契約である。ソフトウェアの特徴については、すでに紹介した（→本節**6 (2)**）。従前は、ライセンサーが開発し、または権利を保有するソフトウェアをライセンシーの一定数のコンピュータにインストールして使用することをライセンスする（すなわち、ここにはプログラム著作物の複製という要素がある）ソフトウェア・ライセンス契約が典型であった。

　もちろん、このような基本形態の重要性は変わることはないが、近時は、サービス提供会社のサーバー上にすでにインストールされたプログラムを、インターネットを通じて、ユーザーがアクセスして利用することをライセンスする形態（いわゆるクラウドサービス）、サーバー上に保管されたプログラムをダウンロードして利用することをライセンスする形態、提供されたプログラムを一定の商品に組み込んで利用することを許諾する場合など、ソフトウェア・ライセンスのバリエーションは飛躍的に増えている。特に、クラウドサービスの利用におけるライセンス契約は、著作権法があくまでプログラムの複製という側面から構成されており、利用権としては構成されていないことから、実定法の規定を参照するだけでは実態に即したライセンス契約が作成できないことになる。クラウドサービスの場合は、ネットワークを通じたサーバーへの接続とサーバー上のプログラムの実行を技術的に開放する（典型的にはアクセスID/パスワード等を付与する）という一種の技術的側面での独占・排他性を権原としているといえる。

　いずれにしても、後述するライセンス契約の重要ポイントを踏まえ、実態に即して1つひとつ丁寧に契約文言を起案・審査することが求められる。さらに、ライセンスの対象となる技術が「ソフトウェア」のため、通常の実成された技術のライセンスと異なり、現状渡し（無保証）や損害賠償責任の上限の設定（免責や責任制限と呼ばれるもの）が行われることが多い点にも留意すべきである。詳細は本節**8**において述べる。

（4）ライセンス契約に用いられるキーワード解説

① ライセンス

　ライセンスとは、英語のLicense（使用許可する）の外来語標記であり、日本語では使用許諾（または単に許諾）と表記される場合が多い。

② ライセンサーとライセンシー

　ライセンサーは、権利保有者であり、使用を許諾する（ライセンスする）当事者である。他方、ライセンシーは、使用を許諾される（ライセンスを受ける）当事者である。

③ サブライセンス

　サブライセンスは、再使用許諾のことであり、ライセンシーがライセンサーよりライセンスを受けた権利を第三者へ使用権を再度許諾する（ライセンスする）権利を指す。この場合のライセンサーは、サブライセンサーとも呼ばれる。

ライセンサー ──→ ライセンシー
　　　　　　　　　　　‖
　　　＝ サブライセンサー ──→ サブライセンシー

　ここで注意が必要なのは、技術開発のスピードが飛躍的に高まっている今日、特定の特許技術をライセンスするのみであるような限定的な場合を除いては、特定の技術や特定のソフトウェアにおいて、契約の直接の相手方であるライセンサーがライセンス対象となる技術やソフトウェアすべてについて完全な排他的独占権を保有している場合は、むしろまれであるということである。たとえば、一定の技術やソフトウェアを基盤としてさらに技術開発やソフトウェアのプログラミングが行われ、当該技術やプログラムがライセンスされる場合には、ライセンサーとして契約を締結する当事者は、自身が開発した技術ないしソフトウェアについてはライセンサーであるが、基盤となる技術やソフトウェアについてはサブライセンサー（すなわち、基盤となる技術やソフトウェアについ

てはライセンシーである）の地位を併有することになるのである。

④　独占・非独占

　何らかのライセンス（使用許諾約）を付与する場合に、一定のテリトリー（市場地域、たとえば日本）において、独占的な権利を付与するのか、あるいは、非独占的な権利を付与するのかは重要な問題である。独占的な権利を付与する場合には、ライセンサー自身も使用できない場合（完全排他独占権）と、ライセンサー自身は使用できる場合（通常の独占権あるいは非完全独占権）とがある。

⑤　ロイヤリティー（ロイヤルティ）

　英語のRoyaltyの外来語標記である。ライセンシーがライセンス（使用許諾）を付与された見返り（対価）としてライセンサーへ支払う金銭である。技術料（特許やノウハウの場合）やライセンス料（ソフトウェア等の場合）、または単に許諾料、使用料という場合もある。

⑥　ミニマム・ギャランティー

　英語のMinimum Guaranteeの外来語標記であり、日本語では最低保証料と表現されることが多い。ライセンシーが支払うロヤリティーの最低保証額を意味する。たとえば、特許・ノウハウライセンス契約において、当該特許・ノウハウを使用して製造した製品の数量に応じてロイヤリティーが支払われるものの、ライセンサーとしてあらかじめ一定額の受け取りを確保しておきたい場合に設定される。ライセンサーにとっては一定のロイヤリティーの支払いを事前に保証される反面、ライセンシーにとっては、最低保証料の計算対象となる数量以上に製品が売れなかった場合にはリスクとなる。特に、独占権が付与されるライセンス契約の場合に、独占権の対価としてミニマム・ギャランティーが設定される場合が多い。

⑦　改良技術

　改良技術とは、ライセンスを受けた技術をライセンシーが使用しているうちに技術改良が行われて新たな技術が発生した場合をいう。こうした改良技術がライセンサーとライセンシーのどちらへ帰属するかは常に

契約交渉で争点になる。

（5）ライセンス契約交渉において注目すべきポイント

　ライセンス契約と一言で表現しても、そのバリエーションが多岐にわたることは、（3）において記載したとおりである。ただ、ライセンス契約の本質が、何かしらの独占排他権を有する権利者たるライセンサーと、当該独占排他権の対象となるものの利用を希望するライセンシーとの、対価支払いを前提とする許諾関係にある以上、ライセンス契約の交渉・作成・審査にあたっては、以下のような注意点を共通項として挙げることができよう。

① ライセンス（許諾）される技術ないし権利の確定

　ライセンサーにとってはどういった技術を、あるいはどういった権利をラインセンスするのか、ライセンシーにとっては、ビジネス上の目的を達成するために必要十分であるかといった観点で、ライセンスされる技術ないし権利の確定が重要である。きわめて初歩的なことと考えられがちであるが、たとえば、著名人の肖像写真を広告に用いるような場合、著名人の肖像利用（パブリシティー権）のライセンスのほかに、肖像写真の著作権（写真を撮影した段階で写真に著作権が発生する）のライセンスも必要であるというように、初歩的であるからこそ見落とされがちな部分でもあることに注意が必要である。

② ライセンス（許諾）の使用条件の確定

　ライセンスの使用条件を確定することも①と同様に慎重を要する。たとえば、著名商標としてのロゴマークの使用を、児童用玩具の外観デザインの一部に使用する場合には、玩具といってもどの範囲までの使用を許諾するか、たとえば模型自動車に限定するか、さらにはバス型の模型自動車に限定するかなど、少なくともライセンサー、ライセンシー双方が具体的共通認識を持てる程度に特定する必要がある。著名商標・ロゴやキャラクターのライセンスの場合には、ライセンスを使用した対象製品のサンプルを事前にライセンサーに提出し、ライセンサーが承認する

という監修プロセスを契約上および実務上の両面において設けるのが一般的である。

③　ライセンス（許諾）の範囲の確定

　ライセンスされる技術ないし権利が確定し、ライセンスの使用条件も特定されたとしても、製造・販売する地域を限定するか、独占とするか非独占とするか、ライセンスの期間を限定するかなど、ライセンスの範囲を確定することが必要となる。特に、ライセンサーにとって独占権を付与する場合には、第三者にすでに矛盾するライセンスを与えてしまっていないか、または独占権を付与することにより将来のライセンサーの事業活動に影響を生じないかなどを慎重に検討する必要がある。

④　ロイヤリティー計算方法・支払方法の確定

　ロイヤリティー料率の設定方法および交渉戦術については (9) で詳述するが、それ以外にも、たとえば特許・ノウハウライセンスにおいて、ロイヤリティーの発生基準を許諾対象製品の「製造」とするか「販売」とするかで、ライセンシーの負担は大きく異なる（「販売」であれば売れ残り製品を対象とするロイヤリティーは発生しないが、「製造」の場合は売れ残り製品や在庫製品についてもロイヤリティーが発生することになる）ことからも理解できるように、ロイヤリティーの計算方法や支払方法についても精緻に検討する必要がある。

⑤　ライセンサーの保証（および免責）内容

　特許権や商標権の実施許諾の場合には、無効原因のないことや特許権、商標権の存続というように、ライセンサーの保証範囲として検討すべき点は比較的明確であるが、特にソフトウェア・ラインセンス契約においては、コンピュータプログラムである以上、すべての動作環境において動作することや将来にわたり完全無瑕疵であることは保証が困難であること、さらには、ソフトウェアが使用される環境も、電子玩具から原子力発電所の制御に至るまで、影響範囲や誤作動の場合の損害の大小もまちまちであることから、ライセンサーとしては、ライセンスされるソフトウェアが使用される環境や場面を十分に想定し、保証の範囲を確定す

る必要がある。

⑥　ライセンシーが従うべき義務の内容

　単にロイヤリティーの計算報告、支払義務といった直接的な義務のみならず、商標、ロゴマーク、キャラクターなどのように、ライセンスされる権利の対象となるもののイメージ・名声保持が重要になるものについては、許諾対象製品（商品）に限定をかけるのみならず、ライセンシーに、当該商標、ロゴマーク、キャラクター等のイメージを汚さないように義務づけることも重要となる。ただし、イメージを汚さないというのみではライセンサーとライセンシーで認識の不一致が生じる可能性があり、単にライセンス契約上の義務不履行による事後救済では一度傷ついたイメージを回復することはできないため、事前に可能な限り禁止行為類型を明確に合意しておくことが望ましい。近時は、著名キャラクターをぬいぐるみとして商品化するライセンス契約等においては、許諾製品を製造する工場について、児童酷使をしていないことの事前確認義務をライセンシーに課すことや、かかる義務を履行していることを確認するための現地工場監査を行うことを可能とする条項を設けるなどの例も見受けられる。

⑦　ライセンス期間満了（終了）後の取扱い

　たとえば、電気製品の屋外広告物に著名キャラクターの使用を許諾した場合を想定してみよう。ライセンス期間（契約期間）が満了した場合に、ライセンシーは当該屋外広告物を撤去しなければならないであろうか。もちろん、ライセンス契約当事者の合意内容しだいではあるが、このように、ライセンス契約が終了した場合を想定し、その事後措置について事前に合意内容を明確にしておくことも重要である。

（6）ライセンス契約の基本構成──キャラクターライセンス契約書参考書式を通じて

　図表1-1-11のキャラクターライセンス契約書の参考書式を通じて、ライセンス契約の基本構成を見ていく。

図表1-1-11 ● キャラクターライセンス契約書

キャラクターライセンス契約書

　株式会社C（以下「ライセンサー」という）と株式会社A（以下「ライセンシー」という）とは、以下のとおり契約（以下「本契約」という）を締結する。

第1条（定義）
　　本契約において以下に掲げる用語の意義は、それぞれ次のとおりとする。
　　一．本キャラクター……別紙1に掲げるキャラクター及びその名称をいう。
　　二．本契約商品……本キャラクターを使用する別紙2に掲げる商品をいう。
　　三．許諾地域……日本国内をいう。
第2条（許諾）
　　ライセンサーは、ライセンシーに対し、本契約に定める条件に従い、許諾地域内において、本契約商品の製造、販売及びその宣伝・広告（以下「製造販売等」という）のため本キャラクターを使用する非独占的な権利を許諾する。
第3条（ライセンサーの保証）
１．ライセンサーは、ライセンシーに対して、本キャラクターが、第三者の有する著作権、商標権、肖像権その他いかなる権利をも侵害するものでないこと、及び、本キャラクターの使用を許諾する権原を有することをライセンシーに保証する。
２．前項の保証に反して、第三者から、ライセンシーに対して、本キャラクターの利用が当該第三者の有する権利を侵害するとの主張、訴え、損害賠償の請求等があった場合には、ライセンサーは、その一切の責任と費用負担においてこれに対処する。
第4条（権利譲渡等の禁止）
　　本契約によりライセンサーがライセンシーに許諾する権利は、ライセ

ンサーに専属するもので、ライセンシーは、これを第三者に譲渡又は再許諾してはならない。

第5条（遵守事項）

　ライセンシーは、本契約商品の製造販売等にあたり以下の事項を遵守する。

　　一．本キャラクターに社会的、教育的意味で悪影響を及ぼす取扱いをしない。

　　二．本キャラクターの評価、印象を毀損する取扱いをしない。

　　三．本契約商品又はその広告宣伝物にライセンサーの名称、商号、商標等を使用する場合、ライセンサーの書面による事前の承諾を得る。

第6条（委託）

1．ライセンシーは、本契約商品の製造販売等の全部又は一部を第三者に委託することができる（委託する第三者を以下「委託先」という）。

2．ライセンシーは、前項により第三者に委託する場合、本契約におけるライセンシーの義務を当該委託先にも遵守させるものとする。ライセンサーは、当該委託先の行為が本契約におけるライセンシーの義務に違反するものであったときは、当該委託先の行為をライセンシーの行為とみなし、ライセンシーに対して本契約の責任を問うことができる。

第7条（素材の提供）

1．ライセンサーは、本キャラクターの使用を許諾するにあたり、本キャラクター関する原画等の素材（以下「本素材」という）を製作し、ライセンサーに提供する。

2．ライセンシーは、本素材を本契約商品の製造販売等のみに使用し、本素材を第三者に譲渡、貸与等してはならない。

第8条（本契約商品の製造及び見本の提出）

1．ライセンシーは、本キャラクターを本契約商品又は広告宣伝物等に使用する場合、ライセンサーから提供を受けた素材に基づき正確に再現しなければならない。本キャラクターに改変を加える場合、ライセンシーは、ライセンサーの事前の書面による承諾を得なければならない。

2．ライセンシーは、本契約商品の見本をライセンサーに提出し、ライセンサーの監修を受け、承認を得た上で本契約商品の製造を開始する。ラ

イセンサーは、合理的な範囲でライセンシーの費用負担により、その修正を命ずることができる。

3．ライセンシーは、製造販売等を行う本契約商品につき、前項によりライセンサーの承認を得た見本と同一の品質及び仕様を保たねばならない。

4．ライセンシーは、本契約商品の販売開始後速やかに、本契約商品5個をライセンサーに無償で提供する。

第9条（宣伝・広告）

ライセンシーは、本契約商品の宣伝・広告を行うにあたり本キャラクターを利用する場合、本キャラクターを利用する宣伝・広告形態及び媒体につきライセンサーの事前の書面による承諾を得るものとする。

第10条（ロイヤリティー）

ライセンシーは、本契約に基づく許諾の対価（以下「ロイヤリティー」という）として、本契約期間中に製造した本契約商品の数量に別紙3に定めるロイヤリティー単価を乗じて算出される金額を、ライセンサーに支払うものとする。

第11条（支払い）

1．ライセンシーは、本契約商品の初回製造数量計3,000個（以下「最低保証数量」という）分の許諾料に相当する金額（以下「ミニマムギャランティー」という）を令和　　年　　月　　日迄に支払うものとする。

2．理由のいかんに関わらず、本契約期間中のライセンシーの本契約商品の製造数量が最低保証数量に満たなかった場合でも、ライセンサーはミニマム・ギャランティーをライセンシーに返還する義務を負わないものとする。

3．ライセンシーは、本契約商品を最低保証数量を超えて製造する場合、当該本契約商品を製造した月の末日（以下「締日」という）で締め切り、当該締日の属する月の翌月末日までに、当該締日の属する月の製造に関し、製造数量、卸売価格等を記入した報告書をライセンサーに提出の上、ロイヤリティーを別途ライセンサーの指定する銀行口座宛に支払うものとする。

第12条（監査）

1．ライセンサーは、本契約商品の製造販売等について正確な記録を作成

し、本契約終了後3年間保管するものとする。

2．ライセンサーが必要と認めた場合、ライセンサー又はライセンサーの代理人は、事前に書面によりライセンシーに通知の上、ライセンシーの営業時間内に上記記録を調査・閲覧・複写することができる。

第13条（表示等）

ライセンシーは、本契約商品及びその宣伝広告物に、別途ライセンサーの指定する表示を行うものとする。

第14条（商標及び意匠登録）

ライセンシーは、ライセンサーの書面による事前の承諾を得ることなく、本キャラクターに関する知的財産権の登録出願を行ってはならない。

第15条（第三者による権利侵害）

ライセンシーが、本キャラクターに関する著作権等の知的財産権を侵害又は本契約に基づく本契約商品の製造販売等に対する不正競争を行う者を発見した場合、直ちにかかる情報をライセンサーに通知し、これに対して取るべき措置についてのライセンサーの指示に従い、且つ、ライセンサーに協力するものとする。

第16条（契約期間）

1．本契約の有効期間は、　　年　　月　　日から　　年間とする。

2．本契約の更新については、本契約の期間満了3カ月前迄に両当事者が協議の上決定する。

第17条（契約解除）

1．ライセンサー又はライセンシーは、本契約期間中、相手方が以下の各号のいずれかに該当した場合、事前の催告なく本契約を解除することができる。

一．本契約に関し不正又は虚偽の申立を行う等、信義に反する行為を行った場合。

二．手形又は小切手の不渡りを出したとき。

三．破産の申立、民事再生手続開始の申立、会社更生手続開始の申立、又は会社清算の申立があったとき。

四．仮差押、仮処分、差押、滞納処分又は競売手続の開始があったとき。

五．営業の停止若しくは廃止、又は営業譲渡、合併、会社分割、若しく

　　は解散の決議をしたとき。

　六．前各号のほか、信用状態に著しい不安があると思われる事実が生じ
　　たとき。

２．本契約期間中、ライセンサー又はライセンシーは、相手方が本契約に
　　違反した場合、違反した当事者に義務履行、契約違反の解消、是正等を
　　催告し、催告の日から30日以内にその違反が治癒されない場合、本契約
　　を解除できる。

第18条（契約終了の効果）

１．本契約が終了した場合、ライセンシーは、直ちに本キャラクターの使
　　用を終了し、第7条第1項によりライセンサーから提供された素材を直
　　ちにライセンサーに返還するものとする。

２．ライセンシーは、本契約終了時に現に有する本契約商品のうち、第
　　10条に定める許諾料の支払いを行ったものについては、本契約が終了し
　　た日から45日間に限り本契約商品の販売を継続することができる。

第19条（免責）

　　ライセンサー又はライセンシーが本契約商品の材質・品質・欠陥等本
　契約商品自体に起因する事由に基づき第三者より請求・訴訟等を受けた
　場合、ライセンシーは、自己の責任と費用負担により当該請求・訴訟等
　を解決するものとし、ライセンサーに損害を及ぼさないものとする。

第20条（機密保持）

　　ライセンサー及びライセンシーは、本契約の内容及び本契約に基づき
　知り得た相手方の営業上・技術上の機密情報を相手方の書面による事前
　の承諾を得ることなく第三者に開示・漏洩してはならない。

第21条（存続条項）

　　本契約が有効期間満了又は解除により終了した場合においても、定義
　された規定、本契約第3条、第4条、第6条第2項、第10条、第12条、
　第14条、第15条、第18条、第19条、前条、本条及び次条の規定は、な
　お効力を有するものとする。

第22条（合意管轄）

　　本契約に関する紛争は、東京地方裁判所を専属的合意管轄裁判所とす
　る。

　本契約締結の証として、本書2通を作成し、ライセンサーとライセンシーは、それぞれ署名（又は記名）及び捺印の上各1通を保有する。

　　　年　　　月　　　日

　　　　　　ライセンサー：

　　　　　　ライセンシー：

① 　ライセンス許諾

第1条（定義）
　本契約において以下に掲げる用語の意義は、それぞれ次のとおりとする。
　一．本キャラクター　……別紙1に掲げるキャラクター及びその名称をいう。
　二．本契約商品　　　……本キャラクターを使用する別紙2に掲げる商品をいう。
　三．許諾地域　　　　……日本国内をいう。
第2条（許諾）
　ライセンサーは、ライセンシーに対し、本契約に定める条件に従い、許諾地域内において、本契約商品の製造、販売及びその宣伝・広告（以下「製造販売等」という）のため本キャラクターを使用する非独占的な権利を許諾する。

　本参考書式では、定義条項において、ライセンスされる権利内容と、ライセンス対象を、それぞれ別紙に記載する形で特定している。契約本文中には掲載しきれない場合に、別紙において精緻に記載をするという方法が望ましい。
　ライセンスのテリトリー（許諾地域）についても同様に定義条項において「日本国内」と明示したうえで、許諾条項において、許諾地域内の

製造販売等を非独占的に許諾している。

　なお、著名人の氏名・肖像を商品やその広告等に用いるライセンス契約を作成する場合（→「**(2)** ライセンス契約の権原　②パブリシティー権」参照）には、契約書名を「肖像等ライセンス契約」に変更のうえ、本条の「一．本キャラクター……」の箇所を「一．本肖像等……」とし、別紙1に肖像・氏名等を記載することにより対応可能である（なお、当然に本条以下の各条項について、「本キャラクター」を「本肖像等」に変更するなど適宜の改訂が必要であることはいうまでもない）。

② **ライセンサーの保証**

第3条（ライセンサーの保証）
1．ライセンサーは、ライセンシーに対して、本キャラクターが、第三者の有する著作権、商標権、肖像権その他いかなる権利をも侵害するものでないこと、及び、本キャラクターの使用を許諾する権原を有することをライセンシーに保証する。
2．前項の保証に反して、第三者から、ライセンシーに対して、本キャラクターの利用が当該第三者の有する権利を侵害するとの主張、訴え、損害賠償の請求等があった場合には、ライセンサーは、その一切の責任と費用負担においてこれに対処する。

　本条は、ライセンサーが許諾される権利について第三者の一切の権利を侵害しないことを保証するものであり、ライセンシーに有利な条項となっている。一般に、第三者の権利を一切侵害しないことまで保証することは困難である場合が多い。ライセンサーとしては、非侵害の保証範囲を、「著作権及び商標権」と限定することや第2項における費用負担の上限額を（たとえば、「本契約において受け取るべきロイヤリティーの総額を上限として……」等）設定しておくことが望ましい。

③ **権利譲渡の禁止**

第4条（権利譲渡等の禁止）
　　本契約によりライセンサーがライセンシーに許諾する権利は、ライセ

> ンサーに専属するもので、ライセンシーは、これを第三者に譲渡又は再
> 許諾してはならない。

　一般に契約上の地位の譲渡は、権利の譲渡のみならず債務引受けの側
面を有するため、相手方当事者の合意が必要である（民法539条の2）。
したがって、本条と同様の効果は契約書に記載しなくても得られること
になるが、あえて再許諾（サブライセンス）が許されないことを注意的
に規定するものである。

④　ライセンシーの遵守事項

第5条（遵守事項）
　　ライセンシーは、本契約商品の製造販売等にあたり以下の事項を遵守
する。
　　一．本キャラクターに社会的、教育的意味で悪影響を及ぼす取扱いを
　　　しない。
　　二．本キャラクターの評価、印象を毀損する取扱いをしない。
　　三．本契約商品又はその広告宣伝物にライセンサーの名称、商号、商
　　　標等を使用する場合、ライセンサーの書面による事前の承諾を得る。

　本条は、「**(5)** ライセンス契約交渉において注目すべきポイント　⑥」
において説明した、ライセンサーにとって関心事の高い、ライセンスさ
れる権利の対象となるもののイメージや名声保持のための条項である。
ライセンシーの立場からは、各号の記載についてより具体的に特定する
ことが望ましい。たとえば、契約文言としての記載量が多くなるものの、
「犯罪や不法行為を推奨・誘発すると疑われるような形態での取扱い」
「社会一般において性的羞恥心を感じる可能性のある取扱い」などのよう
に個別に列挙していく方法も検討に値する。
　第7条および第8条も、同様にライセンサーの立場から、ライセンス
の対象となる製品の品質を保持することを目的とするものである。

⑤　ロイヤリティーの計算式および支払い

第10条（ロイヤリティー）

　ライセンシーは、本契約に基づく許諾の対価（以下「ロイヤリティー」という）として、本契約期間中に製造した本契約商品の数量に別紙3に定めるロイヤリティー単価を乗じて算出される金額を、ライセンサーに支払うものとする。

第11条（支払い）

１．ライセンシーは、本契約商品の初回製造数量計3,000個（以下「最低保証数量」という）分の許諾料に相当する金額（以下「ミニマム・ギャランティー」という）を令和　　年　　月　　日迄に支払うものとする。

２．理由のいかんに関わらず、本契約期間中のライセンシーの本契約商品の製造数量が最低保証数量に満たなかった場合でも、ライセンサーはミニマム・ギャランティーをライセンシーに返還する義務を負わないものとする。

３．ライセンシーは、本契約商品を最低保証数量を超えて製造する場合、当該本契約商品を製造した月の末日（以下「締日」という）で締め切り、当該締日の属する月の翌月末日までに、当該締日の属する月の製造に関し、製造数量、卸売価格等を記入した報告書をライセンサーに提出の上、ロイヤリティーを別途ライセンサーの指定する銀行口座宛に支払うものとする。

　ロイヤリティーの計算方法およびミニマム・ギャランティー（→ **(4)** ⑥）を定めるものである。

　本参考書式では、「製造」をロイヤリティーの発生基準としているが、ライセンシーにとっては「販売」としたほうが在庫商品や売れ残り商品についてロイヤリティーの発生を回避することができ、より有利である。

⑥　**ライセンサーによる監査条項**

第12条（監査）

１．ライセンサーは、本契約商品の製造販売等について正確な記録を作成し、本契約終了後3年間保管するものとする。

２．ライセンサーが必要と認めた場合、ライセンサー又はライセンサーの

> 代理人は、事前に書面によりライセンシーに通知の上、ライセンシーの
> 営業時間内に上記記録を調査・閲覧・複写することができる。

　ライセンス契約においては、ライセンス対象となる製品の製造・販売
はライセンシー側で行われるため、ライセンサー側でこれを把握するこ
とは事実上不可能である。そのため、支払条項において製造数量等の報
告書を作成しライセンサーに提出することと定めるわけであるが、これ
についてライセンシー側で意図的に低い数量を報告する（虚偽の報告を
する）可能性を防止するため、本条のような監査条項を設けるのである。

⑦　一般条項（解除条項、契約終了の効果、存続条項）

第17条（契約解除）

1．ライセンサー又はライセンシーは、本契約期間中、相手方が以下の各
　号のいずれかに該当した場合、事前の催告なく本契約を解除することが
　できる。

　　一．本契約に関し不正又は虚偽の申立を行う等、信義に反する行為を
　　　行った場合。

　　二．手形又は小切手の不渡りを出したとき。

　　三．破産の申立、民事再生手続開始の申立、会社更生手続開始の申立、
　　　又は会社清算の申立があったとき。

　　四．仮差押、仮処分、差押、滞納処分又は競売手続の開始があった
　　　とき。

　　五．営業の停止若しくは廃止、又は営業譲渡、合併、会社分割、若し
　　　くは解散の決議をしたとき。

　　六．前各号のほか、信用状態に著しい不安があると思われる事実が生
　　　じたとき。

2．本契約期間中、ライセンサー又はライセンシーは、相手方が本契約に
　違反した場合、違反した当事者に義務履行、契約違反の解消、是正等を
　催告し、催告の日から30日以内にその違反が治癒されない場合、本契約
　を解除できる。

第18条（契約終了の効果）

１．本契約が終了した場合、ライセンシーは、直ちに本キャラクターの使用を終了し、第7条第1項によりライセンサーから提供された素材を直ちにライセンサーに返還するものとする。

２．ライセンシーは、本契約終了時に現に有する本契約商品のうち、第10条に定める許諾料の支払いを行ったものについては、本契約が終了した日から45日間に限り本契約商品の販売を継続することができる。

（第19条および第20条　省略）

第21条（存続条項）

　　本契約が有効期間満了又は解除により終了した場合においても、定義された規定、本契約第3条、第4条、第6条第2項、第10条、第12条、第14条、第15条、第18条、第19条、前条、本条及び次条の規定は、なお効力を有するものとする。

第22条（合意管轄）

　　本契約に関する紛争は、東京地方裁判所を専属的合意管轄裁判所とする。

　上記一般条項は、必ずしもライセンス契約に特有のものではないが、便宜的にここで解説を加えることとする。

　ア　契約の解除については、ライセンス契約は民法に定めのある典型契約ではないため、民法541条以下の一般原則に従うのが原則である。ただ、民法に規定のある解除事由や解除要件では不足がある場合に、契約上あらかじめ解除事由を合意しておくのが、解除条項の意義である（民法に規定のある解除や損害賠償の要件を記載するのみでは意味がない）。

　　本参考書式例の17条1項五号に解除事由として「合併、会社分割」との記載があることに着目してもらいたい。会社法上の合併や分割は、包括承継として、あたかも自然人の相続と同じように、契約上の権利義務が合併後ないし分割先の法人に、相手方当事者の合意な

く承継されるのが原則である。しかし、契約当事者としては、合併によりまったく意図しなかった会社（たとえば、競合他社など）に契約上の権利義務が承継されることは望ましくないであろう。そのような事態を避けるため、このような規定が設けられるのである。

　同様に同条同項三号に「破産の申立」と記載されているが、破産法上の規定との関係で（一般に多くの契約書にこのような条項が設けられているものの）、有効性に疑義があるとされる。

イ　なお、本参考書式上、契約上の義務不履行の場合の損害賠償条項は規定されていない。この場合、民法の損害賠償に関する一般原則に従うことになる。ライセンサーまたはライセンシーの立場や事業上の実情に応じて、損害額の上限を定めたい場合には、「ライセンサー又はライセンシーが本契約に関連して相手方に損害賠償責任を負うこととなった場合、その責任の上限額は、ライセンシーが本契約に関連して支払ったロイヤリティーの総額とする」などの規定を挿入するとよい。

ウ　契約の終了の効果については、ライセンス契約特有の規定として本参考書式18条2項のようなものがある（ライセンス契約終了によって、ロイヤリティー支払い済みの製品が直ちに販売できなくなることに不都合があることはいうまでもない）ように、契約作成・審査に際しては、契約終了によってどのような不都合が起こりうるかをシミュレーションし、そのような不都合に対しどのような事後措置が必要であるかを検討することが肝要である。

エ　本参考書式21条のような存続条項が存在しない契約書も多くある。その場合でも、各条項上の権利義務の性質を解釈して契約終了後の効果存続の是非を検討するとされるが、曖昧さを排し、契約終了後も義務として存続するものを明示することにより疑義を避けることに、本条のような規定の意味がある。

オ　特に、契約当事者間で本店所在地が離れている場合などに、あらかじめ管轄裁判所を定めておくことに意味がある。外国法人との契

約においては重要な交渉テーマとなる条項である。

　たとえば、冒頭の事例のように、日本のＡ社とドイツのＢ社が契約当事者の場合、一般には以下のような参考条項がＡ社にとっては有利である（他国において翻訳負担や応訴負担があることは想像に難くないであろう）。ただ、Ｂ社にとっても本当に不利益かどうかはよく検討しなければならない問題である。すなわち、ドイツ法を準拠法としてドイツを裁判管轄としたと想定しよう。Ａ社がロイヤリティーを支払わなかった場合、まずＢ社はドイツで訴訟を提起し、日本のＡ社に適用条約に基づいて送達手続を行い（ドイツでの訴訟書類の日本語翻訳等が必要である）、ドイツで訴訟を行う。そしてドイツで勝訴したとしても、実際に執行するためには、改めて日本の執行裁判所に対し執行するための手続を行わなければならない（そして、ドイツでの勝訴判決等の日本語翻訳等も必要となろう）。その場合には、日本の法律事務所（弁護士）を起用することになる。以上のようなことを考えると、Ｂ社としても、準拠法も裁判管轄も日本としておき、日本の法律事務所（弁護士）を起用したほうが、結果として費用も期間も合理的となる場合もある。

【準拠法および裁判管轄の参考例】

第Ｘ条（準拠法及び裁判管轄監査）
1．本契約の準拠法は日本法とする。
2．本契約に関する一切の紛争は、日本国東京に所在する裁判所において解決する。

（7）特許・ノウハウライセンス契約書作成・審査のポイント

　まずは、図表1-1-12の特許・ノウハウライセンス契約書の参考書式を見ていただきたい。以下のライセンス契約書では、対象となる技術は、特定の特許およびそれに関連するノウハウである。ここでは、特許・ノウハウライセンス契約書の交渉のなかで特に争いとなる、①保証・免責条項、②侵害排除への協力、③改良技術の帰属、についてポイントを説

明する。なお、対価（ロイヤリティー）の交渉についても重要であるので、これについては後述 **(9)** において重点的に説明する。

図表1-1-12●「特許・ノウハウライセンス契約書」サンプル

特許・ノウハウライセンス契約書

　株式会社_____（以下「甲」という）と株式会社（以下「乙」という）とは、甲の所有する特許の実施許諾に関して、以下のとおり合意する。

第1条（定義）
　本契約書で使用される下記の用語は、各々下記に規定する意味を有する。
1．「本件特許」とは、甲の所有する別紙記載の特許をいう。
2．「許諾製品」とは、本件特許を使用して製造された製品をいう。
3．【ノウハウが含まれる場合】「許諾ノウハウ」とは、許諾製品を製造するために必要な技術情報であって、甲から乙へ開示するものをいう。
第2条（実施許諾）
1．甲は、乙に対して、本件特許を使用して許諾製品を製造・販売する通常実施権（非独占的権利）を付与する。
2．乙は、甲の事前書面承諾がない限り、第三者に対して再実施権を許諾することはできない。
3．【ノウハウが含まれる場合】　甲は、乙に対して、許諾製品を製造するために必要な技術情報を開示する。必要な場合には、両当事者が合意する条件で、甲は、甲の技術者を乙の事業所へ派遣することにより、又は、乙の技術者を甲の本社で研修することによって、技術指導を行う。
第3条（対価）
　乙は、前条に規定する実施許諾の対価として、本契約期間中に乙が製造した許諾製品の卸売価格の3％を実施料として、両者が合意する方法・期限で、甲へ支払う。本件特許が無効となった場合には、甲は、すでに支払った実施料を乙へ返還する。

第4条（報告）

　乙は、各暦年（1月1日〜12月31日）中に発生した実施料の合計金額を計算し、当該暦年の終了後30日以内に、甲に対して書面で報告するものとし、それに対して、甲は、乙に対して請求書を発行し、請求日から30日以内に甲の指定口座へ現金送金で支払うものとする。

第5条（監査）

1．乙は、毎暦年ごとに、許諾製品の製造及び販売についての帳簿（以下「帳簿」という）を別個独立に作成するものとし、本契約書の有効期間中及びその終了後3年間は、乙の本店に保管する。

2．甲は、みずから若しくは代理人によって、乙の営業時間中いつでも、乙の費用負担で、帳簿の検査を行うことができる。

第6条（保証）

1．甲は、乙に対して、本件特許について無効事由の存在しないことを保証しない。

2．甲は、乙による本件特許の実施が第三者に権利によって制限を受けないことを保証しない。

第7条（侵害排除への協力等）

1．乙は、本件特許が第三者により侵害されている、若しくは侵害されるおそれがある事実を発見したときは、速やかにその事実を甲へ報告し、入手した証拠資料を甲へ提供する。

2．甲及び乙は、本件特許の侵害者に対する対応策を協議し、甲が当該侵害者に対して差し止め請求訴訟等を提起することを決定した場合には、乙は必要な協力を行うものとする。

3．乙は、本件特許が甲の所有に属することを確認し、本契約の有効期間満了後といえども本件特許の有効性（訂正審判の請求に同意することを含む）を争わない。

第8条（改良技術）

1．甲又は乙が、本契約の有効期間中に、本件特許の改良技術を開発したときは、直ちに相手方へ通知し、その知的財産権の帰属について、両当事者は、協議・合意する。知的財産権の帰属を決定するにあたっては、各当事者の改良技術への貢献度を考慮して協議・合意する。

２．甲及び乙は、前項に従って通知した改良技術について、相手方から実施許諾の要求があった場合には、合理的な条件でその実施許諾に応じるものとする。

第9条（秘密保持義務）

１．甲及び乙は、本契約書の締結・履行に関し、相手方当事者から知り得た秘密情報について厳に秘密を保持し、本契約書の目的達成に必要な限度において使用するものとし、相手方当事者の事前の書面合意がない限り、第三者へ開示してはならない。

２．前項の規定に関わらず、以下の情報は秘密情報に含まれない。

① 受領当事者が開示されたときにすでに知っていた情報

② 受領当事者の故意過失によらず公知になっている情報

③ 受領当事者が正当な権限をもつ第三者から取得した情報、若しくは

④ 受領当事者が独立して開発した情報

第10条（解除）

１．甲又は乙が、相手方当事者が本契約書のいずれかの義務を履行しない場合には、相手方当事者に対して、30日の催告期間つきの書面で催告を行い、30日の催告期間内にそれを是正しない場合には、甲又は乙は、本契約を解除することができる。

２．本契約の終了後は、乙は、本件特許若しくは許諾ノウハウを使用してはならない。

第11条（有効期間）

本契約の有効期間は、本契約の締結日から本件特許の存続期間満了日までとする。

本契約締結の証しとして、本書2通を作成し、甲乙記名捺印のうえで各1通保有する。

令和　　年　　月　　日

（甲）

住所＿＿＿＿＿＿＿＿＿＿＿＿＿＿＿＿＿

会社名：　株式会社＿＿＿＿＿＿＿＿＿

代表取締役＿＿＿＿＿＿＿＿＿＿＿＿印

```
                          (乙)
                          住所＿＿＿＿＿＿＿＿＿＿＿＿＿＿＿
                          会社名：　株式会社＿＿＿＿＿＿＿＿
                          代表取締役＿＿＿＿＿＿＿＿＿＿＿印
```

① 保証条項・免責条項

```
第６条（保証）
１．甲は、乙に対して、本件特許について無効事由の存在しないことを保
　　証しない。
２．甲は、乙による本件特許の実施が第三者に権利によって制限を受けな
　　いことを保証しない。
```

ア　この条文は、ライセンサーに有利な条項案である。

イ　一般に、ライセンサーが技術を保有しているので、ライセンシー
　　に対して事業的な交渉力で有利な立場のことが多く、こうした案を
　　のまされることも多い。

ウ　ライセンシーの立場からは、これらの保証をライセンサーにして
　　もらえるように交渉に努力すべきである。保証がない場合には、ラ
　　イセンス料（対価）は払えない（ライセンス料の減額を要求する）
　　などを理由にして交渉するとよいだろう。

② 侵害排除への協力

```
第７条（侵害排除への協力等）
１．乙は、本件特許が第三者により侵害されている、若しくは侵害される
　　おそれがある事実を発見したときは、速やかにその事実を甲へ報告し、
　　入手した証拠資料を甲へ提供する。
２．甲及び乙は、本件特許の侵害者に対する対応策を協議し、甲が当該侵
　　害者に対して差し止め請求訴訟等を提起することを決定した場合には、
　　乙は必要な協力を行うものとする。
３．乙は、本件特許が甲の所有に属することを確認し、本契約の有効期間
```

> 満了後といえども本件特許の有効性（訂正審判の請求に同意することを
> 含む）を争わない。

- ア　第1項および第2項については、特許侵害行為を発見した場合の
　一般的なライセンシーによる協力義務である。
- イ　ただし、第3項については、ライセンサーに有利な条項案になっ
　ている。この点もライセンサーとライセンシーとで利害関係が対立
　する場面である。ライセンシーの立場としては、「争わないが無効
　となったあとにおいては、ライセンス料を日割り計算で返還する」
　などの対案を要求すべきであろう。

③　改良技術の帰属

> 第8条（改良技術）
> 1．甲又は乙が、本契約の有効期間中に、本件特許の改良技術を開発した
> ときは、直ちに相手方へ通知し、その知的財産権の帰属について、両当
> 事者は、協議・合意する。知的財産権の帰属を決定するにあたっては、
> 各当事者の改良技術への貢献度を考慮して協議・合意する。
> 2．甲及び乙は、前項に従って通知した改良技術について、相手方から実
> 施許諾の要求があった場合には、合理的な条件でその実施許諾に応じる
> ものとする。

- ア　改良技術の帰属の考え方については、(a) ライセンサーに帰属させ
　る（Assign Back）、(b) ライセンサーに使用許諾を付与する（Grant
　Back）、さらに前記のそれぞれについて有償・無償、有償の場合に
　合理的な価格か、さらに (b) については独占か非独占かといったバ
　リエーションがある。
- イ　独禁法上は、(a) の場合には、たとえ有償であっても、技術市場
　または製品市場におけるライセンサーの地位を強化し、また、ライ
　センシーに改良技術を利用させないことによりライセンシーの研究
　開発意欲を損なうものであり、また、通常、このような制限を課す

合理的理由があるとは認められないので、原則として不公正な取引方法に該当するといわれている（公正取引委員会「知的財産の利用に関する独占禁止法上の指針」第4−5−(8)参照）。(b)の場合には、非独占であって、ライセンシーがみずから開発した改良技術を自由に利用できる場合は、ライセンシーの事業活動を拘束する程度は小さく、ライセンシーの研究開発意欲を損なうおそれがあるとは認められないので、原則として不公正な取引方法に該当しないものとされる（同(9)）。

ウ　実際には、ライセンサーとライセンシーとで共同で生み出した改良技術が多く、そうした場合には、上記の条項例のような規定が合理的といえる。

（8）製造技術援助ライセンス契約書作成のポイント

ここでは、以下の製造技術援助ライセンス契約書の交渉の中で特に争いとなる、①許諾技術の範囲、②テリトリー、③守秘義務、④委託先への第三者許諾、についてドラフトのポイントを説明する。

① 許諾技術の範囲

製造技術援助ライセンスの場合には、特定の製品（たとえば乗用車）を製造するために必要な技術およびノウハウの集合体をライセンス（使用許諾）することになる。→図表1−1−13

この点で、特許のライセンスの場合には、特定の特許技術が対象となるのとは異なる。したがって、表現形式も、以下の例のように、「許諾製

図表1−1−13●製造技術援助ライセンス契約

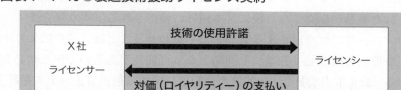

品を製造・販売するために必要な技術情報の使用を許諾する」という趣旨になる。

【使用許諾条項】

> （技術情報使用の権利）
> 　X社はライセンシーに対し、<u>日本国内において</u>、ライセンス製品を製造し販売するために、本件技術情報を使用する<u>非独占的使用権</u>を付与する。当該使用権には、X社が所有する特許並びに技術情報に含まれるノウハウ及び発明に基づく非独占的実施許諾を含むものとする。

　ライセンス技術を使用することによる、「国内」での製品の製造と販売の「非独占使用権」を付与する規定である。「製造技術援助ライセンス契約」におけるライセンサーの義務のうち最も重要なものである。ライセンサーは、技術の使用をライセンシーに許諾することにより、後述する対価（技術使用料）を徴収する権利を持つことになる。

② テリトリー（許諾地域）

　国内取引の場合には、通常争いにはならないが、許諾製品を製造した後で、それを海外へ輸出することができるかどうかを明確に規定する必要がある。前述の例はこの点が明確でないので、明確に規定する場合には、続けて以下のような「ただし書」を追加することが望ましい。

【輸出制限条項の参考例】

> 　ただし、ライセンシーは、本件技術情報を使用したライセンス製品を自ら日本国外に輸出し、又は第三者をして日本国外に輸出させてはならない。

　なお、ライセンシーがライセンス製品を日本国内において販売し、販売された製品が転売された後に日本国外に輸出されるような場合までライセンシーにこれを阻止する義務までを負わせることは、場合により不公正な取引方法として独禁法上問題となる可能性があるので注意が必要である（公正取引委員会「知的財産の利用に関する独占禁止法上の指針」第4-3-(3)および4-(2)イ参照）。

③ 守秘義務

【守秘義務】

> （技術情報の守秘義務）
>
> 　X社の事前の書面同意なくして、ライセンシーは、本契約日以後3年間、ライセンシーが本契約に基づきX社から取得した技術情報をいかなる第三者に対しても開示若しくは遺漏せず、当該開示若しくは遺漏を防ぐために充分な手続を確保するものとする。

　ライセンシーは、ライセンスされる技術情報について、契約日から3年間第三者へ開示しないことを約束する「守秘義務規定」である。

　ライセンサーが使用許諾する技術全体の付加価値総額の中で、特許権や商標権によって明確に保護される知的財産権の部分はわずかであり、ほとんどが企業秘密やノウハウなどの公開されない情報によって損害を受ける知的財産権によって占められている。これらの企業秘密やノウハウは、公開されることによって、企業秘密としての法的な保護を失ってしまう（日本法では、不正競争防止法による保護を受ける）ので、この「守秘義務規定」は必須のものとなる。

　なお、契約日から3年間では守秘義務の存続期間としては短いと考えられる場合や、契約期間が短く、契約の有効期間後も一定期間は守秘義務を存続させたい場合は、以下のように守秘義務の存続条項を追加する必要がある。

> （技術情報の守秘義務）
>
> 1．X社の事前の書面同意なくして、ライセンシーは、ライセンシーが本契約に基づきX社から取得した技術情報をいかなる第三者に対しても開示若しくは遺漏せず、当該開示若しくは遺漏を防ぐために充分な手続を確保するものとする。
>
> 2．前項の規定は、本契約期間の満了又は解除等により本契約が終了した場合を含め、本契約日以降5年間存続するものとする。

④　委託先への第三者許諾

　ライセンシーが許諾製品を製造する場合には、自社のみで製造を完結できることは少ないであろう。つまり、社外の外注先企業へアウトソースする場合が多いと思われる。その場合には、外注先企業がライセンスの対象になっている技術情報を使用するので、それをあらかじめ認めておいてもらう規定が必要になる。以下がその例である。

【下請会社・子会社への情報開示】

> （例外）
> 　X社は、ライセンシーがそのサプライヤー若しくはその子会社に対し、ライセンシーのためにライセンス製品を製造させることを目的として当該技術情報の開示又は提供を行うことに同意する。ただし、当該サプライヤー若しくはその子会社が当該技術情報を係る目的のためにのみ使用し、かつ、係る期間中はいかなる第三者に対しても開示若しくは供給しないことにつき事前に書面にて同意するものとする。

　ライセンシーは、ライセンスされる技術情報について、前述③のように一定期間第三者へ開示しないことがその他の規定で決められていることが一般的であるが、この守秘義務は、ライセンシーが、その下請会社や子会社へライセンス製品を製造・販売するために必要な限度で、これらの下請会社や子会社へ情報開示することを例外として認めていることが一般的である。

（9）ロイヤリティーの交渉戦略

　ライセンス契約書では、ロイヤリティーを規定する条項は以下のようになっている。

> 第○○条（対価）
> 　乙は、前条に規定する実施許諾の対価として、本契約期間中に乙が製造した許諾製品の卸売価格の３％を実施料として、両者が合意する方法、期限で、甲へ支払う。本件特許が無効となった場合には、甲は、すでに支払

> った実施料を乙へ返還する。

　ロイヤリティーの規定は、双方とも譲らずに、交渉時に困難が伴うことが多い。そこで、交渉でライセンサー、あるいはライセンシーのそれぞれの立場から相手方を説得するのに客観的な根拠や基準が必要になってくる。つまり、何を基準にロイヤリティーを算定すべきかについてこちらに有利な主張を展開しなければならない。

① 何を基準にロイヤリティーを算定すべきか

　何を基準にロイヤリティーを算定すべきかを決定するためには、最初にライセンス契約の対象となる知的財産の客観的な現在価値を評価することが重要である。つまり、現実の実務では、対象となる知的財産の客観的な現在価値をベースにして、それらを第三者へライセンスする際のライセンス料（対価）を決定することが多いからである。反対に、対象となる知的財産の客観的な現在価値がわからなければ、合理的なライセンス料の交渉はできない。

　知的財産の一般的な評価方法としては、以下のものがある。

　1）コストアプローチ（原価法）

　2）インカムアプローチ（収益還元法）

　3）マーケットアプローチ（取引事例比較法）

1）コストアプローチ（原価法）

　特許の取得および維持に要した費用額のみで評価する方法である。

2）インカムアプローチ（収益還元法）

　特許が将来生み出す利益から評価する手法であるが、インカムアプローチ（収益還元法）は、さらに、(a)残存価値法、(b)超過収益法、(c)免除ロイヤリティー法、(d)利益率差異法、および(e)製法コスト差異法、の5つの手法に分類することができる。

　図表1-1-14では、これらの5つの手法について、長所・短所や留意点を簡潔にまとめたので、参照していただきたい。

3）マーケットアプローチ（取引事例比較法）

図表1-1-14 ● インカムアプローチ（収益還元法）の5つの手法

（a）残存価値法	・企業全体の資産価値－有形資産＝無形資産の価値。 ・残存した「無形資産の価値」を特許・商標などの各無形資産へ配分する手法である。 ・ただし、各無形資産への配分手法については、主観的な要素が入り込む余地が大きいので、客観性に欠けるとの批判がある。
（b）超過収益法	・企業全体の資産価値－有形資産＝無形資産の価値。 ・企業の「有形資産」と「無形資産」への配分は、「期待収益率」を適用して行う。「期待収益率」は、「無形資産」のほうが「有形資産」に比べて高く設定されることが一般的である。
（c）免除ロイヤリティー法	・特許権を所有することによって、ロイヤリティー（使用料や対価）の支払いを免除されるので、そのロイヤリティー免除の相当額を資産価値とみなす手法である。
（d）利益率差異法	・（商標の評価の場合）ブランド品とノンブランド品との利益率の比較を行うことによる評価手法である。 ・ただし、基本的には、商標に対してのみ適用され、しかも当該商標がブランドとしてすでに確立したものでなければならないという利用条件に制約がある。
（e）製法コスト差異法	・（主に特許の評価の場合）特許製法と従来製法と製造コストを比較することによる評価手法である。 ・ただし、基本的には、特許や実用新案に対してのみ適用される点で利用条件に制約がある。

図表１-１-15 ● 特許の一般的な評価方法（まとめ）

１）コストアプローチ 　　（原価法）	・特許取得維持に要した費用額のみで評価する。 ・陳腐化による減価をどのように評価するかが問題になる。
２）インカムアプローチ 　　（収益還元法）	・特許が将来生み出す利益から評価する。以下がある。 　（a）残存価値法 　（b）超過収益法 　（c）免除ロイヤリティー法 　（d）利益率差異法 　（e）製法コスト差異法
３）マーケットアプローチ 　　（市場価格比較法）	・取引者間で合意された実際の取引価格を特許の評価とする手法である。 ・ただし、このアプローチを利用するためには、同種の特許が取引されている活発な特許流通の公開市場の存在が必要である。 ・また、そうした公開市場において、同種の特許でなくとも、少なくとも比較が可能な類似の特許が活発に取引されており、その取引価格（市場価格）が存在しないと、この手法自体の信頼性が低くなってしまう。 ・実際には、特許流通の公開市場は非常に少ないので、このアプローチが利用されることは少ないであろう。

　取引者間で合意された実際の取引価格を特許の評価とする手法である。

　図表１-１-15では、これら３つの評価手法について、長所・短所や留意点を簡潔にまとめたので、参照していただきたい。

② 活用法

　それでは、コストアプローチ（原価法）、インカムアプローチ（収益還元法）、もしくはマーケットアプローチ（取引事例比較法）のいずれをライセンス料の交渉の際に活用していけばよいだろうか。

１）コストアプローチ（原価法）

　まず、コストアプローチ（原価法）は、知的財産の価値、あるいは、ラ

イセンス料の算定について、開発投資総額をベースに考えるものである。たとえば、10億円の投資を要した技術であれば、それを償却していくためにライセンス料の算定をどのように考えていくかということになる。乗用車の製造技術で10億円の投資を要した場合、ある国のディストリビューターに製造技術のライセンスを行うときに、その国では世界の販売のうち5％を販売する予定であれば、10億円×5％＝5,000万円が適正なライセンス料の総額になる（ただし、これでは利益が出ないので、これに数％の利益を上乗せすることになるであろう）。

2）インカムアプローチ（収益還元法）

　次に、インカムアプローチ（収益還元法）では、主に対象となる技術（知的財産）が生み出す売上げ・利益やキャッシュフローの予想総額をベースに考えるものである。たとえば、利益を5％上げる予定であれば（その生み出す利益に対する技術の貢献度が40％と考えると）、そのうちの2％をライセンス料として支払ってもらうという考え方である。

3）マーケットアプローチ（取引事例比較法）

　最後に、マーケットアプローチ（取引事例比較法）は、対象となる技術（知的財産）のライセンス料の相場（他社事例や実績）をベースに考えるものである。たとえば、ある対象技術のライセンス料の業界相場が3〜5％のレンジである場合に、その中で交渉の結果、4％をライセンス料として合意するという考え方である。

　以上見てきたように、1）コストアプローチ（原価法）、2）インカムアプローチ（収益還元法）、もしくは、3）マーケットアプローチ（取引事例比較法）のいずれをライセンス料の交渉の際に活用すべきかは、それぞれの特色を生かして必要に応じて複数の手法を併用するなどして活用すべきである。

8 ソフトウェア・ライセンス契約

【事例問題】

> 事務用機器メーカーであるA社は、家電機器メーカーであるB社が保有するレーザープリンタ制御用のコンピュータ・ソフトウェア（プログラムのオブジェクトコード）をA社のコピー複合機製品に組み込み使用するライセンスを受けるため、ライセンス契約の締結を前提に交渉を始めようとしている。A社はB社からソフトウェア・ライセンス契約のドラフトを受領した。A社がライセンシーとなり、B社がライセンサーとなるひな型になっている。A社、B社はそれぞれ契約内容の検討、交渉にあたり、どのようなポイントに注意すべきか。さらに、A社は、自社製品の利用者向けに、インターネットを介してA社のサーバー上のソフトウェアを利用し人事情報の管理ができる、いわゆるASPサービスを提供したいと考えている。以下の点について学習を進めつつ検討されたい。
>
> (1) ソフトウェア・ライセンス契約書の交渉にあたっての留意すべき点は何か。
> (2) ソフトウェア・ライセンス契約書作成・交渉のポイントにはどのようなものがあるか。
> (3) ASPサービス契約書を作成するポイントにはどのようなものがあるか。
> (4) 契約交渉一般に重要なポイントは何か。
> (5) 契約作成や交渉にあたり社外弁護士（法律事務所）をどのように活用すべきか。

（1）ソフトウェア・ライセンス契約書の交渉にあたって留意すべき点

　まず、ソフトウェア（コンピュータプログラム）の特質を十分に理解しておく必要がある。既述事項と重なる部分もあるが、以下にその特質

をまとめる。

① 瑕疵（いわゆるバグ）の存在

ソフトウェアが複雑であればあるほど、どんなにチェックしたとしても、組み込まれるコンピュータのあらゆる動作条件において誤作動が発生しないことを完全に担保することは技術的に困難である。したがって、ライセンサーとしては、ライセンスするソフトウェアが、（ア）どのような環境で（イ）どのような機器に（ウ）どのような目的で、それぞれ使用されるかを十分に確認し、想定されるリスクを事前に評価する必要がある。

本事例において、コピー複合機を制御するソフトウェアにバグがあった場合のリスクとしては、意図した処理ができずコピー複合機顧客の事務に支障が生じ、場合によりA社は顧客から返品を受けなければならないリスクがある、などが想定できる。他方において、航空機や原子力発電所の制御プログラムに至っては、地域規模・国家規模の被害も想定される。

契約交渉にあたっては、このようなリスクを評価したうえで、自社の技術水準、ソフトウェアの完成度、ロイヤリティー料率、損害賠償責任のあり方など、リスクとリターンを勘案しつつ進める必要がある。

② 動作環境の変化

ソフトウェアがコンピュータ上で実行されるものである以上、コンピュータのオペレーションシステム（いわゆるOS）のアップデート等によって動作環境が変化する可能性がある。ライセンシーにとっては、ライセンサーが将来どの程度の期間にわたりそのような動作環境に対応できるのか、あるいはしないのかについて確認し、契約に定めておくことも検討が必要である。

③ 容易に複製できるものであること

ソフトウェア自体は、電子記録媒体（磁気メモリや半導体メモリ）に瞬時かつ容易に複製が可能である。ライセンサーとしては、ソフトウェアの動作に一定の暗号（パスワード）の入力を求めることやネットワークを通じた認証を求めるなどの技術的措置により意図しない複製を阻止

することが可能であればよいが、そうでない場合には、本節**7**(6) ⑥
で紹介した監査条項を盛り込むなどの交渉が必要である。

④　第三者の権利

　ソフトウェアを構成する一連のプログラムの中には、第三者が開発し
た他の汎用プログラムが用いられる場合も多い。そのような場合、ライ
センサーにとっては、自身がライセンシーかつサブライセンサーとなる
のであり、サブライセンスを行う権限があるのか、既存の契約と矛盾し
ないかなどに意を払う必要がある。ライセンシーとしても、ライセンス
を受けたソフトウェアに第三者の知的財産権が含まれ、適切な権利処理
がなされていなかった場合には、最悪は差止請求を受ける可能性がある
ため、契約交渉段階における確認や保証条項の検討において重要な要素
となる。

（2）ソフトウェア・ライセンス契約書作成・交渉のポイント

　以下に紹介する「ソフトウェア・ライセンス契約書」の参考条項例は、
ライセンサー（権利者）に一方的に有利に規定されているように見える。
これは、先に述べたとおりソフトウェアがハードウェアのように「完成
品」でなく、「不完全なサービス」を「現状渡し」を前提とすることから
導かれる諸条件である。すなわち、「完成品」の場合には一定の保証が可
能なのに対して、ソフトウェアの場合には、完全な保証は難しく「現状
渡し」、つまり「無保証」が大前提であり、それに対して不具合時には、
顧客（ライセンシー）に対して保守契約（サポート契約やメンテナンス
契約）を購入してもらい対応をするのが一般的である。

　ここでは、以下のソフトウェア・ライセンス契約書の交渉の中で特に
争いとなる、①使用制限、②保証条項、③免責条項、についてドラフト
のポイントを説明する。

① 使用制限

　ライセンサーは、不用意に広範囲に許諾を与えていないかチェックを
行い、ライセンシーは、自社で使用する場合にこれらの条件で支障がな

いかどうか確認しておく必要がある。

【使用許諾条項】

（ソフトウェアの使用許諾）

　ライセンサーは本契約の条件に従い、ライセンサーのソフトウェアの最新版を組込み使用する非独占的かつ譲渡不可能なライセンスを、ライセンシーに付与する。本ソフトウェアの仕様明細（以下「本ソフトウェア」）は、本契約に添付される別表Aに明記されるとおりとする。

　本ソフトウェアは、当初、別表Bに「業務用コピー複合機XYZ型」（以下「対象製品」）として特定される機器に組み込まれる「UVW型マイクロチップ」に対してのみ使用されるものとする。その後、本ソフトウェアの使用は、ライセンシーが新たに開発する「対象製品」の派生機にも使用することができる。ただし、①ライセンシーが本ソフトウェアを使用する「対象製品」の派生機の種類が5つを超えないものとし、しかも②ライセンシーは、当該派生機の開発着手30日前に、書面によりライセンサーに通知する場合に限るものとする。

　本ソフトウェアは、対象製品及びその派生機の制御のみを目的として使用される。ライセンシーは、第三者に対し本ソフトウェアの使用を理由を問わず許可してはならないものとする。

　ソフトウェアの使用許諾の範囲（使用の場所と数量）が規定されている。

②　保証条項

【保証条件】

（保証条件）

1．ライセンサーは、本ソフトウェアがライセンシーから提供された本製品の制御に関する仕様に関して、本ソフトウェアの提供時点で最新に入手できる「UVW型マイクロチップ」の仕様に合致すること、及び本製品の実質的な制御に対して影響を及ぼす不具合がないことを保証する。

2．ライセンシーは、不具合があった場合には、ライセンサーに対し、ライセンシーへの本ソフトウェアの引渡日から90日以内に、書面にて通知しなければならない。本ソフトウェアがライセンサーにより欠陥がある

と判断された場合には、本契約に基づくライセンサーの唯一の義務は、ライセンサーの通常の取引慣行と矛盾しない方法にて当該欠陥の修正を行うことである。

3．上記保証は制限付保証であり、かつライセンサーによる唯一の保証である。ライセンサーは、明示的若しくは黙示的を問わず、一切の保証は行わない。ライセンシーは、市場性及び特定目的への適合性のすべての保証が、明白に除外されることに同意する。ライセンサーは、結果的、懲罰的若しくは付随的損害が予見可能の場合でも、当該損害に対して責任を負わない。本契約に明記された明示的保証は、本ソフトウェアの引渡し、使用から発生する損害に対するライセンサーのすべての責任若しくは義務の代わりに行われるものとする。

4．ライセンシーが保証期間内に何らかの理由で本ソフトウェアの改変を行った場合には、本保証条項は直ちに解除されるものとする。

5．契約、過失、不法行為若しくは保証における厳格な責任に起因するライセンサーの責任は、本契約に基づき本ソフトウェアに関してライセンシーがライセンサーへ支払うべき合計金額を超えないことに、ライセンシーは同意する。

ソフトウェアの保証条件が規定されている。

第１項では、ソフトウェアが仕様に合致し、本製品の制御へ実質的な影響を与える欠陥がないことをライセンサーがライセンシーへ保証している。

第２項では、ライセンシーが欠陥を発見した場合には、ライセンシーは引渡日から90日以内にライセンサーに対して通知しなければならないとされている。加えてライセンサーの唯一の義務は、ライセンシーの事業と矛盾しないように修正することのみであると規定されている。このような期間制限は、特に本事例のようにソフトウェアが組み込まれた製品が市場を転々と流通する場合において、ソフトウェアがインストールされる製品の開発段階において欠陥の洗い出しと修正を行うように限定することに意義がある。

　第３項では、本条項に規定する以外のいかなる黙示と明示の保証も排除している。明示の保証とは、口頭・文書を問わずライセンサーが保証を明示した場合に課される保証義務である。それに対して、黙示の保証は、ライセンサーが保証を明示しなくても、法律上当然に発生する保証義務である。これには、商品性の黙示保証、特定目的への適合性の黙示保証がある。本条項は英米法の影響を受けた英文契約の和訳を参考に作成されたものであるが、日本の民法上においても、保証範囲を明示し、それ以外の保証を除外することを契約上明確にしておくことは重要である。

　第４項では、ライセンシーがソフトウェアへ改変を加えた場合には、本条の保証は適用されないことを規定している。

　第５項では、本契約に起因するライセンサーの責任は、ライセンス料の総額を超えないものと規定している。ライセンサーに有利な規定であるが、通常ソフトウェアのライセンス契約における損害賠償額の上限としては一般的である。

　ライセンシーとしては、万一の場合に備え、保険の付保等により、ライセンサーから得られない損害回復の手当てをすることが考えられる。

③　免責条項

【免責】

（免責）

　ライセンシーに提起された訴訟やクレームが、本ライセンス契約の下で使用されるソフトウェアシステムが第三者の特許、著作権、ライセンス若しくは財産権を侵害するという場合に限り、ライセンサーは、それらの訴訟クレームからライセンシーを防御・補償する。ただし、ライセンシーがその受領後７日以内に当該クレームにつき、ライセンサーへ書面で通知を行った場合に限るものとする。かつ、ライセンサーが当該クレーム、訴訟並びにその他訴訟手続の防御を支配する権利を有する場合に限るものとする。ライセンシーが当該クレーム、訴訟若しくは訴訟手続を行う場合には、ライセンサーの事前の書面承認を要するものとする。

　ソフトウェアに関するすべての知的財産権がライセンサーに属することから、ライセンサーがソフトウェアの知的財産権に関するクレームや請求権から、ライセンシーを免責する規定である。ただし、先に述べたように、ライセンサーとしては、ライセンスするソフトウェアに第三者が権利を有するコンピュータプログラムが含まれていないかについて事前に十分な確認が必要である。

（3）ASPサービス

① ASPサービスとは何か

　近時、インターネットおよび通信環境の大幅な発達に伴って、ソフトウェアを顧客のコンピュータ上に複製し利用するのではなく、サービス提供者が設置するサーバー上にインストールされたソフトウェアを、顧客が自己のPC端末からインターネットを通じて直接実行し一定の業務処理を行うという、いわゆるApplication Service Provider（アプリケーション・サービス・プロバイダー）というソフトウェア利用形態も一般的になりつつある。このソフトウェア利用形態においても、顧客たる利用者が、インターネットを通じて、サービス提供者がサーバー上で提供するソフトウェアを直接動作させる、すなわちソフトウェアを利用するという側面においては、ソフトウェアの使用許諾関係があり、ライセンス契約に近い契約形態であるといえる。以下、このようなASPサービスに特徴的な契約条項を参考として紹介することとする。

② ASPサービス利用許諾条項の参考例

第1条（ASPサービス）

　本契約は、甲が乙に対し、甲のサーバー上で動作するコンピュータ・ソフトウェアを通じて提供する人事管理システム利用サービス（以下「本サービス」）の利用に関する諸条件を定めることを目的とする。

第2条（使用許諾）

1．甲は、乙に対し、本契約有効期間中、本サービスを利用する非独占的

権利を許諾する。

2．乙は、甲が発行するユーザーID、パスワード（以下合わせて「ユーザーID」）を用いることにより本サービスを利用する。

3．乙は、ユーザーIDを、別途乙が甲に届け出た乙の役員・従業員以外の者に譲渡・貸与その他使用をさせてはならない。また、ユーザーIDを複数の役員・従業員で用いてはならないものとする。

4．乙は、ユーザーIDを自己の責任において管理するものとし、当該ユーザーIDが第三者により使用された場合には、甲は、乙の過失の有無を問わず、当該ユーザーIDの利用により生じた結果（本サービス利用料の支払を含むがこれに限られない）について、乙の行為とみなすことができるものとする。

5．乙は、本サービスを利用するため、別紙1に記載する仕様を充たすコンピュータ端末及び別紙2に記載する要件を充たすインターネット接続環境（以下「本サービス利用環境」）を、自己の責任と費用をもって準備するものとし、甲は乙の本サービス利用環境について一切責任を負わないものとする。

　ソフトウェア・ライセンス契約と異なり、ソフトウェアの複製や組み込み（インストール）についての記載はなく、IDとパスワードを発行してサービスを利用することを許諾する構成となっている。ASPサービスの契約に特徴的な条項といえる。

③　利用料の支払条項の参考例

第○条（本サービス利用料）
1．乙は、甲に対し、本サービス利用料として、ユーザーID一個あたり月額○円（消費税等別途）を支払うものとする。

2．甲は、毎月末日までに前月末までのユーザーID数を計算の上、乙に報告し、利用料の請求を行う。なお、歴月の途中で発行されたユーザーIDについては、当該月のユーザーID数には計算しないものとする。

3．乙は、前項の請求が行われた翌月末日までに、別途甲の指定する銀行口座に振込送金することより利用料を支払うものとする。

> 4．乙は、ユーザーIDを自己の責任において管理するものとし、当該ユーザーIDが第三者により使用された場合には、甲は、乙の過失の有無を問わず、当該ユーザーIDの利用により生じた結果（本サービス利用料の支払を含むがこれに限られない）について、乙の行為とみなすことができるものとする。

　本参考例では、ASPサービスを利用するユーザーIDの数に応じて月額利用料を設定しているが、接続時間数（利用時間数）により計算する方法や、接続する端末の数に応じる方法など、計算方法にはバリエーションがありうる。

④　保証・免責条項の参考例

> 第○条（保証・免責）
> 1．甲は、乙に対し、乙が本サービス利用環境を充足することを条件として、別紙3に記載するサービスが利用可能な状態であることを保証する。
> 2．乙は、本サービス利用の結果生成されるデータについて、利用の都度自己の端末に複製を作成する（バックアップを行う）ものとし、甲は、かかるデータの保管について責任を負わないものとする。
> 3．甲の乙に対する本契約に関連する損害賠償責任の上限は、乙が甲に支払った利用料の総額を超えないものとする。

　おおむねライセンス契約一般について記載した説明のとおりであるが、第2項においてデータのバックアップの責任を利用者の責任とし、サービス提供者が責任を負わないとすることに注意が必要である。

⑤　サービスの停止に関する条項の参考例

> 第○条（本サービスの停止）
> 1．甲は、本サービスに関するサーバーのメンテナンス、プログラムのアップグレードその他の理由により本サービスを停止する必要がある場合、乙に対し事前に通知することにより本サービスの提供を停止することができる。但し、以下の場合は事前に通知することなく本サービスの提供を停止することができる。

　　　一．サーバーに障害が発生したとき

　　　二．地震その他災害が生じたとき

　　　三．第三者による不正アクセスの恐れが疑われるなど緊急の必要があるとき

　２．甲は、前項その他本サービスの提供停止によって乙に生じた損害について一切責任を負わないものとする。但し、本サービスの提供停止が、24時間を超えた場合、第○条の利用料から日割計算により割引を行うものとする。

　インターネットに接続されたサーバーを介して提供するサービスであることから、サービスの一時停止は不可避である。本条は、サービスの一時停止を行う場合について列挙するとともに、サービス提供者は一時停止の場合に利用料の日割り返還以外の責任を負わないと定めるものである。

（4）社外弁護士やコンサルタントの活用

　契約交渉においては、以下の3種類の問題に分類することができる。

　①　事業的な取引条件に関する事項（Business Matter）

　②　技術的な事項（Technology or Technical Matter）

　③　法的事項（Legal Matter）

通常は、法務担当部門が契約書の内容の全体を抱え込んでしまうことになるが、あらかじめ問題を分類することで、①、②については、他の社内の責任部署や担当者に対してアドバイスを求め、最終的には意思決定をしてもらうことも重要になってくる。契約交渉を効率的に迅速に行うには、社内の役割分担がきわめて重要である。

　また、契約内容の相談について、外部のコンサルタントや弁護士を活用する場合には、当該コンサルタントや弁護士の経験分野や専門分野に注意する必要がある。いまや、すべての分野について万能にこなす弁護士はいないといってよい。上記の①、②についてはより細分的に分解したうえで、適切な専門家を起用したい。事業買収や企業結合に係る契約

　交渉においては、取引条件について金融機関系等のフィナンシャルアドバイザーに交渉の前面に立ってもらうことも必要である。技術的な問題が契約交渉の争点になる場合には、技術的な分野に明るい弁理士や弁護士を起用しなければならない。また、契約交渉の対象となる事業分野（IT、医薬品、化学、保険、知的財産、通信、物流等）に応じて、インターネットや専門書籍等を通じて当該分野に専門性や経験を有する弁護士を探すことも重要である。

　なお、もし自社において長年契約担当であった退職者などがいる場合には、社外のコンサルタントや弁護士よりも契約上の交渉ポイントやリスクポイントをよく理解している可能性もある。必要に応じて再雇用等をするなどして、できる限り、その知識を後進に伝えてもらうなど、有効なリソースや知識の活用方法も検討したい。

9　フランチャイズ契約

【事例】

> 　B社は、東京都内各地に食品、日用雑貨品等を販売するスーパーマーケットを有する事業者であるが、売上げが伸び悩んでおり、このたびA社が全国展開する「XYAディスカウントストア」のフランチャイズに加盟し、既存の全店舗をXYZディスカウントストアとしてリニューアルすることにした。B社は、A社から提案されたフランチャイズ契約書のドラフトを検討している。

（1）どのような取引を対象にする契約か

　フランチャイズ契約とは、フランチャイザー（franchiser）が有する商号・商標（ブランド）のライセンス供与および店舗運営や製品管理等の事業ノウハウを提供することの対価として、フランチャイジー（franchisee）が加盟料やロイヤリティーを支払うことを約する契約である。

図表１－１-16 ● フランチャイズ契約と類似契約の対比

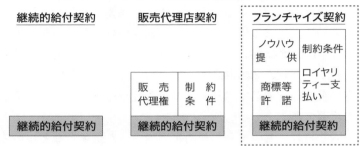

また、一般にフランチャイズ契約においては、フランチャイザーからフランチャイジーに対する継続的な製品・サービスの供給を伴うため、契約の構成としては継続的給付契約の要素と、商号・商標、ノウハウのライセンスの要素が複合的に組み合わされた契約となる。→図表１－１-16

フランチャイズシステムにおいては、商号・商標のブランドが重要な価値を担うため、フランチャイズ契約においては、当該ブランド価値を保持するために、フランチャイジーの活動に対しさまざまな制約事項が課されることが多い。この点で、前述の販売代理店契約と同様、再販売価格維持、拘束条件付取引および優越的地位の濫用などの独禁法上の不公正な取引方法に該当しないよう注意が必要である。また、フランチャイザーが、フランチャイジーの勧誘にあたってフランチャイズシステムの内容について十分な開示を行わなかったり、著しく優良または有利であるというような虚偽の開示を行った場合は、ぎまん的顧客誘引（一般指定８項）に該当するおそれがあるので注意が必要である*。

　＊　「フランチャイズ・システムに関する独占禁止法上の考え方について」公正取引委員会2002年４月24日

（2）契約の構成と主要条項

フランチャイズ契約書の構成は図表１－１-17のとおりである。

以下では、フランチャイズ契約に特徴的な条項として、第１条〜第５

図表 1-1-17 ● フランチャイズ契約書の構成

	条　項	内　容
1	フランチャイズの許諾	フランチャイズへの参加と許諾範囲
2	商号・商標の許諾	商号・商標の許諾条件
3	ノウハウの提供と経営指導	ノウハウおよび経営指導の提供範囲と条件
4	加盟金およびロイヤリティー	加盟金およびロイヤリティーの支払条件
5	フランチャイジーの遵守事項	フランチャイズ店舗の設計および運営、競合製品の扱い等に関する制限事項
6	個別契約	個別契約の成立と優先適用関係
7	納入条件	商品納入場所・納入手配など
8	検収・受領	商品の検収手続・不合格品の措置
9	支払条件	締め日、支払日、支払方法
10	所有権移転・危険負担	所有権の移転時期・危険負担の移転時期
11	契約不適合責任	契約の不適合があった場合の売主の対応責任範囲
12	製造物責任	製品の欠陥による拡大損害発生時の責任範囲
13	知的財産権	第三者の知的財産権侵害の場合の措置
14	履行遅滞	売主の納期遅滞時の違約金、遅延損害金
15	相殺	売主の買主に対する債権・債務の相殺権
16	権利義務譲渡禁止	本契約上発生する権利譲渡・義務引受けの禁止
17	機密保持	本契約履行に伴う営業・技術機密の保持
18	有効期間と解約	本契約の有効期間、自動更新、任意解約
19	契約解除	債務不履行時等の契約解除、契約解除後の措置
20	期限の利益喪失	期限の利益喪失事項の特定、通知の有無
21	合意管轄	第1審の合意管轄裁判所の指定
22	協議解決	疑義事項の協議による解決

条の規定について説明する。

① フランチャイズの許諾

> 第1条 甲【フランチャイザー】は、乙【フランチャイジー】に対し、本
> 契約に規定する条件に従い、乙所有の下記店舗において、「XYZディ
> スカウントショップ」店舗（以下「本フランチャイズ店舗」とい
> う）を営業する権利を許諾する。
> 　　　　店舗所在地：
> 　2．乙は、前項に規定する店舗のほか、甲の書面による事前承諾を得
> ることにより、乙が所有する東京都区内の店舗に限り、本フランチ
> ャイズ店舗として営業を行うことができる。

　第1項は、フランチャイズの対象店舗を具体的に特定してフランチャ
イズを許諾する規定である。第2項では、①甲の事前承諾を得ること、
および②東京都区内の店舗、という条件で、乙所有の他の店舗をフラン
チャイズに追加することができる旨規定している。なお、②は販売地域
の指定を行うものであり、販売代理店契約と同様、独禁法上の問題に注
意する（→本節 **4** **(2)** ①参照）。

② 商号・商標の許諾

> 第2条 甲は、下記の商号及び商標を使用する権利を乙に対して許諾する。
> 乙は、下記の各商号及び商標（以下「本件商標」という）を本フラ
> ンチャイズ店舗の営業目的にのみ、甲が別途指示する「XYZディ
> スカウントストア商標等使用マニュアル」の規定に従って使用しな
> ければならない。
> 　　　　(1)「XYZディスカウントストア」
> 　　　　(2) …………………
> 　　　　(3) …………………
> 　2．乙は、本件商標に関して第三者から権利侵害等のクレームを受け
> た場合、又は、第三者による本件商標の不正使用を発見した場合に
> は、直ちに甲に対して通知しなければならない。

　第 1 項は、フランチャイズ店舗の営業に使用する商号および商標を具体的に特定して使用許諾する条項である。前述のとおり、フランチャイズシステムにおいては商号・商標が持つブランド価値を維持することがきわめて重要となる。第 2 項は、フランチャイジーに対しても、クレームや侵害事象の通知義務という形で、一定の範囲の商号・商標の保護に関する協力を求める条項である。フランチャイザーの立場からは、上記の通知義務以外に、侵害に関して訴訟手続が係属した場合の当該手続におけるフランチャイジーの協力義務を付加する場合もある。

③　ノウハウの提供と経営指導

第 3 条　甲は、乙に対し、本フランチャイズ店舗の設計、製品の仕入れ・陳列、在庫管理、従業員教育等に関するノウハウ（以下「経営ノウハウ」）を「XYZ ディスカウントストア　運営マニュアル」として乙に対し提供する。
　　2．甲は、本契約期間中、定期的に甲のフランチャイズ指導者を乙の本フランチャイズ店舗に派遣し、経営ノウハウの実施について指導を行う。

　フランチャイズシステムの経営ノウハウの提供範囲を定める規定である。フランチャイジーにとっては、いかに充実した内容の経営ノウハウの提供を受けるかが、ビジネスの成否を大きく左右することから、契約書において①ノウハウの提供項目、提供方法が具体的に記載されているか、②具体的な経営指導の内容・回数・費用負担が明記されているか、という観点から検討する必要がある。その点、上記の第 2 項は「定期的に」指導を行うという抽象的な表現にとどまっているため、フランチャイジーの立場からは、より具体的に（年に何回など）規定するよう求めるとともに、指導員派遣についての費用負担についても明確に規定するよう求めたいところである。

④　加盟金およびロイヤリティー

> 第4条　乙は、本契約の締結後10営業日以内に、加盟金として　　　　円を
> 　　　　甲に対し支払う。
> 　２．乙は、本フランチャイズ店舗の毎月の総売上高の＿＿＿＿％に該当
> 　　　する金額を、ロイヤリティーとして翌月15日までに甲に対し支払う。
> 　３．乙は、本フランチャイズ店舗の毎月の総売上高及びロイヤリティ
> 　　　ー金額を翌月５日までに甲所定の様式により甲に対して報告しなけ
> 　　　ればならない。
> 　４．乙は、本フランチャイズ店舗の売り上げを記録した会計帳簿を適
> 　　　切に維持管理するものとし、当該会計帳簿を５年間保存しなければ
> 　　　ならない。甲は、これらの会計帳簿を監査することができるものと
> 　　　し、乙は甲が監査を求めたときはこれに協力しなければならない。

　フランチャイザーに対する加盟金とロイヤリティーの支払いに関する
規定である。第３項はロイヤリティー算定の基礎となる総売上高の報告
義務をフランチャイジーに課している。ロイヤリティーが売上高にリン
クしていることから、第４項のように、売上高を記録した会計帳簿の維
持保存義務をフランチャイジーに負わせるとともに、フランチャイザー
による会計帳簿の監査権を規定することが多い。フランチャイジーの立
場からは、フランチャイザーによる監査実施にあたり事前通知義務を課
すか否か、監査の頻度の上限および費用負担の規定の必要性などについ
ても検討しておきたい。

⑤　フランチャイジーの遵守事項

> 第5条　乙は、本フランチャイズ店舗における店舗運営、製品管理、製品
> 　　　　販売、アフターサービスの実施等にあたっては、甲が提供する各種
> 　　　　運営マニュアル及び経営指導の内容を遵守しなければならない。
> 　２．乙は、「XYZディスカウントショップ」と競合する他の事業を行
> 　　　ってはならない。
> 　３．乙は、甲が販売促進のために実施する統一キャンペーン活動に協
> 　　　力し参加しなければならない。
> 　４．乙は、本フランチャイズ店舗に従事する全従業員に対し、甲が主

　　催する従業員研修へ毎年１回参加させなければならない。
　５．乙は、店舗の運営にあたって関連する法令及び監督官庁の指導を
　　遵守するとともに、必要な許認可の取得及び監督官庁への届出を行
　　わなければならない。甲は、必要と認めるときは、乙の本フランチ
　　ャイズ店舗に立ち入り、本契約の遵守状況を調査することができる。
　　甲が、本フランチャイズ店舗の運営について改善措置を求めた場合
　　は、乙はこれに従わなければならない。

　フランチャイズ契約の特徴として、フランチャイズシステムの統一性
維持のため、店舗運営に関しさまざまな制約事項がフランチャイジーに
課されるという点がある。本条ではその例として、以下を規定している。
　ア　マニュアル類の遵守（第１項）
　イ　競業禁止（第２項）
　ウ　販売キャンペーンへの参加義務（第３項）
　エ　従業員研修への参加義務（第４項）
　オ　関連法令遵守および許認可取得義務ならびにフランチャイジーの
　　立ち入り調査権（第５項）
　第２項の競業避止義務については販売代理店契約で述べたのと同様、
独禁法上の問題に注意する必要がある（→本節 **4** **(2)** ④参照）。第３項
および第４項については、フランチャイジー側の費用負担の有無につい
て追加的に規定しておきたい。第５項についても、前述の会計帳簿監査
権と同様、フランチャイジーの事前通知義務と費用負担について検討す
べきである。

【実務上のポイント】
　１．フランチャイズ契約とは、フランチャイザーが有する商号・商
　　標（ブランド）のライセンス供与および店舗運営や製品管理等の
　　事業ノウハウを提供することの対価として、フランチャイジーが
　　加盟料やロイヤリティーを支払うことを約する契約である。

2．販売代理店契約と同様、フランチャイズ契約にもフランチャイジーの営業活動に関するさまざまな制約条件が課されるのが一般的であり、それらが拘束条件付取引や優越的地位の濫用などにより独禁法の規定に違反しないよう注意が必要である。

3．フランチャイジーの立場からは、フランチャイザーが提供する経営ノウハウおよび経営支援が具体的に規定されているか、フランチャイジーの活動に関連して負担すべき費用はどの範囲か、という観点に特に注意して契約書を審査する必要がある。

10 リース契約

【事例問題】

U社は工場の設備投資にあたり、機械メーカーS社に機械設備を発注する前提で契約交渉を進めてきた。S社との間で、新規設備の仕様が固まり、契約金額もおおむね合意されたが、最終段階で、ファイナンス・リースの形態を使うこととなり、リース会社であるL社が、U社の新規設備導入の契約相手方として登場した。U社は、ファイナンス・リースの当事者としてどういった点に注意したらよいであろうか。

（1）ファイナンス・リースとはどのような取引か

事務機器・機械器具・製造設備などを導入しようとする企業（以下「ユーザー」または「U」という）が、その物件を販売店またはメーカーなどの供給者（以下「サプライヤー」または「S」という）から調達する場合に、リース会社（以下「リース会社」または「L」という）が、ユーザーに代わって当該物件をサプライヤーから購入し、これを一定期間にわたってユーザーに賃貸するという形式で行われる取引がファイナン

図表1-1-18●リース取引の構造の図示

〔リース取引の構造〕

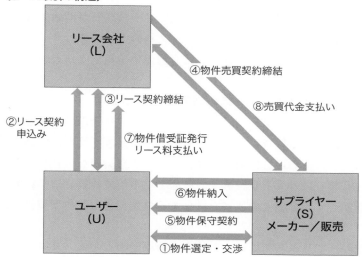

ス・リース取引である。そして、その際、リース会社とユーザーとの間で締結されるのがリース契約である。

　リース契約が成立し、リース取引がなされるまでの具体的な流れを時系列で説明する。図表1-1-18の取引図を参考にしていただきたい。

① 　SとUとの間で物件の選定・価額交渉が行われ、S・U間で合意が成立する。

② 　合意条件に基づき、Lにリース取扱いを申し込む。

③ 　L・U間でリース条件について交渉され、合意されるとリース契約が締結される。

④ 　リース契約締結後、SとLとの間でリース物件の売買契約が締結される。

⑤ 　SとUとの間で、リース物件の保守契約が締結される。

⑥ 　Sは売買契約に基づきリース物件を直接Uに納入引渡しを行い、Uは物件の検査・検収を行う。

⑦　リース物件の検収が完了すると、UはLあてにリース契約に基づき物件借受証（物件受領書）を発行する。Lがこの書類を受領した時点でリース契約が発効し、正式にリース期間が開始され、UはLに対してリース契約に基づくリース料の支払いを行う。

⑧　Lは売買契約に基づき、Sに売買代金全額を支払う。

（2）ファイナンス・リースの法的特徴について

　リース取引は、LがUに対してリース物件の賃貸借の形式をとるものの、民法における賃貸借契約とは取引実態が大きく異なっている。従来、リース契約の法的性質に関してはさまざまな議論がなされてきたが、現在は、LのUに対する金融供与の側面を重視して、賃貸借契約の一種だとは解釈せず、金融上の便宜を付与する無名契約（非典型契約）だと理解されている。

　したがってリース契約は、契約自由の原則のもとに、リース取引の実態、取引慣行、趣旨などを十分配慮しつつ解釈されることになる。具体的には、業界団体である（公社）リース事業協会が作成・発表するリース標準契約書（以下「標準契約書」という）の各条項が、リース契約の当事者の権利・義務を規定しているということができる。標準契約書の条項から導かれるリース契約上のU・Lの権利義務のうち、特徴的なポイントを述べる。

① リース物件の所有権、使用収益権

　LがSから購入した物件をUに賃貸する構成をとるので、リース物件の所有権は、名実ともに、Lに帰属する。Uのリース物件に対する権利は、使用収益権である。リース期間満了となった場合、LとUとの間で再リースの合意がなされない限り、リース物件はUの費用負担で原状回復のうえ、Lに返還されなければならない。

② 契約解除とリース料支払義務

　Uは、リース期間中は中途で解約することはできない。また、Uは、いかなる事情のもとでもリース料の支払義務を免れない。

　Uがリース契約違反のときまたは倒産となったときは、Lは、契約解除してリース物件の返還を求めることができる。この場合でも、Uは、未払いリース料全額を一括で支払う義務がある。

③　リース物件の契約不適合責任、不可抗力による損害

　Lは、リース物件の契約不適合責任を一切負わない。保守・点検・整備義務は、費用負担を含めてすべてUの義務である。

　天災地変等不可抗力でリース物件が毀損し、滅失する危険はUの負担であり、当該不可抗力によって物件が修復不能となった場合は、Uは所定の損害賠償金をLに支払わなければならない。

（3）リース契約締結上の注意点

　ファイナンス・リース契約の法的特徴は、前述のとおり、民法が規定する賃貸借契約とは異なる取引だと解釈されるので、Uの立場でリース契約を締結する場合には、実務上、以下の点に特に注意すべきである。

①　物件導入にあたり、Sと価格交渉など契約交渉を行い発注するが、実際の取引は、Lとのリース契約に基づいて行われる。したがって、物件の所有権は常にLに帰属し、Uは、単に物件の利用者にすぎない（占有・使用者）ことを明記しなければならない（物件はUの資産ではないから、第三者のために担保設定するようなことはできない）。

②　Sから物件が納入されたとき、物件の検査を入念に行い、契約不適合がないことを確認したあとで「物件借受証（物件受領書）」をLあてに交付する。物件納入がないままLあてに「物件借受証（物件受領書）」が交付されると、Uは物件の有無にかかわらずLにリース料を支払う義務が生じることがある。

③　物件に契約不適合があっても、Lには契約不適合責任はないので、請求はできない。したがって、Sとの間で物件の維持・修繕に関する保守契約を締結すべきである。

④　リース契約を中途解約はできない。物件が陳腐化し、使用に耐え

なくなった場合でも、リース期間満了まで約定どおりのリース料を支払わなければならない。リース満了後は、Ｌとの間で物件の再リースの合意がなされない限り、Ｕの費用負担で原状回復のうえ、Ｌに返還されなければならない。

⑤　天災地変等不可抗力によって物件が毀損・滅失した場合、Ｌは物件所有者として損害を被ることになるが、危険はＵが負うので、この損害はすべてＵの負担となることに留意しなければならない。

（4）リース契約と倒産手続

　リース契約の継続中に、Ｕが民事再生、会社更生など再建型の法的倒産手続の申立てをした場合、リース契約は、通常の賃貸借契約と同様に取り扱われるであろうか。すなわち、Ｕがリース物件を引き続き使用する場合には、手続申立て以降は、所定のリース料を原契約どおりに支払わなければならないかという問題である。つまり、法的倒産手続においては、リース料は共益債権となるかという問題である。

　リース契約の条項には、リース物件の所有権はＬに帰属し、Ｌはリース物件をＵにリース（賃貸）することが明記されている。しかし、リース契約の法的性質は前述したように、賃貸借契約の一種ではなく、ＬがＵに対して金融上の便宜を付与する契約だとされる。したがって、倒産手続上では賃貸借契約としては扱われず、未払いリース料全額は融資金残額と同種の性格を持つ債権だとされる。そして、リース物件（あるいはその占有・使用権）は、未払いリース料支払債務の担保だと解釈される。

　したがって、Ｕが法的倒産手続となった場合には、未払いリース料は共益債権として扱われることはない。リース物件（あるいはその占有・使用権）の価値の範囲内は担保付債権となり、価値をはみ出てしまう部分は一般債権となる。つまり、会社更生の場合には、更生担保権と更生債権として取り扱われ、破産、民事再生の場合には、別除権と破産債権または再生債権として扱われることになる。

（5）その他のリース取引

　ファイナンス・リース以外のリースのことを、オペレーティング・リースと総称している。ファイナンス・リースが金融の便宜を目的としているのに対して、オペレーティング・リースは物件の使用を目的とするリースである。

　オペレーティング・リース契約には、貸主（リース会社）が物件の瑕疵担保責任を負う契約形式や不可抗力による危険を負担する契約形式、借主（ユーザー）に中途解約権を認める契約形式などさまざまな形態がある。さらに、貸主（リース会社）が物件の維持・修理・修繕等の保守義務を負担する契約形式のメンテナンス・リースがある。また、レンタルと呼ばれる契約形式のリースは、リース会社の在庫物件を時間単位・日数単位といった比較的短期のリース期間を設定し、利用者に貸し出す形態のリースである。

　このように、単にリース契約といっても、ファイナンス・リースかオペレーティング・リースかは、その契約内容によって法的性格が異なる。したがって、当事者の権利や義務もケース・バイ・ケースとなるので注意を要する。

11　共同研究開発契約

　共同研究開発契約は、複数の企業が共同の費用・人材・技術の拠出により、製品や技術を開発しその成果を共有し共同で利用する目的で締結される。→図表1－1－19

　たとえば、自動車の排気ガスの環境対応技術の開発がある。自動車会社1社単独での開発は莫大な費用がかかるので、費用対効果を考えると1社では不可能だが、自動車業界の複数の企業で共同開発すればボリューム効果が得られて可能となる。

図表 1 - 1 -19 ● 共同開発契約

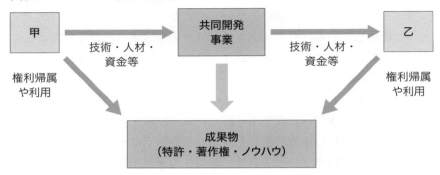

(1) どちらに有利か

共同開発を目的としているので、契約当事者は基本的に対等の立場でドラフトされるものが多くなる。

ただし、企業が大学と共同開発契約を締結する場合には、企業が全額費用負担を行い、大学が全面的に技術的貢献を行う型式もある。この場合には、共同開発契約というよりは、開発委託契約に近い契約内容となるだろう。

(2) 注意点と交渉時のポイント

各当事者は、自社の金銭的・技術的貢献に応じて成果物やロイヤリティーの配分などのリターンをきちんと得ているかが、交渉のポイントとなる。→図表 1 - 1 -20

12 業務提携契約

(1) 業務提携とは

業務提携と一口にいっても、その実態は千差万別である。抽象的には、業務提携とは、複数の企業が資金、技術、人材等を提供しあって、既存事業の拡大や新規事業の検討・立ち上げを行うことを指すと理解されて

図表1-1-20 ● 共同研究開発契約書のサンプル

共同研究開発契約書

　○○株式会社（以下「甲」という。）と○○株式会社（以下「乙」という。）とは、環境対策技術の研究開発を共同して行うこと（以下「本開発」という。）に関し、次の通り契約を締結する。

第1条（本開発の対象）　本開発の対象は、次の各号に掲げる技術の研究開発とする。
　一　（省略）
　二　（省略）
　三　（省略）

第2条（役割分担）　甲及び乙は、前条に定める技術研究開発を達成するため、別途甲乙協議の上、開発日程及び開発分担を定めるものとする。
2　甲及び乙は、定期的に会合を開き、本開発の進捗状況を報告し、その他必要あると認めたときは、臨時会合を開催するものとする。
3　甲及び乙は、本開発に要する費用につき、その開発分担に応じて各自負担するものとする。但し、個別具体的に別段の合意が成立したものについては、その合意内容に従うものとする。

第3条（資料・情報の提供）　甲及び乙は、相手方が本開発を遂行するにつき、必要且つ十分な資料・情報（物品を含む。以下同じ。）をその相手方に開示・提供するものとする。
2　甲及び乙は、相手方から提供された資料・情報を本契約の目的外に使用し、又は第三者のために使用してはならない。
3　本契約が解約された場合又は本開発が終了した場合（但し、産業財産権の登録手続に必要な場合を除く。）若しくは相手方より要求された場合には、甲又は乙は、相手方から提供された資料・情報を速やかにその相手方へ返却するものとする。

第４条（秘密保持）　甲及び乙は、本契約、本開発遂行の事実、本開発の
　成果、相手方から提供された資料・情報及び本開発に関連して知り得た
　相手方の技術上・営業上・経営上の一切の秘密につき、善良なる管理者
　の注意をもって、その秘密保持に努めるものとし、相手方の書面による
　事前の承諾を得ないで、第三者に開示・漏洩してはならない。但し、次
　の各号のいずれかに該当するものは、この限りでない。
　一　相手方より知得する以前に既に保有していたもの、又は公知のもの
　二　相手方より知得した後に自己の責に帰し得ない事由により公知とな
　　ったもの
　三　特許・実用新案・意匠（以下「特許等」という。）が登録出願され
　　ることにより特許庁が発行する公報に掲載されたもの
　四　技術上の情報で本開発に関係なく独自に開発したもの　（一般条項）

第５条（知的財産権）　甲及び乙は、本契約期間中、本開発の結果生じた
　発明・考案・意匠（以下「発明等」という。）について特許等を受ける
　権利及び当該権利に基づいて取得される特許権・実用新案権・意匠権及
　びノウハウ（以下「特許権等」という。）を含む本開発の結果生じたす
　べての知的財産権（以下「知的財産権」という。）の帰属につき、次の
　通り定める。
　一　甲及び乙の従業者等（特許法第35条に規定された従業者等をいう。）
　　が共同で行って得られた知的財産権は、両者の共有とする。
　二　甲及び乙の一方の従業者等のみが行って得られた知的財産権は、当
　　該従業者等が帰属する甲又は乙の単独所有とする。
　三　前２号のいずれかに該当するか不明の知的財産権については、その
　　都度甲及び乙が協議して決定し、協議が調わないときは、両者の共有
　　とする。
　２　前項において、甲又は乙の従業者等には、第三者の従業者等を含めて
　　取り扱うものとする。
　３　甲及び乙は、前第１項により共有とした知的財産権の出願及び権利維
　　持に要する費用を均等に負担する。

第6条（解約）　次の各号に掲げる事由に該当する事実が甲又は乙に発生したときは、相手方は、30日前に予告をなし、当該期間中に斯かる事実が是正されないときは、本契約を解除することができる。

一　本契約に定める各条項に違反したとき。

二　甲乙間の現在の商取引上の相互の信頼関係を著しく阻害するおそれのある事態が発生したとき。　　　　　　　　　　　　　　　　（一般条項）

第7条（有効期間）　本契約の有効期間は、令和○年○月○日から令和○年○月○日までとする。但し、期間満了3カ月前までに甲又は乙から書面による何等の意思表示のない場合には、本契約は、更に1年間延長されるものとし、以後も同様とする。　　　　　　　　　　　　（一般条項）

第8条（残存条項）　第3条第2項、第4条及び第5条の規定は、期間満了、解約その他の事由により、本契約が終了した後においても尚有効に存続するものとする。　　　　　　　　　　　　　　　　　　（一般条項）

第9条（協議）　本契約に定めのない事項及び本契約の各条項の解釈につき疑義が生じたときは、甲及び乙は、誠意を以って協議し、これを処理する。　　　　　　　　　　　　　　　　　　　　　　　　　（一般条項）

　本契約締結の証として、本書2通を作成し、甲乙記名押印の上、各1通を保有する。

　令和○年○月○日

　　　　　　　　　　　　　　　　　　甲　（略）

　　　　　　　　　　　　　　　　　　乙　（略）

いる。ただ、実態としては、資本提携を含む強固な業務提携から、新規事業の事業性を検討するにあたり、共同でプレスリリースするにあたって秘密保持契約ではインパクトが足りないとして、内容的には秘密保持契約とほぼ変わらない内容の抽象的かつ緩やかな提携を定めた業務提携契約までさまざまである。

（2）資本提携と業務提携

　業務提携には、大別すると、資本関係を作出する資本提携と、資本関係を作出せず契約で提携系関係だけを作出する業務提携に分けられる。前者については、合弁会社の設立が最たる例であるが、出資比率を低く抑え、経営には基本的に口を出さないものの提携先企業に出資し、当該企業との取引関係の開始または既存の取引関係を維持・強化するものが挙げられる。後者については、ライセンス契約や共同開発契約等を締結する技術提携、製造委託契約等を締結し、製品を生産する生産提携、販売店契約、代理店契約を締結し商品を販売する販売提携がある。

（3）業務提携契約の交渉のポイント

　資本提携の典型例である合弁会社については、『企業法務2級（組織法務）』第3章第6節の記載に詳述されており、技術提携、生産提携、販売提携については、本節**4**、**5**、**7**、**11**で詳しく記載されているので、ここでは、業務提携契約に盛り込まれる基本的な契約条項についてのみ説明をする。

① 　基本原則・目的を定める条項

　業務提携を行うに至った経緯などが記載されるほか、複数の事業者が業務提携をするにあたり、業務提携の推進の根本的な考え方や目的を記載する例が多い。直接、当事者間の権利関係を記載する例は少ないが、各条項の文言の解釈が多義的な場合や各条項で触れられていない事項が当事者間で争点となった場合は、業務提携の経緯、基本原則、業務提携の目的が解釈の指針として影響力を有することから、事実関係を正確に

記載する必要がある。また、当事者間で漠然とした業務提携をする際には、お互いの思惑が実は一致していないというケースも少なくない。実際に、業務提携の基本原則や目的について業務提携契約のドラフトで実際に文言として盛り込んでおくと当事者間の思わぬ思惑のずれが発見され、将来のトラブルを未然に防止できるのでレビューをする際は、他の条項と同様、慎重に内容を検討する必要がある。

② 具体的な業務提携の内容に関する条項

業務提携契約にどこまで詳細な条項を入れ込むかは、個別の業務提携の経緯・事情・内容により、千差万別である。実務上は、前述のとおり、複数の企業が共同で新規事業の立ち上げを検討するに際して、秘密保持契約とさほど変わらない、緩やかな業務提携契約を行うことも少なくない。ただ、そうしたケースにおいても、最低限、それぞれの当事者の役割分担、費用負担、打ち合わせの開催頻度程度は定めておかないと、業務提携契約は締結したものの、実際の実務では、各当事者の役割分担の認識のずれや担当者等の多忙を理由に、いたずらに時間だけが経過していくことになりかねないので、注意を要する。

③ 知的財産権・ノウハウに関する条項

業務提携の過程で、お互いのノウハウや知的財産権を開示し合って、新規事業の開発立ち上げやその後の運用の過程で新たなアイデアやノウハウが生まれる可能性がある。そうした新たに生まれたアイデアやノウハウの知的財産権の帰属についても、事前に知的財産権の帰属や持分について協議し、業務提携契約書に盛り込んでいくことが必要になるケースも多い。一般論としては、個別の知的財産権の創出に寄与分を考慮して当事者間で協議して持分を決めるという内容だと、実際に個別の発明等が生まれた際に寄与分について協議がまとまらないケースが多い。業務提携において、特殊なノウハウを有し、これを開示・提供するわけではなく、資金面での貢献のみをする当事者にとっては、寄与分ではなく、一律、持分は均等とする、あるいは、持分は原則均等とするものの、いずれかの当事者の寄与分がきわめて大きいという特別な事情がある場合

にのみ、協議のうえ異なる持分とするという趣旨の条項を入れるほうが有利である。

④　競業避止に関する条項

　緩やかな業務提携契約を締結する際には、秘密保持契約の内容を一歩進めて、相手方との独占交渉権を確保しておきたいという思惑があることが多い。その場合には、業務提携契約の当事者間で、お互い業務提携先と競業する第三者とは同一または類似の取り組みをしないことを求めることが多い。いわゆる競業避止条項だが、競業避止を負う期間については、業務提携契約の有効期間中にのみ限定するパターンのほか、業務提携契約終了後も、一定期間は競業避止義務を存続させるパターンがある。業務提携契約における自社の役割に応じて、いずれのパターンとするのが有利かについて慎重に見極めたうえで提案をする必要がある。

13　データ・IT契約

（1）AI・データの利用に関する契約ガイドライン

　2018年6月15日付で、経済産業省から「AI・データの利用に関する契約ガイドライン」が公表された。同ガイドラインには、活躍中の多くの実務家が委員として作成に携わり、多くの重要な点についての実務上のノウハウ、見解や考え方が示されているため、AI・データの契約実務家にとって（とりわけユースケース）大いに参考になる。

　「データの利用に関する契約」（データ編）と「AIの利用に関する契約」（AI編）とに大きく2つに分けてガイドラインを作成している。現実の実務では、これらの2つの契約が1つの契約書で合意締結されることが多いと思われるが、まずは、この2つに分けてガイドラインを作成した点は、契約交渉において利害対立する点がそれぞれ明確になるので、非常に評価できる。

　まず「データの利用に関する契約」（データ編）については、①「データ提供型」契約、②「データ創出型」契約、③「データ共用型」契約の

3つに分類しているのに対して、他方、「AIの利用に関する契約」（AI編）については、①「学習済みモデルの開発契約」、②「学習済みモデルの利用契約」の2つに分類している。その概要は図表1-1-21のとおりである。

【交渉のポイント】

1．図表1-1-21の類型は、ガイドラインにすぎないので、実際にはハイブリッド（混成型）になる場合もある点（特に提供型と創出型）に留意すべきである。

2．重要な論点は、①データの利用権限に加えて、②保証（原則として無保証であり、特に無償提供の場合は無保証が一般的）、③損害賠償責任（責任制限）、④免責・補償が問題になるが、データの瑕疵の保証や損害賠償の問題は、そもそもデータは完成品ではないので、現状渡し（無保証）が考え方の出発点になることを各当事者は認識しておく必要がある。

図表1-1-21 ● データの利用に関する契約の3類型

契約類型	主　旨	実務上の契約類型
「データ提供型」契約	データ提供者から他方当事者に対してデータを提供する際に、他方当事者の利用権限その他提供条件等を取り決める契約	データ譲渡契約（売買契約）ライセンス（使用許諾）契約相互ライセンス契約（共同利用契約）等
「データ創出型」契約	新たに創出されるデータの創出に関与した当事者間で、データの利用権限について合意する契約	新しい契約類型（共同開発契約が参考になるか）
「データ共用型」契約	複数の事業者がデータをプラットフォームに提供し、プラットフォームが当該データを集約・保管・加工・分析し、複数の事業者がプラットフォームを通じて当該データを共同利用するための契約	多数当事者間のデータ利用のための規約（定型約款）

図表１-１-22 ● AIの利用に関する契約の２類型

契約類型	実務上の契約類型
学習済みモデルの開発契約	・ソフトウェア開発契約（請負か、準委任か） ・その他の学習済みモデル開発契約
学習済みモデルの利用契約	・クラウドサービス契約 ・ソフトウェアライセンス契約等

　AIの利用に関する契約の２類型のうち、どちらの契約類型の建付けにするかで当事者間の交渉パワーが違ってくるので、最初の契約構成が非常に重要となる。２類型のハイブリッド（混成型）として、「共同開発契約」に準じた類型も実務では考えられる。→図表１-１-22

【交渉のポイント】

1. 図表１-１-22の類型は、ガイドラインにすぎないので、実際にはハイブリッド（開発契約と利用契約の混成型）になる場合もある点に留意すべきである。

2. また、実際には、「データ編」の各データ契約と上記開発契約・利用契約の組合せた契約になることがあり、データによって賢くなった学習済みモデルの知的財産の帰属や利用権限が問題となることが多い。

　　＊　参考資料：経済産業省「AI・データの利用に関する契約ガイドライン」（2018年６月15日）
　　　（https://www.meti.go.jp/press/2018/06/20180615001/20180615001.html）

14　外国籍従業員との雇用契約

【事例問題】

　東京に本社があるA社は、東南アジアへの事業進出を計画しており、その担当者として、東南アジア地域でのマーケティングの知見のある、シンガポール国籍のB氏を本社の部長格従業員として雇用することとした。B氏は日本語の日常会話はできるものの、読み書

きはできない。A社としては、日本語の読み書きができない外国籍従業員の採用が初めてであることから、契約作成担当部門に、英文での雇用契約の作成依頼があった。契約作成部門としていかなる点に注意すべきか。以下の点に注意を払いつつ検討されたい。

(1) 外国籍従業員に日本の労働関係法制の適用はあるか。

(2) 労働条件通知書(雇用契約書)の作成において注意すべき点は何か。

(1) 外国籍従業員に対する労働関係法の適用

労働関係法(労働基準法、労働契約法、労働組合法、最低賃金法、労働安全衛生法、育児介護休業法等)は、外国籍従業員にも適用があるか。

① 労働基準法の公法的側面

まず、労働基準法上の「事業」が日本国内にある場合には、労働者が外国籍であっても、あるいは使用者が外国法人であっても、日本の労働基準法の公法的側面(行政監督や刑事処罰に関する規定)は適用される(公法の属地主義的適用の原則)。労働基準法の行政監督や刑事処罰に関する規定や、最低賃金法、労働安全衛生法などがこれに該当するといえる。

② 労働基準法の私法的側面

次に、労働基準法の私法的側面(労働契約上の成立や効力に関する部分)については、当事者間の私的自治の原則に従い当事者間の合意により準拠法を選択できる(法の適用に関する通則法(以下「通則法」という)7条)。当事者による準拠法の合意がない場合には、労働契約に「最も密接な関係がある地の法」(同法8条1項)が適用されることになるが、労働契約においては、労務を提供すべき地の法が当該労働契約に最も密接な関係がある地の法と推定される(同法12条3項)。

③ 強行規定の適用

さらに、注意すべき点は、当事者間の合意により、「最も密接な関係がある地の法」(「労務を提供すべき地の法と推定される」)以外の法が選択

された場合でも、「労働者が当該労働契約に最も密接な関係がある地の法中の特定の強行規定を適用すべき旨の意思を使用者に対し表示したときは、当該労働契約の成立及び効力に関しその強行規定の定める事項については、その強行規定をも適用する。」（同法12条1項）とされている点である。本事例のように、労務提供地が日本の場合には、仮に、A社とB氏との間で、労働契約の準拠法をシンガポール法とすることに合意したとしても、「最も密接な関係がある地の法」と推定される「労務提供地」である日本の労働関係法の特定の強行規定を適用すべき旨をB氏がA社に意思表示した場合には、日本の労働関係法の当該強行規定も適用されることになるのである。

　強行規定とは、当事者の合意いかんにかかわらず当事者を拘束する性格を持つ法規定のことをいう。換言すれば、当事者の合意によってもその効力を変更・排除できない法規定ということができる。労働関係法制のほとんど、すなわち、労働基準法、最低賃金法、男女雇用機会均等法、育児介護休業法等の実定法のほとんどは強行規定としての性格を有しており、また、労働契約法上の多くの規定も強行規定である（労働契約法3条5項、14条、15条、16条等）。加えて、解雇権濫用、配転・出向・懲戒権濫用などに関する判例法理も、労働契約当事者の合意の有無や内容にかかわらず当事者を拘束するという側面において、強行規定的性格を有するものとされる。

④　実務的対応

　以上にかんがみると、日本に事業所を有する企業が日本国内の事業所において外国籍従業員を雇用するほとんどの場合においては、当該企業が外資系企業であるか否かにかかわらず、法的関係の複雑化を避けるためにも、日本国籍の従業員と同様、日本の労働関係法制の適用を受けることを前提に、労働契約関係を組み立てることが、結局は企業および外国籍従業員の双方にとって合理的であるといえる場合が多い。たとえば、本事例において、仮に、A社とB氏との間で雇用契約の準拠法をシンガポール法とした場合を想定すると、まず、適用されるべきシンガポール

の労働関係法制を調査し、加えて、Ｂ氏が日本の労働関係法制の強行規定を適用すべき意思表示をしたときは、さらに日本の労働関係法制の強行規定が適用されることになる、というように、雇用契約関係に適用される法的関係がきわめて複雑になるといわざるを得ない。

　外国法を準拠法として選択することが検討に値する実務的場面としては、外国法人の日本支社において、必ずしも勤務地が日本に固定されることなく雇用される労働者が、当該外国法人の外国本社の指揮命令等を受けつつ労務を提供する場合等が想定される。前述②で説明した通則法が制定される以前のものではあるが、判例では、ドイツに本店を有する航空会社と当該航空会社の東京営業所を通じて雇用された日本人客室乗務員について、労働契約の準拠法につき明示がなかった場合に、勤務時間、休憩時間、休日、給与の支給項目等の基本的労働条件全般が、ドイツ本社と当該会社の従業員との労働協約に依拠することが合意されていたこと、個別的な労働条件の交渉もドイツ本社の人事部と行われていたこと、労務管理および指揮命令もドイツ本社から行われていること等から、労働契約の準拠法についてドイツ法であるとの黙示の合意が成立していたものと推定することができるとしたものがある（東京地判平成９年10月１日「ルフトハンザドイツ航空事件」）。

（2）労働条件通知書（雇用契約書）の作成および締結における注意点

① 労働条件の明示義務

　使用者は労働契約の締結に際し、賃金、労働時間その他の労働条件を労働者に明示しなければならず（労働基準法15条１項）、そのうち、契約期間、就業場所、業務、労働時間、賃金、退職（解雇事由を含む）に関する事項については、書面の交付によって明示しなければならないものとされる（同法施行規則５条）。かかる書面は、一般に「労働条件通知書」と呼ばれ、労働契約の締結に際し、就業規則等の写し等とともに交付される実務となっている。

② 厚生労働省指針上の対応

　また、厚生労働省「外国人労働者の雇用管理の改善等に関して事業主が適切に対処するための指針」(平成19年8月3日厚生労働省告示第276号)は、事業主は、外国人労働者との労働契約の締結に際し、賃金、労働時間等の主要な労働条件に加え、当該外国人労働者が理解できるようその内容を明らかにした書面を交付しなければならないとしている。

　以上から、事業主(使用者)は、外国人との労働契約の締結に際しては、当該外国人労働者が理解できる言語で、労働条件通知書を作成交付する必要がある。本事例においても、B氏は日本語の読み書きができず、そのことを知りながらA社はB氏と労働契約を締結しようとするのであるから、A社はB氏に対し、英語で労働条通知書を作成・交付する必要がある。

　事業主(使用者)の、このような要請に資するため、厚生労働省は、「外国人労働者向けモデル労働条件通知書」(以下「厚労省モデル通知書」という)を作成し公開している。参考として英語版を掲載しておく。
→図表1-1-23

③ 実務上のポイント

　さらに、就業規則(就業規則、就業規程等の名称を問わず、多数の労働者にかかる労働条件や職場規律について使用者が定めるものを含む)、労使協定(労使委員会決議)のほか、労働組合があり労働協約が締結されている場合には労働協約についても、当該外国人労働者が理解できる言語での写しを用意しておくことが望まれる。それぞれの理由は以下のとおりである。

　第1に、就業規則は、個別の労働契約において就業規則の基準に達しない労働条件を定める労働契約の部分を無効とし、無効となった部分を就業規則で定める基準によって補う効力(最低基準効:労働契約法12条)があるほか、就業規則と異なる労働条件を合意していた部分(ただし、最低基準効に反する場合を除く)以外については就業規則が労働契約の内容となる(補充効:労働契約法7条)。

図表1-1-23 ● 外国人労働者向けモデル労働条件通知書

<table>
<tr><td colspan="2" align="center">Notice of Employment
労働条件通知書</td></tr>
<tr>
<td>To: _____ 殿</td>
<td>Date: _____
年月日
Company's name _____
事業場名称（ローマ字で記入）
Company's address _____
所在地（ローマ字で記入）
Telephone number _____
電話番号
Employer's name _____
使用者職氏名（ローマ字で記入）</td>
</tr>
</table>

I. Term of employment
　　契約期間

Non-fixed,　　　　Fixed*　　　　(From　　　　to　　　　)
期間の定めなし　　期間の定めあり（※）（　年　月　日　～　年　月　日）

[If the employee is eligible for an exception under the Act on Special Measures for Fixed-term contract Workers with Specialized Knowledge, etc.]
【有期雇用特別措置法による特例の対象者の場合】

Period in which the right to apply for conversion to indefinite term status is not granted: I (highly skilled professional), II (elderly person after retirement age)
無期転換申込権が発生しない期間：Ⅰ（高度専門）・Ⅱ（定年後の高齢者）

I. Period from beginning to end of specific fixed-term task (　　　　months from _____ [maximum of 10 years])
Ⅰ 特定有期業務の開始から完了までの期間（　　年　　か月（上限10年））

II. Period of continuous employment after reaching mandatory retirement age
Ⅱ 定年後引き続いて雇用されている期間

II. Place of Employment
　　就業の場所

III. Contents of duties
　　従事すべき業務の内容

If the employee is eligible for an exception under the Act on Special Measures for Fixed-term contract Workers with Specialized Knowledge, etc. (highly skilled professional)
【有期雇用特別措置法による特例の対象者（高度専門）の場合】

• Specific fixed-term task (　　　　Start date:　　　　　　End date:　　　　)
・特定有期業務（　　　　開始日：　　　　　　完了日：　　　　）

IV. Working hours, etc.
　　労働時間等

1. Opening and closing time:
　始業・終業の時刻等

(1) Opening time (　　　　)　Closing time (　　　　)
　　始業（　時　　分）　終業（　時　　分）

[If the following systems apply to workers]
【以下のような制度が労働者に適用される場合】

(2) Irregular labor system, etc.: Depending on the following combination of duty hours as an irregular (　　) unit work or shift system.
　　変形労働時間制等；（　　）単位の変形労働時間制・交代制として、次の勤務時間の組み合わせによる。

┌ Opening time (　　)　Closing time (　　)　(Day applied:　　　　)
│　始業（　時　分）　終業（　時　分）　（適用日　　　　）
├ Opening time (　　)　Closing time (　　)　(Day applied:　　　　)
│　始業（　時　分）　終業（　時　分）　（適用日　　　　）
└ Opening time (　　)　Closing time (　　)　(Day applied:　　　　)
　始業（　時　分）　終業（　時　分）　（適用日　　　　）

(3) Flex time system: Workers determine opening and closing time.
　　フレックスタイム制；始業及び終業の時刻は労働者の決定に委ねる。

[However,　　flex time:　　(opening) from (　　) to (　　);
（ただし、フレキシブルタイム　　（始業）（　）時（　）分から（　）時（　）分、
　　　　　　　　　　　　　　　　(closing) from (　　) to (　　)
　　　　　　　　　　　　　　　　（終業）（　）時（　）分から（　）時（　）分、
Core time:　　from (opening) (　　) to (closing) (　　)]
コアタイム　　（　）時（　）分から（　）時（　）分）

(4) System of deemed working hours outside workplace: Opening (　　) Closing (　　)
　　事業場外みなし労働時間制；始業（　時　分）終業（　時　分）

(5) Discretionary labor system: As determined by workers based on opening (　　) closing (　　)
　　裁量労働制；始業（　時　分）終業（　時　分）を基本とし、労働者の決定に委ねる。

○ Details are stipulated in Article (　　), Article (　　), Article (　　) of the Rules of Employment
　詳細は、就業規則第（　）条～第（　）条、第（　）条～第（　）条、第（　）条～第（　）条

2. Rest period ( ) minutes
   休憩時間 ( ) 分
3. Presence of overtime work (Yes: No:)
   所定時間外労働の有無 (有 , 無)

V. Days off
   休日
   • Regular days off: Every ( ), national holidays, others ( )
     定例日；毎週( )曜日、国民の祝日、その他 ( )
   • Additional days off: ( ) days per week/month, others ( )
     非定例日；週・月当たり( )日、その他 ( )
   • In the case of irregular labor system for each year: ( ) days
     1年単位の変形労働時間制の場合－年間( )日
   ○ Details are stipulated in Article ( ), Article ( ), Article ( ) of the Rules of Employment
     詳細は、就業規則第( )条～第( )条、第( )条～第( )条、第( )条～第( )条

VI. Leave
    休暇
    1. Annual paid leave: Those working continuously for 6 months or more, ( ) days
       年次有給休暇　　　6か月継続勤務した場合→( )日
                        Those working continuously up to 6 months, (Yes: No:)
       継続勤務6か月以内の年次有給休暇 (有 , 無)
       → After a lapse of ( ) months, ( ) days
       → ( )か月経過で( )日
       Annual paid leave (in hours) (Yes: No:)
       時間単位年休 (有 , 無)
    2. Substitute days off (Yes: No:)
       代替休暇 (有 , 無)
    3. Other leave: Paid ( )
       その他の休暇 有給 ( )
                    Unpaid ( )
                    無給 ( )
    ○ Details are stipulated in Article ( ), Article ( ), Article ( ) of the Rules of Employment
      詳細は、就業規則 第( )条～第( )条、第( )条～第( )条、第( )条～第( )条

VII. Wages
     賃金
     1. Basic pay (a) Monthly wage (yen) (b) Daily wage (yen)
        基本賃金　　月給 (円)　　　　　日給 (円)
                  (c) Hourly wage (yen)
                  時間給 (円)
                  (d) Payment by job (Basic pay: yen: Security pay: yen)
                  出来高給（基本単価 円、保障給 円）
                  (e) Others (yen)
                  その他 (円)
                  (f) Wage ranking stipulated in the Rules of Employment
                  就業規則に規定されている賃金等級等
     2. Amount and calculation method for various allowances
        諸手当の額及び計算方法
        (a) (allowance: yen; Calculation method:)
            (手当 円／ 計算方法：)
        (b) (allowance: yen; Calculation method:)
            (手当 円／ 計算方法：)
        (c) (allowance: yen; Calculation method:)
            (手当 円／ 計算方法：)
        (d) (allowance: yen; Calculation method:)
            (手当 円／ 計算方法：)
     3. Additional pay rate for overtime, holiday work or night work
        所定時間外、休日又は深夜労働に対して支払われる割増賃金率
        (a) Overtime work: Legal overtime 60 hours or less per month ( )% over 60 hours per month ( )% Fixed overtime ( )%
            所定時間外　　法定超　　　月60時間以内 ( )% 月60時間超 ( )% 所定超 ( )%
        (b) Holiday work: Legal holiday work ( )% Non-legal holiday work ( )%
            休日　　　　　法定休日 ( )% 法定外休日 ( )%
        (c) Night work ( )%
            深夜 ( )%
     4. Closing day of pay roll : ( ) – ( ) of every month;( ) – ( ) of every month
        賃金締切日　　　　( ) － 毎月( )日、 ( ) － 毎月( )日
     5. Pay day : ( ) – ( ) of every month;( ) – ( ) of every month
        賃金支払日　　　　( ) － 毎月( )日、 ( ) － 毎月( )日
     6. Method of wage payment ( )
        賃金の支払方法 ( )

7. Deduction from wages in accordance with labor-management agreement: [No: Yes: (   )]
労使協定に基づく賃金支払時の控除   (無 . 有(   ))

8. Wage raise: (Time, etc.   )
昇給   (時期等   )

9. Bonus: [Yes: (Time and amount, etc.   ); No:]
賞与   (有（時期、金額等   ）,無   )

10. Retirement allowance: [Yes: (Time and amount, etc.   ) ; No:]
退職金   (有（時期、金額等   ）, 無   )

VIII. Items concerning retirement
退職に関する事項

1. Retirement age system   [Yes: (old) ;   No:]
定年制   (有（   歳）, 無   )

2. Continued employment scheme   [Yes: (Up to   years of age); No:]
継続雇用制度   (有（   歳まで）, 無)

3. Procedure for retirement for personal reasons [Notification should be made no less than (   ) days before the retirement.]
自己都合退職の手続（退職する（   ）日以上前に届け出ること）

4. Reasons and procedure for the dismissal:
解雇の事由及び手続

○ Details are stipulated in Article (   ), Article (   ), Article (   ) of the Rules of Employment
詳細は、就業規則第( )条〜第( )条、第( )条〜第( )条、第( )条〜第( )条

IX. Others
その他

• Joining social insurance [Employees' pension insurance; Health insurance; Employees' pension fund; other: (   )]
社会保険の加入状況 (厚生年金 健康保険 厚生年金基金 その他 (   ))

• Application of employment insurance: (Yes: No:)
雇用保険の適用 (有 . 無)

• Consultation office for items concerning improvement of employment management, etc.
雇用管理の改善等に関する事項に係る相談窓口

Name of office (   ) Person in charge (   ) (Tel. No.   )
部署名 (   ) 担当者職氏名 (   ) (連絡先   )

• Others
その他

*To be entered in case where, with regard to "Period of contract," you answered: "There is a provision for a certain period."
(※)「契約期間」について「期間の定めあり」とした場合に記入

Renewal 更新の有無	1. Renewal of contract 契約の更新の有無 [• The contract shall be automatically renewed. • The contract may be renewed. （自動的に更新する 更新する場合があり得る • The contract is not renewable. • Others ( )] 契約の更新はしない その他 ( )) 2. Renewal of the contract shall be determined by the following factors: 契約の更新は次により判断する。 • Volume of work to be done at the time the term of contract expires 契約期間満了時の業務量 • Employee's work record and work attitude • Employee's capability 勤務成績、態度 能力 • Business performance of the Company • State of progress of the work done by the employee • Others( ) 会社の経営状況 従事している業務の進捗状況 その他( ) *The following explains cases where a "defined period" is provided with regard to the "period of contract." ※以下は、「契約期間」について「期間の定めあり」とした場合についての説明です。 In accordance with the provision of Article 18 of the Labor Contract Act, in case the total period of a labor contract with a defined period (to commence on or after April 1, 2013) exceeds five consecutive years, such labor contract shall be converted to a labor contract without a definite period, effective the day after the last day of the former period of contract, upon the request of the worker concerned made by the last day of said period of contract. However, if the employee is eligible for an exception under the Act on Special Measures for Fixed-term contract Workers with Specialized Knowledge, etc., this period of "five years" will become the period provided for the "term of employment" in this Notice. 労働契約法第18条の規定により、有期労働契約（2013年4月1日以降に開始するもの）の契約期間が通算5年を超える場合には、労働契約の期間の末日までに労働者から申込みをすることにより、当該労働契約の期間の末日の翌日から期間の定めのない労働契約に転換されます。ただし、有期雇用特別措置法による特例の対象となる場合は、この「5年」という期間は、本通知書の「契約期間」欄に明示したとおりとなります。

Employee (signature) _____
受け取り人（署名）

* Matters other than those mentioned above shall be in accordance with the labor regulations of our company.
※以上の記載のほか、当社就業規則による。
* The issuance of this Notice shall serve as the "clear indication of working conditions" stipulated in Article 15 of the Labor Standards Act and "delivery of documents" stipulated in Article 6 of the Act on Improvement etc. of Employment Management for Part-Time Workers.
※本通知書の交付は、労働基準法第15条に基づく労働条件の明示及び短時間労働者の雇用管理の改善等に関する法律第6条に基づく文書の交付を兼ねるものであること。
* The notice on labor conditions should be retained for the purpose of preventing any possible disputes between employees and an employer.
※労働条件通知書については、労使間の紛争の未然防止のため、保存しておくことをお勧めします。

　第2に、労使協定（労使委員会決議）は労働契約の内容ではないが、労働基準法上の一定の規制を解除する効果を有する（労働基準法24条1項、36条、39条6項など）ため、労働者の利害にかかわる重要なものである。

　第3に、労働協約は、原則として協約を締結している労働組合の組合員に対しては、労働協約に定める基準に反する労働契約の部分を無効としてそれを補う効力があり（労働組合法16条）、加えて、ある事業場の同種の労働者の75%以上が同一の労働協約の適用下に置かれるに至った場合には、その組合に加入していない同種の労働者にも当該協約の効力が及ぶ（労働組合法17条）場合がある。

　なお、外国人労働者との労働契約締結時のみならず、就業規則・労使協定・労働協約の変更・締結等があった場合に、かかる翻訳の改訂を忘れてはならない。

　本事例においても、A社は、厚労省モデル通知書などを参考に英語版の労働条件通知書を作成するとともに、就業規則・労使協定等の英語訳を作成し、B氏に提示する必要がある。

　このように、就業規則等の翻訳を作成維持するとともに、労働条件通知書も当該外国人が理解できる言語により作成するという実務的負担は大きいが、国際競争力の強化という課題と同時に労働生産人口の減少が顕著であるという問題を抱えるわが国において、有能な外国籍労働者を得て事業を維持・拡大するためには、当然に必要な負担であると考えられよう。

15 定型約款

（1）定型約款とは

　民法では、定型約款を「定型取引において、契約の内容とすることを目的としてその特定の者により準備された条項の総体」と定義している。「定型取引」とは、ある特定の者が不特定多数の者を相手方として行う

取引であって、その内容の全部または一部が画一的であることがその双方にとって合理的なものをいう。

　具体的に定型約款に該当する「約款」は、企業の消費者取引だけでなく企業間取引にも適用される可能性がある。ただし、企業間取引は画一的な消費者取引とは異なり、個別的・個性的な取引になる場合がほとんどなので、「特定の者が不特定多数の者を相手方として行う取引」や「画一的であることがその双方にとって合理的なもの」の要件を満たす場合は少ない。定型約款に該当する具体例として、鉄道・バスの運送約款、電気・ガスの供給約款、保険約款、インターネットサイトの利用規約等があり、他方で、該当しないものとして、一般的な事業者間取引で用いられる一方の当事者の準備した契約書のひな型、労働契約のひな型等が挙げられている。

　消費者向けの約款については、これまでも消費者契約法の規定（勧誘時の消費者誤認による取消し、消費者に一方的に不利な条項の無効）が適用されるが、それらに加えて、今回の定型約款の規定が適用される。

　新設される「定型約款」のルールは、以下のとおりである。

① 　組み入れ要件

　以下の場合は、定型約款の条項の内容を相手方が認識していなくても合意したものとみなし、契約内容となることを明確にした（改正民法548条の２）。

　　① 　定型約款を契約の内容とする旨の合意があった場合
　　② 　（取引に際して）定型約款を契約の内容とする旨をあらかじめ相手方に「表示」していた場合

【組み入れ規定】の例

　本規約は、本サービスの利用に関する、当社とユーザーの間の契約の一部となります。ユーザーは、本規約を注意してお読みください。
　本サービスは多岐にわたるため、追加規定または特定の製品についての条件（年齢制限を含みます）が適用されることがあります。追加規定は、関連する本サービスと共に入手可能であり、ユーザーがその対象となる本

サービスを利用した場合に、その追加規定は 当社とユーザーの間の契約の一部となります。……

② 不当条項

（定型取引の特質に照らして）相手方の利益を一方的に害する契約条項であって信義則（民法1条2項）に反する内容の条項（不当条項）については、合意したとはみなさない（契約内容とならない）ことを明確にした。たとえば、売買契約において、対象商品に加えて、想定外の別の商品の購入を義務づける不当な（不意打ち的）抱き合わせ販売条項などが契約内容とならない。

③ 変更要件

次の場合には、定型約款準備者が一方的に定型約款を変更することにより、契約の内容を変更することが可能であることを明確にした（改正民法548条の4第1項）。民法の原則によれば、契約内容を事後的に変更するには、個別に相手方の承諾を得る必要があるが、多数の顧客と個別に変更についての合意をすることは困難であることから、このような規定が設けられた。

① 変更が相手方の一般の利益に適合する場合、または
② 変更が契約の目的に反せず、かつ、変更の必要性、変更後の内容の相当性、定型約款の変更をすることがある旨の定めの有無およびその内容その他の変更に係る事情に照らして合理的な場合

ここで、「その他の変更に係る事情」とは、相手方に与える不利益の内容・程度、不利益の軽減措置の内容などをいう。たとえば、保険法の制定（平成20（2008）年）に伴う保険約款の変更、犯罪による収益の移転防止に関する法律の改正（平成23（2011）年）に伴う預金規定の変更、電気料金値上げによる電気供給約款の変更、クレジットカードのポイント制度改定に関する約款の変更などである。

④ 変更要件規定の例と具体的対応の検討

以下の点に留意して変更規定のドラフトをすべきである。

① 定型約款の変更を行うことがある旨の規定を設けておくべき
② 変更を希望しない顧客に解除権を付与したこと、変更の効力発生までに相当な猶予期間を設けたこと等も変更が法的効力を認められる方向に解釈される

【対応例】

> 第X条 本規約の変更
> 1. 当社は、本規約（当サービス内に掲載する当サービスに関するルール、諸規定等を含みます。以下本条において同じ。）をいつでも任意に変更することができるものとします。
> 2. 当社は、本規約を変更した場合、変更した本規約及び効力発生日【30日程度は通知期間を置いておいてください】を本サイト等上の適宜の場所に掲載するものとし、変更後の本規約は、当該効力発生日から効力を生じるものとします。ユーザーは当該効力発生日後に、30日以内に会員が登録取消の手続きをとらなかった場合は、ユーザーは本規約の変更に同意したものとみなされます。

改正民法の施行（令和2（2020）年4月1日）後は、プロバイダー側としては、①消費者の利益を一方的に害さず信義則に反しない内容へ約款を見直すこと、②内容の交渉の余地を残して「定型約款」の定義に該当しないようにする、などの対応が必要である。

なお、民法（債権関係）改正法は、原則として、令和2年4月1日が施行日となっている。ただし、定型約款に関しては、次の例外がある。施行日前に締結された契約にも、改正後の民法が適用されるが、施行日前（令和2年3月31日まで）に反対の意思表示をすれば、改正後の民法は適用されないことになる。この反対の意思表示に関する規定は平成30（2018）年4月1日から施行されている。

16 商法と契約

(1) 商法の適用範囲

　自然人（個人）間の契約の法的なルールは、原則として民法の規定によることになるが、例外的に商人間の取引については、商法の規定が適用される。この区別をしておくことは、特に売買契約の契約不適合履行において、買主が救済を受ける要件を決定する際に重要である。

　商法の適用範囲として、以下のような一方的商行為も自然人に適用される可能性がある点に注意すべきである。

（一方的商行為）
第3条　当事者の一方のために商行為となる行為については、この法律をその双方に適用する。
2　当事者の一方が二人以上ある場合において、その一人のために商行為となる行為については、この法律をその全員に適用する。

---

(2) 商法・会社法における契約の締結権限

　商法・会社法は、契約の締結権限について、次のような特則を定めている。企業活動の維持強化制度といえる。

① 部長、課長、係長等

　商人（または会社）の部長、課長、係長等、営業・事業に関する、ある種類または特定の事項の委任を受けた使用人は、その事項に関する包括的代理権を有し、これに制限を加えても、この制限をもって、善意の第三者に対抗することができない（商法25条、会社法14条）。企業では、よく「担当部長」や「担当課長」と職制上の部課長を示す肩書が使用されることがあるが、民法の表見代理（109条）が適用されて、権原を有しているものとの概観を創出するので、「主任部員」や「部員」とするのが妥当と思われる。

　商社の物資繊維課洋装品係長が、売買契約締結の対外的代理権を持つかどうかについて、商社間で争われたケースにおいて、係長は商業使用

人（手代）に当たり、包括的代理権を有することを認め、契約は有効だとした平成2年2月22日最高裁判決があるので、注意を要する。

② 物品販売店舗の使用人

　物品販売を目的とする店舗の使用人は、その店舗にある物品を販売する権限があるとみなされる（商法26条、会社法15条）。このように、営業主（または会社）が店員に販売権限を与えているかどうかに関係なく、当然に代理権があるものとされる。なお、悪意の相手方に対しては、このような擬制は働かない（商法26条ただし書、会社法15条ただし書）。

（3）民法の表見代理（109条）の特則

　商法・会社法では、取引の安全の確保のため以下の規定が置かれている。

① 名板貸し（商法14条、会社法9条）

　自己の商号を使用して営業または事業を行うことを他人に許諾した商人・会社（名板貸人）は、当該商人・会社が当該営業等を行うものと誤認して当該他人と取引をした者に対し、当該他人（名板借人）と連帯して、当該取引によって生じた債務を弁済する責任を負う、と定める。独立の営業主体であるために民法109条の代理人とされにくい場合をカバーするための規定である。

② 表見支配人（商法24条、会社法13条）

　「支配人」とは営業主（または会社）に代わって、その営業（または事業）に関する一切の行為をする権限（包括的な代理権限）を有する商業使用人をいう（商法21条1項、会社法11条1項）。表見支配人とは、たとえば、支配人でもないのに「支店長」といった名称を営業主・会社から付与されている使用人をいい、表見支配人の場合において、名称を信頼した相手方は、善意のときは保護される。民法109条の場合は善意・無過失でないと保護されないので、こちらのほうが保護が厚い。

③ 表見代表取締役（会社法354条）

　たとえば、代表取締役でもないのに社長、副社長といった名称を会社から付与されている場合において、名称を信頼した相手方は、善意のと

きは保護される。表見支配人の場合と同様、民法109条より保護が厚い。

（4）民法における買主の権利の行使期間（原則＝一般法）

　買主が、種類または品質に関する契約不適合を知った時から1年以内にその旨を売主に通知しなければ、その不適合責任の追及をすることはできない。ただし、売主が引渡時にその不適合を知り、または重大な過失により知らなかった場合は、その限りではない。ここで、数量不足のような契約不適合については、目的物を引き渡す際に売主が履行終了の期待を有するわけではないので、行使期間制限の対象からは外れていることに注意すべきである。

　買主は契約不適合を知った時から1年以内に売主に通知しなければ、追及の権利が消滅するわけであるが、通知さえすれば、責任追及自体は一般的な消滅時効が適用される（知った時から5年間行使しないとき（民法166条1項1号）、または、引渡しから10年間行使しないとき（同法166条1項2号）に消滅）。

（5）商人間の売買の特則（商法における例外＝特別法）（請負契約
　　　については特則なし）

　民法は買主が目的物を受け取った後の検査義務や通知義務については何ら定めていない。しかし、商人間の売買には商法に特則がある（商法526条）。

（買主による目的物の検査及び通知）

商法第526条　商人間の売買において、買主は、その売買の目的物を受領したときは、遅滞なく、その物を検査しなければならない。

2　前項に規定する場合において、買主は、同項の規定による検査により売買の目的物に種類又は品質の不適合を発見したときは、直ちに売主に対してその旨の通知を発しなければ、その種類又は品質の不適合を理由として契約の解除又は代金減額若しくは損害賠償の請求をすることができない。売買の目的物に直ちに発見することのできない種類又は品質の

> 不適合がある場合において、買主が6箇月以内にその瑕疵を発見したと
> きも、同様とする。
> 3 前項の規定は、売主がその種類又は品質の不適合につき悪意であった
>   場合には、適用しない。

　商人間の売買においては、まず買主は「目的物を受領したときは遅滞
なく、その物を検査しなければならない」（商法526条1項）。そして、
検査し「目的物が種類、品質又は数量に関して契約の内容に適合しない
ことを発見した時」または「目的物が種類、品質又は数量に関して契約
の内容に適合しないことを直ちに発見することができない場合において、
買主が6カ月以内にその不適合を発見した時」は、直ちに売主に対して
その旨の通知をしなければ、追完請求、代金減額、損害賠償の請求、契
約の解除ができない（同条2項）（ただし、商法526条2項の規定は売主
が契約不適合につき悪意であった場合は適用されない（同条3項））。商
人間売買において買主に、民法にないこのような特別の検査・通知義務
を課したのは、商人はその商品について専門知識を持っているから瑕疵
があれば、すぐわかるだろうとの想定に基づく。商人間の売買において
は、買主にはこのような検査・通知義務が課されていることに注意しな
ければならない。

【条項例】商人間買主に有利な規約例

> 　売主が種類又は品質（直ちに発見することのできないものを含む）に関
> して契約の内容に適合しない目的物を買主に引き渡した場合において、買
> 主がその不適合の事実を知った時から1年以内に〔筆者注：商法526条で
> は6カ月以内に〕当該事実を売主に通知しないときは、買主は、その不適
> 合を理由とする履行の追完の請求、代金の減額の請求、損害賠償の請求及
> び契約の解除をすることができない。ただし、売主が引渡しの時に目的物
> が契約の内容に適合しないものであることを知っていたとき又は知らなか
> ったことにつき重大な過失があったときはこの限りでない。

なお、請負契約について、民法の特則はない（民法の規定がそのまま適用される）ことに注意すべきである。

17 民法改正の概要

（1）施行日

民法（債権関係）改正法は、原則として、令和2（2020）年4月1日が施行日となっている。ただし、次の2つの例外がある。

① 定型約款に関しては、施行日前に締結された契約にも改正後の民法が適用されるが、施行日前（令和2年3月31日まで）に反対の意思表示をすれば、改正後の民法は適用されないことになる。この反対の意思表示に関する規定は平成30（2018）年4月1日から施行されている。

② 公証人による保証意思の確認手続について、事業のために負担した貸金等債務を主たる債務とする保証契約は一定の例外がある場合を除き、事前に公正証書が作成されていなければ無効となるが、施行日から円滑に保証契約の締結をすることができるよう、施行日前から公正証書の作成を可能とすることとされている。この規定は令和2年3月1日から施行される。

（2）「定型約款」の規定を新設

本節**15**「定型約款」を参照のこと。

（3）請負人の一部報酬請求権

現行民法では、請負と準委任とでは、報酬請求権で大きな差異があったが（請負では、仕事を完成・引渡しをしないと対価請求権が発生しないが、準委任では、すでに行った作業については対価請求ができる）、改正法では、「注文者の責めに帰することができない事由によって仕事を完成することができなくなった場合又は仕事の完成前に請負が解除さ

れた場合において、既にした仕事の結果のうち、可分な部分の給付によって注文者が利益を受けるときは、その部分を仕事の完成とみなす。この場合において、請負人は、注文者が受ける利益の限度において、報酬を請求することができる」とされている。請負契約書上では、請負人は途中解除された場合の対価請求権を明記することが多いが、この規定がなくても改正法では一定の条件で対価を請求することができる。

（4）請負人の瑕疵担保責任（契約不適合責任）

　請負人の瑕疵担保責任（契約不適合責任）の期間は、これまで、「成果物の引渡しから1年間」とされていたが、今回の改正民法では、売主の瑕疵担保責任（契約不適合責任）と時期をそろえることになり、「契約不適合を知ってから1年間」へ起算時点が変更されているので、要注意である。請負人側は、これまでは、引渡しから1年間を経過すれば、この責任を負わなくて済んだが、改正民法では、引渡しから何年たっていても「契約不適合を知ってから1年間」は責任を負わなければならない。契約で特別な合意がない場合には、実質的に請負人の瑕疵担保責任（契約不適合責任）の期間が延長されたことになる。ただ、契約上での当事者間の合意が優先することは、これまでのルールと変わらないため、契約交渉を有利に進めることがより重要になるであろう。

（5）賠償額の予定（違約金）の法的有効性

　契約違反時に損害額の証明が不要となる「違約金規定」を設けることが一般的である。違約金の見積もり方法・基準については、損害賠償の合理的な見積もり金額をベースとすべきだが、受領者がその金額を支払ってNDA違反をしてもよいと思われないように、抑止力を持つ金額に設定する必要がある。ペナルティーの具体金額例としては、取引契約の締結前段階の場合が多いので、契約金額（取引契約を締結していないので不明）を上限にすることができないため、一般的には、一定の固定金額（1,000万円など）で規定することが多い。

> 　受領者が本契約に定める秘密保持義務に違反した場合、受領者は、当該違反行為により開示者が被った損害の賠償として1,000万円の違約金を開示者に対して支払うものとする。

　契約書上での損害賠償額の予定が実際の損害額と乖離がある場合には、これまでは、裁判所は実際の損害額へ増減することができなかったが、改正民法では、裁判所による増減が可能となる。賠償額の予定を規定する民法420条１項後段（この場合において、裁判所は、その額を増減することができない）が削除された。これにより、民法420条１項は、「当事者は、債務の不履行について損害賠償の額を予定することができる」となり、契約書上での損害賠償額の予定が実際の損害額と乖離がある場合には、裁判所により実際の損害額への増減が可能となる。したがって、改正民法では、契約違反の場合の損害賠償義務について、現実の損害からかけ離れた法外な金額が違約金（損害賠償の予約）として規定されている場合には、裁判官により実際の損害額へ減額されることになるため、違約金の金額を検討する場合には注意が必要となる。

（6）売買契約の買主の権利の期間制限を統一化
　従来の「瑕疵担保責任」の代わりに、「種類又は品質の不適合」が使用される。すなわち、売買契約で合意した内容の「目的物」を引き渡さなかった場合に、契約不適合すなわち契約違反として債務不履行責任を負い、その効果として、解除と損害賠償以外に、追完請求（修補、代替物の引渡し、不足分の引渡し）および代金減額請求が認められることになった。ただし、買主がその不適合の事実を知った時から１年以内に当該事実を売主に通知しなければならない。１年を経過すると買主の請求権がなくなってしまうため、売買契約上では、買主側がこの期間を延長する規定を盛り込もうとすることになる。
　改正民法では、「売主が種類又は品質（筆者注：瑕疵担保責任を含む）に関して契約の内容に適合しない目的物を買主に引き渡した場合におい

て、買主がその不適合の事実を知った時から 1 年以内に当該事実を売主に通知しないときは、買主は、その不適合を理由とする履行の追完の請求、代金の減額の請求、損害賠償の請求及び契約の解除をすることができない。ただし、売主が引渡しの時に目的物が契約の内容に適合しないものであることを知っていたとき又は知らなかったことにつき重大な過失があったときは、この限りでない」と規定している。

（7）法定利率の変更

これまで民法では年 5 ％、商法（商行為による債権）では年 6 ％とされていたが、一律年 3 ％（ただし、3 年ごとに法務省令により 1 ％単位で見直し）とされた。

（8）時効期間

被害者が、損害および加害者を知った時、従来は交渉のなかった加害者との間で損害賠償の権利義務が生じることになる。加害者としては被害者が相当期間内に請求してこない場合、もはや請求を受けないであろうと信じることがある。そこで、一定期間経過後は加害者のその信頼は法の保護に値するものとして、被害者のその後の権利行使が妨げられることになるとするのが（消滅）時効の制度である。

契約関係から生じる一般債権の場合には、債権者が権利を行使できる時（客観的起算点）から 10 年が経過したときか、債権者が権利を行使することができることを知った時（主観的起算点）から 5 年が経過したときかのどちらか早い時点に、債権は時効によって消滅するとされている（民法166条 1 項）。

不法行為による損害賠償請求権は、「被害者が…損害及び加害者を知ってから」3 年間、また、「不法行為の時から」20 年間の経過により、「時効」によって消滅するとしている。なお、「人の生命又は身体を害する」不法行為については、その時効期間を「5 年間」と定めている。

　契約上でときどき見られる「権利行使期限規定」だが、果たして法的に有効だろうか。

【権利行使期限規定】

> 　(1) 未払い料金を回収するための訴訟、または、(2) 一方の当事者の秘密または財産権の対象となる情報の違反に起因する訴訟を例外として、本契約に基づいて提起される訴訟は、その請求権の発生後1年以内に提起されなければならない。

　例外の請求権の場合を除いて、権利行使に期限を設ける規定である。民法で定められる消滅時効期間よりも短い期間（例文の場合は1年間）を規定するものである。トラブルの発生をシミュレーションしてみて、当社が請求権を持つ場合には不利な規定だが、相手方が請求権を持つ場合には有利な規定となる。

　しかしながら、民法第146条では、以下が規定されている。

> 第146条（時効の利益の放棄）
> 　時効の利益は、あらかじめ放棄することができない。

　事前に契約書などで時効の利益を放棄できることになると、事実上、時効制度の存在意義がなくなるからである。この規定によれば、事前の時効の利益の放棄は法的に無効となる。

　それでは、「権利行使期間短縮規定」の法的効力はどうなるであろうか。

　判例では、時効期間を短縮する契約条件は、有効（会社の定款に基づく利益配当の支払請求権について：大審院判昭和2年8月3日）とされているが、事業者と消費者、企業と労働者、賃借人と賃貸人など契約交渉力の優劣が著しい当事者間における時効期間の短縮の契約条件は、公序良俗（民法90条）に反し、無効となる可能性がある。

18 契約交渉のタクティクス

【タクティクス1】契約書作成段階ではもう遅い！

契約交渉の担当部門（たとえば営業部門）と契約書作成部門（たとえば法務部門）が分かれている場合、契約書作成段階においては契約内容の実質的交渉は終結している場合が多く、巻き戻しが難しくなる。契約交渉を実のあるものにするためには、契約書作成の前段階であるビジネス的な交渉段階から契約書作成担当者が積極的に関与すべきである。

【タクティクス2】一般条項勝負ではない！

契約書作成担当者ないし法務担当者は、契約交渉において一般条項に目が行きがちである。もちろん、損害賠償条項や解除条項、管轄条項も重要である。しかし、開発委託契約やライセンス契約において学習したとおり、契約交渉の実質的勝負は、ビジネス的な取引条件であることはおわかりいただけたと思う。契約交渉においては、まずビジネス的な取引条件を重視すべきである。

【タクティクス3】一方的全面勝利は危ない！

よほどの場合でない限り、一方的な全面勝利はない。たとえば、取引的な力関係が優位にある立場を利用して相手方に不利な契約条件をのませたとしても、独禁法上の「優越的な地位の濫用」として後日効力が失われることもありうる。無理して合意したとしても後日契約違反として係争になることもある。あくまで合理的理由に基づき合理的範囲で契約交渉を行うことが、結局は勝利につながるのである。

【タクティクス4】相手方の利益に目を向ける！

交渉においては、いきおい自社の利益だけを考えがちである。しかし、相手方の視点に立ち、相手方のメリットを強調しながら、話を進めることも大切である。交渉とは、当事者双方の利益を見いだすことであると

心得たい。

【タクティクス5】 妥協できない理由を見極めろ！

　交渉において相手方が妥協しない場合、その理由を見極める必要がある。相手方担当者の上司や関連部門が合理的理由なく反対している場合には、相手方担当者が上司ないし関連部門を説得できる理由を考えるのも解決の一手段である。

【タクティクス6】 理解の不一致を解消せよ！

　相手方がこちら側の主張を正確に理解できない結果、合意に躊躇^{ちゅうちょ}している可能性はないか。丁寧な説明を心がけよう。

【タクティクス7】 時間を味方につけろ！

　契約交渉が長引いた場合、すなわち早く契約が締結できない場合、不利になるのは自社か相手方かをあらかじめ理解しておく必要がある。交渉が長引いて自社が不利になる可能性があるのであれば、本質的な条件の交渉を先行させ、追いつめられる可能性を減らしていくことが大切である。

【タクティクス8】 肉を切らせて骨を断て！

　交渉相手から、過重な保証内容を求められ妥協せざるを得ないとしても、損害賠償金額の上限をつけることができれば、リスクを減らすことができる。このように契約条件全体にわたり目を配り、総合的にリスクを抑えることが契約書作成・審査担当者の役割でもある。

【タクティクス9】 沈黙もまた武器であると心得よ！

　契約書に損害賠償請求条項や解除条項がなかったとしよう。この場合でも、日本法では、民法の一般規定に基づき損害賠償請求や解除が可能である。損害賠償額の上限が記載されたり解除事由が限定されたりするよりは、何も書かないほうがよい場合もある。契約書作成担当者として

は、法的専門知識を徹底活用し、ときには沈黙することをも勝利につなげたい。

【タクティクス10】強行法規を理解せよ！

交渉において相手方が、強行法規違反（たとえば、メーカー側がディストリビューター（総代理）側に対して、再販売価格の維持条項や、競合製品の取扱い禁止事項の挿入を求めてくる場合など）の要求をしてくる場合があるが、このような提案については、違法であるので合意できない、仮に合意したとしても無効になるため意味がないとして、交渉しよう。また、取引上有利な立場を利用して一方的に不利な契約条件を押し付けられそうなときは、独禁法上の優越的地位の濫用について説明をし、理解を求めるのも交渉の一手段である。

【タクティクス11】契約書は一本である必要はない！

先方が外資系企業の場合、海外の本社が標準となる契約ひな型を有している場合がある。日本での交渉は日本の責任者が登場することはあるが、原則として契約内容について変更権はなかったりする。「本社の標準ですので変更できません。このとおりでお願いします」といわれることがよくある。本当に「変更不可」なのだろうか。日本の担当者は本社とやりとりするのが大変なので、こうした言い訳をすることもありうる。したがって、このような場合でも契約条項の変更を強く要求すべきである。また、先方の契約ひな型を締結すると同時に、法的拘束力のある覚書（サイドレター）で一部条件を変更することも可能であり、そのような方法を提案するのも一手段である。

【タクティクス12】悪役も登場させよ！

社内的な連携プレーの方法としては、他部署が一定の理由に固執して契約条項に同意しない場合があるので、そのような場合には、他部署の固執する理由等を披瀝する等して、先方に変更の同意を求めるという方

法も考えられる。ときには悪役を立てて上手に使うことも考えたい。

【タクティクス13】 使えるものは上司でも使え！

どうしても、交渉がうまくいかない場合などに、無理して担当者どうしで解決しようとせず、トップへエスカレート（上申）して政治的に決着を図るというのも１つの方法である。

【タクティクス14】 交渉を可視化せよ！

交渉において議論が平行線の場合には、双方でどうしても納得できない対立部分を選別しておくことが大事である。後日政治的決着の可能性を探る場合、トップどうしが本気で契約締結を望んでいる場合には、トップどうしで対立ポイントのみを交渉し、最終決断をして合意することも期待できる。

【タクティクス15】 前提を変えろ！

契約書の文言で議論が平行線をたどっているような場合、もう１つ有効な方法として、一方の当事者が作成したドラフトをベースに交渉せず、交渉項目ごとに合意した事項を積み上げていくという「積み上げ方式」を採用するというものもある。ときには前提を変えてみるのも１つの手段である。

【交渉の極意】 最強の交渉の極意とは？

契約交渉において、最も強力な選択肢は、契約締結しないということである。「そのような条件はのめませんので契約締結できません」といわれたらどうであろうか。逆に、どうしても契約締結しなければならないという事情は反対に交渉力をきわめて弱くする。契約締結しないという選択肢を交渉担当者が持てるケースは少ないであろうが、妥協できる限界ラインをあらかじめ整理し、限界を超えれば契約締結しないことも選択肢として用意できれば、これほど心強いものはない。

<table>
<tr><td>第 2 節</td><td># その他契約の重要実務</td></tr>
</table>

第 2 節　その他契約の重要実務

学習のポイント

◆契約関連の法律に習熟することは、契約書の作成および交渉
　で非常に重要となる。

◆契約関連の法律には、独禁法、下請法や消費者契約法、特定
　商品取引法などの取締法規があるが、これらは強行法規であ
　り、せっかく締結した契約書の全部または一部が無効とされ
　てしまうため、注意が必要である。

◆知財法についても、ぎりぎりの交渉で条件に同意できない場
　合に、どのようなルール（任意規定）が適用されるかを知っ
　ておくことが必要となる（たとえば、共有持分の割合を合意
　した場合には均等）。

1　独禁法・下請法と契約

【事例】

　電気製品メーカーのA社は、同社の戦略製品である薄型テレビ
「スーパービジョン」の販売店における販売価格が競争激化により
値崩れしていることを憂慮している。

　(1)「スーパービジョン」はいわゆる「オープン価格」で販売さ
　　　れているところ、A社は主要な家電量販店との間で、店舗での
　　　実勢販売価格の報告を求める旨の覚書を締結した。

　(2)　A社は、卸売業者との間の販売基本契約を修正し、A社が指

定した小売業者（実際には安売りをしている小売業者）に対しては、卸売業者は製品の販売を中止しなければならない旨の規定を新たに追加した。

(3) A社は、「スーパービジョン」を卸売業者に販売する際には、卸売業者に対し、「スーパービジョン」の販売台数の20％に相当する台数の薄型テレビ旧機種の在庫品をA社から同時に購入することを条件としている。

(4) A社は、卸売業者との販売基本契約を更新するにあたり、契約更新の条件として、卸売業者に対し、安定株主づくりの一環としてA社が新たに発行する新株の引受けを求めた。

（1）不公正な取引方法とは

　商品や役務の取引を扱う契約の実務において、契約内容が不公正な取引方法（独禁法19条）に該当しないか否かの精査は不可欠である。不公正な取引方法に該当する行為として、公正取引委員会は16の具体的な類型を指定している（「不公正な取引方法」1982年6月18日公正取引委員

図表1-2-1 ●一般指定の行為類型

共同の取引拒絶 （1項）	その他の取引拒絶 （2項）	差別対価 （3項）	取引条件等の差別的取扱い （4項）
事業者団体における差別的取扱い等 （5項）	不当廉売 （6項）	不当高価購入 （7項）	ぎまん的顧客誘引 （8項）
不当利益による顧客誘引 （9項）	抱き合わせ販売等 （10項）	排他条件付取引 （11項）	再販売価格の拘束 （12項）
拘束条件付取引 （13項）	優越的地位の濫用 （14項）	競争者に対する取引妨害 （15項）	競争会社に対する内部干渉 （16項）

会告示第15号)。これらの行為類型は、すべての業種に一般的に適用されることから、「一般指定」と呼ばれている。

一般指定の行為類型は図表1-2-1のとおりである。

ここでは、特に商品の販売・流通に関する契約の実務において問題となることが多い、①再販売価格の拘束（12項）、②拘束条件付取引（13項）、③抱き合わせ販売（10項）および④優越的地位の濫用の4類型について、【事例】に沿って説明する。

（2）再販売価格の拘束

再販売価格の拘束とは、製品を販売する際に、買手に対して当該製品の販売価格を指示する等、買手による自由な再販売価格の決定を拘束することをいう。→図表1-2-2

図表1-2-2 ● 再販売価格の拘束

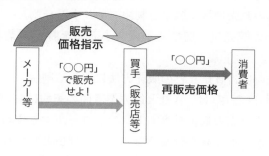

「再販売価格の拘束」は、①文書・口頭を問わず売手と買手との合意により、売手が指示した価格で販売させる場合と、②何らかの手段を用いて、買手がある一定の価格で販売することを売手が事実上強制しているような場合がある。

【事例】における (1) は、A社と家電量販店との間で再販売価格の維持について明確な合意が存在するわけではないが、当該家電量販店が店頭での販売価格をA社に報告する旨の合意を覚書上行うことによって、家

電量販店の安売りを監視し、間接的にA社の支持する価格で販売させるように間接的な圧力をかけていると解される。したがって、前記②の類型に該当し、再販売価格拘束行為と認定される可能性がある。

前記②に該当する類型には、売手の指示した価格で販売しない場合には、買手に制裁金を課しまたは契約を解除するなどの何らかの不利益を与える場合や、売手の指示した価格で販売した場合にリベートなどの経済的利益を与える場合などがある（公正取引委員会「流通・取引慣行に関する独占禁止法上の指針」（「流通・取引慣行ガイドライン」）第1部第1-2（3）［2］参照）。

（3）拘束条件付取引

拘束条件付取引とは、取引を行う条件としてさまざまな制約を課すことで、不当に取引相手の事業活動を拘束することをいう。具体的な類型としては、以下のようなものなどがある。

① 取引先の販売地域に関する制限（テリトリー制）
② 取引先の販売先に関する制限（小売先を特定の業者に制限する「一店一帳合制」など）
③ 取引先の広告宣伝などの販売方法に関する制限

【事例】における(2)は、A社と卸売業者間の契約において、A社が卸売業者による小売先の選択を事実上コントロールする権利を有するものであり、それが、安売りを行わせないことを理由として行使されている場合には、不公正な取引方法に該当する可能性が高い（「流通・取引慣行ガイドライン」第2部第2-4（4）参照）。

（4）抱き合わせ販売

抱き合わせ販売とは、売手がある製品を販売する場合に、あわせて他の製品を売手から購入すること、または売手が指定する第三者から購入することを買手に対し強制することをいう。【事例】における(3)のように、売れ筋製品の販売に際して、在庫品を抱き合わせて処分するよう

な場合が典型例である。

　抱き合わせ販売に該当するためには、主たる製品の販売にあわせて、従たる製品の販売を売手が強制していることが必要である。たとえば、A社が「スーパービジョン」と旧機種とのセットによる販売とは別に、「スーパービジョン」単独での販売も（他の不利益な条件なしに）認めている場合には、セット販売という行為自体は抱き合わせ販売には該当しない。

（5）優越的地位の濫用

　優越的地位の濫用とは、取引上の地位が相手方よりも優越していることを利用して、取引の相手方に対し、正常な商慣習に照らして不当な行為を行うことをいう。代表的な類型としては、①取引の相手方に対して、金銭、役務などの提供を要求すること（協賛金の負担や手伝い社員の派遣要求など。一般指定14項2号）、②取引の相手方に不利益となるように取引条件を設定・変更すること（買手の注文以上の数量の商品の買取りを強制すること（「押し込み販売」）や、メーカーが買手に対して支払う代金の一部を留保し、買手がメーカーの販売政策に従った場合に払い戻すこと（「払込み制」）など。一般指定14項3号）がある。

　【事例】における（4）は、製品の販売取引とは本来無関係であるA社の株式の引受けを要求することによって、A社に対して資金の提供を強制しているので、一般指定14項2号に該当すると考えられる（「優越的地位の濫用に関する独占禁止法上の考え方」（2017年6月16日改正）第4-1（1）参照）。

（6）下請法

　下請代金支払遅延防止法（以下「下請法」という）は、独禁法の付属法規として、親事業者が優越的な地位を濫用して下請事業者に不利な条件を強制する行為を規制する法律である。親会社の優越的地位濫用行為も、不公正な取引方法として独禁法において規制されるが、取引関係を断ち切られることを恐れて下請事業者が公正取引委員会に報告しないと

いう事情を考慮して、下請法においては、公正取引委員会（または中小企業庁）が親事業者および下請事業者に対して行う書面調査により違反行為を発見するという方法がとられている（下請法9条1項）。

下請法は、一定の資本金要件を満たした親事業者・下請事業者間の物品製造委託、修理委託、情報成果物作成委託および役務提供委託契約に適用される（同法2条）。下請法の適用を受ける取引の親事業者は、当該取引の実施にあたり、

① 書面の交付義務（同法3条）
② 書類の作成・保存義務（同法5条）
③ 下請代金の支払期日を定める義務（同法2条の2）
④ 遅延利息の支払義務（同法4条の2）

を負うとともに、図表1-2-3の11の禁止事項がある。

Column 知ってて便利

《不公正な取引方法における「正当な理由がないのに」と「不当に」の違い》

不公正な取引方法の一般指定16類型には、「正当な理由がないのに」当該行為がなされた場合に違法とされる場合と、「不当に」当該行為がなされた場合に違法とされる場合がある。

「正当な理由がないのに」と規定されている類型は、当該行為類型に該当する行為は原則的に公正競争を阻害するものと認められ、逆に公正競争を阻害しないという特別の事情を行為者側が反証しない限り、違法であることを示している。

「不当に」と規定されている類型は、当該行為がただちに違法とされるものではなく、実際の行為態様や行為の結果競争関係に及ぼす影響を事案ごとに個別に判断して、公正競争阻害性が認められることが立証された場合に違法とされるものである。

すなわち、「正当な理由がないのに」と規定されている類型（共同取引拒絶（1号）、著しい原価割れ販売（6号前段）および再販売価格拘束（12号））は、「原則違法類型」ともいわれ、他の一般指定の類型に比較して、違法とされる可能性が高い類型であるという点は理解しておくべきである。

図表1-2-3 ● 11の禁止事項

受領拒否 の禁止 （4条1項1号）	代金支払 遅延禁止 （4条1項2号）	代金減額禁止 （4条1項3号）	返品の禁止 （4条1項4号）
買いたたき禁止 （4条1項5号）	購入・利用 強制禁止 （4条1項6号）	報復措置禁止 （4条1項7号）	有償支給原材料の 早期決済禁止 （4条2項1号）
割引困難手形の 交付禁止 （4条2項2号）	不当な利益提供 要求の禁止 （4条2項3号）	不当な変更・ やり直しの禁止 （4条2項4号）	

2　消費者契約法・特商法

【事例】

　スマートフォン向け周辺機器を販売するA社は、実店舗のみの販売だけではなく、インターネット上のWebサイト上でも、同社取扱製品の販売を開始することとした。同社の法務担当者として、いかなる点に注意が必要であろうか。

(1) インターネット上で消費者に直接商品を販売する際に特別に適用される法令はあるか。

(2) インターネット上の商品販売サイト上で特に表示すべき事項はあるか。

(3) インターネット上で商品の購入申込みを受け付ける場合に注意が必要な事項はあるか。

(4) インターネット上での商品売買に関して、あらかじめ一律に取引条件を明示する「商品販売約款」を用意する場合、注意すべき点にはどのようなものがあるか。

（1）特商法

　特定商取引に関する法律（特商法）は、訪問販売や通信販売等の消費

者トラブルを生じやすい取引類型を対象に、事業者が守るべきルールと、クーリングオフ等の消費者を守るルール等を定めている。

特商法の対象となる取引類型には、「訪問販売」「通信販売」「電話勧誘販売」「連鎖取引販売」「特定継続的役務提供」「業務提供誘引販売取引」および「訪問購入」があるが、ここでは、インターネットの発達とともに加速度的に普及している「通信販売」を取り上げることとする。ただし、以下はあくまで概観にとどまるものであり、実務にあたっては、特商法、特商法施行令および特商法施行規則等の各適用法令のほか、消費者庁のWebサイト「特定商取引法ガイド」(http://www.no-trouble.go.jp/)等を精緻に調査しておく必要がある。

(2) 通信販売

① 定義

「通信販売」とは、販売業者または役務提供事業者が「郵便等」によって売買契約または役務提供契約の申込みを受けて行う商品、権利の販売または役務の提供のことをいう(特商法2条2項)。インターネット上のWebサイトに掲出された広告等を見た消費者が、郵便や電話、インターネット等で購入の申込みを行う取引もこれに含まれる(同法施行規則2条2号)。販売対象となる商品に限定はないが、権利および役務の提供については、「特定権利」(同法2条4項、同法施行令3条・別表第一)として列挙されたものが対象となる。

ただし、B to B取引や他の法令で消費者の利益を保護することができるなどと定められるもの等については、一定の適用除外がある(同法26条)。

② 広告の規制

「通信販売」においては、消費者は契約条件について逐一質問することができないため、広告が唯一の取引判断材料となる。そのため、契約条件について広告の記載に取引に重要な情報が欠けていたり不明確な記載があると、トラブルの原因となり消費者保護に欠けることになる。そ

こで、特商法は、契約条件について詳細な表示事項を定め、これらを一括して表示しなければならないこととしている（同法11条・同法施行規則9条）。特に、インターネットを用いた契約条件に関する広告においては、販売業者等の代表者または通信販売に関する業務の責任者の氏名を表示しなければならないこととされているほか、コンピュータソフトウェアに関する取引については、当該ソフトウェアの動作環境についても明示することが求められていることに注意が必要である。

　ただし、広告の態様はさまざまであり、スペースが限られることもあるため、例外措置として、当該広告に、顧客の請求があれば上記記載事項を記載した書面（インターネットを用いた通信販売では電子メールでもよいとされる）を遅滞なく、交付・提供する旨の表示をする場合には、一定の条件のもとに、記載事項の一部を省略することも認められている（同法15条・15条の2、同法施行規則10条）。この契約条件表示義務は、契約条件につき広告がなされる場合の規制であるため、単なる商品広告の場合にはこの規制は及ばない。

　さらに、誇大広告や著しく事実と相違する内容の広告による消費者トラブルを未然に防止するため、契約条件につき広告をするに際しては、「著しく事実に相違する表示」や「実際のものより著しく優良であり、もしくは有利であると人を誤認させるような表示」も禁止される（同法12条、同法施行規則11条）。通信販売における誇大広告は、「不当景品類及び不当表示防止法」（以下「景表法」という）に基づく措置命令の対象にも該当しうる（景表法4条・7条）。

　また、消費者があらかじめ承諾した場合でない限り、通信販売に関する電子メール広告を送信することも一定の例外（特商法施行規則11条の3・11条の4）を除き禁止される（オプトイン規制：特商法12条の3）。この規制は、いわゆる迷惑メール問題を受けた設けられたものであり、通信販売事業者のみならず、通信販売電子メール広告の送信を受託した事業者も対象となる（同法12条の4）。

③　前払式通信販売における承諾等の通知義務

　消費者が商品の引渡しを受ける前に、代金の全部または一部を支払う前払式通信販売の場合、事業者は、代金の全部または一部を受領した場合、申込者に対し遅滞なく商品を引き渡すか、商品の引渡しに時間がかかるときには、その申込みの諾否等を書面（同法施行規則14条により申込者の承諾があれば電子メール等の方法によることもできる）により通知しなければならない（同法13条）。

④　契約の申込みの撤回または契約の解除（返品）

　通信販売において、消費者は、商品の引渡しを受けた日から数えて8日間以内であれば、事業者に対して、契約の申込みの撤回または契約解除を行うことができるが、事業者が契約申込みの撤回や解除について特約（たとえば、「購入者の一方的都合による返品は受け付けません」など）を広告に表示していた場合には、特約によることになる。訪問販売等とは異なり、事業者側から積極的に働きかけて契約を締結させるという側面が強くないことから、いわゆるクーリングオフとは異なり特約による例外が認められている。ただし、特約の表示が不明確であると消費者の予測可能性を奪うことになるため、表示方法に規制がある（同法施行規則16条の2）ことに注意が必要である。

⑤　顧客の意に反して契約の申込みをさせようとする行為の禁止

　通信販売のうち、インターネット通信販売のように、事業者が電子契約の申込みを受ける場合においては、一定のコンピュータの操作（典型的には、画面上のボタンのクリック）により契約の申込みとなる場合には、消費者が当該操作により契約の申込みとなることを容易に認識できるように表示しなければならず（同法施行規則16条1項1号）、契約内容を容易に確認および訂正できるようにしておくことも求められる（同2号）。コンピュータの操作ミス等によって消費者が意図せず契約の申し込みを行ってしまうことを防止するためである。

（3）電子消費者契約特例法

　インターネット通信販売においては、消費者の契約申込みの意思表示

について、民法の錯誤に関する規定（民法95条3項）の特則が設けられており、消費者の錯誤が重大な過失によるものであった場合でも、消費者は意思表示を取り消すことができる（電子消費者契約特例法3条本文）。ただし、事業者が申込みの確認画面等において、契約の申込みの意思表示を行う意思の有無について確認を求める措置を講じた場合、または消費者から確認措置不要の意思表示があった場合には、かかる特例は適用されない（同条ただし書）。

（4）消費者契約法

① 定義

消費者契約法は、消費者契約の締結に際し不当な勧誘があった場合の契約の取消しや、不当な契約条項の無効等を規定している。「消費者契約」とは、消費者と事業者との間で締結される契約をいう（消費者契約法2条3項）が、ここにいう「消費者」とは、事業者としてまたは事業者のために契約の当事者となる者以外の個人をいう。「事業者」とは、法人その他の団体（同法2条2項）および営利目的に限らず自己の計算により一定の目的をもって同種の行為を反復・継続する個人をいう。

インターネット通信販売においてB to C取引を行う場合には、「消費者契約」として消費者契約法が適用されると考えてよい。

消費者契約法は、不実告知、不利益事実の不告知、断定的判断の提供、過量契約、不退去、退去妨害、不安をあおる行為、デート商法、霊感商法等の不当勧誘があった場合に、消費者による契約の申込み・承諾の意思表示の取り消しを認めるとともに、消費者の利益を不当に害する契約条項を無効とするが、以下では、インターネット通信販売における「販売約款（規約）」等の作成を念頭に、消費者契約条項が無効とされる場合を記載する。

② 事業者の損害賠償責任の免除条項、故意・重過失免責条項

事業者の債務不履行により消費者に生じた損害を賠償する責任の全部を免責する条項は、無効となる（同法8条1項1号）。さらに、事業者

の故意・重過失に基づく債務不履行により消費者に生じた損害を賠償する責任を免除する条項は、責任免除の範囲が一部であっても無効となる（同2号）。

したがって、インターネット通信販売における販売約款（規約）等においては、「当社の債務不履行によりお客様に損害が生じた場合、当社が負う責任の範囲は、商品代金相当額を限度とします。ただし、当社に故意または重大なる過失がある場合にはこの限りではありません」というように規定することが考えられよう。

同様に、消費者契約における事業者の債務の履行に際してなされた事業者の不法行為により消費者に生じた損害の全部を免除する条項（同3号）、故意・重過失に基づく不法行為により消費者に生じた損害を賠償する責任を免除する条項（同4号）も、無効となる。

なお、以上の各場合において、事業者に責任の有無または責任の限度を決定する権限を付与する条項も同様に無効となる。

③　事業者の契約不適合責任の免除条項

消費者契約の目的物が種類または品質に関して契約の内容が適合しない場合に、事業者が履行の追完をする責任または不適合の程度に応じた代金の減額をする責任を負うとされている場合には、事業者の債務不履行責任を全部免除する条項を無効する規定（同法8条1項1号）、事業者の故意・重過失に基づく債務不履行責任の一部を免除する条項を無効とする規定（同2号）は適用しないこととされる（同条2項1号）。インターネット通信販売においては、同様に「販売した商品の品質に問題があった場合において、当該品質上の問題に起因してお客様に損害が生じた場合でも、当社は代替商品を提供する以上の責任を負うものではありません」等の文言を用いることが考えられる。

④　消費者の解除権放棄条項

事業者の債務不履行により生じた消費者の解除権を放棄させる条項（同法8条の2）は無効となる。事業者に解除権の有無を決定する権限を付与する条項も同様に無効となる。

⑤　消費者の損害賠償額の予定

　消費者契約の解除に伴う損害賠償額を予定しまたは違約金を定める条項であって、これらを合算した額が、当該条項において設定された解除の事由、時期等の区分に応じ、当該消費者契約と同種の消費者契約の解除に伴い当該事業者に生ずべき平均的な損害の額を超えるものは、その超える部分が無効となる（同法9条1号）。また、消費者契約に基づく金銭支払義務の履行を遅滞した場合における損害賠償額の予定または違約金を定める条項で、これらを合算した額が、支払期日の翌日からその支払いをする日までの期間について、当該支払期日に支払うべき額から当該支払期日に支払うべき額のうちすでに支払われた額を控除した額に年14.6％の割合を乗じて計算した額を超えるものは、その超える部分が無効となる（同2号）。

⑥　消費者の利益を一方的に害する条項

　法令中の公の秩序に関しない規定の適用による場合に比して、消費者の権利を制限しまたは消費者の義務を加重する消費者契約の条項であって、民法1条2項に規定する基本原則（信義則）に反して消費者の利益を一方的に害するものは、無効となる。インターネット通信販売においては、特に、消費者に不利な専属合意管轄条項が問題となる。

【実務上のポイント】

1．インターネット通信販売を含め、B to C 取引を対象とする通信販売においては、「特定商取引法」が適用される。特に、契約に関する広告内容の表示規制については、慎重な対応が必要である。

2．インターネット通信販売においては、取引画面上の操作において契約の申込みを受け付ける場合には、当該操作により契約の申込みとなることが容易にわかるような措置、契約内容を容易に確認・訂正できるような措置等が必要である。

3．インターネット通信販売を含め、B to C 取引を対象とする契約においては、「消費者契約法」が適用される結果、不当な契約条

項や消費者の利益を一方的に害する条項は無効とされる。インターネット上の取引約款（規約）を準備する際には、この点を十分に念頭に置く必要がある。

3　知財と契約

（1）成果物と知的財産権

　成果物にはどのような知的財産権が帰属する可能性があるか。また、なぜ成果物の知的財産権の帰属を両当事者が主張するのか。

　ITサービスの開発・提供にあたって発生する可能性のある成果物に対しては、以下の知的財産権が帰属する可能性が出てくる。とりわけ、特許、著作権、営業秘密が対象となりうる。

○特許権……自然法則を利用した高度な発明を保護する（3つの発明＝物、方法、生産方法）。主にハードウェアに関する発明が多いが、情報処理の方法などは、ビジネス方法特許として権利化が可能である

○実用新案権……ミニ特許（物の構造・組み合わせ）

○意匠権……物品の形状、模様もしくは色彩またはこれらの結合であって視覚を通じて美感を起こさせるもの

○商標権……商品・サービスに使用する文字・図形・記号・立体的形状・色彩（他の商品・サービスと識別するため）

○著作権……プログラムの著作物、データベースの著作物などの著作物（思想・感情の創作的な表現）を保護する

○ノウハウ・技術情報など営業秘密（不正競争防止法により不正所得・開示・使用を禁止する）

○限定提供データ……特定企業から他の特定企業へ暗号化等の条件下で提供したデータ（不正競争防止法により2019年7月1日より

> 保護されている）

　ITサービスの開発・提供にあたって発生する可能性のある成果物に知的財産権が発生する場合に、その権利の帰属を主張するのは、対価（報酬＝consideration、fees）を支払った業務委託者（Customers）の場合が多い。なぜならば、ITサービスの対価を支払った当事者がそこから発生した成果物の知的財産権も所得するのが当然と考えるからである。

　しかしながら、業務受託者（Vendor、Service Provider）としては、業務委託者の要求に応じ、成果物の知的財産権をすべて業務委託者へ譲ってしまっても問題ないだろうか。そういうわけにはいかないだろう。なぜならば、成果物には、業務受託者がそれまで保有していた知的財産権を使用しており、成果物の知的財産権をすべて譲渡してしまうと、業務受託者にとっては飯のタネを奪われてしまい、同じようなサービスを他の顧客へ提供することができなくなってしまう。

　そこで、このような場合には、通例では以下のように、移転される成果物の知的財産権を、「当事者（受託者）が本契約締結時点ですでに保有していた知的財産権を除いて」委託業務によって新たに生み出された成果物に関する知的財産権に限定することにより解決される場合が多い。

> 　乙が甲に納入した成果物の知的財産権は、甲から乙へ委託料が完済されたとき、乙から甲へ移転する。但し、乙が本契約締結時点で既に保有していた知的財産権を除き、それらについては、乙は甲に対して成果物の使用のために必要な無償の非独占的使用権を付与する。

　ただし、移転の対象が「知的財産権」ではなく、以下のように「産業財産権」の場合には、特許庁が管轄する「特許」「実用新案」「意匠」「商標」に限定されるので、著作権や営業秘密を含まない表現になるので注意が必要となる。

> 本件システム開発に関する発明、考案等の産業所有権を受ける権利は発明、考案、著作権を甲が行った場合は甲に、乙が行った場合は乙に、甲乙共同で行った場合は甲乙共有（持分均等）に帰属する。

あるいは、

> 1. 本件業務において行われた、発明、考案等についての産業財産権を受ける権利は、当該発明、考案等を行った従業員その他の者が属する当事者に帰属する。
> 2. 発明考案等を甲及び乙の従業員等が共同で行った場合、その産業財産権を受ける権利は甲乙の共有とし、その持分については貢献度を考慮の上甲乙間の協議により定めるものとする。

　つまり、著作権や営業秘密は別途の規定が設けられていることが重要となる。設けられていない場合には、移転の対象になっていないことになる。

（2）知的財産の帰属条項

　以下は、ソフトウェアライセンス契約書から引用した知財条項である。前提が業務委託ではなく、「ソフトウェアライセンス契約」であるので、ベンダー側に知的財産のすべてが留保されており、ユーザー側は単なる利用権しか認められていない一般的な規定になっている。

【条項例】

> 1. 本件顧客は、本件顧客に提供される本件ソフトウェア、付随資料ならびにその他すべての関連資料、およびそれらに対するすべての知的財産権は、ライセンサーまたはそのサプライヤーの独占的財産であることを了解し、これに合意する。本件顧客はさらに、本件ソフトウェア、付随資料、価格設定および本契約のあらゆる交渉条件、およびこれに関連する通信文ならびに検討事項（以下総称して「情報」という）は、ライセ

ンサーおよび／またはライセンサーにマーケティングならびに製品の権利を付与した別の第三者（以下「技術パートナー」という）の財産権のある機密情報であることを了解し、これに合意する。本件顧客は、当該情報を極秘として管理することに同意し、上記第2.1条に従い、本件顧客がバックアップを目的として本件ソフトウェアのコピーを1部作成する権利を除き、本件顧客は当該情報の全部もしくは一部を問わず、直接または間接的に、開示、複本の作成、その他複製を行わないことに合意する。

2．本件顧客は、本件ソフトウェアの構造、基礎をなすコンセプト、機構、アーキテクチャーおよびソースコードが、ライセンサーまたはその技術パートナーの価値あるトレードシークレットをなすものであることを認める。そのため、本件顧客は、本件ソフトウェアの全部もしくは一部を問わず、以下の各号を行わないことに同意する。

  (a) 逆アセンブル、リバースエンジニアリングまたは逆コンパイル

  (b) 本件ソフトウェアの修正、改変、変更、翻訳または派生物の作成

  (c) 本件ソフトウェアの他のソフトウェアへの併合

  (d) 本件ソフトウェアの第三者に対するリース、賃貸、貸出、またはその他権利移転（本契約において別途明示的に定められている場合を除く）

  (e) その他第1条に基づき明示的に認められる場合を除く、本件ソフトウェアおよび付随資料の使用、アクセス提供、コピー

　本件顧客は、許可なき人物が当該情報にアクセスしないこと、および当該情報にアクセスする許可を受けた人物が、本第6条により禁じられている開示、使用、複本の作成もしくは複製を行わないことを保証するために、あらゆる合理的手段を講じることに合意する。本件顧客は、当該情報から著作権表示またはその他財産権に関するマークを取り除かないことに同意し、バックアップを目的として本件顧客が作成したコピーには、本契約に基づきライセンサーから本件顧客に提供されたソフトウェアのコピーに付されるものと同一の著作権表示または財産権に関するマークを付すものとする。

3．本件顧客は、本件顧客が本条の規定に従わなかった場合、ライセンサーおよび／またはその技術パートナーに対して、法律上の救済では不十分な回復不能の損害を与える結果になることを認識し、そのため、本件顧客が本条に基づく義務の違反を行った場合、またはそのおそれがある場合、ライセンサーは、法律上および衡平法上のその他一切の救済の行使に加えて、かかる規定の実際の違反もしくは違反のおそれに対する、具体的履行および／または禁止命令の形で、公正な救済を求める権利を与えられるものとする。

4．本件顧客は、直接的もしくは間接的を問わず、本件ソフトウェアまたは付随資料におけるライセンサーの権利、権原および権益について異議を申し立てないものとする。本件顧客は、直接的もしくは間接的を問わず、本件ソフトウェア、付随資料、またはそれらに対する財産権にかかわる権利につき、登録、登録申請、または法的保護の取得を試みないことに合意する。

5．本件顧客は、個人もしくは法人による、本件ソフトウェアまたは付随資料の許可外所有または使用にまつわるあらゆる状況について、ライセンサーに対して、ただちに書面にて通知することに合意する。本件顧客は、かかる許可外所有または使用に関する、またはこれに起因する訴訟において、ライセンサーに全面的に協力することに合意する。

6．前項の規定は、本件顧客に対して、著作権を含む、本件ソフトウェアに対する一切の知的財産権を付与するものとは解釈されないものとする。かかる権利はすべて、ライセンサーまたはその技術パートナーが所有する。ライセンサーと本件顧客の間と同様に、ライセンサーは、ライセンサーが所有または取得する本件ソフトウェア、付随資料、および情報に関するすべての財産権にかかわる商業上の権利につき、かかる権利が本契約において明確に本件顧客に付与されていない範囲において、これを留保する。

7．本契約のその他いかなる条項にかかわらず、本条に定める義務は、永続的かつ取消不能で存続するものとする。

（3）成果物の知的財産権帰属に関する問題の解決

【事例問題①】

　　システム開発委託契約で成果物の帰属について合意できない場合に、どのような解決策がありますか。

　ソフトウェアライセンス契約（開発が済んでいて使用許諾を受けるのみ）とは異なり、システム開発委託契約では、新たに開発する成果物が生み出されるので、委託者（顧客）側としては、その成果物に対する対価を支払う以上は、何らかの知的財産権を確保しておく必要がある。以下の解決策がある。

　○合理的な妥協案を模索する（両当事者が新たに共同開発した部分は、知財は両当事者に帰属する、一方、当事者の単独開発の場合はその当事者に帰属するなど）。

　○契約上であえて合意しないで置ことを検討する（成果物の帰属について取り決めのない場合はどのような取り扱いになるか。一般の知的財産法が適用になるので、その結果を見て、妥協して合意すべきか。あるいは、契約上であえて合意しないで置くかを判断すべきである）。

【事例問題②】

　　成果物の知的財産権がすべて発注元へ帰属になっている場合の対応はどうすればよいでしょうか。

　　大手企業（発注元）から外注を受けてソフトウェアの開発を行っ

ていますが、契約書では、成果物の知的財産権がすべて発注元へ帰属する内容になっており、修正不可とされています。何かよい交渉方法はありますか。

拘束条件付取引、優越的地位の乱用の不公正取引として、独禁法違反にあたる可能性がある。

情報成果物に係る権利等の一方的取扱い（公取委ホームページより抜粋）

……このような役務の委託取引において、取引上優越した地位にある委託者が、受託者に対し、当該成果物が自己との委託取引の過程で得られたこと又は自己の費用負担により作成されたことを理由として、一方的に、これらの受託者の権利を自己に譲渡（許諾を含む。以下同じ。）させたり、当該成果物、技術等を役務の委託取引の趣旨に反しない範囲で他の目的のために利用すること（二次利用）を制限する場合などには、不当に不利益を受託者に与えることとなりやすく、優越的地位の濫用として問題を生じやすい……

【事例問題③】

　ビジネスソフトウェアのリバースエンジニアリング（たとえば、ライセンシーによるインターフェースの開発）は法的に許されるのでしょうか。ライセンス契約で禁止されている場合はどうですか。

ライセンシーがソフトウェアを使用する目的の場合には、インターフェースをリバースエンジニアして自社開発することは、たとえライセンス契約で禁止されていても一定の範囲可能である。

【事例問題④】

> ビジネスソフトウェアのライセンス契約と保守契約はセットでなければ契約できないといわれました。これは、独禁法の不公正取引行為（抱き合わせ販売）になるから違法とされるのでしょうか。

独禁法の不公正取引行為（抱き合わせ販売）になり違法となる。

「不公正な取引方法」の一般指定16の行為類型10号（公正取引委員会告示）

（抱き合わせ販売等）
10 相手方に対し、不当に、商品又は役務の供給に併せて他の商品又は役務を自己又は自己の指定する事業者から購入させ、その他自己又は自己の指定する事業者と取引するように強制すること。

■ライセンス契約の当事者が知っておくべき「独禁法の大原則」

　知的財産法を学習する際に理解しておかなければならないのが、知的財産権と独占禁止法（以下「独禁法」という）との関係である。基本的には、知的財産権と独禁法とは矛盾し相反する関係にある。知的財産法の一般法に当たる民法1条3項では、「権利の濫用は、これを許さない」と規定しており、私法上のすべての法的権利は義務を伴うことを明記している。すなわち、知的財産権の権利者は、知的財産権を専有しているからといって、どのようにそれを行使してもよいというわけではないということになる。たとえば、特許権者は、その特許の使用許諾を得たいというライセンシーに対して使用許諾の条件を決める場合に、本来は契約自由の原則（私的自治の原則）により、どのような条件でも特許権者（ライセンサー）とライセンシーの当事者間で合意すれば、それは裁判所で尊重される。しかしながら、その使用許諾の条件で、たとえば、特許権者が製造する部品の購入をライセンシーへ義務づける（ライセンシーが特許技術を実施するためには、特許権者（ライセンサー）が製造す

159

る部品を使用しなければならない）規定があったとすると、この条件は
たとえ契約上合意されていても、優越的地位の濫用、あるいは、拘束条
件付取引等の独禁法上の「不公正取引」に当たり、無効になる可能性が
高い。それ以外にも、知的財産のライセンス契約書で以下の条項は、一
般的に、優越的地位の濫用、あるいは、拘束条件付取引等の独禁法上の
「不公正取引」にあたり、無効になる可能性が高い。

○ライセンシーが行った（特許ライセンスの場合の）改良技術（著作
　権ライセンスの場合は、二次的著作物）の知的財産権が自動的に無
　償でライセンサーへ譲渡あるいはライセンスされるとする条項（特
　許ライセンスの場合には、改良技術の帰属条項であり、著作権ライ
　センスの場合は、二次的著作物の帰属条項）

○ライセンシーは、ライセンサーがライセンスする知的財産権の有効
　性について異議を申し立てないことを約束する条項条項（いわゆる
　不争条項）。

○ライセンシーは、ライセンサーがライセンスする技術や著作物にラ
　イセンシーが保有する知的財産権（たとえば特許など）が含まれて
　いる場合でも、それに対して権利行使しないことを約束する条項
　（いわゆる非係争条項）。

【非係争条項】

> 本件顧客は、直接的もしくは間接的を問わず、本件ソフトウェアまたは
> ドキュメンテーションにおけるライセンサーの権利、権原および権益につ
> いて異議を申し立てないものとする。本件顧客は、直接的もしくは間接的
> を問わず、本件ソフトウェア、関連ドキュメンテーション、またはそれら
> に対する財産権にかかわる権利につき、登録、登録申請、または法的保護
> の取得を試みないことに合意する。

わかりやすくまとめると、大原則として、そもそも独禁法によって技
術やビジネスの独占が禁止されているが、それに対して、知的財産法で

例外的に、知的創作を行った者へインセンティブを与えるために一定期間の独占的権利を認めている。それゆえに、知的財産権はどの権利も（商標権を除き）一定の期間中しか保護されず、保護期間を経過すれば、いわゆるパブリックドメイン（公有物）となり、独禁法の一般原則へ戻って、誰でも自由に利用することができることになる。例外的に、商標権は他の知的財産権と異なり、10年ごとに登録を更新することができるので、未来永劫商標権を維持・保有することができる。商標の場合には、ブランドとして付加価値が付いてくるので、保護期間の更新を認めないのは、国民の財産である商標権を奪うことになり、これは憲法29条１項（財産権は、これを侵してはならない）で禁止されているからと説明することができる。

4 契約譲渡・承継の実務

（1）契約上の地位の承継について
【事例問題】

> ライセンス契約をグループ会社内の他の会社へ移管する場合には、どのような手続が必要でしょうか。

たとえば、企業買収で買収した企業に契約上の地位を承継したい場合に、親会社への承継は相手方の同意なく行える規定がないとスムーズにはいかない。そこで、各当事者の親会社・子会社・兄弟会社への譲渡を例外的に認めさせる規定も多くなっている。重要なのは、下記【例２】のように関係会社への譲渡を例外的に認めさせることになる。

契約譲渡の禁止
【例１】甲および乙は、事前の書面による他方の当事者の承諾を得ることなく、本契約により生じた権利および義務の全部または一部を当事者以外のいかなる者にも譲渡し、担保に供し、または承継させないものとする。

【解説】

　契約は締結した相手方にしか契約上の請求ができないので、勝手に契約上の地位や権利義務を譲渡したり、当事者が入れ替わることは原則としてできない。契約上の地位や権利義務の譲渡を禁止する規定である。

【例2】いずれの当事者も、直接または間接的に、当該当事者を支配する個人もしくは団体、当該当事者から支配される個人もしくは団体、または当該当事者との共同支配の下にある個人または団体への譲渡を除いて、他方当事者の書面による事前の同意なくして本契約自体または本契約に規定される権利もしくは利益を譲渡ないし移転してはならない。ここで、「支配」とは、議決権のある発行済み有価証券の50%以上の議決権を所有していることを意味する。

　他方、最近では、顧客から収集した個人情報を買収会社へ承継する際に顧客との間でトラブルになっている。その場合には、顧客から個人情報を収集する際に、利用規約の中に、個人情報の利用権を関係会社へ承継できるようにしておけばよい。親会社・子会社への例外的譲渡にとどまらず、兄弟会社への譲渡まで例外的に認めさせる場合には、以下のような「当該当事者との共同支配のもとにある個人または団体」の表現を使うことになる。

【事例問題】

　契約先の顧客会社が事業再編で親会社へ吸収合併されてしまいました。契約上の地位の承継の手続は必要になるのでしょうか。

以下のように整理するとわかりやすい。
○存続会社の契約……特段の手続なしに、そのまま契約上の地位（とそれまで発生した権利義務）が存続会社へ承継される。
○消滅会社の契約……会社側から「消滅会社の契約上の地位とそれま

で発生した権利義務は新会社へ承継される」趣旨のWeb上のアナウンスがある場合か、新会社からの通知書がある場合は覚書は不要である。それが確認できない場合には、「消滅会社の契約上の地位とそれまで発生した権利義務は新会社へ承継される」趣旨の覚書の締結が必要となる。

参考文献

梶村太市・石田賢一・西村博一編『新・リース契約法』青林書院、2011年

中央青山監査法人編『企業価値向上のための知的財産ビジネス・ハンドブック』日経BP社、2002年

淵邊善彦編著『シチュエーション別 提携契約の実務〔第3版〕』商事法務、2018年

奈良輝久・日下部真治・神田孝・元芳哲郎編『詳解 アライアンス契約の実務と条項』青林書林、2016年

水町勇一郎『労働法〔第7版〕』有斐閣、2018年

江頭憲治郎『商取引法（第8版）』弘文堂、2018年

「外国人労働者の雇用管理の改善等に関して事業主が適切に対処するための指針」（平成19年厚生労働省告示第276号）

国土交通省ホームページ（http://www.mlit.go.jp/）

特許庁ホームページ（http://www.jpo.go.jp/）

厚生労働省ホームページ「外国人の雇用」
（https://www.mhlw.go.jp/stf/seisakunitsuite/bunya/koyou_roudou/koyou/jigyounushi/page11.html）

厚生労働省ホームページ「外国人労働者向けモデル労働条件通知書」（本テキストで紹介した英語版のほか、中国語版、韓国語版、ポルトガル語版、スペイン語版、タガログ語版、インドネシア語版、ベトナム語版が用意されている）

消費者庁ホームページ（http://www.no-trouble.go.jp/）

第1章　理解度チェック

次の設問に、○×で解答しなさい（解答・解説は後段参照）。

---

1 取引基本契約の締結によって、個別の売買取引を実施する権利義務関係が発生するから、取引基本契約が一方の当事者により解約された場合には、当該当事者は相手方に対し損害賠償責任を負う場合がある。

2 フランチャイズ契約とは、フランチャイザーが有する商号・商標のライセンス供与および事業展開のノウハウを提供することの対価として、フランチャイジーが加盟料やロイヤリティーを支払うことを約する契約である。

3 ソフトウェアの開発委託契約においては、受託者がすでに開発済みでかつ他のソフトウェアにも汎用的に利用可能なモジュール部分の権利留保について明確な規定が必要である。

4 ソフトウェア開発委託契約の受託者と比較すると、ソフトウェア・ライセンス契約のライセンサーは、契約上の義務としてソフトウェアの使用を許諾するのみであるから、損害賠償のリスクは相対的に低い。

5 不公正な取引方法の１類型である再販売価格の拘束は、製品を販売する際に、売手と買手の間で当該製品の販売価格に関する具体的な合意がなくても、成立する場合がある。

6 民法で規定される目的物の種類または品質に関する「契約不適合」には、「種類または品質」のみならず、数量や所有権の不適合を含む。

7 インターネット通信販売においては、販売者がインターネット Webサイト上で明示しておけば、「販売者は購入者に対し債務不履行責任を一切負わない」という特約も有効である。

8 民法の「定型約款」は、定款受領者のインフォームドコンセントがあることを前提としている。

9 契約交渉のタクティクスにおいて、「沈黙も金なり」といえる場合もある。

10 業務委託契約は、請負契約のみを意味する。

第1章 理解度チェック

1 ×
取引基本契約とは、個別契約に共通的に適用される条件をまとめて規定する契約であり、当該契約の締結によっては、個別の売買契約を行うことについて権利義務が発生するわけではない。

2 ○
フランチャイズ契約は、フランチャイザーが有する事業上のブランドと運営ノウハウをフランチャイジーに提供し、それに対してフランチャイジーが対価を支払う双務的契約である。

3 ○
他のソフトウェアにも汎用的に利用可能なモジュール部分の「著作権」の留保について明確な規定を定めておかなければ、開発委託者が当該権利を失うおそれがある。

4 ×
ソフトウェアに瑕疵（いわゆるバグ）があり適切に動作しなかった場合、ソフトウェアの利用者側に生じる損害は、開発委託の場合とライセンスの場合で本質的に異なることはないので、注意が必要である。

5 ○
再販売価格の拘束は、売手と買手の合意により、売手が指示した価格で買手に販売させる場合のほかに、売手が経済的不利益を買手に与える等の手段を用いて、買手がある一定の価格で販売することを事実上強制する場合にも成立しうる。

6 ×
民法で規定される目的物の種類または品質に関する「契約不適合」は、「種類または品質」のみを含み、数量や所有権の不適合を含まない。

7 ×
消費者契約法上、事業者（設問の場合、「販売者」）の債務不履行により消費者（設問の場合、「購入者」）に生じた損害を賠償する責任の全部を免責する条項は無効となる。

8 ×
定款受領者が約款を読んで理解したうえで同意することを前提としていない。

9 ○
契約上の立場によっては、契約条件の争点として交渉するよりも、実定法（民法、商法等）に定められる条件のままのほうが有利な場合もある。実定法をよく理解し、"契約書に記載しなかった場合の効果"を見極めることも必要である。

10 ×
請負契約のほか、準委任契約を含む。

担保権設定と管理の実務

この章のねらい

　第2章では、物を対象とする物的担保の代表格である抵当権の性質と機能を学び、そして企業の担保として広く利用されている根抵当権の基本的な知識を習得する。

　次に、人が保証する人的担保について、その基礎を習得する。さらに、非典型担保の中で利用の多い動産譲渡担保と集合物譲渡担保の設定や権利行使、迅速な回収を可能とする相殺の条件や手続について習得する。

(根) 抵当権の実務

学習のポイント

◆抵当権の本質と特徴を学ぶ。

◆抵当権が交換価値を支配する権利であることから導かれる物
上代位について学ぶ。

◆不動産競売により土地と建物の所有者が異なる場合の処理
（法定地上権）を学ぶ。

◆商取引のための物的担保権として多用される根抵当権につい
て、その性質から実務に必要なポイントまで学ぶ。

1 総 論

(1) 抵当権の性質

抵当権は、法に規定された典型担保であり（⇔譲渡担保などは非典型
担保）、当事者の合意に基づいて成立する約条担保である（⇔留置権な
どは法定担保）。抵当権は、その目的物から一般債権者や後順位の担保
権者に優先して弁済を受けることが可能であり（排他性）、債務名義が
なくとも競売や収益執行によって換価回収することが可能であり（直接
性）、対抗要件としての登記を備えていれば抵当権の目的物が第三者に
譲渡されても抵当権を実行することが可能である（絶対性）。抵当権の
目的物は特定され、その内容は登記により公示されていることから、人
が保証する人的担保に比べて回収可能性が予測しやすい。

抵当権は、被担保債権なくして成立はしない。そして、被担保債権の
消滅と同時に消滅する（付従性）。被担保債権が移転すれば抵当権もそ

れに伴い移転する（随伴性）。よって、被担保債権が譲渡されれば抵当
権移転の合意がなくとも抵当権は自動的に移転をする。

　抵当権は、被担保債権が完済されるまで抵当権の目的物全部について
権利行使できる（不可分性）。たとえば、抵当不動産の評価が1億円で
あり、被担保債権の残債が100万円であっても、完済されなければ抵当
権者は抵当不動産全体の競売を実行することができる。

　抵当権は、その目的物だけでなく、目的物の売却・賃貸・滅失によって
抵当権設定者が受けることのできる金銭その他の物（代替物）にも行使
でき、抵当権者はそこから優先弁済を受けることができる（物上代位性）。

　抵当権は典型・約条担保という点で質権と同じだが、目的物を占有し
ない非占有担保である点で質権と異なる。物には使用価値（使用・収益
によって得る価値）と交換価値（売却によって得る金銭的価値）がある
が、質権はその効力が使用価値にも及ぶ一方、抵当権は交換価値のみを
把握する。交換価値を支配し、ここから優先弁済を受けられることが抵
当権の本質である。金融機関が主要な資金提供者である現代において、
担保提供者が目的物を使用しながら融資を受けることができる抵当権の
利用頻度は高い。

（2）抵当権の設定契約

　抵当権は、被担保債権の債権者（抵当権者）と自己の不動産を担保提
供する者（抵当権設定者）の間で締結される抵当権設定契約によって成
立する。抵当権設定者は被担保債権の債務者に限られず、第三者でもか
まわない。この第三者は物上保証人と呼ばれる。

　被担保債権は、金銭債権が通常だが、物の引渡債権でも、将来発生す
る条件付債権や期限付債権でもよい。また、債権の一部（1億円の貸金
債権のうち5,000万円など）を被担保債権としたり、同一の債権者が有
する複数の債権（債権者Aの債務者Bと債務者Cに対する債権）でもか
まわない。

　民法上の抵当権は、不動産、地上権、永小作権を目的物とする。1つ

の債権を担保するために複数の不動産に抵当権を設定することも、１つの不動産に複数の抵当権を設定することも可能である。抵当権の効力を第三者に対抗するためには抵当権設定の登記をする必要があり、同一の不動産に設定された各抵当権は登記により優先順位が決まる。なお、抵当権者間の合意で順位を変えることもできる。

（3）抵当権の効力の及ぶ範囲

　抵当権によって担保される被担保債権の範囲は、抵当権設定契約により定められる。元本以外に利息や損害金も、これを契約に含めて登記されれば優先弁済を受けることができる。ただし、利息・損害金が優先弁済を受けられるのは、これらを通算して満期となった最後の２年分についてのみである（２年分を超える部分について特別の登記をした場合を除く）。

　抵当権によって担保される目的物の範囲は、抵当不動産に付加して一体となっている物（付加一体物）に及ぶ（民法370条）。付加一体物には、付合物（同法242条）、従物（同法87条１項）、従たる権利（同条２項）がある。付合物は、建物の増築部分、立木や石垣などの土地の定着物などのように、独立性を失い不動産の構成部分となったものである。従物は、石灯ろうや庭石、建物に備え付いた畳や建具のように、取り外しが可能だが不動産の一部としてその価値を高めているものである。従たる権利は、借地上の建物に対する土地借地権のように、主物に付随する権利をいう。借地上の建物を競落しても借地権がなければ地主に土地の明渡しを求められるおそれがあり、これでは競落した意味がない。借地権は建物と一体となって財産的価値を形成しているという理由で、これを従たる権利としている。

2　物上代位

【事例問題】

> 　A社は、経営支援のため仕入先のB社に融資を行い、B社の工場
> に抵当権を設定した。しかし、B社は支払不能となり、その直後に
> B社の工場が全焼した。そこでA社は、抵当権の物上代位に基づき
> 同工場の火災保険請求権を差し押さえたが、工場の火災後、他の一
> 般債権者が先にこの火災保険請求権を差し押さえていた。A社は優
> 先して保険金から債権回収できるだろうか。

（1）物上代位の方法

　抵当権の効力は目的物の代替物にも及び、たとえば、抵当不動産を賃
貸することにより生ずる賃料や、抵当不動産の滅失・毀損によりその所
有者が第三者に対して取得する損害賠償請求権にも及ぶ。そして、事例
のように火災保険請求権にも抵当権の効力は及ぶ。

　物上代位により弁済を受けるには、代替物の払渡しまたは引渡しの前
に差押えをしなければならない（民法372条が準用する304条）。よって
事例では、B社が保険金を受領する前にA社が差押えをする必要がある。

　不動産に対する執行ではなく、債権に対する執行手続をする（民事執
行法193条）。抵当権者は、抵当権設定登記がされた登記事項証明書を執
行裁判所に提出して、差押命令を申し立てる。差押命令は、債務者およ
び第三債務者に送達されると債務者への弁済が禁止され、抵当権者は差
し押さえた債権から直接弁済を受けることができる。

　なお、抵当権者は債権の差押え後に転付命令により弁済を受けること
もできる。転付命令が確定すると、差し押さえられた債権は抵当権者に
移転し、抵当権の被担保債権は転付命令により移転した債権の券面額で
弁済されたものとみなされる。ただし、差し押さえた債権に対して差押
えが競合した場合には転付命令はされないため、事例のケースでは転付

命令はできない。

（2）他の債権者との優劣

　物上代位は債権の執行によることから、他の債権者による差押えや対象債権の譲渡など、第三者の権利と競合することがある。事例のように、抵当権者の差押えと一般債権者の差押えが競合した場合は、抵当権設定登記と一般債権者の申立てによる差押命令の第三債務者への送達の先後で、その優劣は決定される。事例は、抵当権設定登記が先行していたため、抵当権者が優先弁済を受けることができる。なお、一般債権者が転付命令まで取得していた場合は転付命令が優先する。

　事例において、Ｂ社が火災保険請求権を第三者に譲渡して対抗要件を備えた場合はどうだろうか。判例は「抵当権者は、物上代位の目的債権が譲渡され第三者に対する対抗要件が備えられた後においても、自ら目的債権を差し押さえて物上代位権を行使することができる」とし、抵当権に基づく物上代位が優先するとした（最判平成10年1月30日）。その理由として、抵当権が登記により公示されていることで物上代位が予測できることや、債権譲渡が物上代位に優先すると抵当権設定者は債権譲渡によって物上代位を免れることが可能となり、抵当権者を不当に害することを挙げている。

　物上代位と相殺が競合することもある。これに対し判例は、抵当権者が物上代位により差し押さえた後は、抵当権設定登記に遅れて自働債権を取得した第三債務者は、相殺をもって抵当権者に対抗することができないとした（最判平成13年3月13日）。

3　法定地上権

（1）制度の趣旨

　土地とその地上の建物が同一の所有者である場合において、その土地または建物に抵当権が設定され、その実行（競売）により土地建物の所

有者が別々になったときは、その建物について、地上権が設定されたものとみなされる（民法388条）。これを法定地上権という。

　欧米諸国は、建物は土地の附合物とされることから、土地と建物の所有者が別人とならないが、日本は土地と建物は別個の不動産として取り扱われることから、競売によって土地と建物の所有者が別人となることもある。この場合、建物所有者は建物の収去・土地の明渡しという問題に迫られるが、これは国民経済上の観点からも損失である。また、抵当権設定の当事者も建物を失うことまで想定していなかったと見るのが妥当であることから、建物に法律上当然に地上権が発生するものとした。

（2）法定地上権の成立要件

　法定地上権は、以下の4つの要件を満たさなければ成立しない。
① 　抵当権設定時に土地上に建物が存在すること
② 　抵当権設定時に土地と建物が同一所有者に帰属していること
③ 　土地または建物に抵当権が設定されること
④ 　抵当権実行により土地・建物が異なる所有者に帰属すること

　抵当権設定時に土地が更地の場合には、設定後に建物が建っても法定地上権は成立しない。抵当権者は土地の担保価値を更地として高く評価しているから、法定地上権が成立するとすれば不測の損害を被ることになるからである。なお、抵当権設定時に建物が在れば未登記でもかまわない。また、改築・再築の場合にも法定地上権は成立する。

　抵当権設定時に土地と建物が同一所有者に帰属していれば、その後に土地や建物の譲渡により所有者が変わっても法定地上権は成立する。抵当権の設定時に法定地上権の成立を予期して担保価値を把握したはずだからである。抵当権設定時に土地と建物の所有者が別人であれば、その後に同一の所有者となっても法定地上権は成立しない。土地所有者が借地人から借地権と借地上の建物を買い受けて土地と建物が同一の所有者となった後に土地が競売で売却された場合、建物所有者は借地権を有し

175

ているので法定地上権を認める必要がないからである。

その他の共有の場合や抵当権が複数ある場合など論点はあるが、抵当権設定時の当事者の期待を満たすか否かがポイントとなる。

（3）法定地上権の内容

法定地上権の地代は、当事者の請求により裁判所が定める。法定地上権を第三者に対抗するには、地上権を登記するか借地借家法上の建物の登記が必要である。法定地上権の存続期間は、借地借家法が適用され30年間である。

4 根抵当権の実務

【事例問題】

> A社は、新たにB社と建設機械部品の販売契約を締結しようとしている。継続的な取引により販売する金額が多額となるので、債権担保のため、担保権を設定したいと考えている。B社は、担保権設定に同意しているが、どのような担保権を設定すべきか、また担保権設定契約締結に際し、どのような点に留意すべきであろうか。

（1）根抵当権の設定

① 根抵当権とは

債権回収を確保するための担保権はいくつかあるが、一般的には、確実性の点から、抵当権か根抵当権が利用される。1回限りの特定債権を担保する場合は抵当権を設定すればよいが、取引先との間で継続して発生する不特定の債権を担保するためには、根抵当権を設定すべきである。

根抵当権について民法398条の2は次のように規定している。

> ① 抵当権は、設定行為で定めるところにより、一定の範囲に属す

> る不特定の債権を極度額の限度において担保するためにも設定することができる。
>
> ② 前項の規定による抵当権（以下、根抵当権という）の担保すべき不特定の債権の範囲は、債務者との特定の継続的取引契約によって生ずるものその他債務者との一定の種類の取引によって生ずるものに限定して、定めなければならない。
>
> ③ 特定の原因に基づいて債務者との間に継続して生ずる債権または手形上もしくは小切手上の請求権は、前項の規定にかかわらず、根抵当権の担保すべき債権とすることができる。

　つまり、根抵当権は、1）極度額、2）被担保債権の範囲、3）債務者の3つの要素を定め、その範囲に含まれる債権を担保する担保権ということになる。

　それでは、この根抵当権の3つの要素について注意すべき点を検討する。

② 3要素の注意点

1）極度額

　極度額は、根抵当権が実行された場合、優先弁済を受けることができる債権の限度を示す金額のことである。元本のほか利息、損害金を含め極度額まで担保されることになる。

2）被担保債権の範囲

　根抵当権は一定の範囲に属する不特定の債権を担保するものであり、その不特定の債権の範囲を定める基準として、民法398条の2は以下のものを規定している。

（a）特定の継続的取引契約から生ずる債権

　たとえば、新たに、取引先と売買取引を行うことになり、その売買代金を担保したいという場合は「令和○○年○○月○○日建設機械部品売買契約」などと、契約締結年月日と契約名で特定する。この定め方をする場合、契約が特定できれば、契約の名称について特に制約は

ないが、できるだけ客観的な名称が望ましい。また、この定め方をする場合、注意が必要なのは、契約締結日以前に発生した債権は、この根抵当権では担保できないということである。

(b) 一定の種類の取引から生ずる債権

根抵当権者と債務者との間で行われる一定の種類の取引から生ずる債権も、根抵当権で担保することができる。根抵当権者と債務者との間に生ずる債権には種々のものが考えられるが、それらの債権の中で、特に一定の種類の取引から生ずる債権を特定して、根抵当権で担保することができる。

この「一定の種類の取引」は、根抵当権者と債務者との間で継続的に発生する取引で、第三者が客観的に理解できるものでなければならない。したがって、この一定の種類の取引には、おのずから制約があり、被担保債権の範囲として認められない取引もある。

登記先例で認められる主な取引として以下のものがある。

i　売買取引

ii　商品売買取引

iii　委託取引

iv　消費貸借取引

v　保証取引

vi　保証委託取引

vii　銀行取引　　　等

被担保債権の範囲を、このように「一定の種類の取引」で定めた場合、根抵当権設定契約締結以前に生じた債権も担保することができる。(a)の「特定の継続的取引契約から生ずる債権」として、「令和○○年○○月○○日建設機械部品売買契約」と定めた場合、契約締結日以前に発生した債権が、この根抵当権では担保できないのと異なる。したがって、この場合、「一定の種類の取引」として「売買取引」あるいは、「商品売買取引」と定めたほうが根抵当権者にとっては利用しやすいといえるだろう。

　つまり、債権の範囲はまず、(b) の「一定の種類の取引から生ずる債権」で認められるか検討し、認められるのであれば一定の種類から生ずる債権として定め、認められない場合、(a) の「特定の継続的取引契約から生ずる債権」として定めるといった対応が必要となる。

(c) 特定の原因に基づいて債務者との間に継続して生ずる債権

　民法は、被担保債権の範囲として、(a) の「特定の継続的取引契約から生ずる債権」、(b) の「一定の種類の取引から生ずる債権」のほか、(c) の「特定の原因に基づいて債務者との間に継続して生ずる債権」を定めている。ここで定めている被担保債権は、(a)、(b) で定める取引関係から生ずる債権以外の債権で、しかも継続的に生ずる債権のことで、事例は多くはない。登記先例で見受けるものとして、「Ａ工場の廃液による損害賠償債権」「Ｂ工場からの酒税の移出による酒税債権」などがある。

(d) 手形上もしくは小切手上の請求権

　根抵当権の被担保債権に含まれる債権は以上説明したとおり、根抵当権者と債務者との一定の取引から生ずる債権や、特定の原因に基づいて債務者との間に継続して生ずる債権である。そのほか民法398条の2第3項は、「手形上若しくは小切手上の請求権」も担保する旨定めている。ここで定められている、「手形上若しくは小切手上の請求権」というのは、いわゆる「回り手形、回り小切手」上の債権のことである。根抵当権者と債務者との一定の取引によって生じた債権の弁済のため、債務者が交付した手形、小切手債権は、「売買取引」の債権の範囲に含まれるため、あえて手形上もしくは小切手上の請求権として被担保債権に加える必要はない。

3) 債務者

　根抵当権は、根抵当権者と債務者との特定の継続的取引、一定の種類の取引などについて発生する、不特定の債権を担保する抵当権である。債務者は個人でも法人でもよく、また、複数の債務者についての不特定の債務を1つの根抵当権で担保することもできる。この場合、債務者ご

とに異なった債権の範囲を定めることもできる。

（2）根抵当権設定契約

① 根抵当権設定契約書

　根抵当権設定契約は、根抵当権者と根抵当権設定者が締結する。多くの場合、根抵当権設定者が債務者を兼ねるが、抵当権同様に第三者のために根抵当権を設定することもできる。この場合、根抵当権設定者は物上保証人になる。根抵当権設定契約書は、証拠としての意味のほか、根抵当権設定登記を申請する際の添付書類ともなる重要な書類である。

　根抵当権設定契約書の方式は、ここに載せた当事者双方が記名押印する方式のほか、金融機関が使用する際に利用される、根抵当権者に対する差し入れ方式がある。差し入れ方式では、根抵当権者の記名押印が省略されるため、企業間で締結する根抵当権設定契約には不向きといえる。

　根抵当権設定契約書には、最小限、以下のものを記載し、根抵当権者と根抵当権設定者が署名または記名押印する。債務者が根抵当権設定者と異なる場合、債務者も署名または記名押印すべきである。

ア　当事者
イ　極度額
ウ　被担保債権の範囲
エ　債務者
オ　確定期日に関する事項
カ　不動産の表示

　そのほか重要な点は、複数の不動産に根抵当権を設定し、共同担保とする場合は、「共同担保として」設定する旨を記載する必要があることである。

　共同担保というのは、担保不動産が競売された場合、担保物権全部を競売してその中から極度額まで配当を受けるもので、普通抵当権は、複数の不動産に設定すると、当然に共同担保になるのに対し、根抵当権は特に「共同担保」である旨を契約しなければ、共同根抵当権にならない

点に注意が必要である。共同根抵当権にならない場合、「累積根抵当権」
として不動産ごとに独立した根抵当権が成立することになる。

② 根抵当権設定契約書の書式の留意点

　根抵当権設定契約書の書式（→図表2-1-1）を載せたので、主な留
意点について説明する。

　まず、当事者の根抵当権者株式会社A商事の代表取締役である千代田
一郎と、根抵当権設定者株式会社B商事の代表取締役である港次郎が記
名押印する。この代表取締役については、資格証明書（代表者事項証明
書もしくは登記事項証明書）で代表権を確認する必要がある。委員会設
置会社においては、代表執行役に代表権があるので、その資格と氏名を
記載し、押印する。

　次に第1条は、根抵当権の要素である、極度額、被担保債権の範囲、
債務者を記載し、確定期日を定めたときはその日付、定めがないときは、
定めない旨を記載する。

　ここで注意が必要なのは、「被担保債権の範囲」である。被担保債権
の範囲の部分で説明したように、根抵当権者にとっては、確実に債権を
担保することが必要である。この契約書では、「1.売買取引」「2.手形
債権、小切手債権」と記載されており、このように定めれば、通常の取
引に伴う債権は、この根抵当権で担保可能である。

　そのほか、第2条では、根抵当権設定者が登記手続すべきことを定め、
第3条では、根抵当権の変更や譲渡など、根抵当権設定後の事情の変更
に対応する事項について記載してある。また、第4条では、根抵当権設
定後の権利保全の条項を記載してある。このほか、ケースごとに記載す
べき事項があるが、本節では省略する。

③ 根抵当権設定契約締結上の留意点

　根抵当権設定契約締結に際しては、いくつか留意すべ点がある。特に
以下の項目については留意する必要がある。

1) 利益相反取引の承認

　まず根抵当権の設定については、株式会社と取締役の利益相反取引に

図表２-１-１ ●「根抵当権設定契約証書」サンプル

根抵当権設定契約証書

令和〇〇年〇〇月〇〇日

東京都千代田区千代田一丁目１番１号
　　根抵当権者　　　　　株式会社　Ａ商事
　　　　　　　　　　　　代表取締役　千代田　一郎
東京都港区港二丁目２番２号
　　債務者兼　　　　　　株式会社　Ｂ商事
　　根抵当権設定者　　　代表取締役　港　　次　郎

第１条（根抵当権の設定）
　　根抵当権設定者は、根抵当権者との間で、その所有する後記不動産につき下記のとおり共同担保として根抵当権を設定する旨契約しました。

記

１．極度額　　　　　　　金　5,000万円
２．被担保債権の範囲　　１．売買取引
　　　　　　　　　　　　２．手形債権、小切手債権
３．債務者　　　　　　　東京都港区港二丁目２番２号
　　　　　　　　　　　　株式会社　Ｂ商事
４．確定期日　　　　　　定めない

第２条（登記手続き）
　　根抵当権設定者は、前条による根抵当権の設定登記手続きを遅滞なく行い、その登記完了後の登記事項証明書を根抵当権者に交付します。
第３条（根抵当権の変更等）
　　本根抵当権について、根抵当権者より被担保債権の範囲、債務者の変

更、極度額の増額、根抵当権の譲渡等の申し出があった場合は、直ちに
これに同意します。
第4条（根抵当権物件）
　　根抵当権設定者は、根抵当権者の承諾がなければ、根抵当権物件の現
　状を変更し、又は根抵当権物件を移転ないし権利の設定をしないものと
　します。

（以下省略）

留意する必要がある。利益相反取引について、会社法356条は、「取締役
は、次に掲げる場合には、株主総会において、当該取引につき重要な事
実を開示し、その承認を受けなければならない」とし、同法356条1項
3号は「株式会社が取締役の債務を保証することその他取締役以外の者
との間において株式会社と当該取締役との利益が相反する取引をしよう
とするとき」と規定している。

　たとえば、会社所有の不動産に取締役個人の債務を担保するため根抵
当権を設定する場合がこれに該当する。会社が取締役の債務を保証する
ものであり、取締役にとって利益、会社にとって不利益、という構図が
成立するからである。

　この場合、同法356条では、株主総会の承認が必要である旨を規定し
ているが、取締役会を設置している会社では、取締役会の承認を要する
旨を同法365条で規定している。

2）借地に設定する場合

　根抵当権は、借地上の建物に設定することもできる。しかし、借地上
の建物に根抵当権を設定した場合、根抵当権の効力は建物と借地権に及
ぶことになるが、次の点に注意が必要である。

　まず借地権が「地上権」である場合、担保物件が競売されると買受人
は、建物の所有権のほか当然に借地権を取得できる。しかし、借地権は
多くが「賃借権」であり、この場合、担保物件が競売されても、借地権

を当然には取得できない。このとき、地主に借地権の譲渡の承諾をしてもらうか、承諾が得られない場合は、裁判所による承諾の許可を得る必要がある。いずれの場合も、実務上は承諾料の支払いが必要となる。また、賃借権は、賃借人に賃料の不払いなどの債務不履行や、建物の焼失などによって契約が解除されるおそれもあり、常に担保不動産の管理が必要である。

このように、借地上の建物に根抵当権を設定する場合は、それなりのコストとリスクが伴うことになる。こうした事態に対する効果的な対策はないが、根抵当権設定に際して、地主に担保を設定することの承諾を得ておくのが望ましい。しかし、実際に地主の承諾を得ることは容易ではないと思われる。

3）更地に設定する場合

土地上に建物が存在すれば、土地と建物を共同担保として、根抵当権を設定すべきである。しかし、建物の存在しない更地に根抵当権を設定することもある。その場合、担保権設定後にその土地に建物が建ったときに問題が生じるおそれがある。

建物は土地とは独立した不動産として、所有者は自由に第三者に譲渡したり担保権を設定したりできるからである。その結果、更地に設定した担保権の価値が減少する結果となる。

したがって、更地に担保権を設定するときは、建物を建築した際には、追加担保として建物を提供する旨の念書を取得すると同時に、担保不動産の状況を管理しておき、建物が建築されたときは直ちに建物を追加担保に取り、登記する必要がある。

（3）根抵当権設定登記

① 根抵当権設定登記

根抵当権は、根抵当権者と設定者で合意すれば有効に成立する。しかし、根抵当権設定の登記をしておかないと、事実上、担保の効力を生かすことができない。

　まず、根抵当権を設定した後、登記がないままその担保物件が第三者に売却されると、根抵当権者は第三者に対し根抵当権を対抗することができない。また、その後に同一不動産に担保権を設定した者に対し、自分が先に担保権を設定したことを対抗できない。

　さらに、債務者が債務不履行に陥ったため、根抵当権を実行しようと思っても、登記がないと原則として競売の申立てができないなど、多くの不利益を被ることになる。

　したがって、根抵当権設定契約を締結したら、速やかに登記申請手続を行うべきである。

② 根抵当権設定登記の手続

　根抵当権設定登記は、根抵当権者と設定者が共同で、一定の書類を添付して、担保不動産の所在地を管轄する法務局に申請して行うことになる。実際上の登記手続は、司法書士などの専門家が、根抵当権者と設定者双方から委任状の交付を受け、代理人として行うケースが多いものと思われる。しかし、この場合も企業の担当者として、登記手続の概要と、登記に必要な添付書類について理解しておく必要がある。特に、登記申請に際しどのような書類を用意しなければならないかが重要である。根抵当権設定登記には次の書類が必要となる。

1) 登記原因証明情報

　「登記原因証明情報」は、平成17 (2005) 年の不動産登記法の改正によって新たに必要になった書類 (→図表2-1-2) で、「登記の原因となる事実または法律行為」を記載した書類である。正確にいえば、「情報」であり、書類に限らずオンライン申請する際に提供する情報も含まれる。しかし、一般的には書類として作成するものと思われるので、以下、書面を前提に説明することとする。

　登記原因証明情報には、以下のことを記載する必要がある。

　ア　根抵当権設定契約の当事者 (債務者、根抵当権者、設定者)

　イ　極度額

　ウ　債権の範囲

図表2-1-2 ●「登記原因証明情報」サンプル

登記原因証明情報

1．登記申請情報の要項

（1）登記の目的　　　共同根抵当権設定
（2）登記の原因　　　令和○○年○○月○○日　設定
（3）当　事　者　　　根抵当権者
　　　　　　　　　　　　　東京都千代田区千代田一丁目1番1号
　　　　　　　　　　　　　　　株式会社　A商事
　　　　　　　　　　　設定者
　　　　　　　　　　　　　東京都港区港二丁目2番2号
　　　　　　　　　　　　　　　株式会社　B商事
（4）不動産の表示　　後記のとおり

2．登記の原因となる事実又は法律行為
　根抵当権設定者株式会社B商事は、根抵当権者株式会社A商事との間で、令和○○年○○月○○日、本件不動産について下記内容の根抵当権設定契約を締結した。

記

　極　度　額　　　　金　5,000万円
　債権の範囲　　　　売買取引、手形債権、小切手債権
　債　務　者　　　　東京都港区港二丁目2番2号
　　　　　　　　　　　　株式会社　B商事

令和○○年○○月○○日　　東京法務局　港出張所御中

　上記の登記原因のとおり相違ありません。

(根抵当権者)
　　　　　　　東京都千代田区千代田一丁目1番1号
　　　　　　　　　　株式会社　A商事
　　　　　　　　　　代表取締役　千代田　一郎

(根抵当権設定者)
　　　　　　　東京都港区港二丁目2番2号
　　　　　　　　　　株式会社　B商事
　　　　　　　　　　代表取締役　港　　次　郎

　不動産の表示
　　　　所　　　在　　　港区港一丁目
　　　　地　　　番　　　30番1
　　　　地　　　目　　　宅地
　　　　地　　　積　　　120.5m²

　　　　所　　　在　　　同所30番地1
　　　　家 屋 番 号　　　30番1
　　　　種　　　類　　　事務所
　　　　構　　　造　　　鉄筋コンクリート造陸屋根4階建
　　　　床 面 積　　　　1階　100.31m²
　　　　　　　　　　　　2階　100.31m²
　　　　　　　　　　　　3階　100.31m²
　　　　　　　　　　　　4階　 85.55m²

エ　(確定期日)

オ　不動産の表示

　根抵当権設定契約書に、以上の内容が記載されていれば、これを登記原因証明情報として使用することもできる。しかし、登記原因証明情報は、法務局に提出され利害関係人が閲覧できるため、根抵当権設定契約の内容を外部に出したくない場合は、根抵当権設定契約書とは別に、登

記原因証明情報を作成する必要がある。

2）登記済証または登記識別情報

「登記済証」とは、いわゆる「権利証」のことで、所有権の保存や移転登記が完了した際、申請人または権利者に交付される書類で、法務局の「登記済印」が押印されている。

また、「登記識別情報」というのは、平成17年の不動産登記法の改正によって設けられた制度で、従来の「登記済証」に代わるものである。登記識別情報も登記済証と同様、登記完了後、申請人または権利者に交付される情報で、一種の暗証番号である。登記識別情報は、平成17年の不動産登記法の改正後に、登記申請をインターネットにより行うことができる法務局として指定された「オンライン指定庁」に、指定後に登記申請した場合に交付される扱いとなっている。

登記済証や登記識別情報を添付させるのは、登記申請が申請人本人から申請されたことに間違いないことを担保するためである。しかし、「登記済証」や「登記識別情報」を紛失して添付できない場合もあるが、その場合には、「事前通知制度」や「本人確認情報提供制度」によって、登記申請することが可能である。

3）印鑑証明書

設定者の、発行後3カ月以内の印鑑証明書を添付する。

設定者が個人の場合は、市区町村長が発行した印鑑証明書が、設定者が法人の場合は、法務局が発行した印鑑証明書が必要となる。

4）代理権限証書

代理人に登記申請を委任する場合は、「委任状」が必要となる。登記申請人が法人の場合は、登記申請書に当該法人の会社法人等番号を記録または記載する。これらの書類を「代理権限証書（代理権限証明情報）」と総称する。

5）登記原因に関する第三者の許可、同意または承諾書

たとえば、さきに説明した、取締役と会社との利益相反取引に関する、取締役会議事録、株主総会議事録などがこれに該当する。

　登記原因に関する第三者の許可、同意または承諾書で注意が必要なのは、登記申請に際して添付書類として使用する場合、これらの書類の真性を担保するため、記名または署名者は実印を押印し、印鑑証明書を添付する必要がある点である。

　取締役会議事録や株主総会議事録については、代表取締役は会社の届出印を押印したうえ会社の印鑑証明書を添付し、そのほかの出席取締役や監査役は個人の実印を押印したうえ、市区町村発行の印鑑証明書を添付する必要がある。

③　登記完了後の根抵当権設定書類の管理

　登記完了後、登記内容に間違いがないか、必ず登記簿謄本（登記事項証明書）を取得して、確認する必要がある。

　登記が完了すると、「登記識別情報」が交付される。この書類は、後日、根抵当権を第三者に譲渡したり、あるいは、根抵当権を抹消する際必要となる。

　これらの書類はいずれも重要書類で、管理には十分注意する必要がある。特に「登記識別情報」は一種の暗証番号であり、物としての「登記識別情報」が保管されていても、情報自体が外部に漏れると、担保権が不当に第三者に移転されたり、抹消されるおそれがある。

　したがって、登記識別情報は封筒に入れ封印し、登記の必要が生ずるまで、根抵当権設定契約書と一括保管すべきである。

<table>
<tr><td>第 2 節</td><td># 人的担保</td></tr>
</table>

人的担保

学習のポイント

◆人が保証をする人的担保の基礎を学ぶ。

◆現場では多く使われる連帯保証が保証とどう違うのかを学ぶ。

◆これまで多くの問題を抱えてきた根保証について、どのような改正がされてきたかを学ぶ。

1 総 論

（1）保証契約

　債務者が債務を履行しないときに履行する義務がある者を保証人といい、保証人の総財産が担保となる形式の担保を人的担保という。保証契約は、債権者と保証人の間の契約により成立するが、書面により契約をしなければその効力は生じない。なお、保証契約が電磁的契約によりされたときは、書面によってされたものとみなされる。

　保証人は、行為能力者であり、弁済する資力があることを要する。保証契約後に、保証人が要件を欠くこととなった場合は、債権者は要件を満たす代わりの保証人を立てることを債務者に請求することができる（保証人が債権者の指名であった場合を除く）。債務者が代わりの保証人を立てることができない場合は、物的担保で代替することも可能である。

（2）人的保証の性質

　保証債務には、主債務に関する利息、違約金、損害賠償、その他主債務に付従するすべてのものが含まれる。また、保証債務についてのみ、

違約金または損害賠償の額を約定することもできる。

保証人の負担が主債務者より重くなることはない。たとえば、債権者が主債務の弁済期を延長すれば、保証債務の弁済期も同様に延長される。主債務が消滅すれば、保証債務も消滅する。保証債務は主債務に従って存在する。ただし、保証契約後に、主債務の負担が加重されても保証債務の負担は加重されない。

主債務者について生じた時効の完成猶予および更新は、保証人に対しても効力があり、主債務者が債権者に対して抗弁権を持つ場合は、保証人はこれを援用できる。また、主債務者が債権者に対して相殺・取消し・解除ができるときは、これによって主債務が消滅する限度で、保証人は、債権者に対して債務の履行を拒むことができる。

（3）保証人の権利

① 抗弁

債権者が保証人に債務の履行を請求したとき、保証人は、債権者に対して「まず債務者に履行を請求しろ」と請求することができる（催告の抗弁）。ただし、主債務者が破産手続開始の決定を受けた場合、主債務者が行方不明の場合はこの請求はできない。また、保証人が主たる債務者に弁済をする資力があり、かつ、執行が容易であることを証明したときは、保証人は債権者に対して「まず主債務者の財産から執行しろ」と請求することができる（検索の抗弁）。ただし、連帯保証人には、催告の抗弁権および検索の抗弁権がない。なお、保証人から催告の抗弁または検索の抗弁があったにもかかわらず、債権者が催告または執行をすることを怠り、主債務者から全部の弁済を得られなかったときは、保証人は、債権者が直ちに催告または執行をすれば、弁済を得ることができた限度で弁済を免れる。

② 情報提供

改正民法では、主債務の履行に関する情報を保証人に対して提供する義務が規定された。

1）履行状況に関する情報提供（改正民法458条の２）

　保証人にとって、主債務の履行状況は重要な関心事だが、その情報の提供を求めるための法律がなかった。一方、金融機関などの債権者としても、保証人からの求めに対して、履行状況は主債務者のプライバシーにもかかわる情報であることから対応に苦慮していた。そこで、改正民法で主債務の履行状況に関する情報提供義務が規定された。

　保証人の請求があったときは、債権者は、保証人に対し、遅滞なく、主たる債務の元本および主たる債務に関する利息、違約金、損害賠償その他その債務に従たるすべてのものについての不履行の有無、ならびにこれらの残額およびそのうち弁済期が到来しているものの額に関する情報を提供しなければならない。ただし、この請求をすることができるのは、主債務者から委託を受けた保証人（法人も可）に限られる。

2）期限の利益を喪失した場合の情報提供（改正民法458条の３）

　保証人による代位弁済は、主債務者が分割金の支払いを遅滞して期限の利益を喪失し、一括払いを求められるケースが多い。この場合、保証人の負担額は遅延損害金によって大きく膨らむ。主債務者が期限の利益を喪失したことを保証人が知っていれば、早期に立替払いをして遅延損害金が発生することを防ぐなどの対策をとることも可能であることから、改正民法では期限の利益を喪失した場合の情報提供義務が規定された。

　主債務者が、期限の利益を喪失したときは、債権者は、保証人に対し、その利益の喪失を知った時から２カ月以内に、その旨を通知しなければならない。この通知をしなかったときは、債権者は、保証人に対し、主債務者が期限の利益を喪失した時から保証人に期限の利益の喪失を通知するまでに生じた遅延損害金（期限の利益を喪失しなかったとしても発生したものを除く）に関する保証債務の履行を請求することができない。ただし、これらは保証人が法人である場合には、適用されない。

③　求償権

　保証人が主債務者の代わりに債権者に弁済したときは、保証人は主債務者に対して消滅した主債務の額を求償することができる。委託を受け

た保証人は、消滅した主債務全額を求償できるが、委託を受けない保証人は、主債務が消滅した時点で主債務者が受けた利益の範囲でしか求償できない。

委託を受けた保証人は、主債務を消滅させるとき、事前に主債務者に通知する必要がある。事前に通知せずに主債務を消滅させたとき、主債務者は債権者に対抗することができた事由をもって保証人に対抗することができる。たとえば、主債務者が債権者に対して主債務と同額の反対債権を持っていた場合、主債務者は保証人からの求償を拒否することができる。この場合、保証人は債権者に対して相殺によって消滅すべきだった債務の履行を請求することができる。

また、保証人は主債務を消滅させた後にも通知する必要がある。事後の通知がされないまま主債務者が善意で債権者に弁済をしたとき、その弁済は有効であったものとみなされることから、主債務者は保証人からの求償を拒否することができる。

なお、主債務者も委託を受けた保証人に対しては、債務の消滅後に通知する必要がある。通知がされないまま保証人が善意で債権者に弁済したとき、その弁済は有効であったものとみなされ、主債務者に対して求償することができる。

2 連帯保証

（1）保証との違い

連帯保証は、以下の点において保証と異なる。
① 催告の抗弁権がない。
② 検索の抗弁権がない。
③ 保証人が複数人いる場合、各人の保証債務は人数で按分されるが（これを「分別の利益」という）、連帯保証の場合は各保証人は主債務の全額について弁済する義務を負う。

（2）連帯保証人について生じた事由の効力

　連帯保証人について、履行の請求・更改・相殺・免除・混同・時効の完成が生じると、その効力は主債務者にも及ぶとされていたが（絶対効）、改正民法により一部が改められた。

　履行の請求・免除・時効の完成は、主債務者に効力を及ぼさないこととなった（相対効）。履行の請求は、主保証契約は主債務者が知らない間にされる場合もあり、保証人への履行の請求により時効の完成猶予および更新がされると、主債務者に不測の損害が発生することから相対効となった。免除と時効の完成は、連帯保証人は連帯債務者と異なり負担部分がなく、免除と時効の完成はそもそも主債務者への影響がなかったことから相対効とされた。

　相殺は絶対効であったが、主債務者が相殺を援用しない間、連帯保証人は債権者からの請求を拒むことができるとされた。更改と混同は、絶対効が維持された。

3　根保証

　一定の範囲に属する不特定の債務を主たる債務とする保証契約を根保証契約という。かつて、包括根保証（保証期間および保証金額の制限がない保証）が社会問題となり、平成16（2004）年の改正民法で包括根保証が禁止された。

　この改正では、極度額の定めのない根保証契約は無効とした（民法465条の2）。また、保証期間の制限のない根保証契約を無効とし、元本確定期日までの期間を原則3年（最長5年）に制限された。

　ただし、個人を保証人とする根保証契約（個人根保証契約）を対象とし、法人の保証人は対象外とされた。また、その主たる債務の範囲に金銭の貸渡しまたは手形の割引を受けることによって負担する債務（貸金等債務）が含まれる根保証契約を対象とし、賃貸借や継続売買取引の根保証契約は対象外とされた。

　しかし、賃貸借の根保証契約等についても、想定外の多額の保証債務や、主債務者の相続人の保証債務の履行を求められる事例も少なくなかったことから、平成30（2018）年の改正民法では貸金等債務以外の根保証契約でも極度額の定めのない根保証契約は無効とされた。

Column　　知ってて便利

《保証被害者》
　平成30（2018）年の改正民法（令和2（2020）年4月1日施行）では、事業用融資を第三者が個人保証する場合、公証人があらかじめ保証人本人から直接その保証意思を確認しなければ効力を生じないとする規定が設けられた（改正民法465条の6〜9）。
　1999年、商工ローンの違法な取り立ての実態が明らかとなり、社会問題となった。当時の貸金業者は、返済能力のない会社でも連帯保証人を複数立てさせて貸し付け、連帯保証人から白紙委任状を取って借用書を公正証書とし、不意打ちで保証人の財産を差し押さえて取り立てる手法が横行していた。「迷惑をかけないから」「名前だけ貸してほしい」と友人から保証を頼まれ、安易に保証人となった結果、破産や自殺にまで至った例は枚挙に暇がない。
　個人保証は、収益力や担保力のない中小零細事業者に対する融資をスムーズに行うために重要な機能を果たしてきた。一方で、貸し手側による十分な審査がされないまま個人保証に依存して融資された結果、破産や自殺に至った「保証被害者」が生れたことも否めない。
　こうした背景から、2006年には中小企業庁が「信用保証協会における第三者保証人徴求の原則禁止」の指針を公表、2011年には金融庁が金融機関の監督指針を改正して経営者以外の第三者の個人連帯保証を求めないことを原則とした。ただし、これらの指針は金融機関以外の事業融資（商工ローンやノンバンクなど）には適用されない。今回の改正民法の果たす役割は大きいだろう。

その他の担保権の実務

学習のポイント

◆債権担保の手段として、(根)抵当権が大きな役割を果たして
いるが、そのほか、さまざまな債権担保の手段があることを
知る。
◆担保として取得できる不動産がない場合、どのような債権担
保の手段があるのか、その時点で利用できる担保権は何か、
その担保権取得の手続はどのようにするのかを理解する。
◆各担保権の長所・短所を他の担保権と比較して理解する。

1　動産譲渡担保

【事例問題】

　K社はL社に機械部品材料を販売しており、L社はその材料で機
械部品を製造している。最近L社の経営状況が悪化し、支払いも遅
れがちとなっている。そこで、K社は何か担保を取りたいと思って
いるが、L社の工場は賃借物件で、社長の自宅にはすでに抵当権が
複数設定されており担保余力がない状況である。

　財産価値がありそうなのは、機械部品を製造している工作機械と
L社が製造した商品である機械部品である。これらの物件にはどの
ような担保を設定したらよいのであろうか。

（1）譲渡担保とは

この事例問題では、K社は、工作機械またはL社が製造した商品に譲渡担保を設定できるか検討するとよい。

機械や商品などの動産に対する担保権は、質権と譲渡担保がある。質権は、担保物の占有を債務者などから債権者に移し、債務の履行を促すとともに、債務不履行の際は担保物を競売に付し売却代金から債権回収を図る担保権である。

これに対し譲渡担保は、担保の目的で目的物を債務者などから債権者に譲渡し、債務が履行されたときは、債務者などに返還し、もし債務不履行があった場合はその目的物を処分し債権回収を図る担保方法である。譲渡担保は、質権と異なり、目的物を債務者などの手もとに置いたまま占有改定の方法により債権者が引渡しを受け、引き続き利用することができる。また、競売手続によらず、簡易に債権回収を図ることが可能で、利用しやすい担保権といえる。その反面、担保物件が債務者などの手もとにあるため、その公示方法をめぐって債権者間で争いが生ずるなどの問題も指摘されている。

なお、この公示方法に関しては後述するが、動産譲渡登記制度により、動産の譲渡担保が利用されるようになっている。

（2）譲渡担保の設定

譲渡担保を設定するには、債権者と担保物件の所有者が、目的物を特定し、担保目的で所有権を移転する旨の契約を締結する。この契約は当事者の合意のみで成立し、目的物の引渡しは契約成立の要件ではない。また、他の担保権と同様、目的物の所有者は債務者に限らず、第三者が提供する物件に設定してもよい。

譲渡担保の目的物は、機械など個別の動産のほか、倉庫内にある商品など日々変動する動産についても一定の要件のもとに、集合物譲渡担保として譲渡担保を設定することができる。この集合物譲渡担保については、本節**2**で具体的に説明する。

　譲渡担保は、このような動産のほか、不動産、債権についても設定することができる。不動産や債権を目的とする譲渡担保の設定契約は、基本的に動産と同様だが、その対抗要件については、動産と異なる部分があることに注意が必要である。

（3）譲渡担保の効力

　譲渡担保の効力は債権者と設定者との関係（対内的効力）と、債権者と第三者との関係（対外的効力）が問題となる。

①　対内的効力

　まず対内的効力に関し、被担保債権の範囲は設定契約で定まるが、基本的に元本のほか、利息や損害金が含まれ、抵当権のような制限はない。

　また目的物に関し、その効力の及ぶ範囲は設定契約で定まるが、基本的に目的物の附加物、従物にも及ぶ。目的物の利用関係も、設定契約で定まり、債権者が目的物を利用することも可能だが、債務者に利用を認めるのが一般的である。

②　対外的効力

　次に、対外的な効力として、まず目的物が債務者の一般債権者によって差し押さえられたときは、債権者は第三者異議の訴えを起こし、権利を回復することができる。

　また、債務者が目的物を占有しており、第三者にその物を譲渡した場合は、譲受人が即時取得の要件を満たせば、第三者はその目的物の所有権を取得することになる。

（4）譲渡担保の対抗要件

　動産の譲渡担保の対抗要件は、次の2つがある。

　まず第1は、「引渡し」である。この引渡しは現実の引渡しのほか、「占有改定」も認められており、一般的には占有改定が利用される。「占有改定」は、債務者などが自己の占有物を以後、債権者のために占有する意思を表示することで、これによって債権者は占有権を取得する。し

かしこの方法は、目的物を債務者などの手もとに置くため、第三者によって即時取得されるリスクがある。その対策としては、目的物に債権者の所有物である旨を表示することが考えられる。

　動産譲渡の第2の対抗要件は「登記」である。動産譲渡の登記制度は平成17（2005）年に施行された制度で、「動産及び債権の譲渡の対抗要件に関する民法の特例等に関する法律」（以下「動産・債権譲渡特例法」という）にその詳細が規定されている。

　動産の譲渡の対抗要件について、動産・債権譲渡特例法3条は、「法人が動産（当該動産につき貨物引換証、預証券及び質入証券、倉荷証券が作成されているものを除く。以下同じ）を譲渡した場合において、当該動産の譲渡につき、動産譲渡登記ファイルに譲渡の登記がされたときは、当該動産について、民法第178条の引渡しがあったものとみなす」と規定している。

　つまり、動産譲渡登記は、法人がする動産の譲渡担保について認められるもので、個人が譲渡担保を設定した場合、動産譲渡登記は利用できず、引渡しで対抗要件を具備するほかない。

　動産譲渡登記は譲渡人と譲受人が共同して申請する必要があり、動産譲渡登記ファイルには、動産・債権譲渡特例法7条2項により次の事項を記録すべきものとしている。

ア　譲渡人の商号または名称および本店または主たる事務所

イ　譲受人の氏名および住所（法人にあっては、商号または名称および本店または主たる事務所）

ウ　譲渡人または譲受人の本店または主たる事務所が外国にあるときは、日本における営業所または事務所

エ　動産譲渡登記の登記原因およびその日付

オ　譲渡に係る動産を特定するために必要な事項で法務省令で定めるもの

カ　動産譲渡登記の存続期間

キ　登記番号

　ク　登記の年月日

　なお、以上の登記事項の中で、オの法務省令で定めるものとして、以下のものがある。

○第１：動産の特質によって特定する方法

　(a)　動産の種類

　(b)　動産の記号、番号その他の同種類の他の物と識別するために必要な特質

○第２：動産の所在によって特定する方法

　(a)　動産の種類

　(b)　動産の保管場所の所在地

　また、クの「登記の年月日」のほか、動産・債権譲渡規則で、「登記の時刻」も登記すべきものとしている。

　債権者は上記の登記事項を登記することにより、引渡しと同様に対抗要件を具備することになるが、登記および引渡しの競合が問題となる。登記が競合した場合は、登記された時刻の先後によって、登記と引渡しが競合した場合は、登記されたときと引渡しのときの先後により優劣が決まる。そのため動産譲渡登記ファイルには登記の年月日のほか登記の時刻が記録されることとされている。

　動産譲渡担保をめぐっては、利害関係人の存在が想定される。そこで、動産・債権譲渡特例法は、動産譲渡登記の公示方法として、登記事項概要証明書と登記事項証明書の制度を定めた。

　まず登記事項概要証明書は、動産譲渡登記ファイルに記録されている登記事項の概要を証明した書類で、誰でも交付請求できる。それに対し、登記事項証明書は、動産譲渡登記ファイルに記録されている登記事項を証明した書類で、交付請求できる者は次の者に限られている。

　ア　譲渡に係る動産の譲渡人または譲受人

　イ　譲渡に係る動産を差し押さえた債権者その他の当該動産の譲渡につき利害関係を有する者として政令で定める者

　ウ　譲渡に係る動産の債権の譲渡人の使用人

登記事項証明書の交付請求権者をこのように制限したのは、登記事項証明書には、担保物件に関する具体的な内容が記録されており、担保設定者がどのような資産を保有しているか、企業秘密に係る部分も含まれているため、登記事項を知る必要性が高い者に限定したものとされている。

（5）譲渡担保権の実行

債務不履行があった場合、債権者は、質権など他の担保権で行われる競売手続によらず、任意の方法で行うことができる。

債権者は目的物をみずから取得することも、他に売却しその代金から債権を回収することもできる。しかし、債権額と目的物の価額の差額は清算する必要があり、目的物の価額のほうが高い場合、清算金を債務者に返還する必要がある。

2　集合物譲渡担保

【事例問題】

> K社はL社に機械部品材料を販売しており、L社はその材料で機械部品を製造している。L社の経営状況が悪化したため、K社は何か担保を取りたいと思っているが、担保価値がありそうなのは、機械部品を製造している工作機械とL社が製造した商品である機械部品である。機械部品に担保を設定できるであろうか。

（1）集合物譲渡担保とは

本【事例問題】で、K社は、L社が製造した商品に譲渡担保を設定することも可能である。

動産譲渡担保は個々の動産を目的とすることも、在庫商品など常時変動する集合物を目的とすることもできる。このような集合物を目的とする譲渡担保を集合物譲渡担保という。

集合物譲渡担保も個々の動産譲渡担保も基本的に同じである。ただし、その目的物の性質が異なるため、担保設定手続および以後の担保管理面で異なる点があるので注意が必要である。

（2）集合物譲渡担保の設定

集合物に譲渡担保を設定するには、債権者と担保物件の所有者が、目的物を特定し、担保目的で所有権を移転する旨の契約を締結する。この契約は当事者の合意のみで成立し、目的物の引渡しは契約成立の要件ではない。また、他の担保権と同様、目的物の所有者は債務者に限らず、第三者が提供する物件に設定してもよい。

集合物譲渡担保の目的物は、機械など個別の動産と異なり、常時変動するため、その特定が問題となる。集合物譲渡担保の目的物を特定するためには、目的物の種類と保管場所を定める必要がある。この場合、譲渡担保設定以後、新たに保管場所に搬入された物にも担保の効力が及ぶことになる。

（3）集合物譲渡担保の対抗要件

集合物譲渡担保の対抗要件は、個別動産譲渡担保と同様、次の2つの方法がある。

まず第1は、「引渡し」である。この引渡しは現実の引渡しのほか、「占有改定」も認められており、一般的には占有改定が利用される。「占有改定」は、債務者などが自己の占有物を以後、債権者のために占有する意思を表示することで、これによって債権者は占有権を取得する。しかしこの方法は、目的物を債務者などの手もとに置くため、第三者によって即時取得されるリスクがある。その対策としては、目的を保管してある倉庫の入り口に、担保物件である旨の表示をするなどの方法が考えられる。

集合物譲渡担保の第2の対抗要件は、「登記」である。個別動産の譲渡の場合と基本的に同様だが、登記事項の中で、目的物の特定方法に特に注意が必要である。

集合物譲渡担保については、動産の所在場所によって特定する方法によることになり、①動産の種類、②動産の保管場所の所在地、で特定するものとされている。その他の点は、個別動産譲渡の登記と同様である。

（４）譲渡担保の実行

譲渡担保の実行について、集合物譲渡担保も、個別の動産譲渡担保も同様なので説明は省略する。

3 相 殺

【事例問題】

> 衣料品の小売業を営むＮ社は、長年、衣料品の製造業を営むＯ社から製品を仕入れていた。Ｎ社は、Ｏ社とのつきあいも長く、信頼関係もあったため、Ｏ社に頼まれ、事業資金を貸した。しかし、約束の期限を過ぎても返済されない間に、Ｏ社の経営状態が悪化し、Ｏ社のＮ社に対する売掛金債権が差し押さえられた。この場合、Ｎ社はＯ社に対する貸金債権で相殺することが可能であろうか。

（１）相殺の要件

相殺について、民法505条は「２人が互いに同種の目的を有する債権を負担する場合において、双方の債務が弁済期にあるときは、各債務者は、その対当額について相殺によってその債務を免れることができる」と規定している。

たとえば、甲は乙に100万円の貸金債権があり、反対に乙は甲に80万円の売掛金債権がある場合、両債権が弁済期にあれば甲・乙いずれからも、80万円について一方的な相殺の意思表示によって債務を消滅させることができる。その結果、乙は甲に20万円の債務を弁済すればよいことになる。

相殺するためには、以下の要件を満たす必要がある。

1）双方の債務が相殺適状にあること

相殺適状にあるといえるためには次の要件を満たす必要がある。

ア　債権が対立していること

原則として双方の債権はお互いに相手方に対する債権であることが必要である。ただし、連帯債務や保証債務の場合は、他の連帯債務者や主債務者が持つ債権で相殺することができるなどの例外がある。

イ　双方の債権が同種の目的を有すること

金銭債権である、貸金債権と売掛金債権など、双方の債権が同種であることが必要である。貸金債権と物の引渡請求権など、異なる目的の債権は相殺することができない。

ウ　双方の債権が弁済期にあること

原則として、相殺する債権（自働債権）、相殺される債権（受働債権）ともに弁済期にあることが必要である。弁済期未到来の債権を自働債権とする相殺を認めれば、一方的に期限の利益を奪うことになるからである。これに対し、自働債権が弁済期にあれば、受働債権が弁済期になくとも、相殺は可能である。自働債権を有する債権者は、原則として、受働債権の期限の利益を放棄できるからである。

2）相殺が禁止されていないこと

相殺が禁止されていないこととは以下のことをいう。

ア　当事者で相殺禁止の特約をしていないこと

イ　法律で禁止されていないこと

法律で相殺が禁止されている場合は次のとおりである。

(a) 受働債権が悪意による不法行為によって生じた場合（改正民法509条1項1号）

(b) 受働債権が人の生命または身体の侵害による損害賠償の債務の場合（改正民法509条1項2号）

改正前民法では、不法行為に基づく損害賠償請求権を受働債権とする相殺を債権者に対抗できないとしていた。その理由は、不法行

為の誘発防止と現実の弁償による被害者保護であったが、対抗できない範囲が広すぎるという批判があった。一方で、改正前民法では立法趣旨に反して保護できない者もいた。たとえば、甲と乙が双方の過失で交通事故（物損）を起こし、相互に不法行為債権を有している場合に、乙が無資力であっても、甲は相殺できず、自己の債務のみ全額弁済する義務が残るようなケースがあった。相殺禁止の理由に照らして合理的な範囲に限定すべきとの意見から、受働債権が不法行為債権である場合の規律の見直しがされた。

（c）差押禁止債権を受働債権とする場合

債権が差押えを禁止されたものであるときは、その債務者は、相殺をもって債権者に対抗できない。たとえば、給料、恩給、扶養料など現実に支払うことが要求されている債権を受働債権とする相殺はできない。しかし、不法行為による債権と同様、これらの債権を自働債権とする相殺は認められる。

（d）差押えを受けた債権を受働債権とする場合

差押えを受けた債権の第三債務者は、差押え後に取得した債権による相殺をもって差押債権者に対抗することができない。たとえば、甲の乙に対する債権を、甲の債権者丙が差し押さえた場合、差押え後、乙が甲に対し取得した債権をもって相殺しても、丙に対抗できない。一方、丙による差押え前から乙が甲に対して有する債権をもって相殺した場合は、丙に対抗できる（改正民法511条１項）。差押え前から有している乙の権利を、差押えという一事によって奪うべきではないからであり、改正民法で明文化された。

また、差押えを受けた債権の第三債務者が、差押え後に債権を取得した場合であっても、その取得した債権が差押え前の原因に基づいて生じたものであるときには、その債権による相殺をもって差押債権者に対抗できる。たとえば、委託を受けた保証人が保証債務を履行したことにより生じた求償権を、自働債権として相殺する場合がこれに該当する。破産法にこの趣旨の規定があり（破産法67条１

項）、これと整合性を図る必要から改正民法で規定された（改正民法511条２項）。ただし、差押え後に他人の債権を取得した場合は、相殺をもって差押債権者に対抗できない（同項ただし書）。この場合には、相殺の期待を保護する必要がないことによる。

本【事例問題】において、Ｏ社のＮ社に対する売掛金債権は差押え前から有するものであり、この場合Ｎ社はＯ社に対する貸金債権で相殺することが可能である。

なお、相殺に関し、時効消滅した債権も相殺の対象になる点に留意したい。つまり、時効によって消滅した債権がその消滅以前に相殺に適するようになっていた場合には、その債権者は、相殺することができる。当事者の公平の見地から認められた規定である。

（２）相殺の方法

相殺は、相手方に対する意思表示により行う。相殺の意思表示は、双方の債務が互いに相殺に適するようになったときにさかのぼってその効力を生ずるものとされ、相殺の意思表示に条件や期限を付けることはできない。相殺の意思表示は自働債権、受働債権を特定して行う必要があり、後日の証拠とするため、内容証明郵便を利用すべきである。

（３）相殺の効果

相殺の意思表示によって、双方の債務は対当額について消滅する。その結果、相殺後の債務が残存することになる。

4 債権譲渡の実務

【事例問題】

食品材料の販売業を営んでいるＵ社はＴ食品に食品材料を継続して販売してきたが、業界の競争が厳しく経営状態は悪化している。

先日Ｔ食品はＵ社から、Ｔ食品に対する売掛金債権をＶ社に譲渡した旨の内容証明による通知を受けた。しかし、その翌日Ｔ食品に、同一債権に対する差押命令が送達された。Ｔ食品としてはどのように対応すべきであろうか。なお、Ｔ食品はまだＵ社に代金を支払っていない。

（1）債権譲渡とは

　債権は原則として譲渡することができる。将来債権の譲渡は、これまで明文の規定がなかったが、改正民法によりその有効性が明文化された（改正民法466条の６）。譲渡できない場合は次のとおりである。

①　債権の性質上譲渡できない場合

　たとえば、講師に講義をさせる債権、演奏家に演奏させる債権、あるいは扶養請求権など、債権者が変わると給付の内容自体変わってしまう場合などは、債権を譲渡することができない。

②　預貯金債権

　譲渡禁止特約が付された預貯金債権は、悪意または重過失の譲受人その他の第三者に対抗することができる（改正民法466条の５）。預貯金債権に譲渡禁止の特約が付されていることは周知の事実であることから、通常、預貯金債権の譲渡は無効と取り扱われる。

　なお、債権譲渡は、債権者と債務者が譲渡禁止の特約をすれば譲渡することはできないとされていたが、改正民法により譲渡禁止特約に反する債権譲渡も有効となった（改正民法466条２項）。ただし、債務者は、譲渡禁止特約について悪意または重過失の譲受人その他の第三者に対して債務の履行を拒むことができる。そして、譲渡人に対する弁済その他の債務の消滅事由をもって当該第三者に対抗できる（改正民法466条３項）。一方、譲受人は、債務者に対して譲渡人への履行を相当期間を定めて催告することができ、その期間内に履行がない場合には、改めて譲受人が債務者に対して直接譲受人に履行するよう請求することができる

（改正民法466条4項）。

③　譲渡禁止特約がされた将来債権

　前述のとおり将来債権も譲渡可能であるが、譲受人が対抗要件を備える前に譲渡禁止特約がされている場合は、譲受人がその特約について善意であっても債務者は譲渡禁止特約をもって譲受人に対抗できる。逆に、債務者への対抗要件を備えた後にされた譲渡禁止特約は、譲受人がその特約について悪意であっても対抗できない。

（2）債権譲渡の手続

　指名債権の譲渡は、譲渡人と譲受人の債権譲渡契約によって行われ、この契約は意思表示のみで成立する。債務者は契約当事者とならない。しかし、債権譲渡の効力を確実にするため、次の対抗要件を備えることが必要である。

①　債権譲渡の対抗要件

　指名債権の第三者に対する対抗要件は次のとおりである。

1）債務者に対する通知または債務者の承諾

　指名債権の譲渡は、債務者に通知し、または債務者が承諾しなければ債務者その他の第三者に対抗することができない。

　この通知は、債権者から債務者に対し、誰にどの債権を譲渡したかを明らかにして行う必要がある。譲受人が債権者に代位して通知することはできない。また承諾は、債権者・譲受人いずれに対してなされるものでも有効である。

　この「通知」「承諾」については、以下の点が重要である。

　まず、譲渡人が譲渡の通知をしたにとどまるときは、債務者はその通知を受けるまでに譲渡人に対して生じた事由をもって譲受人に対抗できるものとされている。たとえば、①すでに弁済したこと、②契約を解除したこと、③同時履行の抗弁権があるなどの事由をもって、支払いを拒否できる。

　これと反対に、債務者が異議をとどめないで承諾した場合は、これら

債権者に対抗できる事由を理由に譲受人からの支払請求を拒否すること
はできない。ただし、譲受人がその対抗事由を知っていたときはこの限
りではない。この場合、債務者が譲受人の請求に応じ債務を支払ったと
きは、債務者は債権者に対して、その支払った分の返還請求をすること
ができる。

2）確定日付のある証書による通知または承諾

　債務者に対する通知または債務者の承諾は、確定日付のある証書によ
ってしなければ、債務者以外の第三者に対抗することができない。この
確定日付のある証書として、内容証明郵便による通知、承諾書への確定
日付の記載などがある。確定日付による通知または承諾が1件の場合は
問題ないが、複数の通知・承諾が競合する場合、第三債務者は誰に債務
を弁済したらよいか判断に迷うことがある。

　まず、確定日付のない通知・承諾と確定日付のある通知・承諾では、
確定日付のある通知・承諾が優先する。

　次に、確定日付のある通知・承諾が競合した場合、通知は債務者に到
達した日付、承諾は承諾書の日付について比較し、その日付の早いほう
が優先する。さらに、通知と差押えが競合したときは、通知が債務者に
到達した日付と差押命令が債務者に送達された日付、承諾と差押えが競
合したときは、承諾書の日付と差押命令が債務者に送達された日付の先
後により優劣を決定する。

　本【事例問題】では、債権譲渡通知は内容証明郵便で行われており、
第三者対抗要件を備えた確定日付ある証書である。しかし、差押命令が
その翌日送達されている。前述の判断基準に従って検討すると、債権譲
渡通知は債務者に到達した日付が基準となり、差押命令もその送達日付
が基準となるが、債権譲渡の通知は差押命令送達の前日に到達しており、
債権譲渡通知が優先する。したがって、T社はV社に代金を支払う必要
がある。

（3）抵当権付債権の譲渡

　譲渡債権を被担保債権とする抵当権が設定されている場合、移転しないという意思表示がない限り、抵当権の随伴性によって債権とともに抵当権も移転する。この場合、譲受人は、抵当権移転の付記登記を受けるべきである。

　抵当権移転の登記手続は、譲受人を権利者、譲渡人を義務者として、抵当不動産所在地を管轄する法務局に申請して行う。設定者は当事者にならず、根抵当権の譲渡の場合と異なり利害関係人にもならない。

　登記手続に必要な書類は以下に挙げるもので、設定者の承諾書などは不要である。また、登録免許税は債権額の1000分の２に相当する額を納付する。

①　債権譲渡の事実を記載した登記原因証明情報
②　抵当権取得の際に法務局から交付を受けた登記済証、または登記識別情報
③　代理権限証書

　抵当権移転の登記は、後日抵当権を実行する場合、あるいは担保不動産が競売に付され配当を受ける場合など、抵当権の権利に必要であり、債権譲受後早急に手続すべきである。

（4）債権譲渡登記

①　債権譲渡登記とは

　債権譲渡の第１の対抗要件は、以上説明した債務者に対する通知または債務者の承諾だが、法人がする債権譲渡については、債権譲渡の登記によっても対抗要件を備えることができる。

　この債権譲渡の登記について、動産・債権譲渡特例法４条は、次のように規定している。

①　法人が債権（指名債権であって金銭の支払を目的とするものに限る。以下同じ）を譲渡した場合において、当該債権の譲渡につ

> き債権譲渡登記ファイルに譲渡の登記がされたときは、当該債権
> の債務者以外の第三者については、民法467条の規定による確定
> 日付のある証書による通知があったものとみなす。この場合にお
> いては、当該登記の日付をもって確定日付とする。
> ② 前項に規定する登記（以下「債権譲渡登記」という）がされた
> 場合において、当該債権の譲渡およびその譲渡につき債権譲渡登
> 記がされたことについて、譲渡人もしくは譲受人が当該債権の債
> 務者に第11条第2項に規定する登記事項証明書を交付して通知し、
> または当該債務者が承諾したときは、当該債務者についても、前
> 項と同様とする。

　債権譲渡登記は譲渡人と譲受人が共同して申請する必要があり、**債権譲渡登記ファイル**には、動産・債権譲渡特例法により次の事項を記録すべきものとしている。

ア　譲渡人の商号または名称および本店または主たる事務所

イ　譲受人の氏名および住所（法人にあっては、商号または名称および本店または主たる事務所）

ウ　譲渡人または譲受人の本店または主たる事務所が外国にあるときは、日本における営業所または事務所

エ　債権譲渡登記の登記原因およびその日付

オ　譲渡に係る債権（すでに発生した債権のみ譲渡する場合に限る）の総額

カ　譲渡に係る債権を特定するために必要な事項で法務省令で定めるもの

キ　債権譲渡登記の存続期間

ク　登記番号

ケ　登記の年月日

上記のうち、エの債権譲渡の登記原因は、債権譲渡の原因となる契約

で、売買、譲渡担保などの事由を記録するものとされ、この記載から、通常の売買か担保目的で譲渡したものか判断できる。

　なお、以上の登記事項の中で、カの法務省令で定めるものとして、以下のものがある。

　（a）債権が数個あるときは、１で始まる債権の番号

　（b）譲渡に係る債権の債務者の債権者が特定している場合には、債務者および債権発生のときにおける債権者の数、氏名および住所（法人あっては、氏名および住所に代え商号または名称および本店等）

② 債権譲渡登記の開示方法

　債権譲渡登記の開示方法として、登記事項概要証明書と登記事項証明書がある。債権譲渡を受ける場合、これらの証明書によって、債権譲渡に関する情報を確認することができる。

　登記事項概要証明書は、誰でも請求することができるが、登記事項証明書は目的債権の譲渡人、譲受人など一定の者に限って請求することができる。したがって、債権譲渡を受ける予定であれば、まず、登記事項概要証明書を請求し登記事項の概要を確認したうえ、譲渡人に登記事項証明書の交付請求を依頼し、その証明書によってどの債権が誰に譲渡されたか確認することができる。

　なお、登記事項概要証明書の請求をした際、譲渡人による債権譲渡登記の記録が存在しない場合は、その旨の証明書の交付を受けることができ、それにより、債権譲渡登記が存在しないことを確認することができる。

5　ファクタリング取引

【事例問題】

　食品加工機械を製造・販売するＡ社は、複数の食品加工会社を取引先として製品を販売しているが、販売を拡大するために、割賦販売を多用してきた。しかし、売上げ・利益については計上できるも

のの、キャッシュフローが悪化し運転資金の状況が厳しくなってきた。そこで、A社としては取引先への割賦売掛債権を現金化したいと考えている。

（1）ファクタリング取引とは

　ファクタリング取引とは、企業が主として取引先への売掛債権をファクタリング会社に譲渡し、ファクタリング会社から現金を受け取ることによって、売掛債権の本来の弁済期よりも先に現金を得る取引手法をいう。主として中小企業のキャッシュフロー改善策として用いられる手法である。

　A社としては、食品加工機械を多数販売したとしても、割賦販売であれば、現金の回収は割賦回数分遅れることになり、その間、たとえば新たな部材仕入れのための現金を別途確保する必要が生じる。そのため、取引先への売掛債権を第三者に譲渡し、現金を得ることができれば便宜である。このような需要から生まれたのがファクタリング取引である。

　一般的に、ファクタリング取引は、資金需要会社からその取引先への売掛債権をファクタリング会社が買い取ることによって行われ、その本質は債権譲渡である。ファクタリング取引自体は担保目的で行われるものではないが、債権譲渡についての解説を行った本節末尾において概要を紹介する。

（2）ファクタリング取引の構造

　ファクタリング取引の基本構造は、売掛債権の譲渡による早期現金化であり、ファクタリング利用会社（以下「利用会社」という）がファクタリング会社へ債権を譲渡し、ファクタリング会社は手数料を差し引いたうえで債権買入れ代金を利用会社に支払う。売掛債権の債務者（利用会社の取引先）に通知のうえ、ファクタリング会社が以降債権者として債権弁済を受ける3社間形態（図表2-3-1）と、利用会社とファクタ

図表2-3-1 ● ファクタリング取引の3社間形態

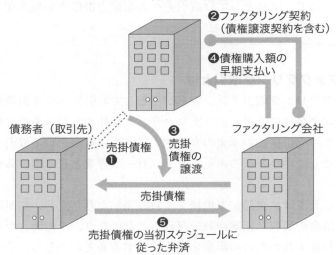

ファクタリング利用会社（債権者）

❷ファクタリング契約
（債権譲渡契約を含む）

❹債権購入額の
早期支払い

ファクタリング会社

債務者（取引先）

売掛債権 ❶

❸ 売掛債権の譲渡

売掛債権

❺
売掛債権の当初スケジュールに
従った弁済

図表2-3-2 ● ファクタリング取引の2社間形態

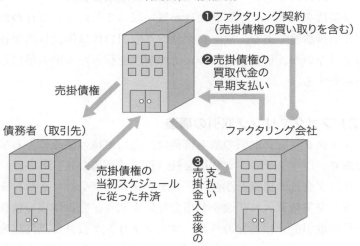

ファクタリング利用会社（債権者）

❶ファクタリング契約
（売掛債権の買い取りを含む）

❷売掛債権の
買取代金の
早期支払い

ファクタリング会社

売掛債権

債務者（取引先）

売掛債権の
当初スケジュール
に従った弁済

❸ 売掛金入金後の支払い

リング会社のみの間で債権を譲渡し、利用会社は以降ファクタリング会社のために債権の集金代行を行うという形態をとる２社間ファクタリング（→図表２-３-２）という手法がある。前者は通常の債権譲渡を基本構造とするため、利用会社の取引先にファクタリングの事実が知られるが、後者は、取引先から見ると外形上従前と変わらないため、ファクタリングの事実を知られないというメリットがあるが、ファクタリング会社から見るとリスクが高まるため、手数料が高くなるとされる。

（3）ファクタリング取引契約

　ファクタリング取引の本質は債権譲渡契約であり、債務者との譲渡禁止特約がない場合には、譲渡人と譲受人の合意と対抗要件具備（→本節 **4**（2）①参照）によって完結できる性質のものであるが、以降の円滑な債権回収のため、ファクタリング取引に関する債務者の承諾を明確にし、以降の円滑な債権回収のため、債務者を債権譲渡契約の当事者として加える場合もある。いずれにしても、契約担当者としては、本節で学習した債権譲渡に関する正確な知識をもって契約審査を行うことが肝要である。

━━━━━━━━━━━━━━━━ **参考文献** ━━━━━━━━━━━━━━━━

田髙寛貴・白石大・鳥山泰志『担保物権法』日本評論社、2015年

法務省民事局「民法（債権関係）の改正に関する説明資料─主な改正事項─」

日本弁護士連合会編『実務解説 改正債権法』弘文堂、2017年

第2章　理解度チェック

次の設問に、○×で解答しなさい（解答・解説は後段参照）。

1　A社はB社の工場に抵当権を設定した。しかし、B社は支払不能となり、その直後にB社の工場が全焼した。A社は、同工場の火災保険請求権を差し押さえることにより債権回収することができる。

2　A社は、長年B社と建設機械部品の売買取引をしてきたが、債権担保のため新たにB社の工場に根抵当権を設定した。この根抵当権の債権の範囲を「売買取引」とした場合、この根抵当権で担保できる債権は、この根抵当権設定契約締結後に生じた債権に限られる。

3　主債務者から委託を受けた保証人は、債権者に対して、元本および利息、違約金、損害賠償その他その債務についての不履行の有無ならびにこれらの残額およびそのうち弁済期が到来しているものの額に関する情報の提供を請求できる。

4　甲の乙に対する債権を、甲の債権者丙が差し押さえた場合、差押え後、乙が甲に対し取得した債権をもって相殺することができる。

5　ファクタリング取引の本質は、ファクタリング利用者による売掛債権の弁済期日前における現金化にあり、企業のキャッシュフロー改善に用いられる。

第2章　理解度チェック

解答・解説

1 ○
抵当権の効力は目的物の代替物にも及び、たとえば、抵当不動産を賃貸することにより生ずる賃料や、抵当不動産の滅失・き損によりその所有者が第三者に対して取得する損害賠償請求権にも及ぶ。設問のように火災保険請求権にも抵当権の効力は及ぶ。

2 ×
被担保債権の範囲を「一定の種類の取引」で定めた場合、根抵当権設定契約締結以前に生じた債権も担保することができる。

3 ○
保証人にとって、主債務の履行状況は重要な関心事だが、その情報の提供を求めるための法律がなかった。一方、金融機関などの債権者としても、保証人からの求めに対して、履行状況は主債務者のプライバシーにもかかわる情報であることから対応に苦慮していた。そこで、改正民法で主債務の履行状況に関する情報提供義務が規定された。

4 ×
一方、丙による差押え前から乙が甲に対して有する債権をもって相殺した場合は、丙に対抗できる（改正民法511条1項）。差押え前から有している乙の権利を、差押えという一事によって奪うべきではないからであり、改正民法で明文化された。

5 ○
ファクタリング取引の基本構造は、売掛債権の譲渡による早期現金化である。資金需要のある債権者（ファクタリング利用者）が、ファクタリング会社へ債権を譲渡し、ファクタリング会社はリスクに応じた手数料を差し引いたうえで、債権買入額をファクタリング利用者に支払うのである。

債権回収の実務

この章のねらい

　第3章では、債権回収の流れ、倒産法の手続といった債権回収に必要な知識について学習する。

　売買契約やローン契約を締結しただけでは、企業に利益は生じない。利益を生じさせるためには、代金や貸金等の債権を実際に回収しなければならない。

　しかし、債務者の資金繰りが悪化し、債権回収が容易に進まない場合もありうる。効率的に債権を回収するためには、日ごろから、債務者の資金繰りについて把握し、適切な担保を取得する等の債権管理を行う必要がある。そして、債権回収のための措置が必要になった場合には、任意交渉から訴訟や倒産手続に至るまでのさまざまな債権回収の方法やその費用・時間等を理解し、債権の性質、債務者の資産の有無、他の債権者の状況、担保の性質、債務者の性格などのさまざまな具体的事情に応じて、適切な手段を適切な時期に選択する必要がある。

　法務担当者にとっては、このような実際の債権回収を取引開始段階から視野に入れ、契約書の作成等にあたることもまた重要である。

第 1 節 | # 債権回収

学習のポイント

◆債務者に対して有する債権の回収につき、紛争が生じた場合は、まず任意に交渉し、それでも回収できない場合は、担保による回収や相殺による回収を検討することになる。また、債権回収においては、消滅時効の経過につき、留意しなければならない。

◆裁判所外での任意督促と裁判所を通じて行う司法制度の1つとしての支払督促の効果・手続を理解し、場合に応じて適切にこれらの措置を考慮する必要がある。

◆担保権としての人的担保および物的担保の性質を理解し、適切にそれらの担保権を実行しなければならない。

◆強制執行のためには債務名義が必要であり、必要に応じて、債務者との紛争が生じたら、早い時点で債務名義を取得するのが望ましい。

◆債権回収のためには、強制執行手続の意義、申立て、手続等について十分に理解し、対象となる資産の性質に応じた適切な強制執行を行わなければならない。

◆債務者がその資産を隠匿する等を行い、債権回収を妨げるおそれがある場合は、速やかに仮差押えおよび仮処分等の民事保全を申し立て、債権回収が円滑に行われるようにしなければならない。

1 債権回収の流れ

【事例問題】

> トラック運送を営むＫ社は、貨物を輸送後、荷主である自動車メーカーの下請業者であるＳ社に輸送費の請求をしていた。しかし、何度も督促したが支払いがないため、営業部長は直接Ｓ社の社長に面談を申し入れた。ところが、社長に会見してみると、Ｓ社は倒産したとして解散・清算手続を進めているとの話を得た。Ｋ社としてはどのように考えていけばよいのであろうか。

　売掛金、貸金等の債権が契約どおりに支払われれば問題はない。しかし、債務者の資金繰りが悪化し、契約どおりに支払われない場合（債務不履行）、債権回収の措置が必要となる。

　債権回収のためには、まず、債務者の登記簿謄本、財務諸表、信用調査会社のデータ等により、常に債務者の資金繰りを把握するべきである。そして、債務の回収が困難になったと判断される場合には、速やかに債権回収のために適切な手段を選択する必要がある。

　あらかじめ多額の取引が予想され、かつ自社側の義務履行と相手方の義務履行の期間に一定の開きがある場合には、相手方の信用が問題となる（たとえば、建設機械販売会社が建設工事会社に建設機械を割賦販売したような場合を想起してほしい）。このため、債務者側の財務状況を常に把握するため、たとえば、事業年度ごとに財務諸表（貸借対照表、損益計算書、場合によりキャッシュフロー計算書）を提出することを契約上義務づけることができれば有益である。→図表３－１－１

　債権回収は、最終的には、訴訟等の法的措置により行うことになる。しかし、通常、それらの法的措置はある程度の費用および時間が必要となるため、債権者としては、まず債務者に任意に支払ってもらうよう交渉することになる。

図表3-1-1 ● 財務状況の報告義務条項のサンプル

第Ｘ条（財務状況の報告義務）

　乙は、本契約による乙の債務の全部の弁済が終わるまでの間に新たに終了する各事業年度に関して、その財務諸表（貸借対照表、損益計算書、その他甲が指定するものをいう）を、作成後直ちに甲に提出するものとする。

２．乙は、次の事項が生じたときは、直ちにその内容を甲に対し通知しなければならない。

　(1) 乙の商号、会社の目的、本店所在地の変更

　(2) 乙の代表者及び役員の変更

　(3) 乙の主要な株主の変更、他の会社との合併・会社分割、事業譲渡、その他経営の基盤に重大な影響を及ぼすと合理的に認められる事項の発生（発生の現実的可能性が生じた時点を含む）

　また、債務者が任意に支払わない場合には、保証人や抵当権等の担保からの回収、相殺による回収を行うことになる。債務者に金銭債務の弁済余力がない場合においても、ほかに換価可能または債権者にとって価値のある資産がある場合には、当該資産による弁済を得るべく代物弁済契約（民法482条）を締結し、債権の満足を得る手法も検討可能である。そして、これらの手段によっても、債権の回収が図れない場合には、訴訟等の法的措置により回収することになる。

　このような債権回収を行う前に、債務者がその財産を処分する等により、債権の回収を妨げる行為を行う危険がある場合には、仮差押え、仮処分といった民事保全手続により、そのような行為を行うことを防ぐことになる。また、債権回収のために、即決和解制度の活用も検討できる場合もあろう。

　債務者が自己の資産ですべての債務を支払えない場合、破産等の倒産手続が行われることがある。このような場合、債権者としては、破産法等の手続に則り、債権者としての権利を主張し、配当を受けることにより債権を回収することになる。

　以下、さまざまな債権回収のための手段の方法、費用・時間等につき、検討する。

（1）任意回収（任意交渉）

　債権回収の第一歩としては、債務者に債務を任意に支払ってもらうよう交渉することになる。

　交渉に先立ち、まず、どのような債権がどれだけの額発生しているのか、どのような担保があるのか、債務者にどのような資産があるのか等の現在の状況を把握することが重要である。

　債務者と交渉するときは、債務者の義理人情に訴えたり、債務者の重要な資産に対し強制執行を行う旨等の圧力をかけるなどをして、債務者が自発的に支払うような説得が成功するのが最も望ましい結果である。

　その際、債権回収に熱心になるあまり、交渉の際の行為が恐喝罪・脅迫罪等の犯罪行為に触れる結果となってしまう場合もあるので、注意することが必要である。

　最高裁判所（以下「最高裁」という）昭和30年10月14日付判決（最判昭和30年10月14日刑集9巻11号2,173頁）は、権利の範囲内であっても権利行使の手段が社会通念上一般に認容すべき程度と認められる範囲を逸脱したときは恐喝罪が成立すると判示している。

　具体的にどのような行為であれば、「社会通念上一般に認容すべき程度」といえるかについては、個々の事例によって異なり、明確な基準といえるものはないが、たとえば債務者に対して暴力を振るったり、監禁する等の行為は当然に犯罪に当たる。

　なお、貸金業者の場合、貸金業法21条において、「貸付けの契約に基づく債権の取立てをするに当たって、人を威迫し、又は次に掲げる言動その他の人の私生活若しくは業務の平穏を害するような言動をしてはならない」と定められており、特に厳しい規制が課せられている。

　このような説得がうまくいかない場合には、交渉により、支払いについての話し合いがうまくまとまるよう妥協点を考える必要がある。

　法的措置の費用・時間等を考え、相手方の事情に応じて支払期限を延長する、分割払いにする、金利を減免、あるいは免除するなどの譲歩の提案をし、お互いにとって望ましい結論を模索することになる。場合によっては、支払期限の延長等の譲歩の代わりに、新たに代表者を保証人としたり、追加の担保の提供を求めたりする等の交渉を行うことになる。

　交渉がまとまれば、文書化し、相手側の署名を取り付けるべきである。文書にして署名したということは、少なからず、相手には心理的な圧力になるものである。また、後々のトラブルの防止にも役立つこととなる。

　文書化の方法の1つとして、公正証書を作成するという方法がある。

① 公正証書

　公正証書とは、公証人が公証人法およびその他の特別法令の定めるところに従い、法律行為その他私権に関する事実につき作成した文書を指す。これは、公証役場で作成され、公的な証拠能力が高い。ローン契約書等に使われるが、金銭債権については、強制執行認諾文言（債務者が債務を履行しない場合には強制執行を受けても異議がない旨の執行受諾約款）が入っている公正証書（執行証書）であれば、債務名義（→本節**4**参照）となり、裁判を経ずに強制執行をすることも可能である。

　公正証書を作成するには、その内容を公証役場に伝え、指定された時間に債務者またはその代理人とともに公証役場に行き、そこで公正証書を作成することになる。

　公正証書を作成するのに要する費用は、基本的に、公証人に支払う手数料のみであり、債権の額が100万円以下の場合は5,000円、100万円を超え200万円以下の場合は7,000円、200万円を超え500万円以下の場合は11,000円と、訴訟等にかかる費用と比べれば低額である。

② 即決和解

　即決和解とは、訴えの提起前の和解（民事訴訟法275条1項）として、民事上の争いについて、簡易裁判所において、当事者間ですでに成立した合意内容を和解調書に記載することを意味する。訴訟上の和解も即決和解もともに、裁判所を介して行う裁判上の和解であるという点では共

通するが、訴訟上の和解が、訴訟係属中に裁判所の勧告に基づいてする和解であるのに対し、即決和解は、裁判外において当事者間であらかじめ和解が成立しており、それを裁判所で認めてもらおうとするものである点が異なる。

即決和解は、公正証書の作成よりも安い価格で債務名義となる和解調書を作成する目的で使われることが多い。訴訟上の和解は、訴えを提起する際に、訴訟の目的の価格（訴額）に応じた訴訟費用が必要だが、即決和解は、費用は和解金額にかかわらず、基本的に一律2,000円の収入印紙と送達用の切手代しかかからない。

即決和解の申立ては、訴額にかかわらず、通常、相手側の住所を管轄する簡易裁判所になされるが、当事者の合意で他の簡易裁判所になすこともできる。

即決和解の申立てがされた場合、裁判所から和解の期日が指定されるので、その期日に債権者および債務者（またはその代理人）で裁判所に出向き、和解調書にその内容を記載する。和解調書には、確定判決と同一の効力があり、これに基づいて強制執行ができる（民事訴訟法267条）。

即決和解の長所は、公正証書等を作成するよりも安く債務名義となる和解調書が得られることである。もっとも、短所として、裁判所が積極的に和解の成立をあっせんするわけではないので、当事者間であらかじめ和解が成立していないと、結局、通常の訴訟に移行してしまうことになる。そのため、和解の成立が見込まれない場合には使うことができない。

実務においては、債務者が一応債務を支払うことに同意しているが、将来債務を支払わなくなってしまう可能性がある場合に、即座に強制執行をできる体制を整える目的で使われることが多い。

③　消滅時効

債権回収の交渉を行う際には、常に消滅時効について意識することが必要である。消滅時効とは、一定の期間その権利を行使しないと、その権利が消滅してしまうというものである。一定の期間が過ぎても、当然に消滅するのではなく、その時効の利益を受ける人が、時効の利益を享

受する旨の意思表示（時効の援用）を行わなければ、権利は消滅しない（民法145条）。したがって、消滅時効の期間が過ぎても、当然に債務が消滅するものではないので、債務者が自発的に支払えば、それを受け取ることができる。

　消滅時効は、その権利を行使することのできる時（客観的起算点）から10年、またはその権利を行使することができることを知った時（主観的起算点）から5年という二重の消滅時効期間がある（同法166条1項）。本事例問題を含め、契約上生じる債権については、債権者が契約締結時（権利発生時）に権利行使可能性を当然認識しているのが通常であるため、その時点から5年で消滅時効にかかることになろう。なお、平成29（2017）年民法改正前は、商事債権（債権者または債務者のどちらか一方が、商人である債権）の消滅時効は5年（改正前商法522条）、一般の債権の消滅時効は10年（改正前民法167条1項）とされており、職業別の短期消滅時効（改正前民法170条1項、172条1項、173条1号等）も規定されていたが、現行法では廃止された。

　消滅時効は、以下の事由により中断する（民法147条）。

① 　請求（同条1号）

② 　差押え、仮差押えまたは仮処分（同条2号）

③ 　承認（同条3号）

中断した場合、時効の進行は振り出しに戻され、改めて進行が開始する。

　債権回収の際は、消滅時効の完成時がいつなのかを把握し、それが到来する前に中断させるよう注意しなければならない。

　中断事由の1つである請求のうち、裁判外の請求（催告）については、6カ月以内に裁判上の請求等をしない場合は、その効力が失われる点に注意が必要である（同法153条）。また、債務の一部の支払いも「承認」に当たるので、消滅時効の期限が迫っている場合には、一部でも債務を支払わせることが重要となる。また、債務の承認の証拠として、債務承認書を債務者に作成させることも検討に値する。

（2）担保実行による回収

　担保とは、債務者が債務を履行しない場合に備えて債権者に提供されるものであり、債権の弁済を確保する手段となる。

　担保には、人的担保（保証人等）と物的担保（抵当権、譲渡担保権等）の２種類がある。

　債務者から絶対に債権を回収できるのだとしたら特に担保を求める必要はないことになるが、通常、債務者の信用の度合いに応じて、担保を求めることになる。担保権の設定および管理については、第２章を参照していただきたい。

　債務者からの任意の支払いが期待できない場合は、この担保からの回収を検討することになる。担保権の実行については、本節**3**において説明する。

（3）相殺による回収

　相殺とは、債務者が債権者に対して同種の債権を有する場合に、その債権と債務と対当額において消滅させることを意味する（民法505条1項）。→図表3-1-2

図表3-1-2 ● 相殺

※相殺する債権を自働債権、相殺される債権を受働債権という。

　相殺によって実際に金銭が入ってくるわけではないが、その債権額の分、債務が消滅することになるので、実質的には、債権の支払いを受けたのと同様の効果が生じることになる。

　相殺は、相手方に対し、相殺する旨の意思表示をすることによって行われる（同法506条1項）。この意思表示をしたことを確実な証拠として

残しておくため、内容証明郵便等を使用するべきである。

　相殺が行われるためには、以下の条件を満たすことが必要である（相殺適状）。

① 　債権が対立していること

② 　対立する債権が同種の目的を有すること

③ 　両債権がともに弁済期にあること

④ 　債権の性質が相殺を許さないものでないこと

①について、原則として、自働債権は債権者が債務者に対して有している債権である必要があるが、例外として、債権者が連帯債務を負う場

Column コーヒーブレイク

《サービサー法》

　サービサーは、正式には債権管理会社といい、債権回収を専門に行う会社である。債権回収に必要ないろいろなサービスを総合的に提供することから、サービサーと呼ばれている。

　これは、平成10（1998）年に成立し、翌平成11（1999）年より施行されている「債権管理回収業に関する特別措置法」（通称、サービサー法）に基づくものである。従来、弁護士法72条は、弁護士でないものが債権者から委託を受けて債権回収等の営業を行うことを禁じていたところ、金融機関等が保有する不良債権の処理を促進するとともに、債権回収に関する業務の適正な運営を確保する目的で、民間の株式会社に対し債権管理回収業を許可制により認めたものである。サービサーは、その業務の執行につき、サービサー法に基づき、法務大臣の監督を受けている。

　サービサーは、実際に債権者から債権の譲渡を受け、または債権を譲り受けることなくして債権者から回収委託を受けて、債権の回収業務を行う。

　平成11年のサービサー法の施行以来、日本においてサービサー市場は、不良債権処理の進捗とともに急速に拡大してきた。今後は、債権の流動化や再生案件等の多様において、サービサーを用いる案件も増加するものとみられている。

　債権回収においては、場合によっては、このようなサービサーを活用することも検討する必要がある。

合（同法436条2項）や債権者が保証債務を負う場合（同法457条2項）等、第三者が債務者に対して有する債権で相殺できる場合がある。

　②について、原則として、債権は金銭または代替物を目的とする債権に限られることになる。

　③について、自働債権は弁済期が到来している必要があるが、受働債権については、期限の利益を債権者が放棄すればいいため（同法136条2項）、原則として、弁済期が到来している必要はない。

　④について、当事者が相殺しない旨を定めた債権については相殺できない（同法505条2項）。また、不法行為による損害賠償請求債権、差押禁止債権、支払いの差止めを受けた債権等は、自働債権にしてはならないという制限がある（同法509条〜511条）。

2 督促手続

【事例問題】

> 　下請け業者であるA社は親会社のG社の不景気のあおりを受け、部品の調達もままならなくなった。そのため、部品納入業者に支払の遅延を再三指摘され、ついに督促手続をとられた。A社のある住所を管轄する簡易裁判所から支払いを督促する書状が届いた。金額は少額であり、相手も裁判をするほどでもないのだろうが、どのようにすればよいのであろうか。

（1）督促の方法・種類

　督促には、通常の任意督促と、司法制度の1つとしての支払督促がある。債務者が債権を契約どおりに支払わない場合、通常はまず、電話や手紙などで任意督促することになる。

　任意督促においても、債務者が支払わない場合には、支払督促を利用することがあるが、後述のように、これは債務者が争わないことが予想

される場合にのみ効果がある手段である。

（２）任意督促の法的効果

　債務者が、債務を支払わない場合、通常はまず、電話や手紙等によって督促することになる。このような請求には、時効の進行を中断させる効果があるが、裁判外の請求においては、６カ月以内に裁判上の請求等をしなければ時効は中断しない。→本節 **1** （1）③参照

　請求においては、債務者にどの債権についていくら請求しているのかを明確に伝え、話し合いの機会を持つように求めることになる。

　それでも相手方から何も返答がない場合には、内容証明郵便で請求する。内容証明郵便自体に特別な法的な効果があるわけではないが、配達証明付きの内容証明郵便を使えば、いつ、どのような内容の請求を行ったのかの明確な証拠を残すことができる。また、債務者に対し、債権の回収への強い意思を示すことになり、債務者の自発的な支払いを促すことになる。この観点から、場合によっては弁護士に依頼して、弁護士名での内容証明郵便を出すことも効果的である。

（３）法的督促としての支払督促

　支払督促とは、債権者が裁判所書記官に、債務者に金銭債権について督促を出すように申し立てる制度をいう。支払督促は、民事訴訟法第７編（382条〜402条）に規定されている手続である。

　支払督促の申立ては、債務者の普通裁判籍（民事訴訟法４条参照）の所在地を管轄する簡易裁判所の書記官に対して行う（同法383条１項）。

　申立書を受領した裁判所は、債務者を呼び出して事情を聞く等の行為は行わず、申立書の形式面の審査を行い、問題がなければ支払督促を債務者に対して送達することになる。また、証拠の提出も不要である。

　債務者が支払督促の送達を受けた日から２週間以内に督促異議の申立てをしないときは、裁判所書記官は、債権者の申立てにより、支払督促に手続の費用額を付記して仮執行の宣言をしなければならない。ただし、

宣言前に督促異議の申立てがあったときはこの限りではない（同法391条1項）。なお、債権者が仮執行の宣言の申立てができるとき（前述の異議申立て期間が経過した時点）から30日以内にその申立てをしないときは、支払督促はその効果を失う（同法392条）。

仮執行宣言が付された支払督促は確定判決と同一の効力を有し（同法396条）、執行文の付与を経なくても、強制執行が可能となる（民事執行法25条ただし書）。

支払督促の費用としては、申立手数料は訴え提起の手数料の半額とされており（民事訴訟費用等に関する法律別表第1、10項）、通常の訴訟よりも低額で、速やかに強制執行ができるのが利点である。しかし、債務者から督促異議が申し立てられると通常訴訟に移行することになるため、債務者が争ってくることが初めから想定される場合には、当初より訴訟を提起することが望ましい。→図表3-1-3

図表3-1-3 ● 支払督促の手続

```
債権者による支払督促の申立て
        ↓
債務者に対する支払督促の送達
        ↓         送達から2週間以内
              債務者による督促異議の申立て
        ↓                          ↓
債権者による仮執行宣言の申立て        通常の訴訟手続に移行
   仮執行宣言の申立てができるとき              ↑
   から30日以内
        ↓
債務者に対する仮執行宣言を付した支払督促の送達
        ↓         送達から2週間以内
              債務者による督促異議の申立て
        ↓
債権者による強制執行が可能
```

3　担保権の実行

【事例問題】

> 　資金を融資していた金融業者のＭ社は、融資先の不動産業者Ｏ社が返済に応じないので困っていた。債権の内容を検討してみると、いくつかの不動産に抵当権が設定してあることが判明した。担保権を実行したいと思っていた矢先、Ｏ社はその不動産を売却してしまった。その売却先は、先日突然抵当権の消滅請求をしてきた。留意点はどのようなものであろうか。

（１）人的担保の実行

　人的担保とは、債権回収の担保のために、債務者以外の者が、債務者が債務を履行しない場合に、それを「支払う」または「履行する」という契約が担保とされているものを指し、通常は、保証人を意味する。人的担保は物的担保に比べて、債権の回収の成否はその保証人が債務を履行するかどうかにかかっているため、債権回収の確実化の度合いは低いが、物的担保に比べ成立が容易であるという利点がある。比較的低額の債務の担保として使われることが多い。中小企業との取引の場合、親会社や代表者を保証人とすることが多い。→図表３-１-４

　保証債務は、債権者と保証人との間で主たる債務（債務者の債務）を保証するとの契約（保証契約）を締結することにより成立する。保証契約は書面でしなければ、その効力を生じない（民法446条２項）。さらに、保証人が個人の場合において、主たる債務が「事業のために負担した貸金等債務を主たる債務とする保証契約または主たる債務の範囲に事業のために負担する貸金等債務が含まれる根保証契約」については、保証契約締結の日前１カ月以内に作成された公正証書で保証人になろうとする者が保証債務を履行する意思を表示していなければ、その効力を生じない（同法465条の６第１項・３項）。商事取引において用いられる保証に

図表3-1-4 ● 担保権の体系

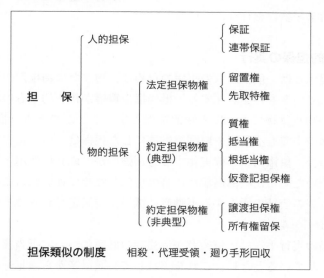

ついては、多くがこの類型に属する保証契約となるため、要求される公正証書作成の方式（同条2項）を含め、注意が必要である。ただし、このような個人保証の特則は、保証人が主たる債務者と実質的に同一ないし一定の密接な関係にある場合（法人の理事、取締役、執行役、過半数株主、親会社の過半数株主、共同事業者など）には適用されない（同法465条の9）。

保証人は、連帯保証である旨の契約を結ばない限り、まず主たる債務者に請求すべきことを請求する権利（催告の抗弁権：同法452条）、主たる債務者の財産について執行することを請求する権利（検索の抗弁権：同法453条）を有する。商事取引の契約において保証契約を締結する場合は、これらの権利を持たない連帯保証人であることが多い。

保証債務の範囲は、主たる債務に関する利息、違約金、損害賠償その他その債務に従たるすべてのものを包含する（同法447条1項）。

前述の催告・検索の抗弁権を除いては、債務者が債務を履行しない場

合、債権者としては、保証人に対し、原則として債務者と同様に債務の
履行の請求・執行を行うことになる。

（２）物的担保の実行

物的担保とは、債権回収の担保のために、物または物権が担保として
提供されているものを意味する。抵当権や質権が代表的なもので、債務
者以外の物や物権であっても物的担保とすることができる（物上保証）。
物的担保の中でも不動産や財団を対象にした担保は、その担保物に価値
がある場合、債権回収を確実化する力が強いが、成立に費用と手間がか
かる。そのため、比較的高額な債務の担保のために使われることが多い。
自社ビル等の会社の所有する不動産に抵当権が設定されることが多い。
→図表３-１-４

担保権の実行手続は、債権者が債務者の財産について抵当権などの担
保権を有しているときに、これを実行して当該財産から満足を得る手続
である。この際、担保権を有している債権者は他の債権者に優先して弁
済を受けられる。これを優先弁済という。

担保権の実行は、裁判所に申立書を提出して行うことになるが、判決
などの債務名義は不要であり、担保権が登記されている登記簿謄本など
の担保権があることを証明する文書が提出されれば、裁判所は手続を開
始することとなる。

担保権の実行手続も、強制執行手続と比較すると、債務名義を必要と
するか否かの違いはあるが、それ以外の差押え、換価、配当等という手
続は共通している。

手続については、強制執行の手続と合わせて、**本節5**において説明する。

（３）特殊な担保の実行

特殊な担保の実行としては、譲渡担保、所有権留保の実行がある。
① 譲渡担保
譲渡担保とは、債権者が債権の担保の目的で、所有権等の財産権を債

務者または物上保証人から法律形式上譲り受け、被担保債権の弁済をもってその権利を返還するという形式をとる担保方法を指す。

譲渡担保の実行方法は以下の2通りあり、いずれによるかは当事者の合意による。

1）帰属清算型

被担保債権が履行されない場合、債権者は譲渡担保目的不動産を評価し、評価額が債務額を上回る場合は、その差額の清算金を債務者に支払う。

2）処分清算型

被担保債権が履行されない場合、債権者は譲渡担保目的不動産を第三者に売却し、売却価額が債務額を上回る場合は、その差額の清算金を債務者に支払う。

いずれの場合も、評価額・売却価額が被担保債権額を下回る場合は、その旨を通知することになる。

これらは、裁判によることのない私的実行である。

② 所有権留保

所有権留保とは、売主が売買代金を担保するため、代金が完済されるまで引渡しを終えた目的物の所有権を留保するものを指す。

所有権留保の実行としては、買主が売買代金支払債務を履行しない場合、売主は売買契約を解除し、買主の占有を基礎づける権利を失わせて、所有権に基づいて引渡しを求めることになる。

4　債務名義の取得

【事例問題】

製菓業者であるP社は、先日賞味期限切れの不祥事を起こしたため、菓子の回収等で思いがけない出費がかさみ、製造機械の月賦等厳しい資金繰りが続いた。そこで、一部の賃貸住宅の賃料不払いについて、弁護士と相談して建物明渡しの法手続をとることとした。

> 弁護士に相談したところ、「それではまず債務名義を取得しましょう」との回答であった。どのように手続を進めるのであろうか。

（1）債務名義の種類

　債務名義とは、強制執行によって実現されるべき給付請求権（執行債権）の存在と内容を明らかにし、それを基本としてその請求権についての強制執行をすることを法律が認めた一定の形式を有する文書である。

　強制執行は、私法上の請求権を国が強制的に実行するものであるため、その請求権は確実なものでなければならない。そのため、それを確認する目的で債務名義が強制執行のために必要とされている。執行機関は、債務名義の有無については判断せず、他の国家機関が作成した債務名義に基づいてのみ執行を行う。

　債務名義には次のようなものがある（民事執行法22条）。

① 確定判決
② 仮執行の宣言を付した判決
③ 抗告によらなければ不服を申し立てることができない裁判
④ 仮執行の宣言を付した支払督促
⑤ 強制執行受諾文言付公正証書（執行証書）
⑥ 和解調書
⑦ 調停調書

（2）債務名義の取得方法

　債務名義は、債務者が債務の履行をしない場合に、即時に強制執行に着手できるように、債務者との間で紛争が発生した場合には、早めに取っておくのが望ましい。

　債務者が債務の存在等を徹底的に争っている場合は、裁判によってしか債務名義を取得することはできないが、債務者が債務の存在を一定程度認めており、債務者に任意に支払いをする意思がある場合に利用でき

る方法としては、以下のものがある。

① 訴え提起前の和解（即決和解）による和解調書

　→本節**1**（1）②参照

② 調停調書

　民事調停とは、当事者間の紛争を解決するため、第三者が当事者の仲介を行い、話し合いの成立に努める制度を指す。

　民事調停の利点としては、訴訟の場合に比べて、迅速性および低廉性が挙げられる。また、訴訟の場合と比べ、手続が非公開であり、法律的制約に縛られずに自由に話し合いができるという利点がある。一方で、当事者の話し合いがまとまらなければ調停が不調として終了してしまうため、話し合いの成立の見込みがない場合には使えない。

　手続としては、通常、相手方の所在地を管轄する簡裁に調停を申し立てることにより行う。

　裁判所より指定された調停期日に、裁判官や民間から選ばれた調停委員を交えて、当該簡裁において話し合いが行われ、話し合いが成立した場合には、調停調書が作成されることになる。

　民事調停の申立て費用は、その調停を求める事項の額に応じて異なるが、訴訟の半分以下である。

③ 執行証書

　執行証書は、債務者やその代理人と共に公証役場に行き、合意した内容の執行証書に署名捺印して作成する。→本節**1**（1）①参照

5 強制執行の種類

【事例問題】

> 　当社はA社に1,000万円を貸し付けていたが、A社はまったく支払おうとしないため、弁護士に依頼して貸付金請求訴訟を提起し、このたび勝訴判決が確定した。弁護士の話によれば、この後A社の財

産に対し強制執行をする予定であるとのことだった。強制執行の種
類にはどのようなものがあるのであろうか。

（1）強制執行の意義

　強制執行は、債務者が任意に債務を支払わない場合などに、判決など
の債務名義を得た債権者の申立てに基づいて、債務者に対する請求権を、
裁判所が強制的に実現する手続である。

　具体的には、債務者の有する不動産、動産等を強制的に競売し、その
売買代金から債権の回収を受け、あるいは債務者の債権を差し押さえ、
債権者が当該債権を直接取り立てるといった形で行われる。

（2）強制執行の申立て

　強制執行の申立てには、原則として、執行文が付された債務名義の正
本が必要である（民事執行法25条）。ただし、少額訴訟における確定判
決または仮執行宣言付判決および仮執行宣言付支払督促には執行文は不
要である。

　執行文とは、債務名義の存在と範囲とを公証するため、裁判所書記官
および公証人（執行文付与機関）が、債務名義の正本の末尾に付記する
公証文言である（同法26条）。

　債務名義に執行文を必要とする理由は、債務名義の存在と範囲につき、
執行文付与機関に調査・判断させ、執行機関が実質的に調査を行わずに、
簡易・迅速に執行を行えるようとの趣旨に基づく。

　執行文は、債権者が一定の事項を記載した申立書を、執行文付与機関
に提出することによって、付与される（同法施行規則16条）。

　次に、強制執行を開始するには、債務名義または確定により債務名義
となるべき裁判の正本または謄本が、あらかじめ、または同時に債務者
に送達されていなければならない（同法29条）。この送達が要求されて
いるのは、債務者にいかなる債務名義に基づいて強制執行が行われるか

を知らせ、その防御の機会を与えるためである。

　強制執行の申立ては、その執行の対象に応じた管轄地の執行官または執行裁判所に、原則として、執行文が付された債務名義の正本、債務者に対する送達証明書その他の書類を添付して、執行官または執行裁判所に申し立てることにより行われる。

（3）強制執行の手続

　強制執行は、その対象となる資産に応じて、その手続が異なる。以下では、債権回収の際よく用いられる①不動産強制競売、②動産執行および③債権執行につき説明する。

① 不動産強制競売

　不動産強制競売は、図表3-1-5のように行われる。

図表3-1-5 ● 不動産強制競売

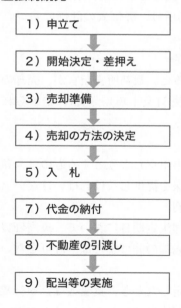

```
┌─────────────────┐
│ 1）申立て        │
└─────────────────┘
        ↓
┌─────────────────┐
│ 2）開始決定・差押え │
└─────────────────┘
        ↓
┌─────────────────┐
│ 3）売却準備       │
└─────────────────┘
        ↓
┌─────────────────┐
│ 4）売却の方法の決定 │
└─────────────────┘
        ↓
┌─────────────────┐
│ 5）入　札        │
└─────────────────┘
        ↓
┌─────────────────┐
│ 7）代金の納付     │
└─────────────────┘
        ↓
┌─────────────────┐
│ 8）不動産の引渡し  │
└─────────────────┘
        ↓
┌─────────────────┐
│ 9）配当等の実施    │
└─────────────────┘
```

1）申立て

　不動産執行の申立ては、目的不動産の所在地を管轄する地方裁判所に対して行う（民事執行法44条1項）。

2）開始決定・差押え

　申立てが適法にされていると認められた場合は、裁判所は、強制競売の開始決定を行う（同法45条1項）。開始決定には、債権者のために不動産を差し押さえる旨の宣言が記載される。差押えとは、国家権力によって特定の有体物または権利について、私人の事実上、法律上の処分を禁止し、確保することを指す。また、債務者に開始決定正本が送達される（同法45条2項）。

3）売却準備

　裁判所は、執行官や評価人に調査を命じ、目的不動産について詳細な調査を行い、買受希望者に閲覧してもらうための資料である3点セット（現況調査報告書、評価書および物件明細書）を作成する（同法57条1項、58条1項）。裁判所は、評価人の評価に基づいて売却基準価額を定める（同法60条1項）。

4）売却の方法の決定

　売却の準備が終わると、裁判所書記官が、売却の日時、場所等の売却の方法を定める（同法64条1項）。通常、定められた期間内に入札をする期間入札が行われる。

5）入札

　不動産の買受けの申出をしようとするものは、執行裁判所の定める額および方法による担保を提供しなければいけない（同法66条）。

6）売却に関する裁判

　執行裁判所は、売却決定期日において、最高価買受申出人に対する売却の許否を審査し、売却の許可または不許可を言い渡す（同法69条）。

7）代金の納付

　売却許可決定が確定したとき、買受人は、執行裁判所が定める期限までに代金を裁判所書記官に納付しなければならない（同法78条1項）。

8）不動産の引渡し

　執行裁判所は、代金を納付した買受人の申立てにより、債務者または不動産の占有者（買受人に対抗できる権原で占有していると認められる者を除く）に対し、不動産を買受人に引き渡すべき旨を命ずることができる（同法83条）。

9）配当等の実施

　執行裁判所は、売却代金を配当表に基づいて債権者に配当するか、売却代金の交付計算書を作成して債権者に交付し、剰余金を債務者に交付する（同法84条）。

　なお、このような不動産強制競売以外に、債務者所有の不動産を換価することなく、当該不動産を執行裁判所の選任する管理人が管理し、その収益を収受し配当する不動産の強制管理の手続がある（同法93条〜113条）。

② 動産執行

　動産執行の対象は、民法上の動産のほか、登記することのできない土地の定着物、土地から分離する前の天然果実で1カ月以内に収穫することが確実であるもの、および裏書の禁止されている有価証券以外の有価証券を含むが（同法122条1項）、債務者の生活に欠くことのできない衣服、寝具、家具等は差し押さえることができない（同法131条）。

　動産執行は、図表3-1-6のように行われる。

図表3-1-6 ● 動産執行

1）申立て

　動産執行の申立ては、差し押さえるべき動産の所在地の執行官に対して行う（執行官法4条）。

2）差押え

　執行官は、債務者が占有する動産または債権者もしくは提出を拒まない第三者の占有する動産を占有することにより、差押えを行う（民事執行法123条、124条）。

3）売却（競り売り）

　執行官は、入札または競り売りのほか、最高裁判所規則で定める方法で動産の売却を行う（同法134条）。実務では、ほとんどの場合、競り売りの方法が用いられている。

4）配当等の実施

　執行官または執行裁判所により配当等が行われる（同法139条、142条）。

③　債権執行

　債権執行の対象は、金銭の支払いまたは船舶もしくは動産の引渡しを目的とする債権であるが（同法143条）、給料、賃金等の当該支払期に受けるべき給付の4分の3に相当する部分（月額33万円を超える部分は除く）等は差押えが禁止されている（同法152条）。

　債権執行は、図表3-1-7のように行われる。

図表3-1-7●債権執行

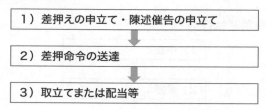

1）差押えの申立て・陳述催告の申立て

　債権執行の申立ては、債務者の普通裁判籍所在の地裁または、その普通裁判籍がない場合は、差押債権の所在地を管轄する地裁に対して行う

（民事執行法144条1項）。

　債権者は、裁判所書記官に対し、第三債務者（差押えに係る債権の債務者）に対し、差押えに係る債権の存否、種類、額等につき、2週間以内に書面で陳述すべき旨の催告を申し立てることができる（同法147条1項）。この制度は、債権者が、差押えに係る債権の存否・範囲等を正確に知っているとは限らないため、これらにつき、第三債務者から陳述させ、債権者のその後の手段の選択の判断資料を与えるための制度である。これは、通常、債権差押えの申立てと同時になされる。

2）差押命令の送達

　差押命令が債務者および第三債務者に送達される（同法145条3項）。第三債務者に送達された時点で、差押えの効力が生じる（同法145条4項）。差押えにより、債務者が債権の取立てをすることや、第三債務者が弁済することが禁止される。

3）取立てまたは配当等

　債務者に対して差押命令が送達された日から1週間が経過した場合は、債権者はその債権を取り立てることができる（同法155条1項）。

　第三債務者は、差押えに係る金銭債権の全額に相当する金銭を供託することができ、その場合は執行裁判所が配当等を行う（同法156条1項、166条1項）。

6　緊急時の債権回収（債権保全・債権回収方法）

【事例問題】

> 　当社はH社に対して商品の売掛金3,000万円を有しており、代金の決済期も過ぎているが、H社は言を左右にして当社に売掛金を支払ってくれない。H社がどうしても支払ってくれない場合は、やむなく弁護士に依頼して売掛金の回収を図ろうと考えている。当社としては、どのような資料を用意すれば債権回収がスムーズにいくであろうか。

（1）債権保全のための民事保全方法の意義と効果

　民事保全は、将来なされるべき強制執行における請求権の満足を保全するために、さしあたり現状を維持・確保することを目的とする予防的・暫定的な処分である。

　債権者が確定判決を得てから、強制執行を行う場合など、債権回収には強制執行までに長期の時間がかかることがある。強制執行を行うまでに、債務者の財産状態または係争物の権利関係に変化が生じると、せっかく勝訴判決を得ても強制執行ができなくなるという不都合が生じる。このような事態を防ぐため、権利を主張する者に暫定的に一定の権能ないし地位を与えるのが民事保全制度の意義である。

　民事保全は、仮差押えおよび仮の地位を定める仮処分をその内容とする。債権回収においては、仮差押えおよび仮処分が重要となる。→図表3-1-8

図表3-1-8●仮差押え・仮処分
　　　　　　　（担保を立てることが発令の条件となる場合）

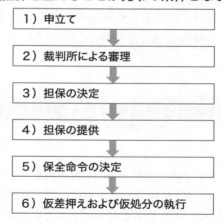

（2）仮差押え

　仮差押えは、金銭の支払いを目的とする債権について、その現状を維

持し、将来の強制執行を保全するための手段として認められる。

　仮差押えは、強制執行をすることができなくなるおそれがあるとき、または強制執行をするのに著しい困難が生じるおそれがあるときに認められる（民事保全法20条1項）。たとえば、債務者が資産を隠匿しようとしている場合や、不当に廉価にて資産を売却しようとしている場合がこれに当たる。

　保全命令手続は、債権者が、裁判所に申し立てることにより開始される（同法2条1項）。管轄裁判所は、本案の管轄裁判所または仮に差し押さえるべき物もしくは係争物の所在地を管轄する裁判所である（同法12条1項）。

　保全手続の審理においては、その緊急性と暫定性の要請から、保全すべき権利または権利関係および保全の必要性につき、証明は必要とされず疎明で足りる（同法13条）。疎明とは、その事実について一応確からしいとの推測を生じさせる程度の証拠を提出することであり、証明の程度に達している必要はない。

　保全手続に関する裁判は、口頭弁論を経る必要はなく、決定手続で行われる（同法3条）。その審理方法は、書面審理、当事者の審尋および任意的口頭弁論であるが、仮差押命令や仮処分命令の発令の前に債務者に知られると、債務者が発令の前に資産を処分してしまう可能性があるため、通常は、債務者の審尋は行われない。

　裁判所は、債権者に担保を立てさせて、または担保を立てさせないで保全命令を発令することができる（同法14条）が、仮差押えや仮処分の場合、担保を立てさせるのが通例である。これは、仮差押命令や仮処分命令は、債権者の一方的主張や疎明により発令されるので、債務者が被る可能性がある損害の担保を要求したものである。担保の額は、対象となる仮差押目的物の価格に応じて定められるのが一般的である。担保を立てる方式は以下の2つである。

　① 担保を立てることが発令の条件となる場合
　② 担保を立てることが保全執行実施の条件となる場合

　担保を立てる方法は、供託所に金銭を供託する場合が多いが、裁判所が相当と認める有価証券を供託する方法や、当事者が特別の契約をしたときはその契約による方法をとることができる（同法４条１項）。

　保全命令を発する決定は、当事者に送達される（同法17条）。

　不動産に対する仮差押えの執行は、仮差押えの登記をする方法または強制管理をする方法で行われる（同法47条１項）。動産に対する仮差押えの執行は、執行官が目的物を占有する方法で行われる（同法49条１項）。債権に対する仮差押えの執行は、保全執行裁判所が第三債務者に対し債務者への弁済を禁止する命令を発する方法により行われる（同法50条１項）。

（３）仮処分

　係争物に関する仮処分は、債権者が債務者に対し、特定物についての給付請求権を有している場合に、その目的物の現状を維持するのに必要な暫定措置をする手続である。仮差押えは、債権の支払いを保全するため、債務者の責任財産の現状の維持を図る手段であるのに対し、この仮処分は、特定物の給付請求権を保全するため、特定物の現状の維持を図る手段である点が異なる。

　実務においてよく使われるのは、①自己の不動産が他人名義になっており抹消登記を求めているときに、債務者が登記を第三者に移転するおそれがある場合、登記請求権を保全するために用いられる、処分禁止の仮処分と、②債務者に対して不動産の明渡しを求めているときに、債務者が訴訟係属中に第三者に当該不動産に住まわせるなど占有を移してしまい、明渡しの強制執行ができなくなるおそれがある場合に用いられる、占有の移転を禁止するための仮処分である。

　この仮処分は、上記のように、目的物の現状の変更により、債権者が権利を実行することができなくなるおそれがあるとき、または権利を実行するのに困難を生じるおそれがあるときに認められる（民事保全法23条１項）。

　管轄、審理の手続等は、仮差押えの場合と同様である。

　仮処分の執行については、特別の定めがある場合を除き、仮差押えの執行または強制執行の例による（同法52条1項）。処分禁止の仮処分は、処分禁止の登記をする方法により行われる（同法53条1項）。占有移転禁止の仮処分は、はく離しにくい方法により公示書を掲示する方法等によって行われる（同法施行規則44条1項）。占有移転禁止の仮処分が執行された場合は、債権者は、当該占有移転禁止の仮処分命令に執行がされたことを知って当該係争物を占有した者等に対し、本案の債務名義に基づき明渡しの強制執行をすることができる（同法62条1項）。

Column　　☕ **コーヒーブレイク**

《仮処分に登場する配役》

　判決を待つ間に債務者が在庫を売ってしまったらどうする？　そこで登場するのが仮処分である。おおまかにいうと、権利に関する紛争の訴訟解決または強制執行が可能となるまで、暫定的・仮定的に行われる処分あるいは処置ということである。

　裁判所に申請して取得する。裁判所は仮処分が必要と認めれば仮処分の決定をする。そこで、裁判所は、執行官を現場に派遣する。しかしながら、登場人物はそれだけでは足りない。執行の対象物が倉庫にあって、鍵がかかっていたらどうする？　鍵を壊せば器物損壊になってしまう。だから鍵屋も重要な登場人物ということとなる。

　さらに執行立会いも、場合によって必要となる。裁判関係の調査や資料収集を行う業者で、執行に立ち会うこともよくあることである。仮処分は執行官だけではできないものなのである。

第 **2** 節 **倒産法の実務**

学習のポイント

◆債務者がその財産では債務の弁済ができない場合、破産、民
事再生、会社更生、任意整理等の倒産手続が開始されること
になる。

◆倒産手続が開始されると、弁済を要求することができない、
担保権を行使できない等、債権者の権利行使に一定の制限が
かかる場合がある。

◆倒産手続においては、基本的には、債務者の財産を売却し、
その代金からの債権額に応じて、配当を受けるという形で債
権を回収することになる。

◆債権者としては、倒産手続が開始された場合、どのような権
利行使ができるのかを認識する必要がある。

◆破産手続では、破産管財人が、債務者の財産を換価し、債権
者は、債権の額に応じて配当を受ける。

◆民事再生手続および会社更生手続では、それぞれ、債権者が
可決した再生計画または更生計画に沿って、債務者の債務が
減免され、弁済されることになる。

1 倒産法の概観と特定調停

（1）倒産法の概観

債務者がその財産では債務の弁済ができなくなった場合、破産、民事
再生、会社更生、裁判外での任意整理等の倒産手続をとって、倒産処理

を行っていくことになる。

　各手続の詳細については後述するが、ここでは債務者が倒産状態になった場合に各倒産手続のどれが適切なのかということについて概説する。

　倒産手続には、債務者が負っている債務を支払いつつ債務者の再建を図る再建型の手続と、債務者の財産を全部債務の支払いに充てて債権者との関係を清算する清算型の手続の2種類がある。

　債務者は再建型の手続か清算型の手続のいずれの手続をとるかという点について、債務者自身の経済状態を見て選択をしなければならない。

　債務者が、再建型の手続をとるという方針に決めたのであれば、再建型の手続を裁判所を通して行うのか、それとも裁判所を通さないで行うのかについて選択しなければならない。もし、裁判所を通して再建型の手続を行うのであれば、民事再生手続開始の申立て、会社更生手続開始の申立てを行うことになる。

　他方で、裁判所を通さないで手続を行う場合には、個別に債権者と債務の支払いについて合意をとるという私的整理を行うことになる。裁判所を通して行う手続と比べて私的整理は、費用が少なくて済むというメリットがあるが、不正が行われる可能性が高く、債権者間の公平が保たれない可能性も高い。

　債務者が清算型の手続をとるのであれば、破産手続開始を申し立て、本テキストでは取り上げないが特別清算手続を行うことになる。

　いずれの手続をとる場合にも債権者間の公平が保たれる必要があり、一部の債権者にのみ利益を与えることは許されない。特定の債権者に対して弁済をする行為等は否認権行使の対象となるため留意する必要がある。

　以上のように各倒産手続のメリット・デメリットを比較して、債務者はどの倒産手続が自身に最も適しているかを判断して選択していくことになる。

（2）特定調停

　特定調停とは、「特定債務等の調整の促進のための特定調停に関する法律（特定調停法）」に定められた手続で行う民事調停の一種である。特定調停は、支払不能に陥るおそれのある債務者等の経済的再生に資するため、このような債務者が負っている金銭債務に係る利害関係の調整を促進するため（特定調停法1条）に設けられた制度である。多重債務者で、一定の収入のある個人を主な対象としている制度だが、法人が申立てを行うこともできる。

① 申立てと審理

　民事調停法に定められた一般の民事調停では、債権者から債務者に対して調停が申し立てられることがあるが、特定調停は特定債務者からしか申し立てることができない（同法3条1項）。

　複数の債権者についての特定調停の事件が同一の裁判所に係属しているときには、できる限り併合して手続が行うこととされているが（同法6条）、必ず併合して行わないといけないというわけではない。したがって、他の債権者と同席して調停での話し合いを進めたくない、個別に話し合いをしたいという希望がある場合には、手続の進め方の希望を率直に裁判所に述べるべきである。

② 特定調停と一般の民事調停との違い

1）当事者の文書提出義務の明確化

　特定調停の相手方とされた債権者は、債権債務の内容に関する事実を明らかにする等この手続に協力しなければならない（同法10条）。また、調停委員会は、特定調停のために特に必要があると認めるときは、当事者または参加人に対し、事件に関係のある文書または物件の提出を求めることができる（同法12条）。当事者が正当な理由なくこれに応じないときは、過料の制裁規定が設けられている（同法24条）。当事者の文書提出義務が明確にされている点で、一般の民事調停とは異なっている。

2）強制執行の停止命令

　特定調停に係る事件の係属する裁判所は、一定の要件のもとで、特定

調停が終了するまでの間、民事執行等の停止を命ずることができる（同法７条１項）。一般の民事調停では、裁判所の作成した債務名義（確定判決、和解調書等）に基づく執行は停止できず（民事調停規則５条１項ただし書）、公正証書に基づく強制執行や担保権の実行等を停止できるだけであったが、特定調停では、すべての強制執行が停止の対象となった。また、一般の民事調停では、強制執行の停止には必ず担保を立てる必要があったが（同規則５条１項）、特定調停では無担保での強制執行の停止が認められた。これにより、強制執行を行うので話し合いの余地はないという強硬な姿勢の債権者相手にも、話し合いでの解決を模索することができることとなった。

　なお、執行停止命令が出された場合、不服のある債権者は即時抗告を行うことができ（特定調停法22条、民事調停法21条）、または、執行続行命令を求めること（特定調停法７条２項）ができる。

2　破産手続

【事例問題】

> 　当社は電化製品の卸業者である。Ｂ電気店と取引を開始し、当初は現金取引のみでごく少量を卸売りしてきたが、支払いもよく返品も少ないので取引枠を増大した。先方は、手形決済を希望し、当社も受け入れた。ところが不渡りを出され、Ｂ電気店は夜逃げをした。納入した商品も全部売却され残っていない。当社に打つ手はあるであろうか。

　破産とは広義では、債務者がその債務を完済できない状態にあることを意味するが、狭義では、破産法に基づき、債務者の資産を公平に分配することを意味する。ここでは、狭義の破産を扱う。また、個人に対する破産手続もあるが、債権回収において主として問題となるのは、企業の破

図表3-2-1 ● 破産手続

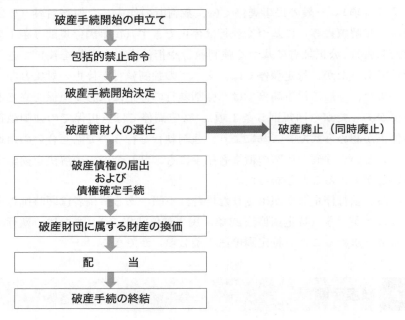

```
┌─────────────────────────────┐
│   破産手続開始の申立て        │
└─────────────────────────────┘
              ↓
┌─────────────────────────────┐
│     包括的禁止命令            │
└─────────────────────────────┘
              ↓
┌─────────────────────────────┐
│   破産手続開始決定            │
└─────────────────────────────┘
              ↓
┌─────────────────────────────┐     ┌──────────────────────┐
│   破産管財人の選任            │ ──→ │  破産廃止（同時廃止）  │
└─────────────────────────────┘     └──────────────────────┘
              ↓
┌─────────────────────────────┐
│     破産債権の届出            │
│        および                │
│     債権確定手続              │
└─────────────────────────────┘
              ↓
┌─────────────────────────────┐
│  破産財団に属する財産の換価   │
└─────────────────────────────┘
              ↓
┌─────────────────────────────┐
│     配    当                  │
└─────────────────────────────┘
              ↓
┌─────────────────────────────┐
│   破産手続の終結              │
└─────────────────────────────┘
```

産の場合であるので、本節では個人の破産は扱わない。→図表3-2-1

（1）破産手続開始

　破産手続は、企業が支払不能または債務超過になった場合に、債務者や債権者が裁判所に破産手続開始の申立てを行い、裁判所が破産手続開始決定をなすことによって開始される（破産法15条、16条、30条）。

（2）包括的禁止命令

　破産手続開始決定がなされれば、債務者の財産に対する強制執行等は禁止され（破産法42条）、その後は裁判所によって選任された破産管財人によって債務者の財産の管理・処分がなされ、原則として、破産債権は破産手続によらなければ行使できないが（同法100条1項）、開始決定

までの間は債務者が自由に財産を処分できてしまう。そのため、破産手続開始の申立てから破産手続開始決定までの間に、債務者の財産等が処分されてしまい、その適切かつ公平な分配がなされない危険がある。

　これを防ぐため裁判所は、破産手続開始の申立てがあった場合において、破産法24条の個別の強制執行等の中止の命令によっては破産手続の目的を十分に達成することができないおそれがあるときは、利害関係人の申立てによりまたは職権で、破産手続開始の申立てにつき決定があるまでの間、すべての債権者に対し、債務者の財産に対する強制執行等の禁止を命ずることができる（同法25条1項）。これを包括的禁止命令という。

　また、同様の目的で裁判所は、利害関係人の申立てによりまたは職権で、破産手続開始の申立てにつき決定があるまでの間、債務者の財産に関し、その財産の処分禁止の仮処分その他必要な仮処分を命ずることができる（同法28条1項）。

(3) 破産廃止
① 同時廃止
　破産手続開始決定がなされた場合、裁判所は、破産財団をもって破産手続の費用を支弁するのに不足すると認めるときは、破産手続開始の決定と同時に、破産手続廃止の決定をしなければならない（破産法216条1項）。これを同時廃止（同時破産廃止）という。
② 異時廃止
　また、破産手続開始決定後であっても、同様の場合、破産管財人の申立てまたは職権で、裁判所は破産手続廃止の決定をしなければならない（同法217条1項）。これを異時廃止という。

　このような場合、債務者には債権者に分配する財産がないため、破産手続を続ける意味がないためである。

(4) 破産管財人
　破産廃止されない場合、破産手続開始決定と同時に、裁判所が破産管

財人を選任する（破産法31条1項）。

　通常は、破産管財人の職務を行うにあたって法律や訴訟の知識が不可欠であることから、弁護士が破産管財人になる。

　破産管財人は、裁判所の監督のもと（同法75条1項）、債務者の財産（破産財団）を管理および処分し、これを換価し、債権者に分配することになる。

（5）破産債権の届出と債権確定手続

　破産手続開始決定をした場合、裁判所は、破産債権を届け出る旨の公告をし、知れたる破産債権者に通知しなければならない（破産法32条）。

　破産債権者は、その破産債権の額および原因等につき、定められた期間内に届出をしなければならない（同法111条）。

　届出があった債権につき、破産管財人は認否書を作成し（同法117条1項）、破産管財人が認め、破産債権者が一定の期日までに異議を述べなかった債権は破産債権として確定する（同法124条1項）。

　破産管財人が認めなかった債権および破産債権者が異議を述べた債権については、裁判所に対する破産債権査定申立てや破産債権確定に関する訴訟により、確定することになる。

（6）破産財団と取戻権・別除権・相殺権

① 　破産財団

　破産財団とは、破産者が破産手続開始のときにおいて有する一切の財産（日本国内にあるかどうかを問わない）である（破産法34条1項）。ただし、債務者の生活のために必要な財産等一定のものは、破産財団から除かれている（同法34条3項・4項）。

　この破産財団が換価され、債権者に分配されるが、破産財団に属する財産の管理および処分する権利は、破産管財人に専属し（同法78条1項）、債務者は破産管財人が選任された後は、管理および処分することができない。

② 破産手続の例外

　この破産財団に属する財産から、債権者は破産手続によらないで債権を回収することは原則としてできないが、例外として以下の取戻権、別除権および相殺権が認められている。

1）取戻権

　破産者に属さない財産の所有者は、破産財団からそれを取り戻すことができる（同法62条）。これを取戻権という。

2）別除権

　別除権とは、破産手続開始のときにおいて破産財団に属する財産につき特別の先取特権、質権または抵当権を有するものがこれらの権利の目的である財産について破産法65条1項の規定により破産手続によらないで行使することができる権利をいう（同法2条9号）。

　したがって、たとえば、破産手続開始決定前に債務者の財産につき、抵当権を設定していた債権者は、その抵当権を実行することにより、債権の回収を行うことができる。

3）相殺権

　破産手続開始の決定があったときにおいて破産者に対して債務を負担するときは、破産手続によらないで相殺することができる（同法67条1項）。これを相殺権という。

　破産手続による配当は、通常、債権額の一部しか回収できないため、これらの権利を有している債権者は、適時にこれを行使することが重要となる。

（7）財団債権

　原則として、債権者の破産者に対する債権（破産債権）は、その額に応じて平等に扱われるが、一部の特殊な債権は、財団債権として破産債権に先立って、弁済を受けることができる（破産法151条）。

　財団債権には、破産債権者の共同の利益のためにする裁判上の費用の請求権、破産財団の管理、換価および配当に関する費用の請求権、破産手

続開始前3カ月間の破産者の使用人の給料の請求権等がある（同法148
条〜150条）。

　これらについて優先的な弁済を認めたのは、当事者の公平を図るため
と使用人等の保護という公益的理由からである。

（8）双方未履行契約の扱い

　破産管財人は、双務契約について破産者およびその相手方が破産手続
開始のときにおいて共にまだその履行を完了していないときは、破産管
財人は、契約の解除をし、または破産者の債務を履行して相手方の債務
の履行を請求することができる（破産法53条1項）。

　この場合相手方は、破産管財人に対し、相当の期間を定め、その期間
内に契約の解除をするか、または債務の履行を請求するかを確答すべき
旨を催告でき、この場合において破産管財人がその期間内に確答しない
ときは、契約の解除をしたものとみなされる（同法53条2項）。

（9）否認権

　否認権とは、管財人が破産手続開始決定前に破産者から逸出した財産
について、その法的効果を破産手続との関係で失わせ、破産財団に回復
させる権利である。破産法160条ないし176条に規定される。

　これは、債務者が他の債権者に債務を弁済できないのに、破産手続開
始により支払いができなくなる前に特定の債権者のみに債務の弁済をし
た場合等、債権者に対する公平な分配を妨げるおそれがある場合に認め
られる。

　具体的には、以下のようなことに対して認められる（同法160条）。

① 破産者が破産債権者を害することを知ってした行為（ただし、こ
　れによって利益を受けた者が、その行為の当時、破産債権者を害す
　る事実を知らなかったときを除く）

② 破産者が支払いの停止等があった後にした破産債権者を害する行
　為（ただし、これによって利益を受けた者が、その行為の当時、支

　　払いの停止等があったことおよび破産債権者を害する事実を知らな
　　かったときを除く）
　③　破産者が支払いの停止等があった後またはその前 6 カ月以内にし
　　た無償行為またはこれと同視すべき有償行為等
　否認権は、訴え、否認の請求または抗弁によって、破産管財人が行使
する（同法173条 1 項）。
　否認権の行使は、破産財団を原状、すなわち、そのような行為がなさ
れる前の状態に復させる（同法167条 1 項）。

(10) 破産財団に属する財産の換価

　破産管財人は、裁判所の許可を得た後、任意売却や強制執行により、
破産財団に属する財産を換価する（破産法184条 1 項）。

Column　　コーヒーブレイク

《債務者の資金繰りが危なくなった場合》

　債務者に対し、破産手続等の倒産手続が開始された場合、通常、担保権を有し
ていない債権者は債権の全額を回収することはできない。破産事件の場合で、約
半数の事件で配当率が 5 ％という統計もある。したがって、債権者としては、常
に債務者の資金繰りに注意し、債務者の商業登記簿謄本、不動産登記簿謄本、内
部資料、報道記事等から正確な情報をつかむようにしなければならない。

　そして、債務者の資金繰りが危うくなってきた場合には、速やかに債務者の財
産に対抗要件を備えた担保を設定したり、新規の貸付金の期間を短期にしたり、
信用での売買を中止するなど、無担保の債権があまり多額に存在しないように気
をつけなければいけない。

　実際に倒産手続が始まってしまった場合は、債権者としては法的手続に則った
措置をとる以外にできることは原則的に存在しないが、取戻権、相殺権、別除権
等の行使や、債権の届出等を遅滞なく行うことで、少しでも債権を多く回収する
ように努めなければいけない。

(11) 配当

　破産管財人は、換価によって得た金銭をその優先順位の高い債権から順に、優先順位が同じ債権については、額に応じて均等に配当を行う（破産法194条）。

(12) 破産手続の終結

　破産管財人が最後の配当を行った後、債権者集会によるその計算の承認または書面による計算の報告書についての異議期間が経過した場合は、裁判所が破産手続終結決定をすることにより、破産手続は終結する（破産法220条）。

　破産手続の終結により、法人の債務者は消滅することになる。

3　民事再生手続

【事例問題】

> 　当社は海運会社である。この春に、航路のない仕向け地に商品の輸送を頼まれたため、Ｔ海運に輸送を委託した。運賃は送り状の発給者であるＴ海運が受け取り、コストを差し引いて当社に振り込んでくるはずであった。ところが、当社が別途要求に応じて経費を支払ったにもかかわらず、運賃を振り込んでこない。そのうちに、Ｔ海運は民事再生手続をとった、との通知を秋になって受けた。なお、Ｔ海運とは長いつきあいで、契約書めいたものは作成していない。単に、送り状に当社の名前が荷主として記載されているだけである。どのようにすればよいであろうか。

　民事再生手続は、民事再生法に基づき、経済的に苦しい状況にある法人または個人が、債権者の多数が同意し裁判所が認可した再建の計画（再生計画）に基づいて、事業や生活の再建を図る手続である。破産手

続のように、債務者の財産を処分し清算するもの（清算型手続）ではなく、債務者の再建を図るもの（再建型手続）である。

　民事再生手続は、特にその対象に制限はなく、個人およびすべての法人で行うことができるが、中小企業の再建に使われることを主たる目的としている。通常、再生手続開始の申立てから再生計画の認可まで半年程度を要する。

　ここでは、債権回収において、特に関係する企業の民事再生について説明する。→図表3-2-2

図表3-2-2 ● 民事再生手続

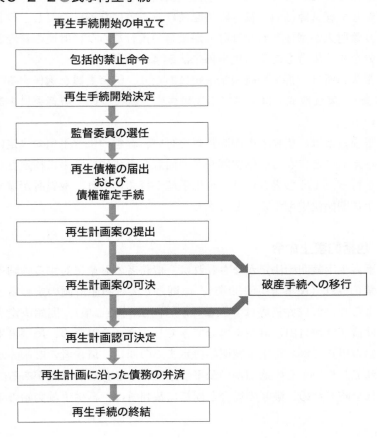

再生手続開始の申立て

↓

包括的禁止命令

↓

再生手続開始決定

↓

監督委員の選任

↓

再生債権の届出
および
債権確定手続

↓

再生計画案の提出

↓

再生計画案の可決 → 破産手続への移行

↓

再生計画認可決定

↓

再生計画に沿った債務の弁済

↓

再生手続の終結

（1）再生手続開始

　再生手続は、①債務者に破産手続開始の原因となる事実の生ずるおそれがある場合に債務者または債権者から、もしくは②債務者が事業の継続に著しい支障をきたすことなく弁済期にある債務を弁済することができない場合に債務者から、裁判所に対して再生手続開始の申立てがなされ、裁判所が再生手続開始の決定をすることにより開始される（民事再生法21条、33条）。

（2）再生手続の機関

　民事再生においては、再生手続開始決定がなされた場合でも、通常、原則として経営陣は引き続き経営を続けることになる。ただし、裁判所により管財人が選任され、管財人が業務の遂行ならびに財産の管理および処分をする場合もある（民事再生法64条、66条）。

　通常裁判所は、再生手続開始決定にあたり、監督委員を選任する（同法54条）。東京地裁ではすべての民事再生手続について監督委員を選任している。

　監督委員とは、債務者の調査監督を行い、経営の重要事項の決定に同意を与えることになる。経営陣がこの同意を得ずに、勝手に指定された行為を行ったような場合には、再生手続が打ち切られ、裁判所が職権で破産手続開始決定をすることもある。

（3）包括的禁止命令

　民事再生手続開始決定がなされれば、債務者の財産に対する強制執行等は禁止され（民事再生法39条）、原則として、再生計画の定めるところによらなければ弁済等はできないが（同法85条1項）、開始決定までの間は債務者が自由に財産を処分できてしまう。そのため、民事再生手続開始の申立てから再生手続開始決定までの間に、債務者の財産等が処分されてしまい、その適切かつ公平な分配がなされない危険がある。

　これを防ぐため、破産の場合と同様に裁判所は、再生手続開始の申立

てがあった場合において、民事再生法26条の個別の強制執行等の中止の命令によっては、再生手続の目的を十分に達成することができないおそれがあるときは、利害関係人の申立てによりまたは職権で、再生手続開始の申立てにつき決定があるまでの間、すべての債権者に対し、再生債務者の財産に対する強制執行等の禁止を命ずることができる（同法27条1項）。これを包括的禁止命令という。

また、同様の目的で裁判所は、利害関係人の申立てによりまたは職権で、再生手続開始の申立てにつき決定があるまでの間、再生債務者の財産に関し、その財産の処分禁止の仮処分その他必要な仮処分を命ずることができる（同法30条1項）。

（4）再生債権の届出と債権確定手続

再生手続開始決定をした場合、裁判所は、再生債権（再生債務者に対し再生手続開始前の原因に基づいて生じた財産上の請求権）を届け出る旨の公告をし、知れたる再生債権者に通知しなければならない（民事再生法35条）。

再生債権者は、その再生債権の内容および原因等につき、定められた期間内に届出をしなければならない（同法94条）。

届出があった債権につき、債務者または管財人（以下「再生債務者等」という）は認否書を作成し（同法101条1項）、再生債務者等が認め、再生債権者が一定の期日までに異議を述べなかった債権は、再生債権として確定する（同法104条1項）。

再生債務者等が認めなかった債権および再生債権者が異議を述べた債権については、裁判所に対する再生債権の査定申立てや再生債権の確定に関する訴訟により、確定することになる。

（5）別除権および担保権消滅の許可

再生手続開始のときにおいて、再生債務者の財産につき存する担保権（特別の先取特権、質権、抵当権または商法もしくは会社法の規定による

留置権）は別除権として、再生手続によらずして行使できる（民事再生
法53条1項・2項）。

　ただし、別除権の対象となっている財産が再生債務者の事業の継続に
欠くことのできないものであるときは、再生債務者等は、裁判所に対し、
当該財産の価額に相当する金銭を裁判所に納付して当該別除権を消滅さ
せることについての許可の申立てをすることができる（同法148条1項）。

（6）否認権

　民事再生の場合も、破産の場合と同様、監督委員または管財人は、再
生手続開始の申立て前後の特定の債権者への弁済等を否認できる（民事
再生法127条〜141条）。

（7）再生計画案の提出

　再生債務者等は、債権届出期間の満了後裁判所の定める期間内に、再
生計画案を作成して、裁判所に提出しなければならない（民事再生法163
条1項）。

　再生計画案の内容の中心は、債務をどれだけの割合で減免するか、ど
れくらいの期間で弁済完了するかなどの債権者に対する弁済計画である。

（8）再生計画案の可決

　再生計画案は、再生債権者の決議に付され、①再生計画についての議
決権を行使できる再生債権者（「議決権者」）の過半数の同意、および②
議決権者の議決権の総額の2分の1以上の議決権を有する者の同意がな
ければ可決されない（民事再生法172条の3第1項）。

（9）再生計画の認可および再生手続の終結

　再生計画案が可決された場合、裁判所は、再生計画が遂行される見込
みがない場合等を除き、再生計画認可決定をする（民事再生法174条1
項）。再生計画が可決または認可されない場合は、通常、破産手続に移

行する。以後、再生債務者は、再生計画に沿って事業を継続し、債務の弁済をすることとなる（同法186条1項）。

　裁判所は、監督委員が選任されている場合、再生計画が遂行されたとき、または再生計画認可の決定が確定してから3年が経過したときは、再生手続終結の決定をし（同法188条2項）、再生手続が終結する。

4　会社更生手続

【事例問題】

> 　当社が長らく使ってきた、Ｖ社が業務破綻をしたとの知らせを受け取った。Ｖ社は民事再生手続で再建したいとの意向を、債権者集会で説明した。しばらくして、メンバーの有志の名前で、Ｖ社を会社更生手続で再建したいが、賛同してくれとの通知書を受け取った。他の倒産法制とどのような違いがあるのであろうか。

　会社更生は、会社更生法に基づき、経済的に苦しい状況にある株式会社の、設備や資産・従業員・取引先等によって構成された有機的一体としての事業の維持継続を目的とする手続である。

　倒産法制における位置づけとしては、再建型手続である点で、民事再生と共通し、清算型手続である破産と異なる。一方、株式会社だけが対象となるという点で、民事再生とは異なる。

　また、民事再生手続と異なり、通常、会社の経営権が、会社更生手続の開始と同時に従来の経営陣から裁判所より選任される管財人に移る。

　会社更生手続は、担保権や租税債権の行使の制限など再建のための強力な手続であるという側面を有する一方、手続が複雑かつ厳格で時間および費用がかかるため、大規模な会社の再建に適した手続である。

　通常、更生手続開始の申立てから更生計画の認可まで数年を要する。
→図表3-2-3

図表3-2-3 ● 会社更生手続

会社更生手続開始の申立て

保全管理人の選任
・
包括的禁止命令

更生手続開始決定

管財人の選任

更生債権の届出
および
債権確定手続

更生計画案の提出

更生計画案の可決

更生計画認可決定

更生計画に沿った債務の弁済

更生手続の終結

(1) 更生手続開始

　更生手続は、①破産手続開始の原因となる事実が生ずるおそれがある場合に債務者、資本金の額の10分の1以上に当たる債権を有する債権者または総株主の議決権の10分の1以上を有する株主から、もしくは②弁済期にある債務を弁済することとすれば、その事業の継続に著しい支障をきたすおそれがある場合に債務者から、裁判所に対して更生手続開始の申立てがなされ、裁判所が会社の再建の見込みがあると判断した場合

に、更生手続開始の決定をすることにより開始される（会社更生法17条、41条）。

（2）保全管理人および包括的禁止命令

更生手続開始の申立てがなされた場合、通常、裁判所により、保全管理人が選任され、更生手続開始の申立てにつき決定があるまでの間、債務者の業務および財産に関し、保全管理人により管理が行われる（会社更生法30条1項）。保全管理人は、事業を継続しながら会社の内容について調査し、裁判所に報告する。

また、破産・再生手続の場合と同様に、裁判所は、更生手続開始の申立てがあった場合において、会社更生法24条の個別の強制執行等の中止の命令によっては更生手続の目的を十分に達成することができないおそれがあるときは、利害関係人の申立てによりまたは職権で、更生手続開始の申立てにつき決定があるまでの間、すべての更生債権者に対し、更生債務者の財産に対する強制執行等および国税滞納処分の禁止を命ずることができる（同法25条1項）。

破産・再生手続の場合と異なり、国税滞納処分の禁止も命ずることができるのが特徴である。

また、同様の目的で裁判所は、利害関係人の申立てによりまたは職権で、更生手続開始の申立てにつき決定があるまでの間、更生債務者の財産に関し、その財産の処分禁止の仮処分その他必要な仮処分を命ずることができる（同法28条1項）。

（3）管財人

更生手続開始決定と同時に、裁判所が管財人を選任する（会社更生法42条1項）。通常は、破産管財人と同様、弁護士が管財人になる。

管財人は、裁判所の監督のもと（同法68条1項）、会社財産を管理・処分し、更生計画案を策定する。

（4）債務の弁済の禁止と担保権の実行の制限

更生手続開始後は、更生計画の定めるところによらなければ、弁済をし、弁済を受け、その他これを消滅させる行為（免除を除く）をすることができない（会社更生法47条1項）。

また、担保権の実行を含む強制執行等ができなくなる（同法50条1項）。したがって、更生手続においては、民事再生の場合と異なり、抵当権等の担保権を有していても、更生手続外で行使することはできない。

また、裁判所は、更生会社の事業の更生のために必要であると認めるときは、管財人の申立てにより、当該財産の価額に相当する金銭を裁判所に納付して更生会社の財産を目的とするすべての担保権を消滅させることを許可する旨の決定をすることができる（同法104条1項）。

（5）更生債権の届出と債権確定手続

更生手続開始決定をした場合、裁判所は、更生債権および更生担保権（以下「更生債権等」という）を届け出る旨の公告をし、知れたる更生債権者および更生担保権者に通知しなければならない（会社更生法43条）。

更生債権者および更生担保権者は、その更生債権の額および原因等につき、定められた期間内に届出をしなければならない（同法138条）。

届出があった債権につき、管財人は認否書を作成し（同法146条1項）、更生債務者等が認め、更生債権者および株主が一定の期日までに異議を述べなかった債権は更生債権等として確定する（同法151条1項）。

管財人が認めなかった債権および更生債権者または株主が異議を述べた債権については、裁判所に対する更生債権査定申立てや更生債権の確定に関する訴訟により、確定することになる。

（6）否認権

更生手続の場合も、破産および民事再生の場合と同様、管財人は、更生手続開始の申立て前後の特定の債権者への弁済等を否認できる（会社更生法86条～98条）。

（7）更生計画案の提出

　管財人は、債権届出期間の満了後裁判所の定める期間内に、更生計画案を作成して、裁判所に提出しなければならない（会社更生法184条1項）。

Column　コーヒーブレイク

《民事再生手続か会社更生手続か》

　JALの事業再生には、なぜ会社更正法の手続が用いられたのだろう。

　会社に対する再建型の法的整理手続には、民事再生手続と会社更正手続があるが、なぜJALの会社再建には、民事再生手続が用いられず、会社更正手続が用いられたのだろうか。

　「JALは大手企業だから」という理由をまず初めに思いつくかもしれない。しかし、そごうグループの事業再生に民事再生手続が用いられたように大手企業だからという理由だけでは、JALに会社更生手続が用いられたことの理由としては不十分である。

　ここで、JALに会社更生手続が用いられた理由を詳細に述べることはしないが、考え方のヒントを少し紹介する。

　すでに本テキストで学んだように、民事再生手続では、従前の経営陣が引き続き経営を続けるのが原則になるが、会社更生手続では、更生管財人が選任される。したがって、従前の経営陣が経営を継続しなければ会社の再建ができない事情があったかどうかという点は、どの法的再建手続を選ぶかということを考える際に重要な視点となる。

　また、民事再生手続では、担保権は別除権として手続外で行使できることになるが、会社更正手続では、担保権者は会社更正手続に取り込まれ、自由に担保権を行使することはできなくなる。したがって、担保権が行使されてしまうと経営が成り立たなくなってしまうというような事情があるかどうかという点や、担保権者が担保権を行使しないことの了解が得られているかどうかという点も、どの手続を選ぶかということを考える際に重要な視点となる。

　企業が、民事再生手続を開始した、会社更生手続を開始したというニュースに接するときに、どのように手続を使い分けているかについて推測すると、理解が深まるかもしれない。

更生計画案には、債権者に対する弁済計画に加え、通常、更生会社の新たなスポンサーが誰なのか、再建のためのこれまでの事業の変更の計画等が記載される。

（8）更生計画案の可決

再生計画案は、更生債権者、更生担保権者および株主の決議に付され、更生債権等の種類ごとの議決および株主の議決により、可決される（会社更生法196条5項）。

（9）更生計画の認可および更正手続の終結

更生計画案が可決された場合、裁判所は、更生計画が遂行可能である等の条件を満たす場合は、更生計画認可決定をする（会社更生法199条2項）。以後、管財人は、更生計画に沿って事業を継続し、債務の弁済をすることとなる（同法209条1項）。

裁判所は、弁済が終了し、または終了することが確実と認めた場合は、更生手続終結の決定をし（同法239条1項）、更生手続が終了する。

5 私的整理

【事例問題】

> 取引先であるＳ社が倒産した。取引先の社長は当社にあいさつに来て、できれば今後法的な倒産手続によらず債権者と相談をしながら財産の処理を行いたいとの意向を示した。社長は、一部の債権者との間で現在の負債の減額を求め、あわせて将来の利息をカットしたうえで長期分割弁済（3～5年間）として会社を再建していきたいとの考えである。その後、債権者である当社に対して、第1回債権者集会の招集通知が取引先の代理人である弁護士事務所から来た。それとともに、債権の届出もしてくれという。当社としては、どの

ように対応するべきであろうか。

（1）私的整理の性質

　私的整理（任意整理）とは、債権者と債務者が裁判外で、一般的には和解契約により、債務者の倒産処理を行うことを意味する。

　倒産手続は、破産、民事再生、会社更生等の裁判所による法的手続を行う「法的整理」と、債務者と債権者が自治的・自主的に処理手続を進める「私的整理」（任意整理）に分けることができる。

　私的整理は、清算型の場合と再生型の両方があるが、債務者および債権者の合意によりさまざまな方法をとりうるため、固定した方法があるわけではない。通常、債権者による会議で選ばれた債権者委員会が、債務者およびその弁護士と話し合い、資産の売却・再生計画・配当等を決めることになる。

（2）私的整理のメリットとデメリット

① メリット

　私的整理のメリットとしては、法的制約がないため手続が簡便であり、簡易・迅速な処理が可能な点が挙げられる。また、かかる費用も低廉で済み、配当も法的整理手続と比べ、高率となる場合が多い。

② デメリット

　一方、私的整理のデメリットとしては、特定の強硬な債権者が無理を通す場合など、公平な分配が行われないおそれがあることが挙げられる。また、特に再建をめざす場合、担保権者の担保の行使等を制限することができないこともデメリットとして挙げられる。

第3章　理解度チェック

次の設問に、○×で解答しなさい（解答・解説は後段参照）。

1　債権回収は、債権に基づく当然の権利行使なので、債務者の人情に訴えるだけではなく、強制執行等強圧的なあらゆる手段を用いて債権の回収に向け債務者に圧力をかけるべきである。

2　取引先である株式会社の代表取締役であり、かつ100％株主である者に、当該株式会社の事業のために金銭を貸し付ける契約の保証人となってもらう場合、公正証書による意思表示など厳格な手続が必要である。

3　民事再生手続は、破産手続のように債務者の財産を処分し清算するものではなく、債務者の再建を図るものである。

4　破産手続開始決定前に、債務者の財産に抵当権を設定していた債権者が、その抵当権を実行することによって債権回収を行うことができる権利を別除権という。

第3章　理解度チェック

解答・解説

1 ｜ ×
債権回収のための圧力が社会通念上一般に認容される程度を逸脱した場合は、恐喝罪・脅迫罪等の犯罪行為に当たる可能性がある（最判昭和30年10月14日）。

2 ｜ ×
事業にかかる債務についての個人保証の厳格な方式を規定する民法465条の6は、保証人が主たる債務者たる会社の取締役や過半数株主の場合には適用されない（民法465条の9）。

3 ｜ ○
民事再生手続は、清算型手続ではなく、再建型手続である（民事再生法1条）。

4 ｜ ○
別除権とは、破産手続あるいは民事再生手続に左右されずに、担保物権を処分することで債権の回収をすることができる権利のことである（破産法2条9号、65条）。

■ 参考文献 ■

池辺吉博『債権回収の進め方』日本経済新聞社、2006年

内田貴『民法Ⅲ 債権総論・担保物権〔第3版〕』東京大学出版会、2005年

経営法友会法務マニュアル作成委員会編『新債権管理マニュアル〔増補第4版〕』商事法務、2004年

三井物産審査部編『タクティクス』商事法務研究会、1989年

中野貞一郎『民事執行・保全入門〔補訂版〕』有斐閣、2013年

民事訴訟・執行の実務

この章のねらい

　第4章では、民事訴訟において要となる「証拠（証拠方法）」の種類とその問題点や留意すべき事柄の基礎を勉強する。また、複数当事者訴訟となる共同訴訟や訴訟参加について理解する。次に、訴訟の結果としての「判決」に関し、その効力を中心として勉強した後、判決の実行となる民事執行の実務の基礎を習得する。

　また、将来の強制執行を確保するための保全処分につき、申し立てる場合の準備と、反対に申立てを受けた場合の対処に関して、実務上のポイントを理解する。

第 **1** 節 ┃ # 訴えの種類

学習のポイント

◆民事訴訟における訴えの種類が３類型あることと、それぞれ
の具体例を学習する。
◆民事訴訟を提起する場合と提起された場合の基本的な流れを
理解し、弁護士に依頼する際の準備を適切に行えるようにする。

1 訴えの種類について

　民事訴訟における訴えは、給付の訴え、確認の訴え、形成の訴えの３
つの類型に区別される。給付の訴えがほとんどではあるが、念のため民
事訴訟における訴えの類型について概説しておく。

（1）給付の訴え

　給付の訴えは、原告の請求が被告に対する特定の給付請求権の主張で
あり、その給付を命ずる判決を求める訴えである。わかりやすい例でい
うと、金銭の支払いや物の引渡しを求める訴えなどが典型例である。訴
訟提起の大部分は給付の訴えである。

（2）確認の訴え

　確認の訴えは、原告の請求が特定の権利または法律関係の存在または
不存在の主張であり、それを確認する判決を求める訴えである。たとえ
ば、親子関係不存在確認の訴え、ライセンシーたる地位の確認を求める
訴えなどである。

（3）形成の訴え

　形成の訴えは、法律で定められた原因に基づく特定の法律関係の変動を判決によって宣言することを求める訴えである。たとえば、株主総会決議取消訴訟、会社の設立無効などである。

2　民事訴訟の基本的な流れと企業対応

（1）訴えを提起する場合

　取引先から商品の代金を支払ってもらえず、訴訟外での話し合いにまったく応じてもらえないというような場合には、民事訴訟を提起して権利を実現するという選択をすることになる。

　民事訴訟を提起する場合には、弁護士に依頼することとなる場合が多い。

　裁判所に提出する訴状の作成のための弁護士との打ち合わせ、裁判所に提出する証拠の収集・整理を行って弁護士に提供する必要がある。

　民事訴訟においてある事実を認定してもらうためには、当事者の言い分を主張するだけでは困難であり、客観的な証拠を提出することが不可欠であるため、証拠の収集・整理の作業は非常に重要となる。

　会社の手元にある証拠（契約書、社内の記録、報告書、社内電子メール、社内SNS等）を提供することはもちろんのことであるが、そのほか必要であれば弁護士に依頼して弁護士法23条の2に基づく弁護士会照会や裁判所を通じた証拠保全手続（民事訴訟法234条）を行うこともある。

（2）訴えを提起された場合

　実務的には、ある日突然裁判所から訴状が送達されるということはまれで、訴訟提起前に任意に支払いをしない場合には訴訟を提起するという内容の弁護士名の内容証明郵便が送付されることが多い。

　訴訟が提起されてから対応するのでは、対応が後手後手になってしまうため、訴訟を提起する際と同様に客観的な証拠を収集・整理し、弁護士に相談して訴訟提起に備えておくことが肝要である。

（3）和解のメリット

　民事訴訟において終局判決が出された場合、判決に不服がある訴訟当事者は、控訴・上告を行い、上級の裁判所に対して審理を求めることができる。もっとも、原告および被告がそれぞれの主張を譲歩したうえで、一定の合意に至れば訴訟上の和解をして裁判を終わらせることができる。和解をした場合には終局判決がなされた場合とは異なり、控訴・上告等の不服申立てがなされることはないため、和解が成立した時点で紛争が終了することとなり、紛争が長期化することを防げるというメリットがある。

民事訴訟の実務

学習のポイント

◆民事訴訟において証拠方法として活用される「文書提出命令」について、その意義等の基礎的な理解をしたうえで申立てや審理手続の概要を把握し、さらに提出命令に従わない場合の効果についても理解する。

◆証拠調べにつき、証拠方法には「書証」と「人証」があることとその問題点・留意点について習得する。

◆「判決」の効力につき、既判力を中心としてその作用、本質および範囲等に関して、押さえるべきポイントを把握する。

◆訴訟の当事者に関する形態として複数当事者訴訟があるが、共同訴訟をはじめとして、選定訴訟、訴訟参加、訴訟告知および訴訟脱退などの基礎について理解する。

1 証拠調べ

【事例問題】

　A社の営業担当者a氏は、B社の営業部長のb氏とA社製造の製品を継続的に売り渡す交渉をしていた。売買交渉はa・b間の数度の面談のほかは、電話やFAXのやりとりで行われていた。交渉は順調に進み、売買の基本的条件である売買代金額、決済方法や製品の受渡しに関する方法などもa・b間で合意決定するに至った。そこで、A・B両社間で「売買基本契約書」を締結することになり、a

氏が契約書の原案を作り、Ａ社の社内決裁を得てｂ氏あてにFAX送信をした。さっそく、ｂ氏からは「原案どおりでよいので、（Ｂ社の）役員会へ稟議書を上げ、最終決裁を得る手続をしたところであるから数日待ってくれ。ただし、役員会での決裁は形式的なもので、社長らの承諾も容易に得られるから、製品の製造を開始するなど準備をしておいてくれ」と電話での回答があった。Ａ社は、製品の製造を開始しＢ社からのその後の連絡を待っていたところ、ｂ氏が急死したとのうわさが入ってきた。ａ氏はＢ社にｂ氏が亡くなったことを確認したので、後任部長のｃ氏に改めて契約締結の要請を申し入れたところ、意外にもｃ氏は、ｂ氏からは何も聞いていないと主張し契約の締結を拒絶されるに至った。その後のａ氏の調査によれば、ｃ氏はＡ社の競争相手であるＣ社との契約を望んでいた人物で、現にＡ社より有利な契約条件でＣ社と製品買受けの契約を締結した事実が判明した。

　Ａ社はＢ社に対して、損害賠償請求等の訴訟提起を検討しているという。契約成立を直接証明すべき契約書が存在しないことは訴訟に不利益であろうか。

　民事訴訟においては、適用されるべき法規の存在や内容の解釈と並び対象となる事実の存否を確定することが必要不可欠である。この事実の認定を公正に担保するために、事実認定の資料としての証拠が必要となる（証拠裁判主義という）。証拠調べにおいて、取り調べの対象となる有形物を証拠方法という。裁判所に対して特定の証拠方法の取調べを請求する申立てを証拠の申出という。証拠の申出は、当事者が証明すべき事実と証拠方法（対象が人である場合を「人証」といい、対象が物体の場合を「物証」という）および両者の関係（立証趣旨）を具体的に明示して行わなければならない（民事訴訟法180条１項、同規則99条１項）。

（1）「人証」についての問題点・留意点

人証には、以下の3種がある。

① 証人

② 当事者本人

③ 鑑定人

証人尋問と当事者尋問は、その者が見聞した事実についての記憶を聞き出して、その供述を証拠とするものである。鑑定は、専門的知識に基づいて得られる判断や意見を報告させて証拠とするものである。

人証のうち、当事者は裁判の結果について最も深い利害関係を有する者であるから、自己に有利な供述をしがちなものとの観点から、ともすればその供述は信用性に乏しいものと考えられ、当事者尋問が補充的に扱われていた時期もあった（旧民事訴訟法336条）。

証人となりうる者は第三者に限られ、前記事例問題におけるA社のa氏もA社対B社の訴訟においては証人となるものの、きわめて当事者的な証人である。また、証人は原則として①出頭義務、②宣誓義務、③供述義務（総称して証人義務という）を負っている（民事訴訟法190条）が、裁判実務において利害関係のまったくない公平な証人を確保し、その者を出頭させて信用力のある適切な供述を得ることはかなり難しいことは否定できないところである。また、証人は一定の場合、証言を拒絶できる場合も認められている（同法196条、197条）。

（2）「書証」についての問題点・留意点

事実認定において書証が果たす役割は大きいといわれ、1枚の文書が動かぬ証拠となって幾人もの証人による証言を覆すこともありうる。したがって、裁判実務では「書証」を基本的な枠組みとして、これに信用性のテストを経た証言内容を斟酌して事実認定がされているのが実情である。しかし「文書」の成立の真否が争われ、立証が困難な場合もありうる（そのために特例の推定規定（たとえば民事訴訟法228条2項・4項）が設けられているときもある）。また、肝心の文書を当事者が所持し

ていない場合もあり、後述の文書提出命令の申立て（同法221条）や送付嘱託の申立て（同法226条）が必要な場合もある。なお、裁判実務では、原告提出の書証を「甲号証」、被告提出の書証を「乙号証」と呼んでいる。

（3）鑑定について

鑑定は、裁判所の判断に必要な専門的な知見を補うために裁判所の命令によりその指示する事項について、第三者の中から特別の学識経験を有する専門家を鑑定人として指定して意見を聞く手続である。鑑定人は、自己の専門的知識に基づき、経験法則そのものを報告したり、一定の事実資料について経験法則を適用した結果の事実認識を報告して鑑定意見を述べる。このように鑑定人は、鑑定に必要な学識経験を用いた意見を述べる点において証人と異なる。他方、学識経験を用いても訴訟に登場する以前になされた認識の報告は、証言であって鑑定意見とは異なるものであることに留意すべきである。

鑑定の申出をするときは、同時に鑑定を求める事項を記載した書面を提出する必要があり（民事訴訟規則129条1項）、相手方はその書面について意見があるときは、意見を記載した書面を裁判所に提出しなければならない（同規則129条3項）。そのうえで裁判所は鑑定事項を定める（同規則129条4項）。鑑定人には裁判所にも当事者にも適切な資料を提供する責任がある（同規則133条）とされている。

鑑定人が、宣誓手続だけのために出廷する労力を省くため「宣誓書」を裁判所に提出する方式も採用されている（同規則131条2項）。

（4）宣誓供述書について

公証人は、私署証書の作成者が自己の面前で記載内容が真実であることを宣誓して署名もしくは捺印し、または証書の署名もしくは捺印を自認したことを認証した書面（宣誓供述書）を作成することができる（公証人法58条ノ2第1項）。この認証の嘱託は代理人によってすることはできず（同法58条ノ2第3項）、また証書の記載内容が虚偽であること

を知りながら宣誓した者は、10万円以下の過料に処せられる（同法60条ノ５）。訴訟における書証として宣誓供述書を提出することができるが、供述者がその後死亡したり、高齢で法廷での証言が困難な場合は、相手方が反対尋問を実施できないまま証拠として利用されることにもなる運用上の問題点もある。

2 判決の効力

【事例問題】

> 　東京に在住しているＡは、郷里Ｘ県に父から相続し、その旨の登記を有した150坪の土地を有していた。Ａは同土地に将来建物を建てて移住する予定であったが、当分の間は、近隣に居住していたＢに同土地の管理を事実上委託し、遠隔地でもあったので、見に行くこともしないでいた。５年ほど経たある日、Ａが帰郷してみるとＡ所有地上にＢが無断で建物を新築し、保存登記までしている事実が判明した。Ａは、Ｂに対し不法占拠を理由として、建物収去土地明渡請求の裁判を提起し、その旨の勝訴判決を得た。Ａが判決執行のため現地に赴いたところ、Ｂは敗訴判決後に自己所有名義の前記建物をＣに売却処分して所在をくらましていた。
>
> 　ＡはＢに対する勝訴判決に基づいて、Ｃに対して建物収去土地明渡しの執行をすることができるであろうか。

（１）判決の記載事項

　民事訴訟法は、審理の基本的な枠組みとして争点整理手続を整備して、争点を中心とした審理をめざした（民事訴訟法182条等）ものといわれている。判決すべき内容が確定すると「判決書」の原本が作成される（同法252条）が、この判決書の必要的記載事項は、以下のものである（同法253条１項）。

① 主文
② 事実
③ 理由
④ 口頭弁論終結日
⑤ 当事者および法定代理人
⑥ 裁判所

　このうち、事実の記載のしかたは、前述の争点整理を前提として既判力の客観的範囲を明示するためにも「請求を明らかにし、かつ、主文が正当であることを示すのに必要な主張を摘示する」ものとされている（同法253条2項）。

（2）調書判決

　当事者間に争いのない事件、たとえば被告が口頭弁論で原告の主張する事実を争わなかったり、その他何らの防御方法も提出しない場合や公示送達による呼び出しを受けても出頭しない場合に、原告の請求を認容するにあたり裁判所は、民事訴訟法252条の例外として、判決書の原本に基づかないで迅速に判決の言渡しができる。この場合は、裁判所は書記官に当事者・主文・請求・理由の要旨を口頭弁論調書に記載させて判決書に代えて（民事訴訟法254条）、言渡しの方式を簡易化することができる。

（3）既判力とその範囲

　既判力（実質的確定力）とは、裁判の内容である一定の標準時における権利または法律関係の存否についての裁判所の判断が、形式的に確定したとき、以後その当事者間において同じ事項を判断する基準として強制通用力を持つ効果をいう。

　既判力には時的限界（標準時＝基準時）、物的限界（客観的範囲）、および人的限界（主観的範囲）がある。

（４）既判力の作用・本質・基準時

　既判力の作用としては、後訴に対する影響力、すなわち前の裁判により既判力をもって確定した権利または法律関係については、当事者は後訴では争うことができないことが挙げられる。

　既判力の時的限界（基準時＝標準時）は、口頭弁論終結時を基準として生じる。これは、終局判決が事実審の口頭弁論終結時までに提出された訴訟資料に基づいてなされるものであることに呼応するものであり、このため前述 **（１）** のとおり口頭弁論終結日は判決書の必要的記載事項となっている（民事訴訟法253条１項４号）。

　既判力の物的限界（客観的範囲）は、本案判決の主文が請求の内容である訴訟物たる権利または法律関係の存否に関する裁判所の結論的判断が表示されるので、その判決主文で表示された事項についてのみ生じるのが原則である（同法114条１項）。

（５）確定判決等の効力が及ぶ者の範囲

　既判力の人的限界（主観的範囲）は、対立する当事者間に生じるのが原則である（民事訴訟法115条１項１号）。例外的に訴訟物たる権利関係に利害関係を有する第三者に対して既判力を及ぼす必要が生じる場合や、法律関係の画一的処理の観点から広く一般第三者に対しても既判力を及ぼす必要があるなどの一定の場合に、既判力の拡張が認められている（同法115条１項２号・３号・４号など）。

　本【事例問題】の場合、ＡのＢに対する勝訴判決の後、正しくは同判決に近接する「口頭弁論終結後」に、Ｂから係争建物を譲り受けたＣに対してＡは承継執行文の方法により、Ｂに言い渡された判決をもってＣに対する債務名義とすることができる（同法115条１項３号）。

第 **3** 節 保全処分の実務

学習のポイント

◆保全処分につき、手続の概要を理解したうえで、実際に保全
　処分の申立てをするにあたっては具体的にどのようにするの
　かについて学習する。
◆保全処分を受けた側の場合の法的な対処方法につき、その基
　礎的な意義や内容について理解をする。

1 保全処分のための手続と申立ての準備

【事例問題】

1. 甲社は乙社に対し、金1,000万円の売掛金債権を有している。ところが、乙社が同社振出の約束手形を不渡りにしたとの情報が甲社の取引銀行を通じて入ってきた。甲社が調査したところ、乙社は資金繰りに窮して、同社の唯一の所有不動産を丙社に売却処分しようとしている事実が判明した。甲社は、自社売掛金の保全をするにはどうしたらよいであろうか。

2. Xはその所有土地をYに対して賃貸し、Yは同土地上に木造平屋建ての建物を建築して所有していた。X・Y間の土地賃貸借契約では、Yが所有建物を増改築する場合は、あらかじめXの事前の書面による承諾が必要との約定であった。ところが、Yは建物が手狭になったことから、同建物を取り壊し、新たにXに無断で鉄筋コンクリート造りの2階建ての建物の建築に着手し、目下、

土台の基礎工事中である。Xが異議を申し述べたが、Yはまった
く無視して工事を続行している。Xとしては、Yの建築工事をや
めさせたいがどうしたらよいであろうか。

（1）管轄裁判所

　保全命令に関する裁判所の管轄は、専属管轄である（民事保全法６条）。
専属管轄とされたのは、「民事保全の事件は、①本案に従属する暫定的
処分であること、②緊急性を要するものであること、③裁判所の負担軽
減、審理の便宜等を図る必要があることなどによる」（山崎潮『新民事
保全法の解説〔増補改訂版〕』108頁、1991年）。しかしながら専属管轄
ではあるが、保全命令手続の管轄は複数の裁判所に管轄が認められてい
る。たとえば、保全命令事件では「本案の管轄裁判所又は仮に差押さえ
るべき物若しくは係争物の所在地を管轄する地方裁判所」が並列的に管
轄を有するとしている（同法12条）が、本案管轄裁判所に関しては、民
事訴訟法１条〜25条までの規定により管轄が定まるため、複数の管轄が
競合することになるのである。また、保全取消事件のうち事情変更およ
び特別の事情による取消申立ての場合は、保全命令を発した裁判所また
は本案の裁判所が管轄裁判所となる（民事保全法38条、39条）。

（2）当事者と代理人について

　保全命令の申立てにあたっては、申立書に「当事者の氏名又は名称及
び住所」および「代理人の氏名及び住所」（民事保全規則13条１項１号）
を記載しなければならない。当事者とは、保全命令を求める当事者（債
権者または申立人という）と、その相手方になる当事者（債務者または
被申立人という）をいうが、その者らにつき他人と混同されないように
自然人であれば住所・氏名により、また法人などの団体であれば、その
名称・事務所を特定して記載することになる。
　代理人は、法定代理人と訴訟代理人の双方を含む。当事者が訴訟能力

を有しない場合は、法定代理人もしくは特別代理人により申し立てるか、またはこれらの者に対して保全命令の申立てをしなければならない。訴訟代理人は、通常弁護士であるが、当事者の名において、当事者のために、これに代わって訴訟行為をしたり、裁判所や相手方の訴訟行為を受ける者である。本案が簡易裁判所の管轄に属するときも、目的物の所在地を管轄する地方裁判所に申立てをするときは、本案訴訟の代理人が弁護士でなかったら訴訟代理人となることができない。支配人（商法38条1項）、船舶管理人（同法700条1項）、船長（同法713条1項）、各種協同組合の参事（例：中小企業等協同組合法44条等）は本人の一定範囲の業務について裁判上の行為をなす権限を与えられているので、法令による訴訟代理人となる（民事訴訟法54条）。

（3）請求債権の表示または仮処分により保全すべき権利の表示

① 仮差押えにより保全される権利は、金銭の支払いを目的とする債権であり、しかも強制執行のできる債権でなければならない（民事保全法20条1項）。金銭債権であれば、その一部の請求債権であっても、期限付きまたは条件付きでもよい（同法20条2項）。従前は、特定物の給付請求権など金銭に換えることができる請求権についても、仮差押えの被保全債権とすることができたが、「このような場合は、債務不履行等を条件として発生する損害賠償請求権を被保全権利とすることになる」（山崎『前掲書』160頁）。本【事例問題】の1では、甲社の乙社に対する1,000万円の売掛金請求債権が被保全権利となる。

② 係争物に関する仮処分によって保全される権利は、金銭給付以外の特定の物を対象とする給付を目的とする請求権である。物を対象とする給付とは、物の事実状態、または物に関する権利関係の変更や不変更を義務の内容とする場合をいう。動産の引渡し、不動産の引渡し、明渡請求や、建物その他の工作物の収去、土地明渡請求権を保全することを目的として仮処分を求めるのが通例である。

本【事例問題】の2では、XがYとの賃貸借契約を約定違反を理

由として解除のうえ、土地の明渡しを求めるのであれば、その旨の意思表示をして、XのYに対する賃貸借契約終了を原因とする土地明渡請求権を被保全権利とすることになる。また、Xが将来、土地上のYの建物を除去する強制執行を容易にするために建物建築差止めを求めるのであれば、係争物の仮処分として、土地賃貸借の終了時点における建物収去土地明渡請求権を被保全権利とすることになる。さらに、普通建物所有の目的との契約に違反して鉄筋コンクリートの堅固な建物の建築というYの行為を、Xの土地所有権に基づく妨害予防請求権に基づき差し止めるものであれば、不作為請求権そのものを被保全権利として、工事禁止という内容を実現するための仮の地位を定める仮処分を申し立てることになる。

（4）申立ての趣旨

① 仮差押えの場合は、申立ての趣旨は仮差押えによって保全しようとする権利の種類、内容、金額を特定して仮差押えを求める旨を記載する。さらに命令と執行が密接に関連するので、仮に差し押さえるべき物を特定して記載することも要求されているため、対象物に応じた記載をする必要がある（民事保全規則18条、19条）。ただし、対象が動産の場合は、現場に臨まないと判明しない場合もあるため、特定しなくともよいとされている（同規則19条1項ただし書）。

② 仮処分の場合の申立ての趣旨の記載事項、記載方法については、おおよそが仮差押えの場合に準ずる（同規則23条）とされている。ただし、仮処分の場合は裁判所が裁量により適当な処分をすることができる旨の規定（同法24条）があるため、「相当の処分を求める」との趣旨の記載でも許されるか議論のあるところである。なお、係争物に関する仮処分として申し立てられた事件について、仮の地位を定める仮処分を命じたり、その逆も申立ての目的を達する限り差し支えないと解されている（大判昭和8年4月25日民集12巻7号31頁）。

（5）申立ての理由（被保全権利と保全の必要性）

　申立ての理由は、保全すべき権利（被保全権利）と保全の必要性を具体的に記載し、かつ疎明する必要があるから、立証を要する事由ごとに証拠を記載すべきであるとされている（民事保全規則13条）。「被保全権利については、発生の要件となる事実の記載が最低限必要であるほか、これに関する間接事実、予想される抗弁とその反論、紛争の実情等の記載もしたほうがよい場合が多い」とされている（原井龍一郎・河合伸一編『実務民事訴訟法〔三訂版〕』2011年）。保全の必要性については、紛争の実情を示したうえで、求める保全命令が必要とされる理由を具体的かつ簡潔に記載することになる。仮差押命令の場合には、「金銭の支払を目的とする債権について、強制執行をすることができなくなるおそれがあるとき、又は強制執行をするのに著しい困難を生じるおそれがあるとき」に必要性ありとされる（同法20条1項）。また、係争物に関する仮処分については、「（係争物の）現状の変更により、債権者が権利を実行することができなくなるおそれがあるとき、または権利を実行するのに著しい困難を生じるおそれがあるとき」に必要性があるとされる（同法23条1項）。さらに、仮の地位を定める仮処分命令の場合は、「争いがある権利関係について債権者に生じる著しい損害又は急迫の危険を避けるためにこれを必要とするとき」に必要性があるとされる（同法23条2項）。

（6）疎明方法について

　保全命令の申立人（債権者）は、保全すべき権利および保全の必要性のそれぞれについて、疎明方法を挙げて疎明しなければならない（民事保全法13条2項）。疎明とは、事実の真実性について、裁判官に一応確からしいという推測を得させる程度の挙証をいい、裁判官の心証の程度を軽減しているものである。これは、迅速にかつ暫定的な保護を申立人に与えるために、保全命令の手続においては、証明ではなく、疎明でよいとされたのである。証拠は即時に取り調べることができるものに限られる。

（7）担保について

　保全命令は、債務者の意見や主張を聞かずに、債権者の一方的な主張・立証によって発令されることが多い。民事保全法は、担保を立てさせて、もしくは相当と認める期間内に担保を立てることを保全執行の実施の条件として、または担保を立てさせないで発することができるとしている（民事保全法14条1項）。しかし、実務の原則的方法はほとんどの事件において担保を立てさせる扱いである。この担保は、保全執行を受ける債務者が被ることが予想される損害を担保することを目的としてされるものである。債権者が保全命令の担保を立てる方法としては、金銭または裁判所が相当と認める有価証券を供託する方法と、「最高裁判所規則」で定める支払保証委託契約締結の方法（同法4条1項、同規則2条）とがある。担保の額は、損害発生の蓋然性の程度および損害額を予測しながら、裁判所が被保全権利の額および性質、目的物の価額・種類、被保全権利および保全の必要性の疎明の程度等を検討要素として、裁量によって定めるのが実情である。

（8）添付書類、目録等

　当事者（債権者・債務者）に関しては、法人の場合は商業登記簿謄本、抄本（3カ月以内のもの）、法定代理人の資格証明書を提出する。訴訟代理人による申立ての場合は、訴訟代理委任状が必要である。不動産に対する仮差押命令のときは不動産登記簿謄本（民事保全規則20条）を添付書面とする。書面だけで審理するときは、疎明方法である書証の原本を提出するとともに、その写しを申立書に添付しなければならない（同規則14条）。そのうえで申立書には、これらの添付書類を表示しなければならない（民事保全法7条、民事訴訟法133条、161条）。目録としては、①当事者目録、②請求債権目録、③不動産目録、④差押債権目録、などを提出する。

（9）決定

　保全命令の申立てを含む民事保全事件手続に関する裁判は、口頭弁論を経ないで行うことができ、すべて決定の形式で行われる（民事保全法３条）。口頭弁論を開いたり、債務者審尋をしたりすると、申立ての内容を債務者に知られて財産の隠匿や散逸がされて、保全の目的を達成することができなくなるためである。民事保全規則では、決定書の記載事項として、以下のことが掲げられている（同規則９条２項）。

①　事件の表示
②　当事者および代理人の表示
③　保全命令を発する場合は当事者の住所
④　担保額および担保提供方法
⑤　主文
⑥　理由または理由の要旨
⑦　決定の年月日
⑧　裁判所の表示

　保全命令の申立てに際しての決定は、調書決定の方法によることができる（同規則10条）。

２　保全処分を受けた場合の対処

【事例問題】

　Aは、ある日突然、A所有の土地建物にBが裁判所にAへの貸金請求債権500万円が存するとして行った仮差押命令申立てに基づき、裁判所から同申立てが相当とし、損害の担保として100万円の供託を条件に、A所有の前記不動産に仮差押決定の登記がされた旨の内容の決定書の送達を受けた。
　Aとしては、B主張の債権に対して逆に売掛金請求債権700万円の反対債権を有しており、またA所有の土地建物についてはC銀行

に担保として差し入れて1,000万円の融資を受けるべく交渉中であったが、Ｂからの前記不動産仮差押登記により交渉決裂となってしまい、著しい損害を被った。

　Ａは、Ｂから前記保全処分を受けた場合の対処としてどのような措置がとれるであろうか。

（１）保全異議の問題点・留意点

　債権者からの保全命令の申立てが認容される決定がされた場合、これに不服のある債務者は、その保全命令の取消しまたは変更を求めて、発令裁判所に保全異議を申し立てることができる。「この場合の保全異議制度は、保全命令についての同一審級における再審理の性格と審理が決定手続によって行われるので、発令段階で提出された資料は、保全異議の審理でもそのまま裁判資料となるとの意味から続審の性格も有する」といわれている（山崎『前掲書』196頁）。保全命令が発せられる多くの事案が、密行性の要請から債務者の言い分を聞くことなく決定がされることから、「不当な保全命令から債務者を早期に救済するとの観点からも、同一審級での再審理は意義がある」とされている（松浦馨・三宅弘人『別冊法学セミナー基本法コンメンタール民事保全法』168頁、1993年）。保全異議も決定手続で審理される。

　保全異議は、保全命令申立ての当否を争う手続であるため、原則として、保全命令が有効に存在する限り、いつでも申立てができる。保全異議の申立ては、当然に保全命令の執行力を停止させるものではないので、停止をさせるには保全執行停止の裁判（民事保全法27条）を得なければならない。また、保全異議の申立ては書面によってしなければならないとされている（同規則１条３号）。申立書に記載しなければならない事項は、以下のとおりである（同規則24条）。

① 　保全命令事件の表示
② 　債務者の氏名または名称および住所ならびに代理人の氏名および

　　住所
③　債権者の氏名または名称および住所
④　申立ての趣旨および理由
　保全異議は、前述のとおり決定手続で審理されるので、迅速な裁判を
めざして、申立ての理由において保全命令の取消しまたは変更を求める
事由を具体的に記載し、かつ立証を要する事由ごとに証拠を記載するこ
とを要する（同規則24条3項）等とされている。

（2）保全取消しの問題点・留意点

　保全処分制度は、本案訴訟による権利保護の遅れから債権者を保護す
るためのものであるから、債権者は被保全権利の存否確定のための本案
訴訟を提起するのが至当である。本案訴訟を債権者が進んで提起しない
場合は、債務者の申立てに基づき裁判所が債権者に一定の期間内に本案
の訴えを提起し、かつその証明書の提出を求める起訴命令および命令不
遵守の場合に、保全命令を取り消すことにより債務者を保全処分の不利
益から解放することにしている。保全取消しは、債務者（または一般承
継人）が保全命令の発令裁判所に、民事保全規則24条1項に掲げる事項
を記載した書面によってする（民事保全規則28条）。債権者が起訴命令
を遵守しなかった場合は、債務者は発令裁判所に保全命令の取消しを書
面により（同規則1条4号）申し立てることができる。裁判所は、この
申立てを決定により裁判する。

（3）保全抗告

　保全異議または保全取消しの申立てについての裁判に不服のある債権
者または債務者は、保全抗告を申し立てることができる（民事保全法41
条）。具体的には、債権者の場合、保全異議または保全取消しの申立てに
基づき保全命令が取り消されたり変更されたりしたときに、保全抗告の
申立てができる。担保に関してのみ不服がある場合でも保全抗告を申し
立てることができる。他方、債務者の場合、保全異議または取消申立て

を不適法として却下する決定や申立書の却下命令、保全異議に基づき保全命令を認可・変更する決定や保全取消しの申立てを理由なしとして却下（棄却）する決定に対して保全抗告ができる。

保全抗告は、不服を申し立てるべき裁判の送達を受けた日から2週間の不変期間内に（同法41条1項本文）、抗告状を提出して行う（同規則1条5号）。提出先は、原裁判所または抗告裁判所である。抗告状には、以下のことを記載しなければならない（同規則30条、24条）。

① 不服申立ての対象となる事件の表示
② 抗告人および相手方の氏名または名称および住所、代理人氏名および住所
③ 抗告の趣旨と理由

保全抗告の審理は、任意的口頭弁論による（同法3条）。その結果、これまでに提出された資料は口頭弁論に上程されることなくそのまま裁判の資料となり、他方、当事者は抗告審で新たな資料を提出することができるから、審理の構造は続審制といわれる。保全抗告に理由があるときは、抗告を認容し、債権者が抗告人のときは、原決定を取り消して保全命令認可または保全取消しの申立てを却下（棄却）の決定がされる。債務者が抗告人であるときは、原決定を取り消したうえで保全申立てを不適法または理由不備として却下するなどされることになる。

保全抗告の裁判に対して再抗告を申立てすることはできない。再審事由があるときは、準再審を申立てすることはできる。

本【事例問題】の場合、Aは保全異議の申立てをして争うことができるほか、Bの請求債権500万円を供託して仮差押えを解放することもできる。またBに対し起訴命令を申し立て本案訴訟で争うことも考えられる。

証拠保全は、保全処分の1つであり、裁判等に用いる証拠を確保する行政手続をいう。裁判所は、あらかじめ証拠調べをしておかなければその証拠を使用することが困難となる事情があると認めるときは、申立てにより、証人尋問、当事者尋問、検証、書証の取り調べ等をすることが

できる（民事訴訟法234条）。訴えの提起前に裁判所に申し立てるのが通
常であるが（同法235条２項）、訴えの提起後であっても申立てが可能で
ある（同条１項）。

　たとえば、コンピュータ・ソフトウェアの不正使用による著作権侵害
訴訟で、権利者側が、訴訟の準備段階において、不正使用の状態が改ざ
んされるのを防ぐため、コンピュータ・ソフトウェアの利用機関を相手
方として証拠保全の申立てを行い、裁判所が当該機関を訪れて不正使用
などの検証を行う場合である。

Column　コーヒーブレイク

《保全処分手続の迅速化》

　かつて保全処分（仮差押え・仮処分）事件は、本案前の暫定的な手続がされな
がらも審理は長期化し、いわゆる「仮処分の本案化」という事態を招いていた。
国民の裁判離れや司法の危機とさえいわれた。そこで、平成元（1989）年12月15
日に国会において新たに「民事保全法」が可決・成立し、同月22日に公布された。

　民事保全法は、「決定しやすく、取消ししやすく」を目的として、審理に「決
定」主義を導入するなどして迅速化のための改善が盛り込まれた画期的な内容だ
った。当初は、保全処分手続は、それなりにスピードアップしたようである。

　ただ、最近の東京地裁等の実情では、保全担当の裁判官が比較的若手のためか、
「疎明」についてもやや杓子定規的にマニュアルどおりの要求を債権者代理人に
している感があるといわれている。立法当初の目的を想起して、保全処分は「暫
定的」なものであることから早期に決定し、万一誤りがあれば、迅速に取り消す
との対応が望まれるところである。

第 **4** 節 民事執行の実務

◆民事執行の概要を知って、民事執行とは何か、それがどのように行われるのかを理解する。

◆民事執行の開始にあたり、その申立てをするには具体的にはどのような要件が必要か、また民事執行の障害・終了はどのような場合かを学ぶ。

◆民事執行に対する不服申立てにつき、どのような方法があるのかを知って、それぞれの手段・方法の特色を理解する。

1 民事執行の申立ての種類と手続における問題点・留意点

【事例問題】

　A社は、原材料の供給販売に関する取引基本契約書をB社と締結し、原材料を継続的に販売していた。ところが、B社は振り出していた約束手形の決裁ができずに倒産してしまった。A社のB社に対する売掛金8,000万円が焦げつきとなっている。ところで、A・B間の前記契約締結の際にB社代表者Cは、同人の有する不動産をA社に対して担保提供をすることまではしなかったものの、B社の債務につき連帯保証人となっていた。B社所有の資産はまったくないものの、Cは時価数千万円の不動産を有することが判明した。A社はCに対して保証債務の履行を迫ったが、Cは応じようとしない。A社担当者としては債権回収にあたり、どうすればよいであろうか。

（１）民事執行の概要

　民事執行には、以下の３種類がある。

①　強制執行

②　担保権の実行としての競売

③　いわゆる形式的競売（民法、商法その他の法律の規定による換価のための競売）

　民事執行法は、その制定により上記３種類の手続を可能な限り共通にして、統一的な制度とした。

（２）強制執行の種類と手続過程

　強制執行には、①たとえば「被告は原告に対し、金1,000万円を支払え」という判決に基づき、1,000万円（の金銭）の支払いを目的とする債権について強制執行する「金銭執行」と、②たとえば「被告は原告に対し、別紙物件目録記載の建物を明け渡せ」との判決に基づき建物明渡しを強制的に実現する「非金銭執行」の２種類がある。いずれも、確定判決その他の債務名義（民事執行法22条）に執行文の付された「執行力のある債務名義の正本」（同法51条１項）に基づいて実施される（同法25条）。

①　金銭執行

　「金銭執行」は、債務者の財産を執行裁判所または執行官が強制的に換価して行われるが、財産の種類により公示制度や換価の方法等が異なるので、民事執行法は、金銭執行の対象を、

ア　不動産

イ　船舶

ウ　動産

エ　債権

オ　その他の財産権

に分類して執行機関や執行の手続を各財産に応じて定めている。なお、不動産については、「強制競売」（売却代金によって債権を満足させる場合）と「強制管理」（管理による収益によって満足させる場合）とがある。

金銭執行の手続は、以下の３段階に分けて行われる。

① 差押え

　債務者の特定財産の処分を禁止して、その処分権を執行機関が取得する。

② 換価

　執行機関が差し押さえた財産を売却したり、差押債権者が第三債務者から直接債権の取立てをする。その主要な方法は競売である。

③ 満足

　換価の結果である金銭等によって、差押債権者その他の債権者の有する金銭債権に対して弁済を行う。その主要な方法が配当または弁済金の交付である。

② 非金銭執行

「非金銭執行」には、以下のものがある。

ア 不動産、動産等の引渡し・明渡しの強制執行

イ 作為または不作為を目的とする債務についての代替執行と間接強制

ウ 意思表示をする債務についての意思表示の擬制

（3）担保権の実行

　担保権の実行においては、それを開始するにあたり債務名義の存在は要求されておらず、登記簿謄本その他の法定文書によって担保権の存在が証明されれば開始される。開始後は、担保物を換価して債権を満足させるため、前記（強制執行の）「金銭執行」の手続と似ていることから対象財産の種類により金銭執行の規定の多くを準用して行うが、不動産の強制管理にあたる担保権実行の手続は定められていない。

（4）民事執行の申立て

　民事執行は、申立てによって行われ、申立ては「書面」でしなければならない（民事執行規則１条）。申立書の記載事項や添付書類等については、民事執行規則に定めがある（同規則21条、23条、63条等）。また、

執行裁判所に申立てをするときは、必要な費用として裁判所の定める金額を予納しなければならず（民事執行法14条1項）、執行官も手数料および費用を予納させる（執行官法15条1項）。申立てがあって、要件を備えているものと認められると、受理した執行機関は迅速に執行を実施するが、要件を欠く場合（たとえば、記載事項や添付書類を欠いたり、予納金や手数料の納付等がないとき、または執行開始要件を備えないとき等）は申立てが却下される。民事執行の申立ては、手続に当事者以外の者が利害を持つに至った段階では取下げが制限される場合もあるが、原則として手続の終了に至るまでいつでも取下げができる。

強制執行は、前述のとおり「執行力ある債務名義の正本」の存在に基づき実施される。債務名義となる文書については、確定判決、仮執行宣言付判決など民事執行法22条に列挙されているが、他の法律によって債務名義となると定められている文書（たとえば、裁判上の和解調書や請求の認諾調書、家事調停調書など）もある。債務名義は、形式的に同法22条に掲げられた文書に該当するのみではなく、以下のような実質的要件を満たすことが必要である。

① 給付命令または給付約束文言が表示されていること
② 給付内容が特定されていること
③ 付款付きの文書の場合には、付款の内容が特定していること

強制執行が実施されるには、債務名義のほかに執行文が付与されることを要する。この「執行文」は裁判所書記官または公証人等が、債務名義の執行力が現存することとその執行力の及ぶ主観的・客観的範囲を債務名義の末尾に付記する公証文言またはその公証文書である。

他方、担保権実行のための競売申立ての要件は、実体上の要件として、①担保権、および②被担保債権の存在、ならびに③弁済期の到来の3つであるが、民事執行法上は181条1項1号ないし4号および同法181条2項の所定の文書（法定文書）の提出が必要となる。強制執行と異なり債務名義は不要であり、前記法定文書の提出さえあれば、実体上の要件の証明をするまでもなく、不動産等の競売手続開始決定がされることに

なる。その提出がないと手続は開始されない。

　民事執行手続は、的確・迅速の要請から非公開主義・書面主義・職権主義の原則のもとに具体的または観念的執行処分がなされ、その手続の中で裁判が行われる場合は決定をもってなされ（民事執行法4条）、それに対する不服申立ても制限されている（同法10条1項）。

　本【事例問題】の場合、A社担当者としては、B社の連帯保証人となっているCに対して、（任意の交渉に応じない以上）保証債務の履行を求めて「裁判」を提起し、判決（金銭債務の履行を求める場合には仮執行付給付判決が得られるのが実務の通例であるから）により、それを債務名義としてC所有の不動産に対して強制執行をして債権の回収を図ることになる。

（5）執行障害事由など

　強制執行は、執行障害事由があるときは開始することができない。したがって、執行障害事由が存在しないことも広義の執行開始要件となる。

　債務者の破産、債務者のための民事再生手続、更生手続、会社整理特別清算手続の開始、各種の強制執行中止命令（民事執行法39条）などは執行障害事由である。執行障害事由は、強制執行開始・続行の消極的要件として、執行機関が、その存否を職権で調査すべきものとされている。

　また債務者は、原則としてその責任財産のすべてにつき、弁済に必要な範囲で強制執行による差押えと換価を受けることになるところ、民事執行法は例外的に動産と債権の一部（同法131条、152条等）につき差押禁止財産としているので、それら財産を対象とする強制執行は許されない。

2　強制執行手続に対する不服申立てにおける問題点・留意点

【事例問題】

　　債権者Aは、債務者Bに対する300万円の貸付金返還請求に関す

る仮執行付勝訴判決を執行し、Bの所有する有体動産を差し押さえ
るべく、執行官に委任した。執行官はB宅に赴き、Bの所有動産と
解される動産類数点を差し押さえた。その中にBが友人Cから借り
受けて、未返却であった高級カメラが混じっていた。Cは、Aに対
して異議の訴訟を提起したいが可能であろうか。

（1）執行抗告・執行異議

　執行機関の違法な執行処分に対する不服申立方法（救済手段）として、
執行抗告および執行異議の申立てがある。

① 執行抗告

　執行抗告は、民事執行の手続に関する執行裁判所の執行処分としての
裁判である決定や命令につき、原則として手続の違法を主張し、その取
消し・変更を求める抗告裁判所に対する上訴であり、執行抗告ができる
と規定する特別の法規のある場合に限って認められる（民事執行法10条
1項）。特別の定めは民事執行の手続を取り消す決定等に対する執行抗
告を一般的に規定した民事執行法12条のほか、民事執行法上の執行裁判
所の執行処分ごとに規定されているが、他の特別法や規則にも個別的な
規定がある（企業担保法19条2項等）。執行抗告の理由とできるのは、
原則として執行裁判所の遵守すべき手続法規の違背に限られ、執行債権
の不存在や消滅等の実体法上の事由を主張することは許されない。ただ
し、実体法上の事由が執行裁判所において調査判断すべき事項になって
いる場合は、例外として執行抗告の理由とすることができる。抗告状を
受理した原裁判所が、再度の考案（企業担保法20条、民事訴訟法333条）
によりみずから取消しまたは変更ができるかは争いがある。

② 執行異議

　執行異議は、執行裁判所の執行処分で執行抗告が認められないものな
らびに執行官の執行処分およびその遅怠について、原則として手続違背
を理由とする執行裁判所に対する不服申立である（民事執行法11条）。

たとえば、最低売却価額の決定や物件明細書の作成などの手続違背が対象となる。執行官の執行処分およびその遅滞については、執行異議だけが認められる。執行異議の理由とすることができる事由については、前記執行抗告の場合と同様に原則として執行機関の遵守すべき手続法規の違背に限られ、実体法上の事由が執行機関において調査判断すべき事項となっている場合は、例外として執行異議の理由とできる。

（2）異議訴訟

　手続上は適法であるが、実体法上違法な執行（いわゆる不当執行）に対する不服申立手段として請求異議の訴え（民事執行法35条）や第三者異議の訴え（同法38条）がある。

① 　強制執行は債務名義により実施され、債務名義にはその成立時に前述のとおり、給付命令または給付約束文言が表示されている。しかしながら、その後の弁済や債務の履行等により、執行申立てのときには必ずしも実体関係が一致しないようになっていることがある。他方、執行機関は債務名義が現在の実体関係と一致するかどうかまで調査することなく、債務名義に表示されているところに従い、強制執行をすべき職責がある。そこで、実体と異なる債務名義の執行力を排除して、債権者による不当な強制執行を阻止するための制度として設けられたのが、請求異議の訴えである（同法35条）。

　　請求異議訴訟の法的性質については見解の分かれるところであるが、形成訴訟説が通説・裁判例（最判昭和40年7月8日民集19巻5号1,170頁）とされている。また、訴訟物についても争いがあり、異議権説、異議事由説、請求権説、請求権不存在主張説、法的地位説などがある。対象となる債務名義の範囲については、判決など「裁判」としての債務名義と、公正証書、和解調書などの「裁判以外」の債務名義とでは、後述のとおり主張できる異議事由などに差がある。すなわち、

ア 　請求権の消滅事由（たとえば、弁済、相殺、免除、時効消滅等）

　　イ　請求権の効力停止または限定事由（たとえば、期限の猶予等）

　　ウ　請求権の主体の変動事由（たとえば、債権譲渡、免責的債務
　　　引受け等）

　　エ　請求権の行使を違法とする事由（たとえば、権利濫用等）
は、すべての債務名義につき異議事由となるが、債務名義の成立過
程の瑕疵（たとえば、意思表示の錯誤などによる実体上の無効原因
等）は、「裁判以外」の債務名義についてのみ異議事由となる。

　　ただし、債務名義が形式的要件すら満たしていない場合（たとえ
ば、請求権自体が不特定であったり、公正証書に公証人等の署名捺
印がない等の場合）は、請求異議訴訟により不服申立てをするので
はなく、執行文付与に関する異議（同法32条）による。

②　強制執行は、本来債務者の責任財産を目的物としてのみなされる
　べきである。他方、執行機関が執行をするにあたり、その目的物が
　債務者の責任財産か否かを正確に審査する権限や義務を執行機関に
　負わせておらず、外観上、一応債務者の所有ないし権利と判断でき
　る状況で執行は実施される。そこで実体法上、当該目的物について
　所有権その他目的物の譲渡や引渡しを妨げる権利を有する第三者は、
　債務者名義の目的物に強制執行をする債権者に対して、訴訟によっ
　て、その執行の不許を求めることができるとした（同法38条）。すな
　わち、目的物に実体法上の権利等を有する第三者の救済手段として
　執行の排除を認めた制度が、第三者異議の訴えである。事例問題の
　場合、Cは高級カメラはBの責任財産に属するものではないとして、
　第三者異議の訴えをAに対して提起できることになる。

　　第三者異議の訴えの性質をめぐっても、裁判例・学説の見解（形
　成訴訟説、新形成訴訟説、確認訴訟説、給付訴訟説、救済訴訟説等）
　の対立がある。異議の事由として、民事執行法は強制執行の目的物
　について第三者が「所有権その他目的物の譲渡又は引渡しを妨げる
　権利を有する」ことを掲記している（同法38条１項）。執行が債務
　者以外の者に及ぶことがない趣旨を表現して、「所有権」を筆頭に

挙げ、真実の不動産所有者、債務者の占有する動産の真実の所有者、債権についての真実の権利者にこの訴えを提起できるとしているものである。共有者の1人に対する債務名義に基づいてその共有物全部に対して執行がされた場合、他の共有権者は単独で共有物全部について第三者異議の訴えを提起しうるとされている（大阪高判昭和54年10月11日判時887号86頁等）。また、所有権留保売主も第三者異議の訴えが提起できるとするのが裁判例（最判昭和49年7月18日民集28巻5号743頁）の見解である。

　債務名義上の債務者と誤認されて執行処分を受けたことを主張する第三者は、執行の目的物につき権利を主張するものではないので、執行方法に関する異議を申し立てることができるが、第三者異議の訴えの原因とすることはできない（大判昭和9年3月30日民集13巻5号409頁）。

③　その他、執行文付与機関（裁判所書記官または公証人）が、「条件成就（事実の到来）」（同法27条1項）または「承継」（同法27条2項）の各事実について、文書による証明があったとして執行文を付与したときに、債務者がその事実を争って不服申立てができる方法として執行文付与に対する異議の訴え（同法34条）がある。この場合の異議の事由は、「債権者の証明すべき事実」（いわゆる条件成就）および「債務名義に表示された当事者以外の者」に対し、またはその者のために「強制執行をすることができる」事実（いわゆる承継）という実体上の事由に基づくものでなければならない。

▌ 参考文献 ▌

原井龍一郎・河合伸一編『実務民事訴訟法〔三訂版〕』商事法務、2011年

山本和彦・小林昭彦・大内匡・福島政幸編『別冊法学セミナー基本法コンメンタール民事保全法』日本評論社、2014年

山崎潮『新民事保全法の解説〔増補改訂版〕』金融財政事情研究会、1991年

第4章 理解度チェック

次の設問に、○×で解答しなさい（解答・解説は後段参照）。

---

1 民事訴訟法は、私文書に関しては文書提出義務の一般義務化を規定しているので、文書所持者が、従来のように「自己使用文書」または「内部文書」であるとして、提出を拒むことは困難となった。

2 当事者間に争いがなかったり、被告が原告の主張事実に反論や防御方法としての証拠を提出しない場合、言渡しの方式の特則としていわゆる調書判決をすることができる。

3 保全処分（仮差押え・仮処分）の申立てにあたっては、「被保全権利」の疎明があれば、「保全の必要性」の疎明までなくとも適宜「損害の担保」として金銭等の供託ができれば、保全命令を得ることはできる。

4 保全異議の審理は、保全命令の不服申立てのための手続として当否を争うものであるから、原則として慎重な「判決手続」でなされる。

5 強制執行は、執行力ある債務名義の存在に基づき実施される。強制執行ができるための債務名義となりうるのは、勝訴判決の確定証明を付した判決書でなければならない。

6 執行手続に関して、手続上は適法であるが、実体法上違法な執行であるときは、その不服申立ての手段として請求異議の訴えや第三者異議の訴えを提起することができる。

第4章　理解度チェック

解答・解説

1 ○
民事訴訟法220条4号イ〜ホに掲げる除外事由の場合以外に、文書提出を拒否することは困難となった。すなわち、従来の「自己使用文書」や「内部文書」についても、前記除外事由の1つとして4号ニが「専ら文書の所持者の利用に供するための文書」と規定し、「専ら」との制限が加えられるようになったので、狭い範囲となったからである。

2 ○
民事訴訟法254条1項1号により正しい。

3 ×
保全命令を得るためには、「被保全権利」と「保全の必要性」の2要件の疎明をしなければならない（民事保全法13条2項）。

4 ×
民事保全法では、保全命令の申立ての手続も保全異議も同じ決定手続である。ただし、決定手続となった保全異議の手続を一般の決定手続より慎重なものとするために同法29条、31条、36条を加えている。

5 ×
債務名義となる文書は、確定判決に限らない。民事執行法22条は確定判決のほかにも、仮執行の宣言を付した判決など1号〜7号掲記のものを規定している。そこで裁判上の和解調書や請求の認諾調書なども債務名義となる文書である。

6 ○
民事執行法35条（請求異議の訴え）および同法38条（第三者異議の訴え）の条項により正しい。

国際法務の実務

この章のねらい

　第5章では、国際法務の実務について、基礎的な知識を得る。

　第1節では、国際取引における準拠法や紛争解決（裁判管轄または仲裁合意）について、基礎的な知識を得る。

　第2節では、国際契約の基礎を中心に勉強する。具体的には、国際契約の基本となる「売買基本契約（Sale and Purchase Agreement）」を中心に、英文契約であればどの種類の契約書でも必ず出てくる「一般条項（General Provisions）」について習得してもらう。さらに実務ではさまざまな取引の一番初めの段階で最も多く出てくるNon-Disclosure Agreement（NDA＝秘密保持契約書）について実務上のポイントを習得する。実務上、取り扱いがやっかいなLetter of Intent（LOI＝予備的合意書）やMemorandum of Understanding（MOU＝暫定覚書）について、押さえるべきリスクについて実務上のポイントを習得する。

　第3節では、アメリカ・EU・中国などの通商法および独禁法、反贈収賄法の実務を習得する。

　第4節では、国際訴訟・仲裁について、特にアメリカ国内民事訴訟手続の実務と弁護士の選任について、知識を得る。

第 1 節　国際取引の基礎知識

学習のポイント

◆準拠法と紛争解決（裁判管轄か仲裁合意か）との関係を理解
する。
◆裁判管轄および仲裁合意について、具体的な執行方法や具体
例を学習する。
◆貿易条件の定義であるインコタームズ（Incoterms）の内容
と最新情報を学習する。

1　国際私法と準拠法（ウィーン条約）

（1）はじめに

　国際契約書の交渉で必ずといってよいほど、最後まで決着合意せずに
交渉ペンディングで残る契約条項は何だろうか。おそらく、準拠法や紛
争解決条項（裁判管轄や仲裁合意）であろう。これらの準拠法や紛争解
決条項の交渉にあたって、こちら側の担当者は、ナショナリズム感情が
先に立ち、なぜだか自国法と自国での紛争解決が最善と考えており、他
方では、相手方もまた同じように自国法と自国での紛争解決が最善と考
えており、双方が譲らず平行線となり、最終的には、当事者どちらかの
国ではなく、折衷案として第三国で決着とすることが多くなっているの
ではないだろうか。

　このような契約交渉が進められる理由としては、契約書を締結した後
で実際に紛争になり、訴訟を開始して判断が出て、最終的に執行されて
解決されたという経験が担当者に乏しく、現実に訴訟手続が開始された

場合に、具体的に手続がどのように進められていき、最終的にどちらにメリット・デメリットがあるかを想定・シミュレーションすることが非常に難しいことに大きな原因があるように思われる。

（2）紛争解決条項（裁判管轄もしくは仲裁合意）と準拠法との関係

　本章では、実務では非常に重要である、準拠法と紛争解決条項（裁判管轄や仲裁合意）との関係（準拠法と裁判管轄合意の指定地が異なっていても実務上支障はないのかの点を含めて）について、裁判手続が具体的にどのように進められるかの観点から想定・シミュレーションすることにより、留意点の検討を行いたい。

　「準拠法」・「裁判管轄」・「仲裁」のそれぞれの関係については、まず、準拠法とは、裁判や仲裁で紛争解決する場合に、契約を解釈するときの基準となる法律をどこにするかという問題である。契約の解釈が準拠すべき法律がどこの国の法律かを決めるものである。準拠法は契約書上で合意されていなくても、裁判地や仲裁廷の国際私法（日本では、法の適用に関する通則法）が当該取引に最も密接な場所の法律を決定して適用してくれるが、契約当事者間で合意することができ、それを契約書上で合意しておけば、裁判所や仲裁廷は当事者間の合意した準拠法を尊重して解釈してくれる。

（3）「裁判」か「仲裁」か

　紛争解決の場合、1つの選択肢として「訴訟（裁判）」があり、もう1つの選択肢として「仲裁」がある。ニューヨーク条約に加盟している日本を含む国々の法律においては、仲裁で出される裁定は、裁判の「確定判決」と同じ効力を持つ。つまり、仲裁人の判断に「任意」に従えばよいというのではなく、従わなければ法律違反となってしまうのである。そのため、紛争への対応を、裁判にするのか、仲裁にするのか、という選択が重要になってくる（牧野和夫『英文契約書の基礎と実務』2012年）。

（4）準拠法の指定についての実務戦略

【事例問題】

> 準拠法として指定する場合には、日本法や英米法以外は合意しないほうがよいのだろうか。第三国を指定することは何か問題があるのか。

　準拠法として指定する国の法律は、当事者のいずれかの国の法律でなくとも第三国を指定することも可能である。ただし、準拠法として指定する国の法律は、内容を容易に知り理解できるという理由から英米法の法律にすべきであろう。そこで英語でアクセスできる、英国法やアメリカ各州の法律、あるいはシンガポール法などが指定されるケースが多い。

【事例問題】

> 準拠法の合意がない場合には、国際私法（日本では通則法）が適用されるということだが、具体的にどのように準拠法が決定されるのか。

　対象取引に最も密接な地（最密接地）の法律が適用される。

【事例問題】

> 中国の企業と契約を締結する場合に、日本法を準拠法として提案したが承諾されなかった。そこで、中国法ではなく、香港やシンガポールなどの第三国の法律を提案したいが、何かリスクはあるのだろうか。

　香港やシンガポールなどは、第三国の法律ではあるが、他国の法律と比べると中国法に密接に関係していることから、中国での確定判決や仲裁判断の執行が他国法よりスムーズであるといわれている。中国法とあまりに乖離した法律を準拠法として指定すると、執行されないリスクは

あるが、比較的近いといわれる、香港やシンガポールなどの第三国の法律であれば、リスクは少ない。

（5）準拠法にウィーン条約が適用される場合の留意点

日本においては、国際物品売買契約に関する国際連合条約（The United Nations Convention on Contracts for the International Sale of Goods）（通称：ウィーン条約）が平成21（2009）年8月1日から施行された。ウィーン条約は、CISGやウィーン買売条約と略称されるが、1980年3〜4月にウィーン外交会議で採択され、1988年1月1日に発効した。締結国は、2019年9月現在92カ国である。これにより、日本企業（日本国内に主たる事業所を有する企業）が条約締結国に営業所を有する企業と国際売買契約を締結した場合には、国際売買契約の準拠法の選択に優先してCISGが適用される。CISGの全部もしくは各規定は、原則として契約当事者間の合意により、オプトアウト（適用排除）をすることが可能である（第6条：条約の適用排除、任意規定性）。物品売買契約書の実務において、会社としては、売主の場合、買主の場合それぞれについて、ウィーン条約の適用を全部排除するのか、一部排除するのか、排除しないのかについて、あらかじめ態度を決めておく必要があるだろう。

（6）準拠法の規定例　→図表5-1-1

図表5-1-1 ●準拠法の規定例

| 標準（CISGの適用を全条項排除する） | The contractual relations of the Parties including the interpretation of the Contract and any and all rights and obligations of each individual sale and purchase contract made by the Parties hereto under this Contract shall, in all respects, be governed by and enforced in accordance with the internal and substantive laws of Japan, including the provisions of | 本契約の解釈および本契約に基づき本契約当事者間で締結される個別売買契約のすべての権利義務を含む当事者の契約関係は、すべての点において、CISGの規定を含み、日本の国内実質法に準拠し、執行されるものとする。ただし、当事者はCISGの |

	CISG, provided however that the Parties agree to exclude the provisions of CISG to the extent that any provisions of CISG are contrary to, or conflict with the provisions of this Contract.	規定が本契約の規定に反し、または矛盾する程度においてCISGの規定を除外することに合意する。
CISGが最優先で、それに規定のない事項について、国内法（日本法）を準拠法とする場合	This Contract shall be governed and construed by the United Nations Convention on Contracts for the International Sale of Goods ("CISG"), and the matters not covered by applicable provision of CISG shall be governed by the laws of Japan.	本契約は、CISGに従って解釈され、それに準拠するものとし、CISGの条項によって解決されない事項については、日本法を準拠法とする。
CISG適用を排除する場合	The contractual relations of the Parties including the interpretation of the Contract and any and all rights and obligations of each individual sale and purchase contract made by the Parties hereto under this Contract shall, in all respects, be governed by and enforced in accordance with the internal and substantive laws of Japan, but excluding the application of the provisions of CISG.	本契約の解釈および本契約に基づき本契約当事者間で締結される個別売買契約のすべての権利義務を含む当事者の契約関係は、すべての点において、日本の国内実質法に準拠し、執行されるものとする。ただし、CISGの規定の適用は除外する。
国際私法の規定にかかわらず他国の実体法（NY州法）を準拠法とする場合	This Agreement shall be governed by and construed in accordance with the laws of the state of New York, the United States of America, without regard to its conflict of law rules.	本契約は、その抵触法の規則にかかわらず、ニューヨーク州法に準拠し、かつ、これに従って解釈されるものとする。
中国法を準拠法に選択する場合	This Agreement shall be governed by and construed in accordance with the relevant laws of the People's Republic of China, without regard to its conflict of law rules.	本契約は、抵触法規定を参照することなく、中華人民国法に準拠し解釈される。

2　裁判管轄と執行

　裁判管轄と仲裁は、契約当事者間で紛争になった際に解決する方法の選択肢になる。つまり、契約当事者間で紛争になった際に裁判か仲裁の

いずれを選択すべきかという二者択一になる。契約書上で裁判を選択すれば仲裁はできないし、仲裁を選択すれば裁判はできない。お互いに排他的な関係にある。

（1）裁判管轄

条項例

Article XX. Jurisdiction

All actions or proceedings relating to this Agreement shall be conducted in the Tokyo District Court, and both Parties hereto consent to the exclusive jurisdiction of the said court.

訳例

第XX条　裁判管轄

　本契約に関連するすべての法的手続は東京地方裁判所で行われるものとし、両当事者は東京地方裁判所を専属的管轄裁判所とすることに合意する。

　裁判管轄は、契約上の取引や契約書の解釈などから発生する紛争を解決するために裁判を行う場合に、その管轄裁判所を当事者間で合意しておくための条項である。

　この条項では、東京地方裁判所を専属的管轄裁判所とすることで合意している。当事者間であらかじめ裁判管轄について合意がなされていない場合には、どこの裁判所に提訴するかは自由である。しかし、相手方を被告とした裁判手続と判決に法的拘束力を持たせるためには、提訴した先の裁判所が、被告とその事件に対して裁判管轄を持っている必要があり、それについては個別に審査される。

　裁判管轄の合意は非常に重要になる。というのは、コストや勝訴の見通しなどが管轄裁判所によって変わってくるためだ。

　また、裁判管轄の規定をする際、それが「専属的管轄（exclusive jurisdiction）」なのか、「非専属的管轄（non-exclusive jurisdiction）」なのかについても明確に示す場合がある。専属的管轄では、合意した裁判所以外の裁判所への提訴はできない。一方、非専属的管轄は、とりあえず管轄を決めているだけで、それ以外の裁判所へ提訴することも可能だ。

　裁判管轄をどの国や法域の裁判所を選択すべきかについては、一般的には、侵害や契約違反が発生している国で、しかも侵害当事者の資産が所在する国の裁判所で救済を受けることが最も時間的にも労力的にも効率的であるといえよう。つまり、必ずしも自国の裁判所が有利なわけではない。

（2）裁判管轄のポイント

【事例問題】

> 　アメリカの各州を裁判管轄に指定する場合に何か注意すべき点はあるか。

　アメリカの各州を裁判管轄に指定する場合には、結果的に、陪審裁判になるリスクが大きいので、可能な限り、アメリカの各州を裁判管轄に指定することは避けたほうがよい。アメリカの裁判所では、いずれかの当事者が要求すれば陪審裁判になる。つまり、日本側が反対しても陪審裁判になってしまう。陪審裁判になると、外国企業は偏見を持たれて敗訴する可能性が高くなるからである。陪審裁判では外国企業が不利に扱われることが多いので（アップル対サムスン特許侵害訴訟がよい例）、アメリカの各州を裁判管轄に指定すべきではないとされている。相手方のアメリカ企業の強い要求によりアメリカで紛争解決したいという場合には、アメリカの各州か、他国での仲裁によるべきである。

【事例問題】

> 裁判管轄と指定準拠法の法域が異なる場合に、管轄裁判所は外国法の準拠法をどのように取り扱うのであろうか。つまり、裁判所の職権で調査すべきものとして扱うのか、それとも、事実問題として証拠として扱うのだろうか。

　日本では、形式的には前者としながらも、実務上は後者としている。筆者の実務経験からも、裁判所は外国法の鑑定を命じることが通例となっており、そのために当該外国法に詳しい学者の鑑定を行わなければならない。その結果、裁判所が鑑定結果を採用してもよいし、採用しない場合には、日本法を準拠法として解釈していくことになる。この点から、準拠法の選択が裁判管轄により影響を受ける可能性があるので、準拠法の選択よりも、裁判管轄の選択のほうが重要であることがわかる。日本以外の他国の裁判手続については、今後の研究にゆだねるしかないが、他国の裁判所においても類似の運用がなされていると考えるべきである。

【事例問題】

> 英文契約書交渉の実務で留意すべき点はあるのだろうか。

　英文契約書交渉の実務では、契約当事者が裁判管轄を専属的管轄（exclusive jurisdiction）として選択する場合と、非専属的管轄（non-exclusive jurisdiction）として選択する場合とがある。いずれかに定めておらず、管轄裁判所のみ合意しているものも多く見られる。専属的管轄は、契約当事者が当該契約に関して争う場合には、その特定の裁判所でのみ争うことができる（反対に、他の裁判所では争えない）という趣旨であり、他方、非専属的管轄は、契約当事者が当該契約に関して争う場合には、その特定の裁判所で争うことに同意しているが、他の裁判所で争うことは否定されていない、という趣旨である。

　それでは、権利者の自国法を準拠法として合意した場合には、権利侵

害された国（たとえば相手方当事者の国）で救済を受けることは難しいのであろうか。権利者の自国法を準拠法として合意した場合で、裁判管轄も自国の裁判所を専属的管轄として指定した場合には、権利侵害された国（たとえば相手方当事者の国）で救済を求めることは残念ながらできないであろう。自国の裁判所を専属的管轄として指定してしまったからである。

他方、権利者の自国法を準拠法として合意した場合でも、自国の裁判所を非専属的管轄として指定した場合には、権利侵害された国（たとえば相手方当事者の国）の裁判所へ提訴し救済を求めることは不可能ではないだろう。しかし、相手方がその裁判所の管轄に同意していないので、強制的に従わせるためには、その裁判所がその事件に対して適式な訴状の送達を行って裁判管轄権を持つことが必要になる。

（3）被提訴国の準拠法指定

【事例問題】

> 裁判の場合に被告地主義のメリットが大きいといわれるが、その理由を教えてほしい。

裁判の場合に、被告地主義のメリットが大きいといわれている。これは、判決の執行の問題がないからである（自国の裁判所で勝訴判決を得ても、相手方国でそのまま執行できない）。裁判の場合に、その裁判国以外の法律が準拠法とされる場合があるが、それにより訴訟の遅延、鑑定等の費用の増大の短所があるので、先進国でビジネス法の分野であれば基本的には同じことを前提とすれば、被告地の法律を準拠法とする選択肢も検討に値する。

たとえば、日本企業X社がアメリカ・カリフォルニア州のY社に対して契約書の裁判管轄合意に基づいて東京地裁で裁判を行い、X社が勝訴しその判決（1億円の支払命令）が控訴されずに確定したとしよう。この場合に、Y社が判決に従って1億円を支払ってくれればよいが、もし

Ｙ社が任意に支払ってくれない場合には、強制執行を行うことになる。Ｙ社の資産がもし日本国内に存在しなければ、強制執行は「絵に描いた餅」となってしまう。そこで、もしＸ社が何とかしてこの東京地裁の確定判決を執行したいとするならば、東京地裁の確定判決をアメリカ・カリフォルニア州の裁判所（相手方の国の裁判所）へ持ち込んで、この判決を承認してもらわなければならない。これには多大の費用と時間が必要になる。むしろ最初から相手方の国の裁判所で裁判を行い、そこで勝訴判決が下れば、それをそのまま相手方の国で執行することができる。そのため、最近の傾向としては、相手方の国で裁判を行うほうが結果的には救済が得られるという考え方になってきている。

　最近の実務での傾向で見られるのが、紛争解決地を被提訴国に指定する条項（下記）が多くなってきていることである。これは、最終的に判決や仲裁判断の執行のリスクを回避するために必要な場合が多いが、この規定に引っ張られて、準拠法の指定も被提訴国の法律が指定されることがある。つまり、さきのケースの事例で日本企業Ｘ社がアメリカ・ニューヨーク州企業Ｙ社を訴える場合は、ニューヨーク州法を準拠法とし、反対に、Ｙ社がＸ社を訴える場合は、日本法を準拠法とする場合である。

> In the event that any disputes or controversies arise out of or in connection to this Agreement or the breach thereof, the district court where the defendant resides shall have the jurisdiction over the disputes or controversies. This Agreement shall be governed and construed under the laws of the jurisdiction where the defendant resides.
>
> 　本契約もしくは本契約の違反に起因または関連して発生する紛争または論議は、被告が居住する地方裁判所が当該紛争または論議に関し裁判管轄を有するものとする。本契約は、被告が居住する法域の法律に準拠して解釈される。

　この規定に従って、それぞれが相手方を提訴や申立て（とそれに対する反訴）を行った場合に、2つの別の準拠法がそれぞれ適用されることになるが、それぞれ別の事件として解決されることになり、いわゆる準拠法の分割にはならないので、権利の救済にあたって問題は生じないものと思われる。

（4）裁判管轄の規定例　→図表5-1-2

図表5-1-2 ● 裁判管轄の規定例

標準（東京地方裁判所の場合）	All actions or proceedings relating to this Agreement shall be conducted in the Tokyo District Court, and both Parties hereto consent to the exclusive jurisdiction of the said court.	本契約に関するすべての訴訟は、東京地方裁判所で行われるものとし、両当事者は当該裁判所を専属管轄裁判所とすることに合意する。
被告地主義の場合	In the event that any disputes or controversies arise out of or in connection to this Agreement or the breach thereof, the district court where the defendant resides shall have the jurisdiction over the disputes or controversies.	本契約もしくは本契約の違反に起因または関連して発生する紛争または論議は、被告が居住する地方裁判所が当該紛争または論議に関し裁判管轄を有するものとする。
陪審裁判を排除する規定	Each of the parties hereby agrees to waive any right to trial by jury in any action arising out of or relating to this Agreement.	両当事者は、本契約に起因または関連して発生するすべての訴訟において陪審制による裁判を受ける権利を放棄することに合意する。

3　仲裁と執行

条項例

Article XX. Dispute and Arbitration

Any and all disputes concerning questions of fact or law arising from or in connection with the interpretation, performance, non-performance or termination of this Agreement including the validity scope, or enforce-ability of this Agreement to arbitrate shall be settled by mutual consul-tation between the Parties in good faith as promptly as possible, but if both Parties fail to make an amicable settlement, such disputes shall be settled by arbitration in Tokyo in accordance with the rules of the Japan Commercial Arbitration Association. Such arbitration shall be conducted in English. The award of the arbitrators shall be final and binding upon the Parties.

訳例

第XX条　紛争及び仲裁

　本契約の仲裁を行うための有効性、有効範囲もしくは法的拘束力を含めて、本契約の解釈、履行、不履行もしくは解除から生じる事実問題もしくは法律問題に関するすべての紛争は、誠実に、かつできるだけ速やかに両当事者間で相互の話し合いをもって解決されるものとする。ただし、両当事者が友好的に解決できない場合には、当該紛争は東京において、JCAAの規則に従って仲裁により解決される。当該仲裁は、英語でなされる。仲裁人の裁定は両当事者に対して最終的であり、法的拘束力を有するものとする。

（1）まずは話し合いから

　この「紛争及び仲裁」条項の文章を見ると、前半には長々と「まずは話し合いで解決を図る」ということが書いてあり、それでもだめな場合には仲裁によるとなっている。

　実は、下から5行目のsuch disputes shall be settled by arbitration ……（当該紛争は仲裁により解決される）からがこの条項の趣旨である。しかし、いきなり仲裁に入らずに、まずは話し合いをしてみましょうと規定している、前半部分にもそれなりに意味はあると思われる。

続いて、in Tokyo in accordance with the rules of the Japan Commercial Arbitration Association（東京において、JCAA の規則に従って）とあり、Such arbitration shall be conducted in English（仲裁は英語でなされる）とある。

JCAA というのは、一般社団法人日本商事仲裁協会のことである。この組織は、商事紛争の予防と処理による国際取引の促進を目的とした経済産業大臣の指定団体で、紛争解決や弁理士による仲裁手続の代理を行っている。

（2）「仲裁合意の条項」

最後の一文で、これ以上の蒸し返しがないように、The award of the arbitrators shall be final and binding upon the Parties（仲裁人の裁定は両当事者に対して最終的であり、法的拘束力を有するものとする）と念を押している。この条文は「仲裁合意の条項」と称される。

（3）「裁判」と「仲裁」のメリット・デメリット

裁判がよいのか仲裁がよいのかという選択の問題があるが、それぞれメリット・デメリットがある。

仲裁の場合の最大のメリットはいくつかあるが、国際的な紛争の場合には国際執行力というものがかかわってくる。

① 国際執行力

たとえば、裁判であれば、東京地裁で判決をもらっても、日本国内でしか執行できない。

つまり、イギリスの会社に対して執行しようとしても、相手方の資産（子会社等）が日本にない限り、執行することができないのである。そこで本国のイギリスに行って、イギリスの裁判所に日本の判決を承認してもらわなければならない。しかし、これがそのまま承認してもらえるかというと、必ずしもそうではない。

もともと判決というのは主権の1つの行使なので、主権侵害とみなさ

れかねないのである。そのうえ、時間もかかる。

ところが仲裁の場合、仲裁に関するニューヨーク条約というものがあり、加盟国のいずれかで行われた仲裁判断は、他の加盟国で執行することができると規定されている。

したがって、たとえば、日本で行われた仲裁の仲裁判断をニューヨーク条約の加盟国であるイギリスの裁判所に持っていけば、自動的に承認してもらえ、執行ができることになる。これが、最大のメリットであるといえる。

② 秘密保持

もう1つの仲裁のメリットは「非公開」で行われるという点だ。裁判の場合だと当然、公になる。裁判所には必ず番記者がいて、有名企業のスキャンダルがないか目を光らせている。

裁判はそもそも公開のものであるか、文句はいえないし、法廷の書類というものは一般の人も閲覧できるため、情報が漏れてしまう可能性がある。

しかも裁判で争っているとなると、非常にネガティブなイメージを一般市民に与える。自社が裁判で優位な場合であっても、イメージダウンは免れない。

最近は裁判所から、秘密保護命令というものを出してもらえるが、ただやはり、特に営業秘密がかかわっている裁判の場合には、公開の法廷に持ち込むというのは問題がある。

他方、仲裁の場合は非公開で、たとえば仲裁協会やホテルの会議室などで行われる。したがって、協議は秘密裏であるし、争っている事実自体も外部に漏れることは一切ない。つまり、秘密保持という点でメリットがあるわけである。

③ スムーズかつ速やかな解決

さらに、仲裁のメリットとしては、友好的に進められるという点がある。裁判では、裁判所がいかにも対立をあおるような雰囲気を出しているので、長く取引してきた相手であっても、そこで取引関係が終わって

しまう。

しかし、仲裁の協議はラウンドテーブルで行われ、取引相手との友好関係を保つことが可能だ。つまり、仲裁の場合は、取引を継続しながら仲裁で解決するという、いってみれば「二枚舌」が可能になるわけである。特に大企業の場合、自社は取引をやめても、そのグループ他社が取引を継続している場合がある。こういう場合は仲裁を使うと、割とスムーズに解決できるのではないだろうか。

④ 責任の所在

では、仲裁のデメリットは何かというと、再審制の裁判と違い、１回勝負であるという点だ。プロセスは早く、コストもかからずに済むが、これが逆にデメリットであるとも見ることができる。あまりに早く結論が出てしまうと、責任の所在が明らかになってしまい、関係者が処分されることになる。しかし裁判の場合は、最高裁まで争っているうちに、関係者が異動や退職をしていき、責任の所在がうやむやになっていく傾向にある。これをプラス材料に、つまり裁判のメリットであるととらえる企業もある。企業倫理上は問題があるが、そういう現実も確かにある。

そのため、仲裁によって１～２年で結論が出てしまうというのは、よい面もあれば悪い面もあると考えられる。つまりは、企業としてどちらを選択するかという問題になってくるのである。

⑤ 過去の事例（判断例）を参照できるかどうか

さらに、仲裁の最大のデメリットは何かというと、仲裁の判断が公開されないため、過去の仲裁例が参照できないことだ。

しかも、仲裁人は当事者が合意して選ぶわけであるから、プロの裁判官ではなく、民間の会社経営経験者といった人たちが多くなるため、どういう判断をするか予測がつかない。

一方、裁判の場合は判例の集積があるため、このケースの場合はこの相場ということが大体わかる。

筆者の経験上では、仲裁の場合、裁判よりも建設的な意見が出ることも多いという印象があるが、やはり企業にとっては予想をつけにくいと

いうリスクがある。

　以上が仲裁についての説明である。仲裁について興味のある方は日本商事仲裁協会の Web サイト（http://www.jcaa.or.jp/）に、サンプルの条文や非常に参考になる情報が出ているので、参考にされたい。

（4）裁判と仲裁に関する事例紹介
【事例問題】

> 　仲裁に関するニューヨーク条約の加盟国以外の国や地域（台湾など）の企業と英文契約書を締結する場合に、仲裁条項を合意しても仲裁判断の執行力は及ばないのだろうか。

　裁判とは異なり、仲裁の場合には、仲裁に関するニューヨーク条約があるため、加盟国間では仲裁判断を執行することは容易であるが、台湾などの地域はこのニューヨーク条約に加盟していない（ただし、台湾国内法により外国の仲裁判断を台湾の裁判所で承認できる制度がある）。仲裁判断の相互承認条約がない限りは、仲裁条項を合意しても仲裁判断の執行力は及ばない。ニューヨーク条約に従って仲裁判断を執行することはできないため、相手方で仲裁を行うことが選択肢となるであろう。

【事例問題】

> 　仲裁に関するニューヨーク条約の加盟国でも仲裁判断が執行されなかったケースはあるか。そのようなリスクを回避するためにはどのように対処すべきか。

　仲裁に関するニューヨーク条約では、仲裁判断が執行される要件としては、その国の公序良俗に反しない判断であることが要求されているので、仲裁判断が執行される国の法律と準拠法で乖離があり、執行されないケースは例外的ではあるがある。シンガポールの仲裁判断（シンガポ

ール法が準拠法）がインドの裁判所で執行が認められなかったケースがある（シンガポール、インドはいずれもニューヨーク条約の加盟国）。執行国は、公序良俗違反（強行法規違反）の場合に仲裁判断を執行しない最終決定権を持つため、この場合には、準拠法を執行国の法律にしておけばリスクが軽減できるであろう。

【事例問題】

> 仲裁合意条項では、契約当事者が仲裁判断に拘束されると規定しているが、仲裁判断が裁判で蒸し返されて、さらに裁判で争われたケースはあるのか。それはどのような事例だったか。

労働契約の仲裁条項の合意が任意でないので無効とされたケースは米国である。一般には、対等の企業間契約では、無効とされるケースはまれであろう。

【事例問題】

> 紛争解決と準拠法の規定は結局どのようにするのが適切なのだろうか。仲裁、裁判、準拠法にそれぞれを決定する場合に、何か基準はあるのか。

それについては一概にはいえないが、どのような紛争が発生するかのシミュレーションをして、当方が請求したり、されたりする際に、どこでどのような方法で紛争解決を行うべきかを総合的に検討すべきである。一般的には、仲裁合意であれば、判断が（ニューヨーク条約で）国際的な執行力を持つので、自国で（自国の準拠法で）行うことが適切とされる場合が多いであろう。他方で、裁判の場合には、被告地主義（準拠法も含み）を選択するのが適切とされる場合が多い。これまで見てきたように、仲裁合意でも、裁判管轄合意でも、準拠法は相手国の法律を選択することが結果的にこちら側に有利といえる。ただし、個別具体的な事

例では判断が異なることもあるので、どのような請求が一方から他方に対して行われるかを具体的にシミュレーションして、何が最も適切であるか選択していくことになる。最低限いえることは、必ずしも自国がベストとはいえないことである。

（5）仲裁合意の規定例　→図表5-1-3

図表5-1-3 ●仲裁合意の規定例

仲裁人の人数、仲裁と裁判の関係などを指定する場合	1. All disputes, differences or questions arising out of or in connection with this Agreement shall be finally settled under the Rules of Arbitration of the International Chamber of Commerce by three (3) arbitrators appointed in accordance with the said rules. The arbitral proceedings shall be conducted in the English language and shall take place in Stockholm, Sweden. All awards may if necessary be enforced by any court having jurisdiction in the same manner as a judgment in such court.	1. 本契約に起因もしくは関連して生じるすべての紛争、見解の相違または疑義は、国際商業会議所の仲裁規則に基づき、当該規則に従って選任される3名の仲裁人によって最終的に解決されるものとする。仲裁手続は、英語で実施されるものとし、また、スウェーデンのストックホルムで行うものとする。必要であれば、管轄権を有するいかなる裁判所も当該裁判所の判決を執行する場合と同様の態様ですべての仲裁裁定を執行することができるものとする。
	2. The Parties undertake and agree that all arbitral proceedings conducted under this Article XX shall be kept strictly confidential, and all information, documentation, materials in whatever form disclosed in the course of such arbitral proceeding shall be used solely for the purpose of those proceedings.	2. 両当事者は、第XX条に基づいて行われるすべての仲裁手続を極秘に扱うこと、ならびに当該仲裁手続の過程で開示されるすべての情報、文書および資料（形式のいかんを問わない）を当該手続の目的でのみ使用することを約束し、かつ、これに同意する。
	3. Notwithstanding the aforesaid, nothing in this Article XX shall prevent the Parties from seeking any interim	3. 前記にかかわらず、第XX条の規定は、両当事者が正当な管轄権を有する裁判所

	or final injunctive or equitable relief by a court of competent jurisdiction.	による仮差止めもしくは最終的差止命令による救済または衡平法上の救済を求めることを妨げるものではない。
簡略版	Any difference between the parties concerning the interpretation or validity of this Agreement or the rights and liabilities of the parties shall be settled by arbitration in New York, under the Rules of conciliation and Arbitration of the International Chamber of Commerce.	本契約の解釈もしくは有効性または当事者の権利および責任に関する当事者間の見解の相違は、ニューヨークにおいて、国際商業会議所の調停・仲裁規定によって解決されるものとする。
被告地主義の場合	The place of arbitration shall be Tokyo, Japan, if arbitration is brought by YYY, or in Stockholm, Sweden, if arbitration is bought by YYY.	仲裁地は、仲裁がYYYによって申し立てられたときは日本国東京とし、仲裁がXXXによって申し立てられたときはスウェーデン、ストックホルムとする。

4 Incoterms（2010、2020を含む）

　インコタームズ（Incoterms）は、国際商業会議所（International Chamber of Commerce：ICC）が策定した貿易条件の定義である。1936年以降策定されているが、改正を重ね、最新版（Incoterms2010）は2011年1月1日から発効した。

　貿易取引における運賃、保険料、リスク（損失責任）負担等の条件に関する売主と買主の合意内容について、国によって用語の解釈に不一致があると貿易が円滑に行われないため、国際的に統一的な定義を取り決めたものである。任意規則であるため、強制力はなく、貿易取引の契約書に「本契約で使用されている貿易条件は、インコタームズ2000によって解釈する」というような約款を入れることが一般的である。また、両当事者が合意すれば、たとえば1990年度版に準拠することも自由にできる。インコタームズの本文（和英対訳）は、国際商業会議所日本委員会で入手することができる。→図表5-1-4

図表5-1-4 ● インコタームズ2010による取引条件等

国際貿易条件	引渡し条件・危険負担
FCA (Free Carrier)	運送人渡し条件。売主は、指定された場所（積み地のコンテナ・ヤード等）で商品を運送人に渡すまでの一切の費用とリスクを負担し、それ以降の運賃、保険料、リスクは買主が負担する。
FAS (Free Alongside Ship)	船側渡し条件。売主は積み地の港で本船の横に荷物を着けるまで（船への積み込みは不要）の費用を負担し、それ以降の費用およびリスクは買主が負担する。
FOB (Free On Board)	本船甲板渡し条件。売主は、積み地の港で本船に荷物を積み込むまでの費用を負担し、それ以降の費用およびリスクは買主が負担する。
CFR（別称C&F） (Cost and Freight)	運賃込み条件。売主は、積み地の港で本船に荷物を積み込むまでの費用および海上運賃を負担し、それ以降の保険料およびリスクは買主が負担する。
CIF (Cost, Insurance and Freight)	運賃・保険料込み条件。売主は、積み地の港で本船に荷物を積み込むまでの費用、仕向け地までの海上運賃および保険料を負担し、それ以降のリスクは買主が負担する。
EVW (Ex Works)	出荷工場渡し条件。売主は、売主の敷地（工場）で買主に商品を移転し、それ以降の運賃、保険料、リスクの一切は買主が負担する。
CPT (Carriage Paid To)	輸送費込み条件。売主は、指定された場所（積み地のコンテナ・ヤード等）で商品を運送人に渡すまでのリスクと海上運賃を負担し、それ以降のコストとリスクは買主が負担する。
CIP (Carriage and Insurance Paid To)	輸送費込み条件。売主は、指定された場所（積み地のコンテナ・ヤード等）で商品を運送人に渡すまでのリスクと海上運賃、保険料を負担し、荷揚げ地からのコストとリスクは買主が負担する。
DAT (Delivered At Terminal)	ターミナル持ち込み渡し。指定された目的地（埠頭や倉庫、陸上・鉄道・航空輸送ターミナル）までのコストとリスクを売主が負担するが、当該仕向地での輸入通関手続および関税は買主が負担する。売主は荷降ろしして貨物を引き渡す。
DAP (Delivered At Place)	仕向地持ち込み渡し。DATとほぼ同様であるが、引渡しはターミナル以外の任意の場所における車上・船上であり、荷降ろしは買主が行う。
DDP (Delivered Duty Paid)	仕向地持ち込み渡し・関税込み条件。売主は、指定された目的地まで商品を送り届けるまでのすべてのコスト（輸入関税を含む）とリスクを負担する。

〔Incoterms2020〕

Incoterms2020が、ICCにより2019年9月に制定された。2020年1月1日に発効する。ここでは、2010と2020の変更点のみ指摘しておく。

2010バージョンのDAT（Delivered at Terminal＝ターミナル持ち込み渡し）に代わって、DPU（Delivered at Place Unloaded＝仕向地持ち込み荷下ろし渡し）が新設された。売主は指定された目的地までの輸送と荷下ろし（unload）に要する全リスクを負担する。そのため、現地での荷下ろしを買主に負担させるのであれば、DPUではなくDAP（Delivered at Place＝仕向地持ち込み渡し）を使用すべきである。

国際契約

学習のポイント

◆この節では、国際契約の基礎を勉強する。

◆具体的には、「売買基本契約（Sale and Purchase Agreement）」を中心に、「一般条項（General Provisions）」について習得してもらう。

◆実務ではあらゆる取引の検討にあたって必要となることが多いNon-Disclosure Agreement（NDA＝秘密保持契約書）の目的・存在意義を把握したうえで、NDAでカバーするポイントを押さえる。

◆具体的にはNDAの雛形を見ながら、契約当事者、対象とする秘密情報、秘密保持義務、目的外使用の禁止、秘密保持義務の例外、秘密情報の返還または破棄、有効期間、損害賠償（ペナルティー規定）、提供情報の無保証・無許諾、裁判管轄などにつき押さえるべきポイントを把握する。

◆結果的には、NDAの法的効力の限界を認識しつつ、開示する情報は必要最低限にとどめるべきことを理解する。

◆Letter of Intent（LOI＝予備的合意書）やMemorandum of Understanding（MOU＝暫定覚書）のリスクについて実務上のポイントを習得する。

1 Sale and Purchase Agreementの基本

【事例問題】

> 日本のＡ社は、ドイツのＢ社が開発・製造する半導体製品の継続
> 的な供給を受けるために、売買基本契約の締結を前提に交渉を始め
> ようとしている。Ａ社はＢ社から売買基本契約のドラフトを受領し
> た。Ｂ社が売主となり、Ａ社が買主となるひな型になっている。Ａ
> 社がこれを検討するにあたって、どういったポイントに気をつけて
> レビューを行い、Ｂ社に対してコメントすべきであろうか。以下の
> 点から検討されたい。
> (1) そもそも国際取引法務の学び方は基本的にどのようにあるべき
> か。
> (2) 国際売買契約の重要ポイントにはどのようなものがあるか。
> (3) そもそも国際契約の種類にはどのようなものがあるか。
> (4) 英文契約書の形式と構成はどうなっているか。
> (5) 英文売買基本契約の交渉にあたってのポイントにはどのような
> ものがあるか。
> (6) 法律英語のポイントにはどのようなものがあるか。
> (7) 販売代理店契約の交渉にあたってのポイントにはどのようなも
> のがあるか。

(1) 国際取引法務の学び方

　まずは、「国際取引の学び方」の基本について説明したい。

　いわゆる「国際取引」というと、その内容は多岐にわたる。売り切り、
買い切りの「売買契約」を中核として、海外の販売拠点への継続的な製
品の供給を前提とした「販売総代理店契約（Distributor Agreement）」
や「販売店契約（Dealer Agreement）」、海外の生産拠点への技術供与
を目的とした「技術援助契約（Technical Assistance Agreement）」、

あるいは海外の拠点づくりのための「合弁事業契約（Joint Venture Agreement)」などが挙げられる。これら各契約類型の重要なポイントについては後述する。

　それでは、「国際取引法務」を学習する場合に法務マンとして留意しておくべき重要なポイントとはいかなる事項であろうか。下記に集約できる。

① 国際取引法務学習の留意点

1) ビジネス内容の正確な理解

　対象となる「国際取引」のビジネスの内容を正確に理解することである。内容とは単に事実関係の正確な把握にとどまらず、ビジネスの全体構造やスキーム（しくみ）の理解を含めたものをいう。たとえばビジネスのスキームの例としては、製品の輸出貿易取引においてその出荷・引渡しの実務や船荷証券（bills of lading）や信用状（letter of credit）など代金決済方法に関する基礎的な理解は必須であろう。

　また「国際取引」は、各国の主権や国境をまたがったものであるので（契約の準拠法は一応決めるものの）、各国の法規制とは離れて、基本的には「契約自由の原則」を最大限に享受できることもあり、その内容も自由あるいは新規的なものになる傾向が強い。したがって、まずはこのビジネスの内容の理解に全力を傾注すべきであろう。

　さらに欲をいえば、ビジネスの内容の理解にとどまらず、会社の経営計画や事業計画における当該ビジネスの位置づけを明確に把握しておくことも重要である。というのも、取引条件や契約交渉にあたって譲歩が必要であれば、交渉のアローワンス（allowance＝余地）や落としどころがより明確になるからである。つまり、会社としてはビジネスの利益率を絶対的に重視すべきであれば、値引きには応じることはできないだろう。

　他方、利益率より量産効果（大量生産により固定費の負担を下げること）が当該ビジネスのねらいであることもあり、この場合には値引きには応じる代わりに数量の増注を要求することになるであろう。このようにビジネスが求める前提条件によって、確定すべき契約条件は異なって

くる要素がある。

　以上述べてきたとおり、対象となる「国際取引」のビジネスの内容の正確な理解は、きわめて重要である。すなわち、ビジネスの実態の正確な理解が大前提であって、初めて次のステージであるリーガルリスクの評価を正確に行うことができるのである。

2）リーガルリスクの評価

　リーガルリスクの評価を正確に行うことである。「国際取引」の「リーガルリスク」とは、ひと言でいえば「国際取引」の合意および実行にあたって伴う法律上のリスクであるといえよう。たとえば、売買契約の場合、売買実行時のリスク回避としては代金の支払いと同時に、製品の引渡しの受領を行うことが必要であるとか、また売買実行後のリスク回避としては製品に不具合があった場合に備えて、売買契約に製品保証の条件と請求の手続をきちんと規定しておくことなどである。

　リーガルリスクの評価においては、企業の法務マンは常に最悪の事態を想定して（たとえ現実的にはあり得ないケースでも）そのリスクをいかなる方法でヘッジするかについて、常に万全の方策をとらなければならないのである。この点、企業の法務マンはビジネスの実務担当者からは、「そんなあり得ないことを考えて、それでどうなるのか」とか「そんなネガティブな話を持ち出して、この商談をつぶす気か」などと言われて、時に嫌われる存在となる場合もあるようだが、そうしたビジネスの実務担当者からのプレッシャーにめげずに専門知識に裏打ちされたリスク分析と現実的な提案をできるのが、一人前の法務マンともいえるであろう。

3）将来を見据えた契約書の締結

　第2ステージで実施したリーガルリスクの評価を踏まえて、将来発生しうる契約当事者間の紛争を想定して、その現実的な解決策までを含めた条項を盛り込んだ契約書を締結しておくべきである。

　特に国際間の取引では、取引当事者の国籍、人種、文化、価値観などが異なり、したがって話し合いなどによる友好的・現実的な解決が困難

な場合も多い。そこで、あらかじめ当事者間で発生する紛争を予期して
おき、不幸にして紛争が起きてしまった場合の対応策まで契約書で取り
決めておくことがきわめて重要であろう。国際取引契約は通常英文で行
われるが、英文契約が詳細にわたり分量もかさむのには、こうした背
景・理由があってのことである。

4）現地の法規制のチェック

　第２ステージのリーガルリスクの評価は、国際取引における通商規制
や、取引先の現地の法規則のチェックにも及ばなければならない。前者
の通商規制の例としては、ダンピングや移転価格等がある。

　後者の現地の法規制の例としては、製品が現地で流通する場合には、
現地の独禁法、製造物責任（PL）法、販売店保護法、消費者保護法など
のチェックが必要であろうし、また、現地に合弁会社などの拠点を設け
る場合には、現地の会社法や外国投資規制法のチェックが必須であろう。
逆にいえば、こうした諸規制の枠組みの中で国際取引契約の内容を固め
ていくことになろう。

5）海外のリーガルリスクの予防と管理

　昨今の企業法務の重要対応事項として、「海外のリーガルリスクの予
防と管理」がきわめて重要である。金額的に巨額になるケースも多く、
価格カルテルや腐敗防止法違反の場合には、他国へ飛び火するケースが
多いからだ。以下では、最近問題となったケースと分野を例として挙げ
てみよう。

　　○アメリカの訴訟リスク……日本の製薬会社が証拠開示の義務に違反
　　　したことを理由に7,000億円懲罰的損害賠償の支払いを命じられた
　　　ケース（後に大幅減額された）＝証拠開示手続の遵守が重要である
　　　ことが示されたケース

　　○アメリカのリコール（安全品質問題）リスク…日本のエアバッグメ
　　　ーカーのケース＝自主的リコールを早期に決断せずにユーザーへ不
　　　信感を与えてしまったケース

　　○海外腐敗禁止法（イギリス、中国、アメリカなど）…イギリスの腐

敗禁止法では、民間どうしの過剰接待も禁止しており、実務慣行へ影響を与えた。アメリカの腐敗禁止法は域外適用されるので、注意を要する

○国際カルテル・談合の摘発強化（アメリカ、EU、中国など）

○パーソナルデータ…EU指令による域外送信の規制により、日本企業は日本への送信に制限を課されている

○国際課税問題（移転価格問題）…日本の国税庁は、タックスヘブン対策税制により、たとえばシンガポールに形式的な本社を置いても実態がなければ、日本法により課税する方針を打ち出している

○現地進出に伴う新興国対応（ブラジル、タイ、ベトナム、ミャンマーなど）…新興国の投資規制、事業規制、労働法制など最低限必要な法制度について、どのように（迅速に低コストで）必要な情報収集をしていくかが重要となる

○（すでにオペレーションしている場合に）カントリーリスク問題への対応（インド、中国など）…インドの労働争議対応、中国事業の縮小に伴う法的対応など

【実務上のポイント】
1．「国際取引」のビジネスの内容を正確に理解する。
2．「国際取引」のリーガルリスクの評価を正確に行う。
3．実施したリーガルリスクの評価を踏まえて、将来発生する契約当事者間の紛争を想定して、その現実的な解決策までを含めた条項を盛り込んだ契約書を締結しておく。
4．国際取引における通商規制や、取引先の現地の法規制のチェックにより、国際取引契約が許される大きな枠組みを把握する。

（２）国際売買契約の重要ポイント

　ここでは、「国際取引の学び方」の各論として、「国際取引」の中核である「国際売買契約の重要ポイント」について説明してみたい。

① 契約交渉の心得

本論に入る前に契約交渉の一般的な心得について述べておきたい。契約交渉で重要なポイントはいくつかあるが、まず、交渉の相手方がどの程度の交渉権限をもっているか、ということをあらかじめ知っておくことである。特に東南アジアの国の人と交渉すると、多くの人がぞろぞろと出てきて、誰が交渉権限を持っている人かが見分けにくいことがある。時にはそのなかに交渉権限を持っている人がいない場合もある。

次に、交渉のたたき台となる契約書のドラフトをどちらが用意すべきかという問題がある。結論としては、進んでこちらから用意すべきである。契約交渉においては、「先んずれば人を制す」の格言があてはまる。なぜなら、ドラフトをこちらで用意すれば、相手方がもし異議を申し立てる場合には、きちんとした理由がなければならない。結果的にこちらのドラフトが通ることにもなりうる。また、こちらでドラフトすれば、ドラフトのすみずみまでどういう意図で書かれたのか当然把握できているが、相手方のドラフトで交渉すると、まず相手方のドラフトを読みこなし、意図を把握しなければならない。過去に頻繁に交渉した相手方を除き、一定の時間の制約の中で相手方の作成したドラフトを短時間に正確に読みこなし、意図を把握することは至難の業である。

② 国際売買契約の第1の重要ポイント

ところで、「国際売買契約の重要ポイント」であるが、第1に、売買取引の基本的条件を正確に把握することである。売買取引の基本的条件とは、製品とその仕様、数量、価格条件、引渡条件、所有権と危険負担の移転、支払条件、製品の保証条件（クレーム手続など）などである。

　ア　製品の仕様については後日争いのないように、品質のレベルも含めた（たとえば、最上級品質のドイツワインなど）製品の内容について可能な限り明確にしておくべきである。

　イ　価格条件、引渡条件、所有権と危険負担の移転については、Incoterms（International Rules for the Interpretation of Trade Terms＝貿易条件の解釈に関する国際規則）（以下「Incoterms」ま

たは「インコタームズ」とする）によって定められている取引条件を利用すると簡便である。たとえば「F. O. B. Yokohama Port（Incoterms 2010）」（http://www.iccwbo.org/products-and-services/trade-facilitation/incoterms-2010/）という取引条件の場合には、価格は製品が横浜の本船の上に置かれるまでの費用を売主が、それ以降を買主が負担する。したがって、海上運賃や海上保険は買主の負担となる。また、引渡しも製品が本船の上に置かれた時点でなされ、危険負担の移転も特段の合意がない限り、引渡しと同時に行われる。

ウ　支払条件については注意を要する。売主の立場では製品を引き渡してから、直ちに買主から代金の支払いを受けたいであろうし、他方、買主からすれば製品を船上で引き渡されても自国側で現実に受領して、それを顧客へ販売し、顧客から代金を受領してからでないと現金が入ってこないリスクもあるので、顧客から代金を受領してから売主へ代金を支払いたいであろう。もし売主と買主との間で支払条件が調整できない場合には、商社などに融資機関として取引の間に入ってもらうことも一案であろう。

エ　製品の保証条件についても、受領した製品に誤品や欠品があった場合、または製品を最終顧客へ販売してから（市場へ出してから）、隠れた不具合があった場合には、どのようなクレーム手続を経ればよいのか、あるいは売主がそうした保証を一切付与しないのか（たとえば、中古品などでよくある「現状渡し」である）などについて、当事者間で明確に定めておき、紛争を予防しておくべきである。

③　国際売買契約の第2の重要ポイント

「国際売買契約の重要ポイント」の第2は、「国際貿易取引」の製品とお金の流れを正確に理解することである。たとえば売買取引の基本的条件のうち支払条件について買主が現金で、しかも引渡し前の支払いの場合には貿易実務の知識は不要であろうが、このような現金決済のケースは実際には少ない。そこで、たとえば買主が代金決済方法として信用状（letter of credit）を使用する場合に、それが売主によってどのように

現金化され最終的に買主の銀行口座からその代金相当分が引き落とされ、決済されるかについて、正確に把握・理解しておく必要がある。「国際貿易取引実務」の正確な理解は、国際売買契約の適切な起草・交渉を行うのに必須の知識といえよう。

【実務上のポイント】

1．交渉の相手方がどの程度の交渉権限をもっているかということをあらかじめ知っておくことが重要。

2．契約書のドラフトは、交渉を当方に有利に進めるためにも進んでこちらから用意すべき。

3．売買取引の基本的条件を正確に把握すること。製品とその仕様、数量、価格条件、引渡条件、所有権と危険負担の移転、支払条件、製品保証条件など。

4．「国際貿易取引実務」の正確な理解は、国際売買契約の適切な起草・交渉を行うのに必須の知識。

（3）国際契約の種類

国際契約は、それぞれの取引に応じて、個々に作成されていることになるので、その内容もさまざまである。これらの契約は、いくつかの視点で分類可能である。たとえば、個人、法人（さらには商社、メーカー、金融機関、建設会社、エンジニアリング会社、運輸会社等）、政府機関など契約を締結する主体によって分類することも可能である。

以下では、取引内容による代表的な契約の種類を挙げてみたい。

①　製品売買契約（sale of goods contract）

②　販売代理店契約（dealer/distributor agreement）

③　販売店契約（　　〃　　）

④　建設工事契約（construction agreement）

⑤　技術援助契約（ライセンス契約）（technical license agreement）

⑥　合弁事業契約（joint venture agreement）

⑦ M&A（会社株式・資産の買取り）契約（merger & acquisition agreement）

⑧ リース契約（lease agreement）

⑨ サービス契約（コンサルタント契約）（service agreement）

⑩ 融資（loan）契約、担保権設定（mortgage）契約、保証（guarantee）契約

⑪ 雇用契約（employment agreement）

⑫ レター・オブ・インテント（letter of intent：予備的合意書）

（4）英文契約書の形式と構成

契約書を作成する場合でも、その形式は自由であり、個条書きであっても、図表を用いたものであっても問題はない。契約書、合意書（Contract、Agreementなど）などの表題が付されていなくても注文書・注文請書（Purchase order・Sales note）は、商習慣上、契約書に代わるものとして扱われているし、予備的合意書（Letter of intent）、覚書（Memorandum）、議事録（Minutes of meeting）という表題が付された文書やレター形式、メモ形式の文書であっても、法律的には契約書として有効に成立する場合がある。

もっとも、準拠法となる法律によっては、ある種の契約の成立に一定の形式を備えた契約書の作成を要件としている場合がある。アメリカ法における捺印証書（Deed）などがその例であるが、このような要件は、現在ではかなり緩やかに扱われている。

このように、契約書の形式は、原則として自由なわけであるが、現実には、次のような伝統的な英文契約書のスタイル（→図表5-2-1）に則ったものが国際契約書の大半を占める。

【表題】

単に"Agreement（契約書）"というように書く場合と"Sale and purchase agreement（売買契約書）"というように具体的な表題を付ける場合がある。

【頭書】

ここには、契約の締結日、契約当事者の名称、住所、法人である場合はその設立の準拠法などが記載される。"THIS AGREEMENT" から "(hereinafter referred to as "XYZ")" までの部分は、次に来る "WIT-NESSETH（動詞 witness の三人称単数の古語）" の主語となっている。つまり、「……である本契約は、以下のことを証す」という流れになる。「以下のこと」に当たるこの動詞の目的語は、前文から後文までの契約全体ということになる。

【前文】

この部分は、"Whereas clause, Recital, Preamble" などと呼ばれる部分で、現状、取引に至る経緯や当事者の意図などが簡潔に書かれる。最近の契約書では、この部分を省略したものも少なくない。

本文と異なり、前文は原則として法的拘束力を有するものではないが、本文を解釈するうえでの基準にされたり、前文に書かれた内容と矛盾する主張を制限される場合があるので（禁反言＝ Estoppel）、書くからには必要なことのみを正確に記載すべきである。

前文の最終文に書かれている "in consideration of～" は、「～を約因として」という意味であり、英米法独特の契約成立要件である約因が存在していることを表している。

【本文】

契約の中心をなす部分であり、具体的にどのような条約を設けるかは、個々の取引ごとに異なる。この部分については、以下でいくつかの典型的な契約を例に挙げて説明する。

もっとも、不可抗力（Force majeure）、紛争の解決（Settlement of dispute）、準拠法（Governing law）、言語（Language）、譲渡禁止（Non-assignment）、通知（Notice）、完全合意（Entire agreement）、非放棄（Non-waiver）等の一般条項（Boilerplate）は、ほとんどすべての契約に共通した条項である。

【後文】

　最近の契約書では、この部分が省略されたものも少なくない。

【署名欄】

　署名権限を有する者が署名すれば、契約は有効に成立する。権限のない者による署名であっても、日本の民法のように表見代理によって契約が有効に成立することがある。また英国や英国系の国では、証人（立会人＝Witness）の署名が併記されることも少なくない。

図表５-２-１ ● 英文契約書のスタイル

SALE AND PURCHASE AGREEMENT	表題
THIS AGREEMENT made and entered into this 10th day of December, 20○○ by and between ABC, Ltd., a company organized and existing under the laws of Japan, having its principal place of business at 1-31-2, Kanda-○○○, Chiyoda-ku, Tokyo, Japan (hereinafter referred to as "ABC") and XYZ INTERNATIONAL Corporation, a corporation organized and existing under the laws of the State of New York, having its principal place of business at 1 Broadway, New York, New York, USA (hereinafter referred to as "XYZ");	頭書
WITNESSETH: WHEREAS, XYZ requires a stable supply of circuit boards hereinafter more particulary specified ("Products"); and WHEREAS, ABC desires to sell the Products to XYZ. NOW, THEREFORE, in consideration of the premises and the mutual covenants and agreements contained herein, it is hereby agreed upon by and between the parties as follows:	前文

Column　知ってて便利

《用語解説》

予備的合意書は、Letter of Intent（LOI）と呼ばれるほか、Memorandum of Understanding（MOU）、Memorandumなどさまざまな呼び方をされる。正式契約に至らない交渉の途中での暫定的合意もしくは予備的合意を意味する。法的に有効でない場合が多いが、内容によっては法的に有効となる場合もあるので注意を要する。

日本語訳

売買契約書

本契約は、20○○年12月10日に、日本の法律に基づき組織され存続し、その事業の主たる事業所を日本国東京都千代田区神田○○○ 1 - 31 - 2 に有する法人、ABC株式会社（以下、ABCという）、並びにニューヨーク州の法律に基づき組織され存続し、その事業の主たる事業所をニューヨーク州ニューヨーク市ブロードウェー 1 番地に有する法人、XYZインターナショナルコーポレーション（以下、XYZという）との間に締結され、

前文

XYZは、以下でより詳しく明記される回路基盤（「製品」）の安定した供給を必要としており、ABCは、「製品」をXYZに販売することを希望している。

したがって、本契約の前提並びに相互の誓約及び合意を約因として、本契約当事者は、次のとおり合意する。

Article 1　　　　Definitions

………

Article 2　　　　Sale and Purchase

………

（中略）

IN WITNESS WHEREOF, the parties hereto have caused this Agreement to be executed in duplicate by their duly authorized representatives.

（ABC）ABC, Ltd.

———————————————

Name:
Title:
Date:

（XYZ）XYZ INTERNATIONAL Corporation

———————————————

Name:
Title:
Date:

（右側の波括弧ラベル）本文　後文　署名欄

（5）売買契約（Sale and purchase agreement）

売買契約は、1回限りの取引であるか、継続的な取引かで、

① スポット売買契約（Spot sale and purchase agreement）
② 長期売買契約（Long term sale and purchase agreement）

に分けることができる。

　また、長期にわたる契約では、その間の取引についての一般的取り決めを記載した契約を締結することがある。このような契約は、「基本売買

第１条　定義

………

第２条　販売と購入

………

（中略）

　本契約の証として、本契約当事者は、正式に権限を有する代表者をして本書２通に署名せしめた。

（ABC）ABC株式会社

署名＿＿＿＿＿＿＿＿＿

氏名：

肩書：

日付：

（XYZ）XYZインターナショナルコーポレーション

署名＿＿＿＿＿＿＿＿＿

氏名：

肩書：

日付：

契約（Basic sale and purchase agreementまたはMaster sale and purchase agreement）」と呼ばれ、その条件のもとで行われる個々の契約は、「個別売買契約（Individual sale and purchase agreement）」と呼ばれる。

　スポット型契約や個別契約については、両当事者がサインする正規の契約書に代えて、企業ごとで画一的に作成した注文書（Purchase order）や注文請書（Sales noteあるいはOrder acknowledgement）のやり取りで取引が行われることが一般的である。→図表５-２-２

　図表５-２-３に典型的なひな型を示す。

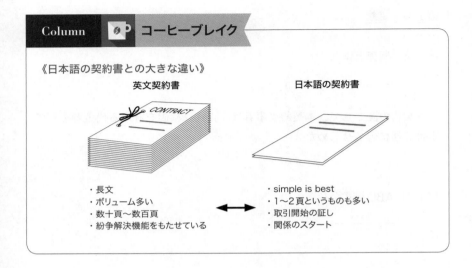

《日本語の契約書との大きな違い》

英文契約書	日本語の契約書

CONTRACT

・長文
・ボリューム多い
・数十頁～数百頁
・紛争解決機能をもたせている

・simple is best
・1～2頁というものも多い
・取引開始の証し
・関係のスタート

図表５-２-３ ● 売買契約書の典型例

AGREEMENT

THIS AGREEMENT made and entered into on the first day of Febru-ary, 1996, by and between Company X, a corporation organized and ex-isting under the laws of Japan, with its principal place of business at 1-1-1 Chiyoda-ku, Kanda -○○ Tokyo, Japan (hereinafter referred to as "X"), and Company Y, a corporation organized and existing under the laws of England, with its principal place of business at England, United Kingdom, (hereinafter referred to as "Y");

WITNESSETH:

WHEREAS, X desires to sell certain products to Y; and WHEREAS, Y desires to purchase such products from X for resale in Territory as de-finde herein.

NOW THEREFORE, in consideration of the premises and mutual cove-nants contained herein, the parties hereto agree as follows:

図表5-2-2●製品売買契約

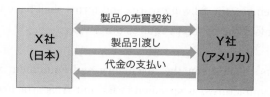

　以下の日本語訳はあくまで翻訳の1つの例である。これが絶対的あるいは最終的なものではない。使用される場合は各自検討のうえ、弁護士から法的アドバイスを得たうえで行っていただきたい。

日本語訳

契　約　書

　本契約は、1996年2月1日に、日本国法に基づき設立され存続し、日本国東京都千代田区神田○○1－1－1に主たる営業所を有するCompany X（以下「X」という）と、英国法に基づき設立され存続し、英国に主たる営業所を有するCompany Y（以下「Y」という）との間で締結され、

前文

　XはYに対し、特定の製品を販売することを希望し、YはXから当該製品を購入し、後に定義される販売地域において再販することを望んでいる。
　そこで、本契約書に記載される約束を約因として、両当事者は、以下のとおり合意する。

Article 1. Definitions

In this Agreement, the follwing words and terms shall have the following meanings, unless the context requires otherwise:

1.1 "Products" shall mean the machinery and equipment which X designs and manufactures, as specified in Exhibit A as attached hereto.

1.2 "Territory" shall mean the geographical area of United Kingdom.

Article 2. Sale and Purchase

X shall sell and deliver to Y, and Y shall purchase and take delivery from X, the Products, for resale in the Territory, in accordance with the terms and conditions of this Agreement.

Article 3. Specifications of the Products

The Products to be delivered by X to Y under this Agreement shall, in all respects, conform to the specifications set forth in Exhibit A as attached hereto.

Article 4. Ordering and Forecast

4.1 Y shall place, to X, a firm order for the Products by the end of each month for the delivery from X to Y in the following month.

4.2 Y shall provide, to X, purchase volume forecast for the Products by the end of each month for the period of twelve months from the month after the next.

Article 5. Price

Unless otherwise agreed, the unit price payable by Y to X shall be Five Million Japanese Yen ¥5,000,000 on an F. O. B. Yokohama basis, as de-

第1条　定義

本契約においては、以下の用語は文脈上他の意味に解釈されない限り、以下の意味を有する。

1.1　「本製品」とは、本契約に添付される別添Aに記載のとおりの仕様を有するものであり、かつXが設計し、かつ製造する機械及び器具を意味する。

1.2　「販売地域」とは、英国の地理的な領域を意味する。

第2条　売買

Xは、本契約の条件に従い本製品をYに販売及び引渡し、YはXからこれを購入、受領し、販売地域において再販する。

第3条　本製品の仕様

本契約に基づきXがYに引き渡す製品は、すべての点で、本契約に添付される別添Aに記載される仕様に合致するものとする。

第4条　発注及び購入数量予測

4.1　YはXに対し、XからYへその翌月に引渡しを行うために、毎月末日までに本製品の確定注文を行う。

4.2　YはXに対し、その翌々月から12ヵ月間の期間に対する本製品の購入数量予測を毎月末日までに提出する。

第5条　価格

別途合意する場合を除き、YがXに支払う単価は、2010年版インコタームズに定義されるところに従い、F. O. B. 横浜ベースで500万円とする。

fined by Incoterms 2010.

Article 6. Delivery

Unless otherwise agreed, the delivery of the Products by X to Y shall be in accordance with the terms and conditions of F. O. B. Yokohama, as set forth in Incoterms 2010, and the entire property, control, beneficial ownership and legal title in and to such Products and the risk of loss thereof shall pass from X to Y at such time as the Products are onboard the vessel at the named shipment at a port of export in Japan.

Article 7. Payment

Unless otherwise agreed in writing, payment by Y to X shall be made in Japanese Yen by a documentary bill of exchange drawn under an irrevocable, confirmed, unrestricted letter of credit, without recourse against X and payable at sight, to be issued in favor of X by a first-class bank, which shall have such validity as designated by X.

Article 8. Product Liability

8.1 Warranties

X warrants to Y, that the Products, when delivered, shall conform, in all respects, to the specifications set forth in Exhibit A as attached hereto, and will be free from defects in material and workmanship.

THERE ARE NO WARRANTIES, EXPRESS OR IMPLIED, INCLUDING ANY IMPLIED WARRANTY OF MERCHANTABILITY OR FITNESS FOR A PARTICULAR PURPOSE, ON PRODUCTS SOLD TO Y EXCEPT AS PROVIDED IN THIS AGREEMENT. EXCEPT FOR ITS EXPRESS LIABILITY UNDER THE TERMS OF THIS AGREEMENT, X ASSUMES NO OBLIGATIONS OR LIABILITIES IN CONNECTION WITH SUCH PRODUCTS.

第6条　引渡し

　別途合意する場合を除き、XからYへの本製品の引渡しは、2010年版インコタームズに規定されるとおり、F. O. B. 横浜とする。当該製品に対する完全な所有権、管理、受益的所有権並びに法的権限、及び本製品の損失リスクは、日本国の輸出港にて、本製品が本船の船上に置かれたときに、XからYに移る。

第7条　支払い

　別途書面にて合意する場合を除き、YのXに対する支払いは、取消不能、確認済み、及び無制約の信用状に基づき振り出された荷為替手形により日本円にて行われる。当該荷為替手形とは、一流銀行がXを受益者として発行した、Xに対して非遡及の一覧払い手形をいう。又、当該信用状の効力は、Xにより指定された有効期間を有するものとする。

第8条　製品責任

8.1　保証

　XはYに対し、本製品が引き渡された時点において、すべての点において、本契約に添付される別添A記載の仕様を有し、かつ、材料及び製造上の欠陥がないことを保証する。

　本契約に規定がある場合を除いて、Yに販売された製品には、市場性若しくは特定の目的への適合性に関する黙示的保証を含む明示的若しくは黙示的保証は付与されない。本契約の条件に基づく明示的責任を除いては、Xは、当該製品に関する義務又は責任を負わない。

8.2 Product Liability

Each party agrees to indemnify, defend and hold harmless the other from and against any liabilities, claims, demands damages and losses arising out of the death of or injury to any person or damages to any property alleged to have resulted from a defect in or malfunction of any Product, to the extent that such alleged defect or malfunction resulted from any breach by such party of its respective obligations under this Agreement.

Article 9. Confidentiality

The infomation, documents, data and / or materials provided by one party to the other party shall be utillized by the other party solely for the purpose of performing its responsibilities and obligations under this Agreement, and shall not be disclosed to a third party other than the parties hereto; provided, however, that such other party may disclose such information, documents, data and/or materials to a third party when required by law or judicial or other governmental proceedings to disclose them.

Article 10. Force Majeure

Neither party shall be liable for failure to perform under this Agreement in the event that performance is rendered impossible due to force majeure, including but not limited to, acts of God, war, threat of war, warlike conditions, hostilities, mobilization for war, blockade, embargo, detention, revolution, riot, port congestion, looting, strike, lockout, plague or other epidemic, destruction or damage of goods or premises, fire, typhoon, earthquake, flood or accident, or due to acts of governmental or guasi-governmental authorities or any political subdivision or department or agency thereof, or due to any labor, material, transportation or utility shortage or curtailment, or due to any labor trouble at the place of business of either party or their suppliers, or due to any other cause

8.2　製造物責任

　各当事者は、製品の欠陥又は不具合から起因するものと主張された人的死傷若しくは物的損失から発生する損害賠償責任、請求、法律上の要求、損害及び損失について、他方当事者を免責、防御し、並びに損害を与えないものとすることに同意する。ただし、申し立てられた、かかる欠陥又は不具合が本契約に基づく各義務に対し当該当事者が違反したことに起因する範囲に限る。

第9条　秘密保持

　一方の当事者が他方当事者へ提供した情報、文書、データ若しくは資料は、他方当事者が本契約に基づく責任及び義務の履行を目的とするためにのみ使用することとする。かつ、当該他方当事者は、かかる情報、文書、データ若しくは資料を本契約当事者以外の第三者に対し開示してはならない。ただし、当該他方当事者は、法律、司法若しくはその他の行政訴訟手続きにより、当該情報、文書、データ若しくは資料を要求されたときは、第三者に対し開示できる。

第10条　不可抗力

　いずれの当事者も、天変地異、戦争、戦争のおそれ、戦争類似の状況、敵対行為、戦争体制、封鎖、通商停止、拘留、革命、暴動、港湾の混乱、略奪行為、ストライキ、ロックアウト、伝染病若しくはその他の疫病、物質若しくは施設の破壊若しくは損傷、火災、台風、地震、洪水若しくは事故、又は政府当局若しくは準政府機関又はいずれの政治的部門・部署・機関の行為による場合、又は労働、資材、輸送手段若しくは公益設備の不足若しくは遮断、又は各当事者若しくはその供給業者の事業所での労働争議、又は各当事者の支配管理を超えた、他のいかなる事項などにより義務の履行が不可能となった場合には、本契約に基づく義務の不履行について相手方当事者に対して責任を負わない。

beyond the control of either party.

Article 11. Term

This Agreement shall take effect on February 1, 20○○, and shall remain in full force for a period of twelve (12) months unless terminated in accordance with the relevant provisions of this Agreement. This Agreement shall be renewed automatically for further twelve (12) months periods unless either party has shown objection to the other party in writing by six (6) months prior to the expiration or termination of this Agreement.

Article 12. Termination Before Expiration

12.1 Breaches of this Agreement

If either party breaches any provision of this Agreement, the non-breaching party shall have the right to terminate this Agreement by serving on such breaching party sixty (60) days written notice specifying such breach; provided, however, that if such breach is cured during the period of such notice, this Agreement shall continue with the same force as if such notice had not been given.

12.2 Occurrence of Certain Facts

If any of the followings occurs on either party, the other party may forthwith terminate this Agreement, by serving on such party written notice thereof:

(1) The property of either party becomes subject to attachment, provisional attachment, provisional disposition, disposition by public sale, disposition for failure to pay taxes or any other similar disposition by a public authority;

第11条　期間

　本契約は、20○○年2月1日に発効し、発効後12カ月間効力を有する。ただし、本契約の関連条項に従って解除される場合は、この限りではない。本契約は、12カ月宛に自動的に更新される。ただし、一方当事者が他方当事者に対し、本契約の終了又は解除の6カ月前までに書面にて異議を通知した場合は、その限りではない。

第12条　期間満了前の解除

12.1　本契約の不履行

　いずれかの当事者が本契約条項の履行を怠った場合、無違反当事者は、違反当事者に対し、違反行為を明記した60日間の書面通知を行うことにより、本契約を解除する権利を有する。ただし、当該不履行が当該通知の期間内に是正された場合には、本契約は、上記の通知が行われなかったものとして従前と同じ効力を有し、存続するものとする。

12.2　特定事実の発生

　下記のいずれかの事実が一方当事者に発生した場合には、他方当事者は当該当事者に対し、書面による通知を行うことにより直ちに本契約を解除することができる。

（1）いずれかの当事者の資産に対し、差押え、仮差押え、仮処分、競売処分、税金滞納に対する処分又は当局によるその他の類似した処分が行われた場合。

(2) Either party files a petition or has a petition filed against it by any person for corporate rehabilitation, corporate reorganization, bankruptcy or sale by public auction or similar procedure;

(3) Any note or draft issude by either party is dishonored, or either party otherwise becomes unable to make payments for its obligations;

(4) Serious change occurs in the assets, financial condition or business of either party, and the attainment of the purpose of this Agreement thereby becomes impossible; or

(5) Merger, partition of business, or some other fundamental change of business structure occurs to either party as a result of which the continuation of this Agreement is rendered highly impraticable.

Article 13. Survival Provisions

Except for the obligations assumed by the parties under Articles 7, 8, 9 and 13 hereof, upon expiration or termination of this Agreement for any reason, all rights accruing to either party hereunder shall forthwith lapse.

Article 14. Assignment

Neither party hereto shall assign on transfer this Agreement or any right or interset herein specified unless the other party has given its prior written consent thereto. Any assignment not made in accordance with this Article 14 shall be null and void.

Article 15. Notice

Except as otherwise specifically provided in this Agreement, all notices and other communications required or permitted to be given under this

（2）会社更生、会社再建、破産又は競売若しくは同様の手続きを理由として、一方当事者がみずから上記の申請を行う場合、又は第三者が当該当事者に対し上記の申請を行った場合。

（3）いずれか一方の当事者が発行した約束手形若しくは為替手形が不渡りになるか、又はいずれかの当事者が、その債務に対して上記以外の理由で支払いができなくなった場合。

（4）いずれか一方の当事者の資産、財務状況若しくは事業に重大な変更が生じ、そのため本契約の目的の達成が不可能になった場合。又は、

（5）いずれか一方の当事者に対し、合併、会社分割、若しくはその他の事業構造に根本的な変更が発生した場合で、その結果、本契約の継続がきわめて不可能である場合。

第13条　存続条項

本契約第7条、第8条、第9条及び第13条に基づき当事者が負担する義務を除き、本契約の期間満了又はいかなる理由による解除後直ちに、本契約に基づき各当事者に対して生ずる一切の権利は効力を失う。

第14条　契約譲渡

本契約の当事者はいずれも、他方当事者の書面による事前同意なくして本契約自体又は本契約に規定される権利若しくは利益を譲渡してはならない。本条に従わずになされた譲渡はすべて無効とする。

第15条　通知

本契約上特別に規定する場合を除き、本契約に基づき実施が必要とされ、又は実施が認められているすべての通知及びその他の通信は、英語による

Agreement shall be in writing and in the English language and shall be delivered personally or sent by confirmed telex or registered or certified mail to the other party to this Agreement at the following address:

(1) to X:
Presitent,
Company X
1-1-1 Kanda -○○, Chiyoda-ku
Tokyo, Japan
Telefax No. 03-5000-1000

(2) to Y:
Managing Director
Company Y
England, United Kingdom
Telefax No. 01-300-5000

Article 16. Entire Agreement

This Agreement constitutes the entire and sole agreement between the parties and supersedes all previous negotiations, discussions, agreements and commitements with respect to the subject matter hereof.

This Agreement shall not be amended, altered, changed or modified in any manner, except by an instrument signed by the duly authorized representative of each party.

Article 17. Governing Law and Language

This Agreement shall be governed by and construed according to the laws of Japan. Should any provision of this Agreement be deemed to contradict the laws of any jurisdiction where it shall be performed or to be unenforceable for any person, such provision shall be deemed null and void, but this Agreement shall remain in force in all other respects.

書面とし、直接手渡し、又は確認付テレックス、又は書留め若しくは配達
証明郵便にて、本契約の他方当事者に対し以下記載の住所あてに送付され
るものとする。

（1）X社宛

社長
X社
日本国東京都
千代田区神田○○ 1-1-1
FAX番号　03-5000-1000

（2）Y社宛

社長
Y社
英国
FAX番号　01-300-5000

第16条　完全なる合意

本契約は、両当事者の完全かつ唯一の合意を構成し、本契約の事項に関
する契約以前のすべての交渉、討議、合意及び公約に優先する。

本契約は、各当事者の正当に授権された代表者が署名した文書なくして
いかなる方式においても修正されない。

第17条　準拠法及び使用言語

本契約は、日本国法を準拠法とし、それに従い解釈される。本契約のい
かなる条項も管轄法域の法律に抵触する、又は何人に対しても法的拘束力
をもたないとみなされた場合には、当該条項は無効とみなされる。ただし、
本契約は他のすべての面においては有効に存続するものとする。本契約並
びに本契約において言及される、又は本契約に添付される他のすべての契

This Agreement and all other agreements, documents, notices and information that are referred to herein or are supplementary hereto shall be in the English language.

Article 18. Waiver
The failure of either party hereto at any time to require performance by the other party of any responsibility or obligation hereunder shall in no way affect the full right to require such performance at any time thereafter. Nor shall the waiver by either party of a breach of any provision hereof constitute a waiver of any succeeding breach of the same or any other provision hereof or constitute a waiver of the responsibility or obligation itself.

Article 19. Dispute and Arbitration
Any and all disputes concerning questions of fact or law arising from or in connection with the interpretation, performance, non-performance or termination of this Agreement including the validity, scope, or enforceability of this Agreement to arbitrate shall be settled by mutual consultation between the parties in good faith as promptly possible, but if both parties fail to make an amicable settlement, such disputes shall be settled by arbitration in Tokyo in accordance with the rules of the Japan Commercial Arbitration Association. Such arbitration shall be conducted in English. The award of the arbitrators shall be final and binding upon the parties.

Article 20. No Agency
Neither this Agreement nor a purchase order create the relationship of principal and agent between X and Y or vice versa nor do they constitute a partnership or a joint venture between the parties.

約書、文書、諸通知、及び情報は英語によるものとする。

第18条　権利放棄

一方当事者が他方当事者に対し、本契約に基づく責任又は義務の履行を
要求しなかった場合でも、それ以降の上記履行請求権には一切影響を及ぼ
さない。又、一方当事者が本契約の条項違反を放棄したことにより、その
一方当事者は、本契約の同一若しくはその他の条項に対するその後の違反
の放棄を構成することはなく、かつ、当事者の責任若しくは義務の放棄を
構成することはない。

第19条　紛争及び仲裁

本契約の仲裁を行うための有効性、有効範囲、若しくは法的拘束力を含
めて、本契約の解釈、履行、不履行若しくは解除から生じる事実問題若し
くは法律問題に関するすべての紛争は、誠実に、かつできるだけ速やかに
両当事者間で相互の話し合いをもって解決されるものとする。ただし、両
当事者が友好的に解決できない場合には、当該紛争は東京において、（社）
日本商事仲裁協会（JCAA）の規則に従って仲裁により解決される。当該
仲裁は、英語でなされる。仲裁人の裁定は両当事者に対して最終的であり、
法的拘束力を有するものとする。

第20条　代理関係

本契約又は購買注文のいずれもＸ社及びＹ社間に本人及び代理人の関係
あるいはその逆の関係を構成しない。又、上記は、両当事者間にパートナ
ーシップ又は合弁企業をも構成しない。

Article 21. <u>Headings</u>

Headings in this Agreement are included for convenience only and are not to be used for construing or interpreting this Agreement.

IN WITNESS WHEREOF, the parties have caused this Agreement to be executed in duplicate by their duly authorized representatives.

Company X

by: [Signature]
Name: Taro Yamada
Title: President

Witnessed in the presence of Mr. Jiro Yasuda

Company Y

by: [Signature]
Name: William Clinton
Title: Managing Director

Witnessed in the presence of Mr. Richard Simpson

Exhibit A
[Specification of the Products]

第21条　見出し

　本契約における見出しは、便宜のためにのみ記載され、本契約の解釈のために使用されないものとする。

　上記の証として、当事者は、両当事者の正当な権限を有する代表者により本契約2通を締結せしめた。

X社

署名 ＿＿＿＿＿＿＿＿＿＿＿＿＿＿＿＿＿＿＿
氏名：Yamada Taro
肩書：社長

Yasuda Jiro 氏の面前において締結された。

Y社

署名 ＿＿＿＿＿＿＿＿＿＿＿＿＿＿＿＿＿＿＿
氏名：William Clinton
肩書：社長

Richard Simpson 氏の面前において締結された。

別添A

［本製品の仕様］

（6）法律英語のポイント

① 頻繁に使用する法律英語表現

this Agreement	= here	to	ex. hereto
		of	= to this Agreement
		by	
		in	
直前の語句を示す	= there	with	thereof
		on	= of 直前の語句

【ex.1】 the party hereto

= the party to this Agreement

【ex.2】 Article 13. <u>Survival Provisions</u>

Except for the obligations assumed by the parties under Articles 7, 8, 9 and 13 hereof, upon expiration or termination of this Agreement for any reason, all rights accruing to either party hereunder (= under this Agreement) shall forth with lapse.

【ex.3】 Article 14. <u>Assignment</u>

Neither party hereto shall assign or transfer this Agreement or any right or interest herein specified unless the other party has given its prior written consent thereto (= to such assignment or transfer). Any assignment not made in accordance with this Article 14 shall be null and void.

② 法律英語表現で頻出する枕詞

【売買契約の例】

Article 5. <u>Price</u>

<u>Unless otherwise agreed</u>, the price payable by Y to X shall be Five Mil-

lion Japanese Yen ¥5,000,000 on an F. O. B. Yokohama basis, as defined
by Incoterms 2010 as amended thereafter.

第5条　価格

　　別途合意する場合を除き、YがXに支払う価格は、2010年版及びそ
の後の改訂版を含むインコタームズに定義されるところに従い、F. O.
B. 横浜ベースで500万円とする。

Article 6. Delivery

Unless otherwise agreed, the delivery of the Products by X to Y shall
be in accordance with the terms and conditions of F. O. B. Yokohama as
set forth in Incoterms 2010 as amended thereafter, and the entire prop-
erty, control, beneficial ownership and legal title in and to such Products
and the risk of loss thereof shall pass from X to Y at such time as the
Products are onboard the vessel at the named shipment at a port of ex-
port in Japan.

第6条　引渡し

　　別途合意する場合を除き、XからYへの本製品の引渡しは、2010
年版及びその後の改訂版を含むインコタームズに規定されるとおり、
F. O. B. 横浜とする。当該製品に対する完全な所有権、管理、受益的
所有権並びに法的権限、及び本製品の損失リスクは、日本国の輸出港
にて、本製品が本船の船上に置かれたときに、XからYに移る。

Article 7. Payment

Unless otherwise agreed in writing, payment by Y to X shall be made in
Japanese Yen by a documentary bill of exchange drawn under an irre-
vocable, confirmed, unrestricted letter of credit, without recourse
against X and payable at sight, to be issued in favor of X by a first-class
bank, which shall have such validity as designated by X.

第7条　支払い

　　別途書面にて合意する場合を除き、YのXに対する支払いは、取消不能、確認済み、及び無制約の信用状に基づき振り出された荷為替手形により日本円にて行われる。当該荷為替手形とは、一流銀行がXを受益者として発行した、Xに対して非遡及の一覧払い手形をいう。又、当該信用状の効力は、Xにより指定された有効期間を有するものとする。

③　Definition（定義条項）とは

Article 1. Definitions

In this Agreement, the follwing words and terms shall have the following meanings, unless the context requires otherwise:

1.1

"Products" shall mean the machinery and equipment which X designs and manufactures, as specified in Exhibit A as attached hereto.

1.2

"Territory" shall mean the geographical area of United Kingdom.

第1条　定義

　　本契約においては、以下の用語は文脈上他の意味に解釈されない限り、以下の意味を有する。

1.1

　　「本製品」とは、本契約に添付される別添Aに記載のとおりの仕様を有するものであり、かつXが設計し、かつ製造する機械及び器具を意味する。

1.2

　　「販売地域」とは、英国の地理的な領域を意味する。

④　注意すべき法律英語表現

　　（「保証条項」などわかりにくいものほどリスクが潜んでいる場合があるので、十分な検討が必要である）

Article 8. Product Liability

8.1 Warranties

X warrants to Y, that the products, when delivered, shall conform, in all respects, to the specifications set forth in Exhibit A as attached hereto, and will be free from defects in material and workmanship.

THERE ARE NO WARRANTIES, EXPRESS OR IMPLIED. INCLUDING ANY IMPLIED WARRANTY OF MERCHANT ABILITY OR FITNESS FOR A PARTICULAR PURPOSE, ON PRODUCTS SOLD TO Y EXCEPT AS PROVIDED IN THIS AGREEMENT. EXCEPT FOR ITS EXPRESS LIABILITY UNDER THE TERMS OF THIS AGREEMENT, X ASSUMES NO OBLIGATIONS OR LIABILITIES IN CONNECTION WITH SUCH PRODUCTS.

〈Question〉

　結局売買は買主に何を保証しているのか（design defectは含まれていない）（Answerは後段）。

第8条　製品責任

8.1　保証

　XはYに対し、本製品が引き渡された時点において、すべての点において、本契約に添付される別添A記載の仕様を有し、かつ、材料及び製造上の欠陥がないことを保証する。

　本契約に規定がある場合を除いて、Yに販売された製品には、市場性若しくは特定の目的への適合性に関する黙示的保証を含む明示的若しくは黙示的保証は付与されない。本契約の条件に基づく明示的責任を除いては、Xは、当該製品に関する義務又は責任を負わない。

〈Answer〉
製造・材質の欠陥のみを保証している（設計欠陥を除く）。

⑤　日本人にありがちな間違い
【助動詞の使い方】

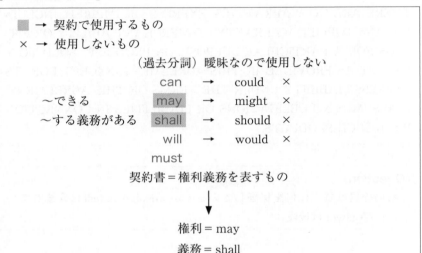

■ →　契約で使用するもの
× →　使用しないもの

（過去分詞）曖昧なので使用しない

	can	→	could	×
～できる	may	→	might	×
～する義務がある	shall	→	should	×
	will	→	would	×
	must			

契約書＝権利義務を表すもの

↓

権利 = may
義務 = shall

⑥　使用してはいけない表現

ア　曖昧な表現（契約書は誰が読んでも同じ意味でなければならない）

イ　agree to agree（何も同意していないので英国では禁止表現）

ウ　誠実協議条項（日本語契約書の標準条項だが、英文契約では何も
合意されていないので、避けるべきである）

（7）販売代理店契約（Distributorship agreement）

　メーカーが海外で自社ブランド製品の販売を始めようとする場合、現
在の市場に経験と知識のある現地の事業者に販売活動を行わせることが
一般的である。この場合、これらの事業者との間で締結される契約が「販

売店契約（Distributorship agreement）」（販売代理店契約または販売特約店契約とも呼ばれる）や「代理店契約（Agency agreement）」である。

　両者は、理論上は以下のように区別される。

① 販売店契約

　販売店契約の場合、販売店は、売主と製品の個別の売買契約を締結して自己の勘定と責任で製品を買い取り、これを転売するので、メーカーなどの売主と現地の消費者やユーザーとの間には、契約関係（Contractual privity）は成立せず、販売店と現地の消費者やユーザーとの間で売買契約が成立することになる。

② 代理店契約

　これに対して、代理店契約の場合、代理店は売主から代理権を付与され、その代理権の範囲内で本人（Principal）であるメーカーなどの売主のために販売活動を行うので、売主と消費者やユーザーとの間に売買が

Column **知ってて便利**

《誤解を招く英語表現》

① 退職金の英訳は？

　→Severance というと解雇の手切れ金になってしまうので、Retirement pension (allowance) が正しい。

② 取締役は？

　→Board Member が正しい。Director では単なる部課長の意味あり。

③ 執行役員は？

　→Executive Officer

《Terminate と Expire の異同》

　Terminate は、狭義では、解除権行使による終了を指し、広義では、契約の期間満了による終了＋解除権行使による終了両方を指す。

　Expire は、契約の期間満了による終了のみを指す。

成立し、代理店と売主の間では売買の契約関係が成立しないこととなる。

　しかし、実務上は、代理店契約という名称を付していても販売店契約としての実体を備えたものが少なくなく、契約の名称をもとに契約をこれら２つのカテゴリーに分類することは危険である。個々の契約ごとに、売主と販売店／代理店との関係がどのようになっているか（またどのようにすべきか）を十分に検討する必要がある。

　販売店または代理店に独占的な権利を与える場合は、「独占的販売店契約（Sole and exclusive distributorship agreement）」（一手販売店契約とも呼ばれる）または「独占的代理店契約（Sole and exclusive agency agreement）」（総代理店契約とも呼ばれる）と呼ばれ、売主は、それらの販売店や代理店以外の第三者を介して同一製品の販売を行えないという制限が課されることになる。このような制限がない契約は、「非独占的販売店契約（Non-exclusive distributorship agreement）」または「非独占的代理店契約（Non-exclusive agency agreement）」と呼ばれる。

　独占契約にするか非独占契約にするかも売主にとっての販売戦略上の重要問題である。特に独占権を与える場合には、慎重に検討する必要がある。→図表５-２-４・５

図表５-２-５ ● ディストリビューター契約

Distributor Agreement

1. Appointment of Distributor
Company X appoints Company Y as a distributor for the distribution and servicing of the Products in Territory on an exclusive basis, and Company Y agrees to act as such distributor in Territory.

2. Supply and Purchase of Products
Subject to the terms and conditions as contained in this Agreement, Company X shall supply Products to Company Y, and Company Y shall pur-

図表5-2-4 ● ディストリビューター契約

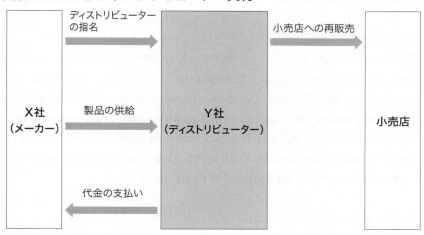

図表5-2-5の日本語訳はあくまで翻訳の1つの例である。これが絶対的あるいは最終的なものではない。使用される場合は各自検討のうえ、弁護士から法的アドバイスを得たうえで行っていただきたい。

日本語訳

ディストリビューター契約（抜粋）

第1条　ディストリビューターの指名

X社は、Y社を本地域での本製品の供給及びアフターサービスを行う独占的ディストリビューターとして指名し、Y社は、当該テリトリー内で係るディストリビューターとして営業活動を行うことに同意する。

第2条　本製品の供給及び購入

本契約に規定する条件に従い、X社は本製品をY社に供給し、Y社は、自社の責任とリスクにおいて本製品をX社から購入し、再販する。

chase them from Company X and resell them at its own account and risk.

3. Orders for Products

Company Y shall submit to Company X orders for Products, on the form designated by Company X, which shall be received by Company X no later than the 15th day of each month for delivery of the Products in the second month following the month in which such order has been accepted by Company X. Once it is submitted, an order may not be modified, changed or canceled by Company Y, either in whole or in part, except with a prior written approval of Company X.

4. Delivery of Products

Unless otherwise agreed in writing, the terms of delivery of Products by Company X to Company Y shall be on an F. O. B. Yokohama basis, as set forth in "Incoterms 2010", and the entire property, control, beneficial ownership and legal title in such Products and the risk of loss thereof or damage thereto shall pass from Company X to Company Y at the time such Products are onboard the vessel at the named shipment at a port of export in Japan. Unless otherwise agreed in writing, Products ordered by Company Y shall be delivered to the carrier at the port of export during the delivery month.

5. Prices of Products

Unless otherwise agreed in writing, the prices at which Company X shall sell Products to Company Y shall be quoted in Japanese Yen on an F. O. B. Yokohama basis as defined in "Incoterms 2010".

6. Payment for Products

Unless otherwise agreed in writing, payment by Company Y for Products shall be made to Company X in Japanese Yen by a documentary bill of

第3条　購入注文方法

　Y社はX社に対し、X社が指定した書式で製品の注文を行う。ただし、毎月15日までにX社が当該注文を受領する場合には、その翌々月に製品の引渡しが行われるものとする。いったん提出した注文は、X社の事前の書面による承認がある場合を除き、Y社により全体的にも部分的にも修正、変更又は取り消されない。

第4条　製品の引渡し

　書面による別途の合意がない限り、X社がY社に対し行う製品引渡しの条件は、2010年版インコタームズの規定に従いF.O.B.横浜とし、当該製品における完全な財産権、支配権、受益的所有権、及び法的権限、並びに本製品の損失に関する危険負担については、日本国の輸出港において、当該製品が本船の船上に置かれたときに、X社からY社に移転する。ほかに書面にて合意されない限り、Y社が注文した製品は、配達月の間に輸出港の運送業者に引き渡すものとする。

第5条　製品の価格

　他に書面にて合意されない限り、X社がY社に対して販売する価格の製品は、2010年版のインコタームズに定義されるとおり、F.O.B.横浜ベースに基づき日本円にて設定される。

第6条　製品に対する支払い

　他に書面にて合意されない限り、当該製品のY社によるX社への支払いは、取消不可能で、確認された無制約の信用状に基づき振り出され、X社

exchange drawn under an irrevocable, confirmed, unrestricted letter of credit, without recourse against Company X and payable at sight, to be issued in favor of Company X by a first-class bank acceptable to Company X, which shall have expiration date to be designated by Company X.

7. Set-up and Maintenance of Sales and Service Network for Products

Company Y shall set up and maintain in Territory a sales and service network of Products, consisting of Company Y's own organization and its Dealers, which shall be able to effectively carry out the sale, distribution and servicing of Products throughout Territory. Company Y shall maintain and cause its Dealers to maintain business premises that conform to the standards set forth in the sales promotion standard manual provided to Company Y by Company X.

8. Licensing of Trademarks

Company X grants to Company Y a non-exclusive right to use and to permit its Dealers use the Trademarks in Territory with respect to the sale, distribution and servicing of Products, provided, however, that Company Y shall not employ, and shall not permit its Dealers to employ, any Trademark as part of Distributor's or Dealer's corporate or business name without Company X's prior written approval.

2　国際取引契約の一般条項

【事例問題】

　　日本のＡ社は、ドイツのＢ社が開発・製造する半導体製品の継続的な供給を受けるために、売買基本契約の締結を前提に交渉を始め

に対する償還請求権がなく、かつ一覧払いである荷為替手形により日本円にて行われる。ただし、その信用状は、X社が合意する一流銀行によりX社を有するものとする受取人として発行され、X社が指定する満期日を有するものとする。

第7条　製品の販売及びサービス網の設立と維持
　Y社は、地域内に、本製品の販売及びサービス網を設置及び維持する。当該販売・サービス網の設置は、Y社が所有する組織及びそのディーラーから構成され、地域内において効果的に販売、供給及びサービスを行うものでなければならない。Y社は、自社で行うか、ディーラーに対して行わせることにより、X社がY社に供与する販売促進基準マニュアルに規定される基準に合致した事業所を維持する。

第8条　商標
　X社はY社に対し、本製品の販売、供給及びアフターサービスに関し、本地域において本商標をみずから使用し、かつY社のディーラーによる使用を許可する非独占的権利を付与する。ただし、Y社は、X社の事前の書面による承認なくして、ディストリビューター若しくはディーラーの会社又は事業名称の一部としていかなる商標もみずから採用せず、あるいはY社のディーラーに使用させることを許可しない。

ようとしている。A社はB社から売買基本契約のドラフトを受領した。B社が売主となり、A社が買主となるひな型になっている。このひな型の後半では、「一般条項（general provisions）」と呼ばれる条項が列挙されていた。「一般条項（general provisions）」とはそもそもどのような性格の条項であり、A社がこれを検討するにあたっ

て、どういったポイントに気をつけてレビューを行い、B社に対してコメントすべきであろうか。

（1）一般条項

　一般条項（general provisions）とは、製造技術ライセンス契約書、国際ソフトウェアライセンス契約書、秘密保持契約書などいろいろな種類の英文契約書があるが、すべての種類の英文契約書に共通で挿入される条項のことをいう。準拠法や裁判管轄など法的な側面を扱う条項が多い。

①　不可抗力（Force majeure）

　天災のように、契約の当事者の支配・管理が及ばないような事態が発生したために、当事者の一方が契約上の義務を履行できない場合に、それを契約違反として扱ってしまうのは酷である。そのため通常は、不可抗力条項を設けて、そのような事態を不可抗力とし、不可抗力が原因となって契約上の債務が履行できないことについては当事者は責任を負わない旨を規定する。不可抗力に該当する事象が発生すれば未来永劫的に債務を免除されるのではなく、事態が収拾すれば、引き続き履行を続ける旨の表現を行っていることが多い。

　不可抗力とみなされる事態については、地震、洪水等の天変地異に、労働紛争、戦争や政府による統制等の人的・国家的要因をも加えた原因を具体的に列挙して規定する。

【不可抗力例文】

There shall be no breach or violation of this Agreement if either party is prevented from fulfilling its obligations hereunder because of circumstances such as acts of God, war, strikes (even partial ones), labor conflicts, riots, fires, floods, explosions, cataclysms, natural calamities, wreckage of material, delay or interruption of transportation, or any other cause beyond its reasonable control which shall make it practically immmpossible or exorbitant, from an industrial or commercial point of view, to car-

ry out its obligations, except that only an act of the Govemment of U. S.
A. will be considered force majeure for any and all monetary obligations.
The impeded party shall be exempt from carring out its obligations with-
in the limits of such impediment and shall, as soon as possible, remove the
cause of the stoppage, and resume its obligations after such cause shall
have been removed.

② 完全合意条項（Entire Agreement）

　契約書に記載されている内容（契約書へ添付される別紙を含む）が、
契約当事者間の完全な合意内容を表し、それが契約締結以前に契約の目
的事項に関して存在した当事者間の合意、書面および通知等に優先する
旨が規定される。また、同時に、契約の修正・変更はすべての契約当事者
が文書によって行わなければ無効である旨をここに規定することもある。

【完全合意条項の例文】

This Agreement including Appendices I to V attached hereto constitutes
the entire agreement between the parties hereto with respect to the sub-
ject matter thereof and supersedes all previous agreement, negotiations,
and commitments made between the parties either oral or written to the
extent that the contentsthereof may conflict with the provisions thereof,
and any modifications thereof must be in writing and signed by duly au-
thorized representatives of each party. There are no understandings, ob-
ligations, representations and warranties except as herein provided for
and no rights are granted except as expressly set forth herein.

---

③ 分離可能性（Severability）

　契約内容の一部が、法律違反等の理由で無効である場合でも、それに
よって契約全体が無効とはならず、他の条項は有効に存在することを規
定する。これにより、契約遂行に影響のまったくないようなささいな法
律違反によって、契約の目的や有効性が阻害されるような事態を避ける

ことができる。

【分離可能性の例文】

If any provision herein shall be held to be unenforceable by a court or arbitration or in violation of any governmental order or regulations, such holding shall not affect the remaining provisions herein.

---

④　準拠法条項（準拠法／不可抗力）

　準拠法とは、契約の条項ならびに当事者が契約中に取り決めなかった事項について、その解釈の基準として適用されるある国（アメリカでは州または連邦）の法律のことである。国際取引契約においては、当事者の国籍に違いがある反面、世界共通法というものが存在しないため、契約解釈の基準としてどこかの国の法律を選択する必要がある。極端な場合には、特定の契約条項が一方の国の法律のもとでは有効であり、他方の国の法律では無効と解釈される可能性もあり、準拠法は契約当事者間の権利関係にも大きく影響を与えうるという意味で重要な条項である。

　原則的には、契約の当事者は、自由に準拠法を選択することができる。たとえば、日本の会社とドイツの会社の間の契約の準拠法をアメリカのニューヨーク州法とすることも可能である。ただし、国によっては、契約当事者によって合意された準拠法であっても、契約締結地や契約履行地等の一定の要件を満たす国の法律を準拠法として適用するところもあるので十分注意が必要である。当事者が準拠法について合意しなかった（契約に準拠法の規定がない）場合に紛争が発生すれば、紛争解決機関（裁判所、仲裁機関等）が準拠法を決定し、それに則って判断を下すことになる。

　法律の規定は、契約当事者がそれと異なる特約を行ってもその特約を無効とする規定（強行法規）と、特約が優先し排除される規定（任意法規）が存在する。せっかく、自己に有利な条項を相手に認めさせたと思っても、それが準拠法の強行法規に違反していれば無効となって条項が無意味になってしまう危険がある。したがって、準拠法の強行法規と任

意法規ならびに当事者による準拠法の自由選択の可否については、契約締結前に十分調査をすることが必要である。

【準拠法の例文】

This Agreement shall be governed and construed in accordance with the laws of the state of New York, U. S. A.

---

⑤　紛争解決条項（仲裁合意、裁判管轄など）

　紛争解決条項では、契約当事者間で、紛争が発生した場合の解決方法や場所について規定する。国際契約においてよく用いられる紛争解決方法としては、裁判、仲裁、調停といったものが挙げられる。

　契約により当事者が特に別の紛争解決方法に合意しなかった場合には、紛争は裁判によって解決されることになる。国際取引契約では、複数の異なる国の当事者が存在するため、どこの国の裁判所を第1審裁判所とするかをあらかじめ決めておかないと、常に相手方が相手国において裁判を提起する可能性にさらされ続けることになる。相手方の国で裁判を行うことは、その国への渡航費用や裁判手続での使用言語だけをとってみても相当の負担となってしまうため、できるだけ自国の裁判所を第1審裁判所として指定することが望ましい。相手国の法律制度が未発達な場合や、何らかの理由で公平で迅速な裁判が期待できない場合には、裁判以外の紛争解決方法の選択や第三国での裁判を選択するのが賢明である。ただし、第三国での裁判を選択する場合には、その国の法律がその国の居住者以外の当事者による裁判を認めているか否かについての調査が必要である。また、第三国または自国の裁判所の判決が相手国において執行可能か否かの調査も重要である。

　仲裁とは、紛争を契約当事者が選定した第三者の裁定にゆだねることにより解決することで、当事者はその裁定に法律的に拘束される。したがって、有効な仲裁条項に基づいて行われた仲裁で下された判断を裁判所にもち込めば、裁判所の執行命令により国家権力による強制執行が可能となる。裁判による紛争解決には、一般に多大な時間と労力・費用が

かかるのに比べて、仲裁の場合には裁判と同じ執行力があり、また判断に至る過程が非公開であり、さらにほとんどの場合に第1審で最終判断が下されるため訴訟よりも紛争解決に要する時間が短く、費用も少なくて済むというメリットがある。

　仲裁を紛争解決方法として採用する場合には、①契約者当事者間の最終的紛争解決手段として仲裁を選択すること、②仲裁機関、仲裁人の選任方法、③仲裁の手続、言語、④仲裁判断が最終判断として当事者を拘束する旨の規定を設ける。また、仲裁を行う場所についても取り決めを行っておくのが普通である。仲裁地を一国に特定せず、仲裁を提起された側の国としている条文を見かけることもあるが、その場合には、相手方に契約違反があって仲裁を行うには相手国に行かざるを得ず、また双方に不満があっても自分から仲裁をしかければ相手国に行く必要があるということで双方が二の足を踏み、結果として紛争解決が遅れるということも考えられる。仲裁の場合にも当事者の属する国以外の第三国を仲裁地として合意することが可能である。仲裁地の指定にあたっては、他国の仲裁機関の仲裁判断に基づいた強制執行が、その執行が必要とされる国において保障されているか否か、国際紛争の解決に適した洗練された制度か否か等を事前に調査しておく必要がある。

　調停は、契約当事者が選択した民間の機関に紛争解決のための判断をゆだねるという点では、仲裁と同じであるが、仲裁とは違ってその判断に当事者を拘束する効力はない。

【仲裁条項の例】
All disputes arising in connection with this Agreement shall be finally settled by the arbitration to be held in the English language in New York, NY, U. S. A under the Rules of Arbitration of the American Arbitration Association by three (3) arbitrators appointed in accordance with such Rules. Any award rendered by arbitration pursuant to this Article shall be final and binding upon the parties hereto, and shall not be appealable, and shall be enforceable in any court of competent jurisdiction.

（2）契約書の管理方法

　契約書の管理は、締結契約書の管理が当然必要ではある。他方、契約書管理という観点からは、自社で起案した契約書のひな型が重要である。自社で起案・提示した契約書は、その後の交渉の過程で多くの変更が行われて最終的に当事者間で合意され、最終版を確定して調印する。こうした最終調印版は、確かに、契約当事者としては保存しておきたい記念の作品であろうが、現実には、当事者間で交渉を経て、その意味で妥協・合意され幾多の修正を重ねてでき上がったものである。そうなると、まったく新しい取引の場面で、最終調印版を最初のひな型で提示することは、すでに妥協された契約書を相手方へ提示することになり、さらなる交渉を経て、より妥協された内容で合意・調印されることになるであろう。

　そこで、自社で起案した契約書の雛形が重要となるのである。ひな型管理を行ううえでは、この自社で起案したイニシャルドラフトである契約書のひな型をきちんと保存・管理しておく必要がある。→図表5-2-6

図表5-2-6 ● 契約書の分類・管理方法（メーカーを例として）

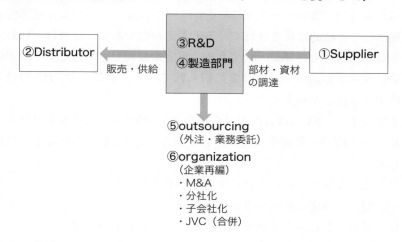

3 Non-Disclosure Agreement (NDA ＝秘密保持契約書)

【事例問題】

> 　日本のA社はドイツのB社と共同開発契約の締結を前提に交渉を始めようとしている。A社はB社から下記のNDAのドラフトを受領した。B社がDiscloser（情報開示者）となり、A社がRecipient（情報受領者）となるひな型になっている。A社がこれを検討するにあたって、どういったポイントに気をつけてレビューを行い、B社に対してコメントすべきであろうか。

（1）NDAの陥りやすい誤りと秘密管理の重要ポイント
～NDA神話の崩壊と対策～

　日常、頻繁に締結しているNDA（Non-Disclosure Agreement ＝秘密保持契約書）であるが、多くの企業では一般的なNDAのひな型を使用して、取引先と締結している。しかも、NDAを締結すれば、こちらから開示する秘密情報はすべてNDAでカバーされるので、どんな秘密情報を開示しても法的に保護されていると考えがちである。これは、いわゆる「NDA神話」と呼ぶことができる。現実に裁判で争われたケースでは、法的に保護されるケースは非常に限られており、日ごろのNDAの管理には十分な注意が必要である。

　まず第1に、NDAは万能ではないことを前提に、NDAのドラフト・レビュー・締結・管理を実施すべきである。NDAが万能ではない理由としては、

　　ア　法的な救済（損害賠償）や罰則が不十分
　　イ　漏えい事実の証明が事実上不可能
　　ウ　相手方会社の従業員を管理することは事実上不可能
といった諸点を挙げることができる。したがって、NDAのドラフトを

批判的に検討するためには、

（a）違約金（ペナルティー）などを具体的な金額で規定することにより、違反行為が発生したらただちに法的な救済（損害賠償）や罰則が得られるようにすること

（b）漏えい事実の証明を容易にするために秘密情報の管理を徹底しておき、万一漏えい行為があっても漏えいのルートがトレース（追跡調査）できるようにしておくこと

（c）秘密情報を実際に取り扱う相手方会社の従業員や管理者・責任者をNDA上で特定しておくことにより、プレッシャーをかけてより厳しい管理を促進すること

などが必要となる。

　以上の対策をNDAへ講じても、法的効力（特に執行力）には限界があるので、NDAの短所や限界を認識したうえで、現場でのオペレーション管理も重要であり、たとえば開示当事者が開示する情報は、必要最低限にとどめる運用を徹底すべきである。さらには、NDAの戦略的活用として、相手方から受領した秘密情報をビジネス上の目的が達成できるような方法で社内使用できるように契約を構成しておく必要があるだろう。

（2）NDAひな型の構成

　一般的なNDAひな型の構成は、以下のとおりである。

① 契約の当事者

② 対象とする秘密情報

③ 秘密保持義務

④ 他目的の使用禁止

⑤ 秘密保持義務の例外

⑥ 秘密情報の返還・破棄

⑦ 有効期間

⑧ 損害賠償（無保証）

⑨ 裁判管轄

⑩ 一般条項（Equitable Relief、No License、Entire Agreement、
Survival Provisions）

（3）ドラフトの検討

それでは、B社から提示されたNDAのドラフトについて検討してみよう。

Non-Disclosure（Confidentiality）Agreement

This Agreement is entered into this ___ day of _____, 200__ by and
between _____ with offices at _____
（hereinafter "Recipient"）and _____ _____, with offices at
_____ （hereinafter "Discloser"）.

WHEREAS Discloser possesses certain data and information relating to
our products that is confidential and proprietary to Discloser（hereinaf-
ter "Confidential Information"）; and

WHEREAS the Recipient is willing to receive disclosure of the Confiden-
tial Information pursuant to the terms of this Agreement for the purpose
of doing this products related business; NOW THEREFORE, in consider-
ation for the mutual undertakings of the Discloser and the Recipient un-
der this Agreement, the parties agree as follows:

　当事者の表記・頭書および前文である。ここで注意することは、秘密
情報の流れがどのような情報がどちらからどちらへ流れるかを正確に把
握する必要がある。もし、B社からA社への一方通行であればこのドラ
フトでもよいが、双方向の場合、このドラフトでは一方の開示した秘密
情報が保護されない可能性が生じる。たとえば、共同開発行為を前提と
すれば、秘密情報の流れは双方向であるはずなので、この場合には、双
方向（Mutual）の契約を要求すべきことになる。上記の例においてはた
とえば、RecipientとDiscloserを固定せずに、"Recipient shall be such
Party which received the Confidential Information from the other Par-
ty."などとすればよい。

---

1. Disclosure. Discloser agrees to disclose, and Receiver agrees to receive the Confidential Information. Confidential Information shall include without limitation (i)_____; and (ii)_____
_____.

対象となる秘密情報の範囲を規定している。これでは記述が抽象的過ぎて範囲が広く解釈されてしまうおそれがあり、過度に広く秘密保持義務を相手方へ課すという理由で、仮に日本法が準拠法であれば民法90条の公序良俗違反として無効とされる可能性がある。そうした事態を避ける方法としてたとえば、最低限対象となる秘密情報をリストアップしてNDAへ添付するか、提供するたびに記録をとる必要があるだろう。

2. Confidentiality.
2.1 No Use. Recipient agrees not to use the Confidential Information in any way, or to manufacture or test any product embodying Confidential Information. Recipient agrees not to develop the same or similar based on products or Confidential Information.
2.2 No Disclosure. Recipient agrees to prevent and protect the Confidential Information, or any part thereof, from disclosure to any person other than Recipient's employees having a need for disclosure in connection with Recipient's authorized use of the Confidential Information.
2.3 Protection of Secrecy. Recipient agrees to take all steps reasonably necessary to protect the secrecy of the Confidential Information, and to prevent the Confidential Information from falling into the public domain or into the possession of unauthorized persons.

秘密保持義務を規定している。2.1が目的外の使用禁止であり、2.2が第三者への開示禁止であり、2.3が秘密保持のために必要な措置を講じることが規定されている。2.1の目的外の使用禁止では同一類似製品を開発することが禁止されているが、秘密情報提供者から不要なクレームを回避するために、これに対しては、反対に「禁止されない」＝「許

される」と規定すべきである。

---

3. Limits on Confidential Information. Confidential Information shall not be deemed proprietary and the Recipient shall have no obligation with respect to such information where the information:

(a) was known to Recipient prior to receiving any of the Confidential Information from Discloser;

(b) has become publicly known through no wrongful act of Recipient;

(c) was received by Recipient without breach of this Agreement from a third party without restriction as to the use and disclosure of the information;

(d) was independently developed by Recipient without use of the Confidential Information; or

(e) was ordered to be publicly released by the requirement of a government agency.

If Recipient claims limits under this Clause, Recipient has burden to prove the fact. Otherwise, Recipient is unable to obtain benefits under this Clause.

　秘密情報の例外規定である。公知の情報（a）（b）、第三者からの正当取得（c）、独自開発（d）、公権力の命令による開示（e）などである。例外の立証責任は、受領当事者が負担する。これは合理的な規定であろう。NDAの雛形によっては、「従業員の頭に残った秘密情報は返還する必要ない」と規定するものもあるが合理的な規定であろう。

---

4. Ownership of Confidential Information. Recipient agrees that all Confidential Information shall remain the property of Discloser, and that Discloser may use such Confidential Information for any purpose without obligation to Recipient. Nothing contained herein shall be construed as granting or implying any transfer of rights to Recipient in the Confidential Information, or any patents or other intellectual property protecting or relating to the Confidential Information.

　秘密情報の権利帰属の規定である。開示当事者へ帰属し、相手方（受領当事者）へ何らの権利を付与するものではないとしているが、秘密保持契約は、秘密情報の開示を受け、または開示して、秘密情報を評価することが主たる目的であって、通常は対価等を伴う権利の許諾や移転を目的とするものではないので、これも合理的な規定であろう。

> 5. <u>Term and Termination.</u> The obligations of this Agreement shall be continuing for five (5) years after such disclosure of the Confidential Information.

　秘密保持義務の存続期間は、秘密情報の開示後5年間としている。秘密保持契約の目的、業界の慣行等にもよるが、おおむね合理的な規定であろう。なお、秘密保持期間と契約期間とが常に一致するとは限らず、別々に規定する例も見られるため、注意を要する。

> 6. <u>Survival of Rights and Obligations.</u> This Agreement shall be binding upon, inure to the benefit of, and be enforceable by Discloser, its successors, and assigns; and Recipient, its successors and assigns.

　契約上の地位が譲渡されても、譲受人へ拘束力が及ぶとする規定であり、これも合理的な規定であろう。

> 7. <u>Breach of this Agreement.</u> Confidential Information is extremely important assets to the Discloser. If Recipient breaches any provision of Clause No.2 of this Agreement, Recipient is responsible for payment of liquidated damages of US$50,000.00 per day until Recipient has proved to the Discloser that breach of the provision has been remedied and corrected completely.

　第2条の秘密保持義務違反の場合に、1日当たり5万ドルの違約金を規定している。違約金の規定は、開示当事者が被った損害を立証する必要がなく、裁判所も契約書の合意に拘束されるので、重要な秘密情報の

場合には、違約金を定めておきたいところである。

---

8. General Provisions.

(1) Governing Law and Dispute Resolution. This Agreement shall be governed by the laws of Japan. The parties agree to attempt to settle any claim or controversy arising out of this Agreement through consultation and negotiation in the spirit of mutual friendship and cooperation. If such attempts fail, the dispute shall be submitted to binding arbitration to be conducted in Tokyo in English language in accordance with the Rules of Japan Commercial Arbitration Association. In such proceedings, the prevailing party shall be entitled to reasonable attorney's fees and costs.

(2) Entire Agreement. This Agreement and any schedule or exhibit integrated hereto constitutes the entire understanding between the parties in respect of the matters set forth herein. Nothing in this Agreement may not be amended nor modified except by the written instruments signed by the duly authorized representatives of both Parties.

(3) Notice. Any notices, consents, objections, demands, requests or other communications required or permitted to be given pursuant to this Agreement shall be in writing, and shall be sent by certified mail, return receipt requested, to the addresses of the parties set forth in the heading to this Agreement. Either party may designate, by notice, a change of address hereunder. Notices shall be deemed to have been given when deposited in the mail.

(4) Headings. The headings of this Agreement are for convenience only and are in no way intended to affect the meaning or interpretation of any provision of this Agreement.

(5) Waivers, Amendments and Modifications. No provisions of this Agreement or any Schedule or Exhibit attached hereto shall be deemed waived, amended or modified by either party unless such waiver, amendment or modification is in writing and signed by the duly authorized representatives of both parties hereto.

　いわゆる一般条項の規定である。(1)で準拠法（どこの国の法律を適用して契約の解釈をするか）、紛争処理（このドラフトでは裁判ではなく、東京における（一社）日本商事仲裁協会の仲裁規則に従った仲裁によるとしている）を規定し、(2)で、完全合意条項（この契約書に規定してあることが合意のすべてである、以前の口頭・書面の合意を排除する）を規定し、(3)で、相手方への通知の方法・あて先を規定し、(4)で、条文の見出しは便宜的なもので解釈の基準に使用されない旨を規定し、(5)で、当事者の正当な権限を有する代表者の署名された書面以外による契約変更を禁止している。

【結語の例】

IN WITNESS WHEREOF, the parties have executed this agreement effective as of the date first written above.

DISCLOSER （　　　　　　　）　　RECIPIENT （　　　　　　　）
Signed: _____　　Signed: _____
Print Name: _____　　Print Name: _____
Title: _____　　Title: _____
Date: _____　　Date: _____

【実務上のポイント】
1．NDAは万能ではないことを前提に、NDAのドラフト・レビュー・締結・管理を実施すべきである。
2．NDAが万能ではない理由は、①法的な救済（損害賠償）や罰則が不十分、②漏洩事実の証明が事実上不可能、③相手方会社の従業員を管理することは事実上不可能といった諸点である。
3．したがって、NDAの長短や限界を認識したうえで、開示当事者が開示する情報は、出し惜しみをして必要最低限にとどめるべ

きである。

4．NDAの戦略的活用として、相手方から受領した秘密情報を社内使用できるように契約を構成しておく必要がある。

Column コーヒーブレイク

《トレード・シークレット（営業秘密）の法的保護》

　せっかくNDAで企業秘密の開示を管理していても、社内で対象となる秘密情報がきちんと管理されていないと、不正競争防止法で保護されるべき「企業秘密」として認定されず保護を受けられないおそれがある。企業が厳重に管理すべき秘密情報に該当するものとしては、事業計画、販売・マーケティング計画、製品製造のノウハウ、顧客リストなどの営業秘密や従業員情報、その他企業が秘密として管理している情報のすべてを指す。つまり、社外に漏れてしまうことにより、その企業に損害が発生するような重要な秘密情報を指す。

　こうした企業秘密は、日本では不正競争防止法により保護されている。ただし、企業が考える「企業秘密」がすべて同法で保護されるわけではなく、企業秘密が同法で保護される営業秘密に該当するためには、3つの要件を満たす必要がある。第1に、その営業秘密は「秘密として管理」されていることが必要である（不正競争防止法2条6項）。第2に、その営業秘密が企業の事業活動に有用であること。つまり、企業の事業活動に有用な生産方法や販売方法その他の技術上・営業上の情報であることが必要である（同法2条6項）。第3に、その営業秘密が公然と知られていないこと、つまり一般に公開されていないことが必要である（同法2条6項）。不正競争防止法が保護する「営業秘密」を不正に取得・使用・開示された者は、侵害者に対して損害賠償請求や使用の差し止めやその予防の請求などの民事上の救済が可能である（同法3条、4条）。他方では、刑事罰（10年以下の懲役または1,000万（法人は3億円）以下の罰金）も用意されている。→『企業法務2級（組織法務）第1章第2節』

4 Letter of Intent, Memorandum of Understanding

【事例問題】

> 日本のA社は、自社が開発・製造する大型トラックをドイツのB社に対して継続的に供給するために、売買基本契約の締結を前提に交渉を始めようとしている。A社はB社からレター・オブ・インテント（予備的合意書）の締結を要求されて、ドラフトを受領した。A社が売主となり、B社が買主となるひな型になっている。そもそも、レター・オブ・インテント（予備的合意書）とはどのような法的効力を持つものであり、A社がこれを検討するにあたって、どういったポイントに気をつけてレビューを行い、B社に対してコメントすべきであろうか。

（1）レター・オブ・インテントの法的拘束力

① 予備的合意書（覚書）の実務上の留意点

1）表題の例示

　表題の例を以下に示す（予備的合意書のタイトルを付された文書には、一般的に法的拘束力がないといわれているが、必ずしもそうではない。法的拘束力の有無は、そうしたタイトルからではなく、あくまで内容で判断しなければならない点に留意すべきである）。

- (a) Letter of Intent（LOI）
- (b) Memorandum of Understanding（MOU）
- (c) Memorandum of Agreement
- (d) Heads of Agreement
- (e) Letter of Understanding
- (f) Agreement in Principle
- (g) Memorandum of Intent

(h) Comfort Letter

(i) Commitment Letter

(j) Protocol

(k) Binder

(l) Instruction to Proceed

2）予備的合意書の目的と機能

(a) Comfort Documents（安心、気休め）

(b) Meeting Minutes（ミーティング議事録）

(c) Prospectus of Business Plan（事業計画の目論見書）

(d) Publicity／Announcement（公表）

(e) Interim Contract（中間的契約）

(f) Authorization to Proceed（投資の承認）

(g) Supplemental Contract（本契約の補助的な契約）

3）リーディングケース

(a) Canada Square Corporation Ltd. v. Versafood Services Ltd., (1981) 15B. L. R.（This it to confirm verbal understanding…regarding the restaurant on the top the new Transimerica Building…This constitute the general principles of our agreement with you.）

→ 法的拘束力が認められた（理由：賃貸の場所が特定されている）。

(b) Texaco, Inc. v. Pennzoil Co., 626 F. Sup. 250（S. D. N. Y. 1986）.（Agreement in Principles : In essence, this agreement is subject to approval of Pennzoil's Board of Directors Meeting, and is subject to execution of a formal agreement.）

→ 拘束力が認められた（会社間の基本的な合意は成立しており、取締役会の承認は形式的と解釈された）。

4）法的拘束力はどのような場合に認められるのか

(a) 契約締結の意思（裁判所はこの意思を尊重する）

→ したがって「not legally binding」の記載は法的拘束力を否定するものとみる。

(b) 合意の明確性（具体的に合意内容が記載される必要あり）

（2）ケーススタディー（演習）

下記CASEを参照していただきたい。

〈Question〉

この目的のためにLOI/MOUを締結したという最も重要な条項は何条だろうか（Answerは後段）。

【CASE　企業買収（M&A）LOI/MOUの事例】

―――――― Memorandum of Understanding (MOU) の例 ――――――

This Memorandum of Understanding is made as of the 15 day of April, 2000 by and between ("Seller") and ("Buyer") in respect of Buyer's possible acquisition of all the shares and interest in ABC Corporation ("ABC") held by Seller.

1. Seller shall sell all the shares and interests in ABC subject to the following conditions being satisfied: (売買条件)

  (a) Buyer shall complete their legal, business environmental, and accounting due diligence of ABC. Seller shall cooperate fully with Buyer and their professional advisors in the due diligence process;

  (b) Based upon information received to date by Buyer, Buyer presently consider the value of ABC to be US$14,000,000.00 on a consolidated basis. Buyer's offer price for ABC will be based upon this valuation but will further take into account (i) any matters considered by Buyer to affect the valuation identifild during the ongoing due diligence exercise; (ii) tax issue; and (iii) the refining company issue; and

  (c) The definite agreement for Buyer's purchase of all the shares of Seller in ABC under the terms and conditions satisfactory to both Seller and Buyer.

2. The Definite Agreement shall provide that the consideration to be paid

by Buyer shall be made (i) 70% on the Closing Date and (ii) 30% Shall be held in an interest bearing account for one year in order to secure any losses and/or damages for Buyer.（支払条件）

3. This Memorandum shall come into force from the date of this Memorandum and shall be valid for the period of three (3) months, provided that the validity of this Memorandum shall be extended if the parties agree in writing.（有効期間）

4. The Parties agree that any information realated to the performance of this Memorandum shall be kept strictly confidential and shall not be disclosed to any other person or entity without the prior written consent of the other parties except other than the purpose set forth in this MOU. Information do not apply to the following Information:

(1) Information already konwn to the Party at the time of disclosure;

(2) Information legally obtained by the Party from other third party without any restriction on further disclosure;

(3) Information independently developed by the Party;

(4) Information required to be disclosed under applicable law or governmental order, decree, regulation or by the rules and regulation of stock or securities exchange; or

(5) Information which was in the public domain at the time of disclosure or which be come public domain thereafter without fault of the Party.（秘密保持）

5. During the terms of this Memorandum, Seller shall not have any discussions with any one other than Buyer concerning the sale of any shares of ABC.（独占交渉権→日本の金融機関買収事件で有名になったものと同じ）

6. Expenses incurred for the due diligence shall be paid by Buyer.（費用負担）

7. This Memorandum shall be construed and governed by the laws of state of New York.（準拠法）

8. This Memorandum is not legally binding except the Section 4, 5, 6 and

7.（法的拘束力）

IN WITNESS WHEREOF, the duly authorized representatives of the parties have caused this Memorandum to be executed on the date first above written.

出所：河村寛治・舛井一仁・吉川達夫・牧野和夫『国際法務グローバル・スタンダード17ヶ条』288〜289頁、1999年

〈Answer〉

　買い手側にとっては、第5条の独占交渉権条項と第8条のlegally binding条項である。

Column ☕ コーヒーブレイク

《PDF、クラウド署名対応版》

　リーガルテックの普及によって、契約書の締結を、PDFファイルの交換により締結したり、電子認証を使用して行ったり（電子認証制度により本人確認して本人が締結する）、あるいは、クラウド上の電子署名（クラウド・プロバイダーのクラウド上で、プロバイダーにより本人確認してプロバイダーが代行して締結する）といった契約締結形態が出てきているが、通常の結語では、証拠能力に疑義が生じるので、以下の結語を使用することにより、契約当事者が（通常の契約書の締結ではない）これらの方法に合意することにより、証拠能力を高めるべきであろう。

【通常の契約書、PDF、電子契約、クラウド契約、すべての形式への対応版】

IN WITNESS WHEREOF, The Parties have caused this Agreement to be executed in its originals (including PDF files or any other method agreed by both Parties, all of which, both parties agree, shall be equally effective as manually executed originals) by the duly authorized representatives of both Parties.

両当事者の正当に授権された代表者によって本契約の原本が締結される。かかる原本は、PDFファイルその他当事者が合意した形式を含むが、これらのすべては自署により締結された契約の原本と同等の効力を有することを当事者は合意する。

第 **3** 節　**通商法の実務**

◆WTOの役割と国際的な通商紛争の一元化を把握する。
◆アメリカ通商法の具体的問題として、ダンピング、アメリカ
　関税法337条の不公正な輸入の制限、セーフガード措置、相殺
　関税、ワッセナー協約および原産地国問題について理解する。
◆アメリカ、EUおよび中国の独禁法の重要ポイントを把握する。
◆アメリカ、EUの独禁法の域外適用について理解する。
◆GDPRをはじめとする個人データ保護法の国際取引への影響
　を理解する。
◆反贈収賄規制の国際取引への影響を理解する。

1　通商法（アメリカ・EU・中国）

【事例問題】

　日本のA社は、自社が開発・製造するTVゲームマシンをアメリ
カ・カリフォルニア州のB社に対して継続的に供給しており、B社
がアメリカ国内で販売していた。ところが、TVゲームマシンの競
争会社であるC社は、A社のTVゲームマシンが安価でアメリカ国
内で販売されていることに着目し、アメリカの商務省へダンピング
調査の要請を行った。これを受けて、アメリカ商務省はA社および
B社に対してダンピングの調査を開始した。

　こうしたダンピング問題を含む「通商問題」にはどのような種類

があり、その国内処分に不服がある場合には、どのような救済を得ることができるであろうか。「WTOの役割と国際的な通商紛争処理の一元化」から論じて、以下の点について検討されたい。

(1) ダンピング
(2) アメリカ関税法337条の不公正な輸入の制限
(3) セーフガード措置
(4) 相殺関税
(5) ワッセナー協約
(6) 原産地国問題

（1）WTOと国際的な通商紛争処理の一元化

① 本格的な国際通商紛争処理機関「WTO」の登場

WTOとは、World Trade Organization（世界貿易機関）であり、1995年1月1日に発足した「国際的機関」である。この点で、WTOの前身であるGATT（General Agreement on Tariffs and Trade＝関税及び貿易に関する一般協定）などの「国際的協定」とは異なる。WTOの中身は、GATT（for goods）：物品の貿易に関する多角的協定、GATS（General Agreement on Trade in Services＝サービスの貿易に関する一般協定）およびTRIPs（Agreement on Trade-Related Aspects of Intellectual Property Rights＝知的所有権の貿易関連の側面に関する協定）という紛争解決に係る規則および手続に関する了解等の協定を一括受諾の対象としたものである[*1]。

したがって、GATTが、国境を越える「物品貿易」のみを対象としていたのに対して、WTOでは、物品貿易に加えて、（投資など）サービスや知的財産権をも対象としている。もともと、GATTのもとでの紛争解決手続は、加盟国が異議を唱えなければ同意を得たとする「ポジティブコンセンサス方式」を採用しているので、加盟国による手続の阻止が可能であった。したがって意思決定が遅れがちであるなどの問題点が多く、

GATTのもとでの紛争解決方法は、あまり活用されていなかった。これに対して、WTOでは、採択に反対することに「コンセンサス」が形成されない限り当該決定案を可決する「ネガティブ・コンセンサス方式」を採用し、手続の迅速化を図った（WTOホームページ[*2]、外務省ホームページ[*3]参照）。1948年から1994年の46年間でGATTが解決した紛争件数計314件に対して、1995年から2018年（8月現在）までの23年間で563件（年平均24.5件）[*3]に増加していることは、紛争解決の効率性や信頼性が増し、WTOの紛争解決がGATTのそれに比べて有効に機能していることを示しているともいえ、特筆に値する（外務省ホームページ[*3]参照）。

> [*1] https://www.mofa.go.jp/mofaj/gaiko/wto/gaiyo.html
> [*2] https://www.wto.org/english/tratop_e/dispu_e/disp_settlement_cbt_e/c1s1p1_e.htm
> [*3] https://www.mofa.go.jp/mofaj/gaiko/wto/funso/seido.html

② 日本が当事国となっているWTO事件

WTOへの係属事件のうち日本が当事国として協議を要請した案件は23件あり、近年では対新興国の案件が多い。係争中の4件を除く19件のうち、18件はわが国の主張に沿った解決がなされている（2018年3月末現在：経済産業省「通商白書2018」第4節[*4]）。日本が被提訴国となっている事件としては、酒税の格差問題（提訴国はEU、カナダ、アメリカ）、写真フィルム・印画紙市場に関する措置（提訴国はアメリカ）、移動電話に関する日米合意（提訴国はEU）、著作隣接権に関する問題（提訴国はEU、アメリカ）、豚肉輸入に関する措置（提訴国はEU）などである。他方、逆に日本が提訴国となっている事件としては、自動車部品市場の開放問題（被提訴国はアメリカ）、インドネシア国民車問題（被提訴国はインドネシア）、ブラジル自動車国産化政策問題（被提訴国はブラジル）、韓国による日本製ステンレス棒鋼に対するアンチダンピング措置（DS553）、韓国による日本製空気圧伝送用バルブに対するアンチダンピング措置（DS504）[*5]などがある。WTOでは、アメリカ通商法301条など[*6]の1加盟国から他の加盟国への一方的制裁措置は、WTO紛争解決手続

を経た後でなければ発動することができないので、とりわけ、日米間の通商問題では、アメリカ通商法301条などの一方的制裁措置の不合理な発動を回避するために、日本側が、WTOの紛争解決手続を戦略的に活用している場合もあるようである（外務省「コラム　紛争解決機関としてのWTO」『外交』Vol 32[7]）。

＊4　https://www.meti.go.jp/report/tsuhaku2018/2018honbun/i3140000.html
＊5　https://www.mofa.go.jp/mofaj/gaiko/wto/funso/funsou.html
＊6　https://www.govinfo.gov/content/pkg/USCODE-2015-title19/pdf/USCODE-2015-title19-chap12-subchapI-part8-sec2242.pdf
＊7　https://www.mofa.go.jp/mofaj/files/000096476.pdf

③　WTOのめざすもの

　1970年代に開始されたGATTの東京ラウンドあたりから、国際的な通商問題は、関税問題から、市場の閉塞性など非関税障壁へ、ウエートが移ってきているといわれているが、WTOのもとにおいても、前述した日本が当事国となっているWTO事件の多くが、市場の閉塞性など非関税障壁の解決を問題としており、日本が米国のアンチダンピング措置を争う事案が見られた。そして近年では、再生可能エネルギー分野の措置、IT製品等のハイテク分野の関税問題、中国のレアアース等の鉱物資源分野等、新たな分野で紛争処理制度が活用されている（外務省「コラム　紛争解決機関としてのWTO」『外交』Vol 32[8]）。こうして、WTOのもとでより多くの通商問題が解決され、多くの判断事例が積み上げられることは、関税障壁、非関税障壁を問わず、通商問題解決に関する国際的な共通ルールの構築へ一歩一歩近づくということであり、望ましい傾向であるといえる。

＊8　https://www.mofa.go.jp/mofaj/files/000096476.pdf

（2）ダンピング

① ダンピング規制とは

　ダンピング（Dumping）とは、製品供給業者が、市場での適正価格以下での製品の「不当廉売行為」によって、特定市場の産業に実質的な

損害を与えることをいう。狭義には、国際ダンピング、すなわち、輸出業者が製品を国内市場で一定価格で販売し、同一・類似製品を不当な低価格で海外特定国市場へ輸出し、当該市場の産業に実質的損害を与えることをいう。広義には、国内ダンピングも含む場合がある。当該製品の輸入・販売国では、自国の市場や産業を守るために、当該製品の輸入に際し、適正市場価格と実際の販売価格との差額に相当する金額の「ダンピング税」を輸入時に課する対抗手段をとる。これをダンピング規制という[1]。

> [1] https://www.meti.go.jp/policy/external_economy/trade_control/boeki
> kanri/trade-remedy/ad.html

② アメリカのダンピング規制

アメリカのダンピング規制は、1930年アメリカ関税法（Tariff Act of 1930）を根拠とする。アメリカでは、「ダンピング」とは、次の2つの要件を満たす場合をいう。第1に「公正市場価格（Fair Market Value）」より低い価格でアメリカへ輸出した場合をいうが（U. S. C. -Title 19 Customs Duties, Sec1677（34）.[2]）、「公正市場価格」の算出方法の基準としては、同種製品の第三国における販売価格、製品コスト、業界の利益率などが用いられている。第2に「ダンピング」により、アメリカ国内の産業が「実質的な被害」を受ける、もしくは、受けるおそれがあることが必要であるが、アメリカ国内産業への「実質的な被害」は、「ダンピング」製品の価格レベル、輸入数量、当該国内産業の利益率の低下などの要素を考慮して決定される。

手続的には、第1の「公正市場価格」かどうかの要件審査は、アメリカ商務省（Department of Commerce：DOC（以下「DOC」という））が行い、第2の「ダンピング」によるアメリカ国内産業への「実質的な被害」の認定は、アメリカ国際貿易委員会（International Trade Commission：ITC（以下「ITC」という））により決定される[3]。

なお、1988年アメリカ包括通商法（The Omnibus Trade and Competitiveness Act of 1988）では、「ダンピング」規制の回避を防ぐため

の規定を設けている。たとえば、第1に、アメリカ国内での製品の組み立て・販売で、アメリカ国内の付加価値が小さいもの、第2に、第三国での製品の組み立て・販売で（第三国経由の迂回輸入の場合）、第三国内の付加価値が小さいものなどについても、「アンチダンピング規制」の対象となるとし、アメリカ通商代表部（USTR）を通じてダンピングを行っている企業の所属する政府に対して、GATT所定の措置をとるよう要求する申立てを行うことができることになった。現在では、1994年の関税及び貿易に関する一般協定第6条の実施に関する協定[*4]に従い、WTO加盟国によるダンピングに対してはWTOの枠組みの中でアメリカ通商代表部が外国政府に是正措置をとるよう要求できることになっている（アメリカ通商代表部ホームページ参照）。ただし、わが国も是正を求めているように、2000年10月に1930年関税法の一部を修正し、アメリカ関税当局に対して、毎年押収した関税額を国内生産者に分配することを認めるいわゆるバード修正条項、不当なダンピング認定、長期にわたる反ダンピング措置の継続等の問題について、WTO協定に抵触する可能性も指摘されている。

* 2　https://www.govinfo.gov/content/pkg/USCODE-1995-title19/pdf/
    USCODE-1995-title19-chap3-subtitleIV_2-partII-sec1673e.pdf)
* 3　https://www.jetro.go.jp/world/n_america/us/trade_03.html#block9
    https://help.cbp.gov/app/answers/detail/a_id/216/~/anti-dumping-
    %28ad%29-and-countervailing-duties-%28cvd%29)
* 4　https://www.mofa.go.jp/mofaj/ecm/it/page25_000413.html

③　EUのダンピング規制

　EUでは、加盟各国が「ダンピング法」を持たず、ダンピング問題はEU規則により規制されており、また、EC委員会（通商規制の権限は、EUではなくEC委員会が持つ）が、「ダンピング法」の執行機関となっている。「アンチダンピング規制」の根拠となるEC規則は、「欧州連合加盟国以外の国からのダンピング輸入品に対する保護に関する2016年6月8日付欧州議会・理事会規則2016/1036（2016年6月30日付官報L176掲載）（規則2017/2321、2018/825により改正）」である[*5]。EC委員会による当

該EC規則の運用・執行は、EU域内の産業保護の観点からEC加盟国からの被害申立てに基づいて調査が行われるのが通常であり、申立てから45日以内に調査実施の是非を決し、官報で公示する。申立てがなくてもEC委員会が積極的に調査を行う場合もある。

* 5　https://www.jetro.go.jp/ext_images/jfile/country/eu/trade_02/pdfs/eu_p08_2E010.pdf

（3）不公正な輸入の制限

①　アメリカ関税法337条の不公正な輸入の制限

　1930年アメリカ関税法337条のもとでは、不公正な競争行為の対象となった物品の輸入によって、アメリカの産業が実質的被害を被るものと判断される場合には、ITCは、当該物品の輸入禁止命令や（輸入済みの）国内在庫品販売の禁止命令を出すことができる。また、同法337条の事件は、ITCの調査開始決定後、通常事件で1年以内、複雑事件でも1年半以内でITCの決定が下される[*1]。

　このように、同法337条のもとにおける事件処理の特色としては、アメリカの裁判所の事件処理に比べると、第1に、救済方法が「輸入禁止命令」などと強力であること、第2に、事件解決が迅速になされる（通常事件で1年以内）ことなどが挙げられる。「不公正な競争行為の対象となった物品の輸入」については、知的所有権（特に、特許権や商標権）の侵害のケース（偽ブランド品の輸入）がほとんどであるが、談合入札などの独禁法違反のケースも、アメリカ関税法337条の輸入制限の対象となることに留意すべきである。

* 1　http://www.city-yuwa.com/explain/ex_glossary/detail/kanzei337.html

②　1988年アメリカ包括通商法による1930年アメリカ関税法の強化

　1930年アメリカ関税法337条のもとでは、すべての不公正な輸入について、アメリカの産業への実質的被害を立証しなければならなかった。これに対して、1988年アメリカ包括通商法により、1930年アメリカ関税法が改正され、知的所有権侵害の場合には、第1に、「アメリカの産業へ

の実質的被害の立証」は不要とされ、「不公正な輸入」の事実のみを立証すれば足りるとされた。第２に、ITCによる仮救済命令の発令が、従来調査開始後７カ月以内であったのを、通常事件は90日（複雑事件は150日）以内へと改正し、手続の一層の迅速化を図った。すなわち、このアメリカ関税法改正により、ITCもしくは被害を受けている企業などは、比較的困難であるといわれる「アメリカの産業への実質的被害」を立証せずに、「不公正な輸入」の事実のみを立証すれば、以前より短時間で、当該物品の輸入や在庫品の販売を差し止めることが可能となるという点で、知的所有権侵害の側面において同法337条が強化されたものといえる。したがって、この意味で、この同法改正の意義はきわめて大きいものといえる。また、こうした知的所有権侵害に関する関税法の改正は、1980年代から始まったアメリカのプロ・パテント主義の台頭と歩調を合わせるものであったといえる。ただ、関税および貿易に関する一般協定に違反しているのではないかとの批判も根強い。

③　日本企業が巻き込まれたケース

　古くは、日本製カラーテレビの輸入をめぐっての第２次貿易摩擦時代において、アメリカのテレビメーカーが日本のテレビメーカーを、略奪的価格での輸入を行っていることを根拠として、アメリカ関税法337条違反でITCに申立てを行った事例等が見られたが、ITCの決定には至らず、和解で解決したものもあった。その後、1980年代に見られたような光ファイバー特許に関する紛争が挙げられる。アメリカ企業は、日本企業の光ファイバーの輸入差止めを求めて、ITCに同法337条違反の申立てを行った例があり、ITCは、アメリカ産業への実質的な被害なしとの判断を下した例が見られた。その後も日本企業が巻き込まれるケースが減少しているわけではなく、また、日本企業がアメリカ市場をめぐって競合する第三国の企業を相手にITCに申し立てるケースも、特に2000年以降に見られるようになってきている[2]。

　＊２　http://www.city-yuwa.com/explain/ex_glossary/detail/kanzei337.html

（4）緊急輸入制限（セーフガード）措置

① 緊急輸入制限（セーフガード：Safe Guard）措置とは

　特定の外国製品の輸入が急増した場合で、その輸入国において、当該外国製品と競合する製品の国内製造者に重大な損害を与え、もしくは、与えるおそれがある場合には、その輸入国は、当該国内製造者を保護するために、一時的に、緊急に輸入数量を制限することを認めている（1994年GATT第19条[*1]）。これを、「緊急輸入制限（セーフガード）措置」という。

> ＊１　https://www.meti.go.jp/policy/trade_policy/wto/wto_agreements/marrakech/html/wto14.html

② EUにおける緊急輸入制限措置

　EUにおける緊急輸入制限措置については、WTOに基づくセーフガード措置については、共通輸入規則に関する2015年３月11日付欧州議会・理事会規則2015/478、日EU・EPAにおけるセーフガード措置については、欧州連合と第三国が締結した一部の貿易協定における特恵措置の一時停止を可能とする二国間セーフガードおよびその他制度を実施する2019年２月13日付欧州議会・理事会規則2019/287が、それぞれ定めている。緊急輸入制限措置は、EC時代の共通通商政策以来、EU全体で統一され、制定・実施されている。欧州委員会による調査の結果、特定の外国製品の輸入が急増した場合で、EUの国内産業に重大な損害を与える、もしくは与えるおそれがある場合には、加盟国政府からの申立て、もしくは欧州委員会の職権により、諮問委員会（加盟国代表および欧州委員会議長から構成）は、一定期間保護措置（輸入数量制限や関税の引き上げなど）あるいは監視措置をとることができる（EU企業から欧州委員会への直接の申立てはできないことに留意されたい）[*2]。

> ＊２　（https://www.jetro.go.jp/world/europe/eu/trade_02.html）

③ アメリカにおける緊急輸入制限措置

　アメリカにおける緊急輸入制限措置は、1974年アメリカ通商法201条に規定されている「エスケープ・クローズ（Escape Clause）」がこれ

に当たる。特定の外国製品の輸入が急増した場合で、アメリカ国内産業に重大な損害を与える、もしくは与えるおそれがある場合には、一定の手続に従い、輸入数量制限、関税引き上げ、または関税割当ての措置がとられる。「エスケープ・クローズ」の具体的な手続は、第１に、利害関係者（被害を受ける国内企業など）の請求、政府機関の措置請求、もしくは職権により、ITCは調査開始決定を行う。第２に、ITCが、調査開始決定から120日以内にアメリカ産業への重大な被害の有無につき決定を行う。第３に、ITCがとるべき措置の勧告を大統領へ行い、第４に、大統領は、勧告受領後60日以内に、救済措置につき決定を行う。なお、2000年代に入ってからは日本、欧州連合等が輸出する鉄鋼製品に対する発動、中国が輸出するトラック用タイヤ、太陽光パネル、大型家庭用洗濯機の輸入*³に対する発動の例がある。

  ＊３ http://www.kanzei.or.jp/topic/international/2018/for20180125_2.htm

（5）相殺関税

① 相殺関税とは

　外国政府が特定の製品について、輸出促進・奨励のため補助金（subsidy）を交付している場合に、当該製品の輸入国では、当該製品に関する国内産業に実質的な損害が生じる、もしくは実質的な損害が生じる可能性が発生する。このような場合に、輸入国政府は、関連国内産業を守るための対抗手段として、こうした補助金交付を不公正な貿易慣行とみなし、当該補助金の額を限度として、割り増しの関税を課することがある。こうした割増関税のことを、相殺関税（countervailing duty）*¹と呼ぶ。「アンチダンピング規制」と「相殺関税」とは、ともに外国による不公正な貿易慣行に対して、対抗手段として、割増関税を課するものである点で共通するが、「アンチダンピング規制」は、外国「企業」が行う不公正な低価格輸出に対抗する手段であるのに対して、「相殺関税」は、外国「政府」が自国の企業の輸出を奨励する補助金制度に対抗する手段である点で両者は異なる。

＊1　http://www.customs.go.jp/tokusyu/sousai_gai.htm

② 相殺関税の対象となる補助金の範囲

　相殺関税の対象となる補助金は、外国政府が自国企業へ付与する直接の金銭的補助に限られる。たとえば、金利・返済期間などにおける優遇条件での融資、税制上の優遇措置、直接の資金援助などがこれに当たる。特定の産業を対象としないものや環境保護や地域開発など公益を目的とするものは、相殺関税の対象とされない。

③ アメリカにおける相殺関税制度

　アメリカにおける相殺関税措置＊2は、1930年アメリカ関税法に規定されている。相殺関税の調査手続は、アンチダンピングの調査手続と同様である。すなわち、利害関係（被害を受ける産業に属する企業など）の申立て、もしくは、DOCの職権によりDOCが補助金有無の調査を行い、同時並行して、ITCが国内産業への実質的被害の調査を実施する。DOCおよびITCの調査の結果、双方が実質的被害ありとされた場合に、DOCの相殺関税賦課命令が下される。1930年アメリカ関税法は、さらに、1988年アメリカ包括通商法における改正により、いわゆる「アメリカへの迂回輸出」、たとえば、第三国もしくはアメリカで低付加価値での組み立てのみを行いアメリカへ再輸出もしくは販売を行う場合も、相殺関税措置の対象とされるようになった。

＊2　https://www.jetro.go.jp/world/n_america/us/trade_03.html

④ 日本における相殺関税制度

　日本の相殺関税制度は、関税定率法7条および相殺関税に関する政令において規定されている＊3。過去において、日本で相殺関税制度の適用が検討された例はあまり多くないが、1983年にパキスタン産の綿糸、2004年に韓国ハイエニックス社製DRAMについて、相殺関税の調査が開始されたことがある＊4。

＊3　http://www.customs.go.jp/tokusyu/sousai_gai.htm
＊4　http://www.customs.go.jp/tokusyu/kazeikamotsu_sousai.htm

（6）国際的輸出管理機構の設立に関する新協約（ワッセナー協約）

① 国家安全保障による通商制限

国家安全保障による通商制限としては、かつては、ココム（The Co-ordinating Committee for Export Controls ＝輸出管理調整委員会）による輸出規制があり、自由主義国から共産国向けの戦略物資の輸出を規制していた。しかしながら、1991年におけるソビエト連邦の自由主義経済への移行により、東西冷戦が事実上終結した。そこで、1994年に、ココム加盟国23カ国は、ココム輸出規制を1994年3月31日をもって失効させ、ココム輸出規制に代わるものとして、国際的輸出管理機構を設立することに合意した。国際的輸出管理機構の設立に関する協約は、「ワッセナー協約」[1]と呼ばれ、ココム加盟国23カ国に加えロシア・東欧諸国4カ国が加盟し、1996年4月に発足した。

　＊1　http://www.wassenaar.org

② 冷戦終了後の「ワッセナー協約」の目的

東西冷戦終了後の国際的輸出管理機構設立の目的は、世界各地の地域紛争の防止にある。すなわち、規制の対象製品としては、通常兵器のみならず、通常兵器に関連・結びつく汎用製品（たとえば、セラミックスやコンピュータなどのハイテク製品など）が含まれる。輸出先規制の対象国としては、朝鮮民主主義人民共和国、イラン、イラク、リビアなどが含まれる。ココム時代に、日本企業が輸出管理規制違反事件に巻き込まれた例があるが、ポスト・ココム時代においても、同様の注意が必要であろう。なお、ココムがその対象地域を対共産圏に限定していたのに対し、ワッセナー協約は特定の対象国・地域に限定することなく、すべての国家・地域およびテロリスト等の非国家主体も対象としている[2]。

　＊2　https://www.mofa.go.jp/mofaj/gaiko/arms/wa/index.html

③ アメリカにおける輸出管理規制

アメリカにおいては、1979年輸出管理法（Export Administration Act of 1979）により、アメリカから諸外国への製品輸出が規制されていた。これは、自由貿易主義の原則に対する「例外的規制」であることか

ら、以下の3つの場合に限り、最小限での規制を認めていた。第1に、
「アメリカ国家の安全保障上の輸出規制」であり、外国の軍事力の増強
に寄与し、アメリカの国家の安全を脅かすおそれのある場合、第2に、
「特定製品の供給不足による輸出規制」であり、供給不足製品の海外へ
の流出を防止し、国内経済を守るため、第3に、「アメリカ国家の外交政
策上の輸出規制」であった。しかし、2001年8月に失効し、現在では国
際緊急事態経済権限法（IEEPA）が輸出管理を包括的に規制している[3]。

　なお、国際取引にあたっては、輸出地域規制についても留意が必要で、
キューバ、イラン、シリアは包括的輸出禁止国とされ、部分的輸出禁止
国・対象者としてベラルーシ、ミャンマー、中国、キューバ、イラン、
北朝鮮、シリア、ベネズエラ、スーダンなどが指定されている。制裁対
象になっている国、対象者への直接輸出、および第三国を通じた間接輸
出は原則として禁止されており、アメリカ財務省等が発表している制裁
国リスト等[4]に都度留意する必要がある。

　　＊3　https://www.jetro.go.jp/world/n_america/us/trade_02.html#block8
　　＊4　https://www.treasury.gov/resource-center/sanctions/Programs/Pages/
　　　　Programs.aspx

④　日本における輸出管理規制[5]

　日本における外国貿易の管理は、外国為替の管理とともに、「外国為替
及び外国貿易法」（昭和24年12月1日法律第228号。以下「外為法」と
いう）によって規定されている[6]。外為法では、従来の「輸出禁止の原
則」から「輸出自由の原則」へ変更されており、このような「輸出自由
の原則」のもとで、例外的に、「国家安全保障による輸出規制」や国際収
支の均衡を維持するなどの「経済的目的を実現するための輸出規制」に
おいては、許可もしくは承認制を採用することができるとされている。
ただし、国家安全保障上の国際協定も、冷戦終了後「ココム規制体制」か
ら「ワッセナー協約体制」へと新しく移行しており、「外為法」の運用も
その観点から変わってきている。また、金融ビッグバンをにらんで、平
成10（1998）年4月1日から施行された「改正外為法」では、外国貿易

の管理の側面も一層の自由化が促進され、従来の「外国為替及び外国貿
易管理法」から現行の法律名に変更された。

　また、平成21（2009）年11月1日施行の改正外為法により技術の提供
を目的とする取引については、①特定の種類の貨物の設計、製造もしく
は使用に係る技術を特定の外国において提供することを目的とする取引
を行おうとする居住者もしくは非居住者は、経済産業大臣の役務取引許
可を受ける必要があること（外為法25条1項前段）、②特定技術を特定
国の非居住者に提供することを目的とする取引を行おうとする居住者は、
経済産業大臣の許可（役務取引許可）を受ける必要があること（同項後
段）、の2点が求められるようになった[*5]。

　さらに、安全保障環境の変化に対応し、平成29（2017）年10月には、
(1) 輸出入禁止命令に対する別会社を使った制裁逃れに対応するため、
別会社の担当役員等への就任等の禁止、(2) 仲介業者等の関係者への立
入検査、(3) 輸出許可・技術取引許可に付された条件に違反した場合に
おける過料の罰則化、を軸とする外為法改正がなされた[*7]。

> ＊5　http://www.cistec.or.jp/export/yukan_kiso/anpo_gaiyou/index.html
> ＊6　https://www.meti.go.jp/policy/anpo/outreach/Industry_TH/www_
> 　　　th110407/pdf/th7.pdf
> ＊7　https://www.meti.go.jp/policy/anpo/seminer/shiryo/setsumei_
> 　　　anpokanri.pdf

(7) 原産地国（country of origin）問題
①　問題の所在[*1]

　たとえば、日米間では、日本からアメリカへ完成乗用車を輸出する場
合には、自主的な輸出数量枠規制が従来存在していた。また、日本から
EU諸国へ完成乗用車を輸出する場合にも、同様の自主的な輸出数量枠
規制が存在している（なお、イタリアやフランスは、国別に数量枠規制
が存在する）。アメリカと欧州、いずれの輸出枠自主規制も、日本の自動
車メーカーが現地国産化を促進することにより、現在では意味が薄れて
きていることは別として、たとえば、アメリカの自主的な輸出数量枠規

制を合法的に回避するために、隣国のカナダで乗用車の生産を行い、一定の付加価値を付けたうえで、アメリカへ再輸出することが考えられる。他方、欧州では、たとえば、イギリスで乗用車の生産を行い、一定の付加価値を付けたうえで、国別に数量枠規制が存在するイタリアやフランスへ再輸出することが考えられる。このような場合は、日本から主要な部品を多く輸出することもあり、輸入国となるアメリカやイタリア、フランスとしては、当該乗用車がカナダ製あるいはイギリス製でないとして、（日本製として）輸入を制限したり（「自主規制」の名目をとっているので、「輸入禁止」は難しい）、関税を引き上げたりすることを検討することになるであろう。法的に、このような輸入制限や関税引き上げが可能なのであろうか。それがいわゆる「原産地国問題」である。

　　＊1　http://www.jastpro.org/essay/pdf/wto01_01-01.pdf

② 原産地国の基準とされる国産化率

　特定の国で製造された乗用車の原産地国（いわば製品の国籍）がどこの国であるかを決定するためには、一般的に使用されている基準は、「国産化率」[2]による決定である。たとえば、実際に争われた前述の「イギリスで乗用車の生産を行い、一定の付加価値を付けたうえで、イタリアやフランスへ再輸出していた」日本メーカーの場合には、従来EU内では60％の国産化率を満たしていれば、EU製として、EU域内を自由に流通することができたが、当該再輸出行為について、フランスから輸出数量枠規制の回避であるというクレームを受け、結局は政治的決着が図られ、国産化率80％を一定時期までに達成することで解決された。

　　＊2　国産化率：「local content」といい、製品の卸売り価格に占める国内で発生した付加価値（たとえば、通常は国産部品の購入価格と組立労務費、管理費、利益などの合計金額）の割合を指す。この割合が100％であれば、その国が原産地国であることに異論はないが、最近では、世界中から安くてよい部品・材料を調達することが一般的であり、原産地国の判断が難しい場合も多い。

③ 結局は政治的問題に帰着する「原産地国問題」

　このように、「原産地国問題」は、政治的問題に発展することが多く、現

時点で問題がなくても、政治的な状況の変化により、輸出が制限されることになる事態にも発展するので、常に動向を注視しておく必要がある。

（8）TPPを中心とする貿易・サービスの新しい枠組み

① TPP協定

TPP協定とは、環太平洋パートナーシップ協定（Trans-Pacific Strategic Economic Partnership Agreement または Trans-Pacific Partnership）をいい、多国間で結ばれている、「ヒト、モノ、カネ」の流れをスムーズにするための経済連携協定の1つであり[*1]、2015年10月のアトランタ閣僚会合で大筋合意に至り、2016年2月にニュージーランドで署名された。日本は2017年1月にTPP協定を締結した。

その後、2017年1月にアメリカの離脱表明を受け、アメリカを除く11カ国で協定の早期発効を協議し、2017年11月のダナンでの閣僚会合で11カ国によるTPPにつき大筋合意に至り、2018年3月チリで「環太平洋パートナーシップに関する包括的及び先進的な協定（TPP11協定）」が署名された。メキシコ、日本、シンガポール、ニュージーランド、カナダ、オーストラリア、ベトナムの7カ国が国内手続を完了した旨の通報を寄託国ニュージーランドに行っており、2018年12月30日に発効するに至っている[*2]。

アジア太平洋地域におけるモノの関税だけでなく、サービス、投資の自由化、知的財産、金融サービス、電子商取引、国有企業の規律など、貿易・サービスのあらゆる分野にわたっており、国内経済や法制度への影響は大きい。ただ、現状、凍結された項目も多岐にわたっており、今後の推移に留意する必要がある。

* 1 http://www.cas.go.jp/jp/tpp/tpp11/index.html
* 2 https://www.mofa.go.jp/mofaj/gaiko/tpp/index.html

② TPP11協定の条文の概要

第1条 TPP協定の組込み（incorporation）
第2条 特定の規定の適用の停止（凍結）→③参照

409

　　　第３条　効力発生（６カ国の締結完了）

　　　第４条　脱退

　　　第５条　加入

　　　第６条　本協定の見直し（review）

　　　第７条　正文（英、仏、西）

③　凍結項目

　急送少額貨物（5.7.1（f）の第２文））／ISDS（投資許可、投資合意）関連規定（第９章））／急送便附属書（附属書10-B５および６）／金融サービス最低基準待遇関連規定（11.2等）／電気通信紛争解決（13.21.1（d）／政府調達（参加条件）（15.8.5）／政府調達（追加的交渉）（15.24.2の一部）／知的財産の内国民待遇（18.8（脚注４の第３〜４文））／特許対象事項（18.37.2、18.37.4の第２文）／審査遅延に基づく特許期間延長（18.46）／医薬承認審査に基づく特許期間延長（18.48）／一般医薬品データ保護（18.50）／生物製剤データ保護（18.51）／著作権等の保護期間（18.63）／技術的保護手段（18.68）／権利管理情報（18.69）／衛星・ケーブル信号の保護（18.79）／インターネット・サービス・プロバイダ（18.82、附属書18-E、附属書18-F）／保存および貿易（20.17.5の一部等）／医薬品・医療機器に関する透明性（附属書26-A.3）

④　国内法への影響[＊3]

　環太平洋パートナーシップ協定の締結に伴う関係法律の整備に関する法律（「TPP整備法」）が制定され、以下の法律について、施行期日をTPP11協定の発効日に改正する（TPP整備法附則１条）こととなった。

　１）関税暫定措置法

　２）経済上の連携に関する日本国とオーストラリアとの間の協定に基づく申告原産品に係る情報の提供等に関する法律

　３）著作権法

　　　（TPP11協定上の凍結項目（「著作物等の保護期間の延長」「技術的保護手段」「衛星・ケーブル信号の保護」および「審査遅延に基づく特許権の存続期間の延長」）を含む（TPP整備法　附則１条））

4）特許法

5）商標法

6）医薬品、医療機器等の品質、有効性及び安全性の確保等に関する法律

7）私的独占の禁止及び公正取引の確保に関する法律

8）畜産物の価格安定に関する法律

9）砂糖及びでん粉の価格調整に関する法律

10）独立行政法人農畜産業振興機構法

* 3　http://www.cas.go.jp/jp/tpp/tpp11/pdf/180327_houan_siryou01.pdf

2　EU一般データ保護規則（GDPR）

（1）世界の個人情報保護法の動向

UNCTADの報告[1]によると、2019年3月27日現在、世界の58％の国で立法化が進み、10％がドラフトの段階、21％が立法が未了の段階、12％が不明とのことであり、日本企業と取引のある大半の国では何らかの個人情報保護法が存在していることを意味する。後述するEU一般データ保護規則（以下「GDPR」という）の制定をはじめとして全体として個人情報や個人データ等の保護の強化を図り、執行も厳格になされる方向になりつつある[2]。たとえば、近時、Google社に対してフランス当局により5,000万ユーロ（約62億円）の課徴金が課されたこと等、摘発による法的リスクは競争法違反や贈収賄禁止違反に匹敵するといえる[3]。特に高額な課徴金が課されることは、親会社の株主代表訴訟の根拠ともなりうる点で重大な経営リスクにもつながる。

そのため、グローバル展開する国際企業は、グローバルレベルでの情報法コンプライアンスの構築が経営課題として求められるとともに、グローバルレベルの国際取引のリスク管理においても、ビジネスの拠点のある国や地域に個人情報保護法が存在するか否かの調査[4]とその内容の把握が法的リスクの分析の重要な出発点となっている[5]。

＊1　https://unctad.org/en/Pages/DTL/STI_and_ICTs/ICT4D-Legislation/
eCom-Data-Protection-Laws.aspx　2017年現在で、約120の国で情報保護
法が制定されているとの報告がある。
(2017) 145 Privacy Laws & Business International Report, 10-13
UNSW Law Research Paper No.17-45　https://papers.ssrn.com/sol3/
papers.cfm?abstract_id=2993035
＊2　https://ec.europa.eu/commission/sites/beta-political/files/190125_gdpr_
infographics_v4.pdf
＊3　競争法違反については、『企業法務２級（組織法務）』第１章第２節を参
照、贈収賄禁止法違反のリスクについては本節 **4** を参照。
＊4　調査の出発点として、UNCTADのホームページ等の情報が有用である。
https://unctad.org/en/Pages/DTL/STI_and_ICTs/ICT4D-Legislation/
eCom-Data-Protection-Laws.aspx
＊5　個人情報保護法による組織的態勢構築については、『企業法務２級（組
織法務）』第１章第６節を参照。

（2）EU（EUデータ保護指令とGDPR）

① GDPR制定の経緯

　企業活動のグローバル化に伴い、企業の取り扱う個人情報や個人デー
タが国境を超えて授受されるようになり、リスク管理の対象として認識
されるようになった。EUにおいては、EU域内で「個人データ取扱に係
る個人の保護及び当該データの自由な移動に関する1995年10月24日の
欧州議会及び理事会の95/46/EC指令」（以下「EUデータ保護指令」＊1
という）の規制が存在したものの、具体的な規制はEU各国がその主権
に基づきこれに沿った立法を行うことにゆだねられていたため、具体的
な規制の内容は国ごとにばらつきがあった。そこで、EU域内で直接適用
される規則として2016年４月に成立し、2018年５月25日から施行され
たのが「個人データの処理に係る自然人の保護及び当該データの自由な
移動並びに1995年46番EU指令」（以下「GDPR」という（General Data
Protection Regulation ＝一般データ保護規則）」＊2）である。注意を要す
るのは、適用される国と地域はEUデータ保護指令とは異なり、28カ国
のEU加盟国に加え、欧州経済領域（EEA）＊3加盟国の３カ国が含まれる

点である。この3カ国にはアイスランド、リヒテンシュタイン、ノルウェーが挙げられる。すなわち、GDPRの適用のある国は計31カ国ということになる。

* 1 　個人情報保護委員会が使用する「EUデータ保護指令（Data Protection Directive 95)」の用語による。
　　　https://www.ppc.go.jp/enforcement/cooperation/cooperation/GDPR/
* 2 　同上
* 3 　外務省の用語による（「欧州経済領域（European Economic Area)」)』
　　　https://www.mofa.go.jp/mofaj/area/osce/s_kikou.html

② 取引法務への影響

　EUデータ保護指令およびGDPRの全体的リスクおよび組織上の対応義務については、『企業法務2級（組織法務）』で詳述するが、本項では取引法務への影響を中心に述べることとする。

1）EUデータ保護指令の規制

　EUデータ保護指令の規制では、個人データの収集・処理・移転の各場面での規制があり、取引法務の場面において、特に規制を踏まえた対応が求められるのは、個人データの移転の場面、とりわけEU域外の第三国への個人データの移転の場面であろう。

　まず、EU域内の個人データの移転については、EUデータ保護指令にいう「処理」に該当するため、データ主体の明確な同意が必要とされている（EUデータ保護指令7条(a)[*4]）。そして、特徴的なのは域外規制である。すなわち、EU域外の第三国への個人データの移転[*5]については、当該第三国が欧州委員会によって「十分なレベルの保護措置を確保している場合」以外は原則的に禁止されている（同指令25条[*4]）。

* 4 　総務省「EUデータ保護指令仮訳」参照。http://www.soumu.go.jp/main_content/000196313.pdf
* 5 　EUデータ保護指令にもGDPRにも「移転」の定義は存在しないが、解釈上はEU域外の第三者が閲覧することができる状態になれば、「移転」に該当すると考えられる。

　そのため、欧州委員会から十分性の認定を受けていない第三国への個

人データの移転については、例外的対応として①データ主体の明確な同意（同指令26条*⁴）に基づいて移転によること、②欧州委員会（同指令26条４項*⁴）が認めた標準契約条項（実務ではStandard Contract Clausesを略して「SCC」と呼ばれることが多い）を締結して移転によること、③拘束的企業準則（実務ではBiding Corporate Rulesを略して「BCR」と呼ばれることが多い）に基づく移転の方法によること、が必要となっている。

取引法務において実務上、特に重要性を持つのは、②のSCCである。SCCとして、欧州委員会は３種類のモデル条項*⁶を承認しており、欧州域内の個人データを欧州委員会の十分性の認定を受けていない第三国に移転する必要がある場合には、相手企業、案件ごとに当該モデル条項を締結し、各国の個人情報保護に関する監督機関の承認を得ることによって移転することができるようになる。ただし、モデル条項の内容は、遵守すべき義務の内容も多岐にわたり、法的義務として必ずしも軽いものではないこと、相手企業、案件ごとに当該モデル条項を締結し、各国の個人情報保護に関する監督機関の承認を得ることは手続上煩雑であり、現場での負担が大きく、必ずしも容易な手段ではない点等には留意が必要である。

　　*６　欧州委員会ホームページ「Standard contractual clauses for data transfers between EU and non-EU countries.」参照。https://ec.europa.eu/info/law/ law-topic/data-protection/international-dimension-data-protection/standard-contractual-clauses-scc_en　仮訳については日本貿易振興機構（ジェトロ）のホームページ参照。https://www.jetro.go.jp/world/reports/2018/01/8 d894f365ea5c3a7.html

　そのほか、③拘束的企業準則（「BCR」）に基づく移転が手段として考えられる。BCRとは、個人データのEU域外への移転に関する拘束力ある企業グループ内の内部ルールを制定し、EU加盟国の監督機関の承認を得ることにより、多国籍企業のグループ企業内での個人データの移転を可能にするものである。SCCと異なり、移転の都度契約を締結する必

要がなくなる点では企業にとってメリットといえるが、承認事例は少なく、必ずしも容易な手段とはいえない点に留意が必要である[7]。2019年4月現在、日本企業でBCRの承認を受けた企業はわずかである。

＊7　日本企業では楽天株式会社が承認された事例が挙げられるが、経済産業省の報告によると、2017年末の申請数は数社にとどまる。https://corp.rakuten.co.jp/privacy/bcr.html
　　　https://www.meti.go.jp/policy/it_policy/privacy/downloadfiles/18datewg08.pdf

2）GDPRにおける規制

GDPRにおいては、EUデータ保護指令の規制を引き継ぎつつ、新たな規制、不備の改善などがなされている。

BCRについては、GDPRと同様に監督機関の承認が必要である点には変更はない（GDPR47条1項[8]）。ただし、EUデータ保護指令では監督機関の承認は各国にゆだねられていた結果、国により判断が一貫しないリスクがあったが、一貫性メカニズム（GDPR47条1項、同63条）の導入により制度上はこうした制度上のリスクは解消された。とはいえ、企業にとってBCRの承認取得に労力・コストの負担が伴うことに変わりない点は留意する必要があろう。

＊8　https://www.ppc.go.jp/files/pdf/gdpr-provisions-ja.pdf

SCCについても、EUデータ保護指令のもと、欧州委員会が承認した3種類のSCCをGDPR施行後の引き続き使用することができる。EUデータ保護指令と異なるに至った点は、SCCの締結に関し、監督機関の承認が不要となった点である（GDPR46条2項（c）（d））。

なお、GDPR下でSCCに代わるモデル条項として想定されている標準データ保護条項（Standard Protection Clause：SPC）が導入され、欧州委員会から隨時発表されている[9]。

＊9　EUホームページ「Standard Contractual Clauses（SCC）」参照

③　GDPRの各国への影響

　GDPRの制定は、各国に影響を与えている。たとえば、ブラジル、タイはGDPRと類似する法制度を導入し、一部を自国の実情に向けて緩和している。また、スイス、シンガポール等も自国の個人情報保護法をGDPRの内容を参考に厳格化する改正を行う傾向にある。特徴的な傾向は、越境移転規制と域外適用の規制である。

　そして、わが国も個人情報保護法の改正でEUの個人情報保護法制の影響を受け、越境移転規制が設けられた（個人情報保護法24条）。特に、GDPRの成立に先立って個人情報保護法は改正されたが、EUデータ保護指令およびGDPR制定による日本企業への影響克服が、法整備を図るうえでの立法的課題であったといわれる。すなわち、EUデータ保護指令およびGDPRの要求水準を十分に満たしたとの認定（十分性認定＝Adequacy Decision）（GDPR45条）を受けていなかったことに伴って、EU域内から日本への個人データの移転について受けていた前述したような法的制約や不利益を取り払い、日本企業の国際競争力が国内法の不備によって悪影響を受けないようにする立法目的があったとされている[10]。その結果、日本は欧州委員会より十分性認定を受けることができ、2019年1月23日に発効している[11]。ただし、2019年4月現在、十分性認定に伴うガイドライン等については整備の途上にあり、引き続き欧州委員会および日本の個人情報保護委員会のガイドラインの制定、補完的ルール制定等の動向を注視していく必要がある[12]。特にSCCの締結で対応してきた企業、BCRの承認を受けた企業は、特段のGDPRの改正、欧州委員会の承認等がない限りは引き続き従前の対応は有効ではあるが、欧州委員会のSPCの承認の動向等には引き続き留意が必要である。

＊10　影島広泰『改正個人情報保護法と企業実務』2017年、417頁

＊11　"European Commission adopts adequacy decision on Japan, creating the world's largest area of safe data follows" European Commission-Press Release Database（dated 23 January 2019, available at: http://europa.eu/rapid/press-release_IP-19-421_en.htm）

＊12　「日EU間のデータ越境移転について」個人情報保護委員会ホームページ参照。

https://www.ppc.go.jp/enforcement/cooperation/cooperation/
sougoninshou/

④ EUの十分性認定と日本の個人情報保護法の改正（平成27 (2015) 年改正）の背景

前述のとおり、EUデータ保護指令25条[*13]では、個人データの移転が認められるために必要な「十分なレベルの保護措置」を確保している国と認定されていない場合、EU域外への個人データの移転は、SSCの締結による移転か、BCRによる移転による制約があり、日本国が十分性認定を受けていないことによって、日本の事業者が国境を越えて情報を流通させる際に大きな法的な障害となっているとされてきた。EUデータ保護指令で規制する越境保護規制は、GDPRにおいても引き継がれている。

　[*13]　前掲「EUデータ保護指令仮訳」参照。

　その十分性認定を受けるにあたって、これまでEUからも指摘されていた批判や懸念、特に①各省の縦割りな規制から独立した第三者機関としての個人情報保護委員会の設置（個人情報保護法第5章）、②機微情報に関する規定の整備（同法2条1項）、③小規模取扱事業者に対する法の適用（改正前の個人情報保護法2条5項5号の削除）、④越境データ移転に関する規制（個人情報保護法24条）、⑤保有個人データの開示請求権の明確化（同法28条〜30条、34条）等の必要性が指摘されてきた。以上の点を柱とする個人情報保護法の改正がなされ、GDPRの発効に先立って平成29 (2017) 年5月30日から施行されるに至った。

　以上の改正を受け、引き続き欧州委員会との協議が続けられてきたが、日本は欧州委員会より十分性認定を受けることができ、平成31 (2019) 年1月23日に発効している[*14]。ただし、補完ルール[*15]の策定、ガイドラインの策定、変更等が随時進んでおり、前述のとおり、わが国の個人情報保護委員会や欧州委員会の公表情報を追跡調査し、最新の情報を収集して現場での対応方針に落とし込んでいく必要がある。日本政府は、令和2 (2020) 年に個人情報保護法の改正案を国会審議する予定であり、

個人の「データ利用停止権」などを導入する予定である。

＊14　＊9に同じ

＊15　https://www.ppc.go.jp/files/pdf/Supplementary_Rules.pdf

⑤　アメリカとEUの関係

　EUデータ保護指令との関係では、アメリカは十分性認定を受けていなかった。しかし、外交交渉による「セーフハーバー協定」＊16の締結がなされ、セーフハーバーの認証を受けた場合には個人データの移転の適用に行うことができることとなった。

　しかし、2015年10月、欧州司法裁判所がこのセーフハーバー協定が無効との判決を出したため、2016年2月に新たな枠組みとしてプライバシーシールド協定が締結された。この「プライバシーシールド」の枠組み＊17における一定の条件を満たしたもとでアメリカ企業がEU市民の個人データを使用する場合、アメリカ商務省の申請を行うことにより、EUからアメリカへの個人データの移転が可能となっている。

　アメリカ・カリフォルニア州でもGDPRをモデルとし、消費者プライバシー法（CCPA）が2020年1月1日に施行されたが、詳細は曖昧であり、企業側の情報収集と対応が急がれる。

＊16　Federal Trade Commission　https://www.ftc.gov/tips-advice/business-center/privacy-and-security/u.s.-eu-safe-harbor-framework

＊17　Federal Trade Commission　https://www.commerce.gov/sites/commerce.gov/files/media/files/2016/fact_sheet-_eu-us_privacy_shield_7-16_sc_cmts.pdf、https://www.privacyshield.gov/US-Businesses

⑥　まとめ

　GDPRを中心に各国の個人情報保護制度によりグローバルでの個人データの共有で問題となりうるポイントは、(1) 取得に際しての通知事項の有無およびその内容、(2) 同意の要否、(3) 保管期間、(4) データ処理契約の要否とその内容、(5) 越境移転規制の有無およびその内容、におおむね集約される。各国の個人情報保護法制の確認にあたっては、上記5点を中心に比較調査・検討を進め、特に国際取引法務においては、デ

ータ処理契約の要否、内容の調査・精査が出発点となる点で重要となる。その過程で各国の専門家から助言を受けつつ、現地の規制当局への申請やその要否について対応することが肝要である。

⑦　参考となる情報

以下に調査にあたって有用な情報を掲載する。

〔GDPR関係〕

・総務省「EU各国における個人情報保護 制度に関する調査研究報告書」

http://www.soumu.go.jp/main_content/000545716.pdf

・GDPRの日英文

https://www.ppc.go.jp/files/pdf/gdpr-preface-ja.pdf

〔諸外国の動向〕

・個人情報保護委員委員会ホームページ

https://www.ppc.go.jp/news/surveillance/

・個人情報保護委員会「諸外国の個人情報保護制度に係る最新の動向に関する調査研究」

https://www.ppc.go.jp/files/pdf/201803_shogaikoku.pdf

・諸外国の個人情報保護法の動向

https://unctad.org/en/Pages/DTL/STI_and_ICTs/ICT4D-Legislation/eCom-Data-Protection-Laws.aspx

3　独禁法（アメリカ・EU・中国）

【事例問題】

日本のA社は、自社が開発・製造するTVゲームマシンをアメリカ・カリフォルニア州のB社に対して継続的に供給しており、B社がアメリカ国内で販売していた。ところが、日本のA社の北アメリカ担当執行役員のX氏は、TVゲームマシンの競争会社であるC社

の国内販売担当副社長Y氏へ、東京の本社から国際電話をかけて、「今度両社が販売するTVゲームマシンの販売小売価格を300ドル以上にしよう」と口頭で合意した。この会話の内容は、Y氏から通報を受けていたアメリカのFBIにより録音されており、アメリカのFTC（連邦取引委員会）が調査を開始した。

　基本的に、アメリカではどのような行為が独禁法に違反してどのようなペナルティーがあるのか。事例のように日本国内からの行為に対してもアメリカの独禁法は適用されるのであろうか。EUではどうであろうか。

（1）アメリカ・EU独禁法の特徴──域外適用およびリニエンシー制度

　本来は自国の独禁法は、自国の領土内の行為に対して適用される（属地主義）。しかしながら、外国の行為であっても自国の産業、消費者に影響を与える場合には、自国の独禁法が域外適用される場合がある。すでにアメリカおよびEUでは、独禁法の域外適用の原則が確立している。本事例問題のケースでは、日本から行われた行為であっても、アメリカの産業・消費者に影響を与える場合といえるので、域外適用される可能性は高いといえよう。実際に日本製紙事件（1997年）のように日本国内での価格カルテル行為につき域外適用を肯定した例もある。

　他方で、事後のリスク回避の方策がある。リニエンシー制度は、課徴金免除制度のことをいい、「入札談合やカルテルなど独占禁止法に違反する取引制限を行った企業が、公正取引委員会にその事実を報告し資料を提供した場合に、課徴金を減免する制度」をいう。たとえば、「公取委が立入検査を開始する前に、最初に報告した企業は全額、2番目は50％、3番目は30％、検査開始後は一律30％減額する。検査開始前と開始後で合計5社（検査開始後は最大3社）まで減免を受けることができる」といった方法をとることで、事件発覚や当局の立証を容易にすることを目

的とした制度である。アメリカでは1978年、EUでは1996年に導入され、その後、幾度かの改正を経て今日に至っている。日本でも平成17（2005）年の独占禁止法改正で導入された（松岡博『レクチャー国際取引法』212頁、2012年）。国際企業にとっては、各国のリニエンシー制度の活用は、当局による制裁リスクを低減するためにも必要不可欠であろう。

（2）アメリカ独禁法

① 概要

アメリカ独禁法という1つの法律があるわけではなく、連邦法については、①シャーマン法、②クレイトン法および③連邦取引委員会法、の3つの主要な制定法から構成されている。また、それぞれの州の独禁法ないしは消費者保護法等の名称の法律で規制され、適用を受ける場合もある。

1）シャーマン法

シャーマン法では、カルテル・独占行為を禁止し、その違反に対し差止め、刑事罰等を規定する。違反行為についてシャーマン法上の文面は抽象的で、判例法によって解釈が確立している点に留意が必要である。

2）クレイトン法

クレイトン法では、シャーマン法違反の予防的規制を目的とし、競争を阻害する価格差別（15 U. S. Code section 13）[1]、不当な排他的条件付取引の禁止（15 U. S. Code section 14）、合併等企業結合の規制（15 U. S. Code section 18）、三倍賠償制度（15 U. S. Code section 15）等について定める。

　＊1　https://www.law.cornell.edu/uscode/text/15/13

3）連邦取引委員会法

連邦取引委員会法では、不公正な競争方法を禁止し、連邦取引委員会の権限、手続等を規定する。アメリカ独禁法の執行機関は、司法省反トラスト局（Antitrust Division, Department of Justice）および連邦取引委員会（Federal Trade Commission）（以下「FTC」という）で

ある。連邦取引委員会法は、クレイトン法の違反行為の審査権限を規定し、加えて、不公正な競争方法（unfair methods of competition）、不公正・ぎまん的な行為または慣行（unfair or deceptive acts or practices）を禁止している。

② アメリカ独禁法の違反行為

アメリカ独禁法の違反行為には、大きく分けて「当然違法（per se illegal）」の行為と「合理性の原則（rule of reason）」が適用される行為の2つに分けられる。前者は、理由を問わず、当該行為が実質的にどの程度市場に影響を及ぼしたか否かにかかわらず、その行為類型に該当すれば当然に違法となる行為であり、たとえば、カルテル等の水平的制限が「当然違法」の行為に当たる。「当然違法」の行為類型に当たる場合には通常刑事訴追される。後者は、合理的な理由があれば違法とされない行為類型であり、たとえば、非価格的な垂直的取引制限行為は、基本的に当該行為の競争制限効果と競争促進行為とを比較衡量して、競争に与える影響が悪影響を与えるか否かを検討し、非合理的で競争制限的な効果を持つ行為を違法行為とする合理性の原則に基づいて判断される。

1）カルテル

州間または外国との取引を制限するすべての契約、結合または共謀が禁止される。いわゆる水平的カルテル（価格協定、市場分割協定、入札談合、共同ボイコットなど）は、市場の競争に与える影響の大きさにかかわらず行為の外形から当然違法とされる。罰則は、法人の場合には1億ドル以下の罰金、個人の場合には100万ドル以下の罰金もしくは10年以下の禁錮刑またはその併科である（シャーマン法1条、15 U. S. Code section 1[*2]）。罰金額については、違反行為により獲得した利益または与えた損害額の2倍まで引き上げることができる（18 U. S. Code 3571（d））。さらに、これらの違反行為については、司法省による民事訴訟（差止請求訴訟）が提起され、またはFTCにより排除措置が命じられ、被害者個人により、差止請求訴訟（クレイトン法16条）および三倍賠償請求訴訟（同法4条、15 U. S. Code section 15）が提起することも可能であ

るため、私訴も比較的活発である。

＊2　https://www.law.cornell.edu/uscode/text/15/1

　実務上の留意点は、これまでの判例の事例等で利益を確保したか否かにかかわらず、各自業者間で独自に決定すべき競争上の機微な情報、諸条件について話し合いや合意を行ったという事実自体が違法行為となりうる点である。特に、価格や生産量等の戦略に関する決定が独自に当該会社の決定によってなされたといえるかどうかが重要となり、同業他社と何らかの話し合いや合意があることがカルテルとして違法行為になりうるということである。そのため、同業他社との接触には一層の注意が必要となり、平時からのコンプライアンス教育が重要である。そして、日ごろの教育を実践すべき実際の取引現場においても、反トラスト法違反に該当する行為は一切行わないことを書面で関係者に表明保証させ、アジェンダの事前確認を行って予防措置をとり、弁護士に議事録をとらせる等の措置でリスクを可能な限り低減し、違法行為となる疑いのある議題が出てきた段階で直ちに退出すべきこと、その旨も議事録に残させる等の具体的な行動基準を現場に周知徹底することが重要となっている。

2）独占行為

　州間または外国との取引を独占し、独占を企図し、または独占する目的をもって他の者と結合・共謀することが禁止され、カルテルと同様の制裁を受ける（シャーマン法2条）。規制の対象は独占状態ではなく、独占を実現する行為、すなわち、一定の市場において意図的に独占力（価格支配力、競争排除力）を取得、または維持することである。

3）企業結合

　競争を実質的に減殺、または独占形成のおそれがある企業結合（合併、株式取得、資産取得）が禁止されている（クレイトン法7条）。所定の合併等企業結合は、反トラスト局と連邦取引委員会に対する事前届出が義務づけられている（合併禁止期間は届出後原則3日）。

4）再販売価格維持行為

　再販売価格維持行為については、1911年のDr. Miles事件判決以来、

長きにわたってカルテルは常に不当な競争制限効果があることを前提に「当然違法」の原則が適用されてきたが、2007年のLeegin事件[3]のアメリカ最高裁判決で合理性の基準を適用する判断が示された。再販売価格維持行為がときに消費者にとって有利に働き、競争促進的な効果が存在する場合もあることが合理性の基準を適用するに至った理由といわれている。

> [3] https://supreme.justia.com/cases/federal/us/551/877/
> http://www.mofo.jp/topics/legal-updates/legal-updates/47.html

5）価格差別

同種同等の製品を異なる購入者間で価格の面で差別することは、競争減殺、独占形成、競争阻害のおそれがある場合、運送費・販売方法・数量割引によるコストの差に基づくものを除いて禁止されている（クレイトン法2条）。

③ 連邦量刑ガイドライン

連邦量刑ガイドラインとは、アメリカ連邦法上の犯罪行為に対して、連邦裁判所が量刑判断の際の経緯の明確化や量刑の公平化を目的として定められたガイドラインで、独禁法違反についても規定が置かれている[4]。たとえば、会社が意図的な違反行為によって及ぼした金銭的損失額の20%が罰金の基準額となりうることが規定されている（連邦量刑ガイドライン Chapter Eight – section 8C2. 4）。そして、Culpability Score（同ガイドライン Section 8C2. 5）というスコアで規定する事情の有無、たとえば、有効なコンプライアンスプログラムや倫理プログラムの有無等の事情を勘案してスコアが決定される。そのうえで最終的な量刑が決定されるしくみだ。

> [4] Chapter two Part R. Section 2R1.1 https://www.ussc.gov/sites/default/files/pdf/guidelines-manual/2018/GLMFull.pdf

個人についても同様の発想で個人向けの量刑ガイドラインが規定されており（同ガイドライン Section 2R1. 1、Chapter Five Section 5E1. 2（Fines for Individual Defendants））、個人については、2万ドル以上、

売上額の1～5％とする旨が規定されており（同ガイドライン Section 2R1.1）一定の情状事由の考慮についても規定されているものの、個人にとっての違法行為による影響は決して小さくはない。

そのうえ、上記の罰金を受けることに伴う株主代表訴訟や第三者に対する責任も発生しうることを勘案すると、違法行為による代償はきわめて大きなものとなりうる前提となっている。

④　アメリカのリニエンシー制度、アムネスティ・プラス制度

アメリカでは1978年にリニエンシー制度が導入され、「企業に対するリニエンシー方針」（1993年）および「個人に対するリニエンシー方針」（1994年）に基づき運用されている。一番初めに行為を報告した事業者を刑事訴追しないことを内容とするものである。リニエンシー制度の対象となる行為は、刑事訴追の対象となる当然違法の水平的協定（例：価格カルテル、入札談合）等である（公正取引委員会「米国・EUにおける最近の競争法の運用について」独禁懇178-2）。すなわち、アメリカ司法省にみずから関与したカルテルについて申告を行うことで、刑事訴追を免れ、刑事罰を免責される制度である。その結果、民事訴訟における懲罰的損害賠償の適用を回避できたり、他の被告との連帯責任回避等の結果を得ることができる点でメリットになる制度である。

アムネスティ・プラス制度とは、摘発された企業が当局が把握していない他の製品についての違法行為を自白すれば、それらに科せられた罰金の免除および最初に摘発された罰金は軽減されるという制度をいう[5]。

> ＊5　平尾覚・龍義人『競争法グローバルコンプライアンス増補版』65頁、安東梨華「米国反トラスト法にご用心」ジェトロ[6]
> ＊6　https://www.jetro.go.jp/ext_images/jfile/report/07001711/07001711.pdf

実際に、アメリカ司法省によるリニエンシー制度やアムネスティ・プラス制度を組み合わせて活用し、功を奏しており、芋ヅル式の情報提供によって摘発実績を上げ、司法取引に持ち込み、ホームページ等で公表する措置をとっている。その結果、民事訴訟にもつながっていく事態が見られるようになっている（→後述⑤）。さらに、カーブ・アウトと呼

ばれる会社と関与した役職員を会社との司法取引の交渉から切り離して個人としての刑事責任を追及する手法を使い、リニエンシー制度やアムネスティ・プラス制度をより効果的に機能させている。日本企業にとってもアメリカ独禁法の制度や実務上の事例に熟知しておくこと、グローバルコンプライアンスについて現場に周知徹底し、予防法務に注力することが重要な経営課題となっている。

⑤　アメリカ独禁法違反に伴う民事訴訟

前述のクレイトン法5条 (a)*7によると、アメリカ独禁法で有罪とされた判断は、その後の民事訴訟における「一応の証拠（prima facie evidence)」となる旨が規定されている（15 U. S. Code Section 16)。一応の証拠とは、その内容が証拠により覆されない限り、事実であると推定されることを意味し、違反した被告が違反していない立証責任を負うことになる。そのため、アメリカ司法省との司法取引に応じた段階で、刑事裁判での有罪確定前であっても民事訴訟が提起される場合も少なくない。司法取引に応じておきながら、反証することは現実的には難しく、多くの場合、アメリカでの高額な弁護士費用等も勘案して、速やかに和解による決着が試みられる傾向にある。

＊7　(a) Prima facie evidence; collateral estoppel

A final judgment or decree heretofore or hereafter rendered in any civil or criminal proceeding brought by or on behalf of the United States under the antitrust laws to the effect that a defendant has violated said laws shall be prima facie evidence against such defendant in any action or proceeding brought by any other party against such defendant under said laws as to all matters respecting which said judgment or decree would be an estoppel as between the parties thereto: 中略

上記のほか、アメリカにおいては①クラスアクションでの訴訟提起がされるリスクがあること、②いわゆる州民訴訟として、州法である独禁法や消費者保護法を根拠として通常はクラスアクションの形態で訴訟提起されるリスクがあること、③いずれも無視や放置をすれば原告の主張どおり損害賠償を受け入れる結果となること、④長期の訴訟に伴う弁護

士費用、異なる州をまたがる訴訟に伴う弁護士費用が高額となるリスクがあることには十分に留意する必要がある。そのため、現地の法律専門家との連携、日ごろの関係構築も重要である。

（3）欧州（EU）独禁法（競争法）の概要

　欧州（EU）独禁法（競争法）は、欧州連合の機能に関する条約101条（競争制限的協定、協調的行為の規制）、102条（市場支配的地位の濫用行為の規制）[*1]からなる。欧州（EU）独禁法（競争法）の執行機関は欧州委員会である。

> ＊1　公正取引委員会ホームページ「世界の競争法」より。
> https://www.jftc.go.jp/kokusai/worldcom/kakkoku/abc/allabc/e/eu.html

① 競争制限的行為

　欧州（EU）独禁法（競争法）では、競争制限的行為を禁止している。すなわち、事業者間の協定、事業者団体の決定および協調的行為であって、加盟国間の取引に影響を与えるおそれがあり、かつ、共同市場内の競争の機能を妨害・制限・歪曲する目的を有し、または係る結果をもたらすものは禁止される。この規定は、メーカーと販売業者間の協定（垂直的協定）にも適用される。具体的に禁止される協定の例として、以下が原則として挙げられている（欧州連合の機能に関する条約101条）。

　　ア　価格協定
　　イ　生産、販売、技術開発または投資に関する制限または規制
　　ウ　市場分割
　　エ　取引の相手方を競争上不利にする差別的取扱い
　　オ　抱き合わせ契約
　　カ　再販売価格維持行為

　ただし、一定の行為は適用免除とされる。欧州委員会は、自動車の流通とサービスに係る協定、技術移転協定、研究開発協定等の行為について、期限つきで一括適用免除規則を定めている（欧州連合の機能に関す

る条約101条3項）。

違反行為に対しては、欧州委員会による排除命令および制裁金（直前の事業年度における総売上高の最大10%）を課すことができる。

② 市場支配的地位の濫用

共同市場またはその実質的部分における支配的地位を濫用する1以上の事業者の行為は、それによって加盟国間の取引が悪影響を受けるおそれがある場合には禁止される。具体的には以下が競争制限的行為違反と同じである（欧州連合の機能に関する条約102条）。ただし、同102条には適用免除規定はない。

　ア　不公正な価格または取引条件
　イ　需要者に不利となる生産・販売・技術開発の制限
　ウ　取引の相手方を競争上不利にする差別的取扱い
　エ　抱き合わせ契約等

③ 合併等企業結合

一定の規模以上の合併等企業結合が規制対象である。企業結合の当事者は、事前に欧州委員会に届出をしなければならない。合併審査は、共同体市場またはその実質的部分において、有効な競争が著しく阻害されることとなるか否かという基準で行われる。違反行為に対しては、欧州委員会から合併の解消等措置の命令、制裁金（直前の事業年度における総売上高の最大10%）を課すことができる（欧州連合理事会規則No. 139/2004参照）。

④ 制裁金

欧州委員会は行政機関であるため、欧州委員会の行う処分や手続は行政手続であり、行政処分としての「制裁金」が課されることになる。EU機能条約第101条および第102条違反に対する制裁金の額は、直前の事業年度の総売上高の10%までと定められおり、欧州委員会は、当該範囲内において制裁金の額を設定する裁量を有している。欧州委員会は、「制裁金の設定に関するガイドライン」（2006年改訂）を策定・公表しており[2]、同ガイドラインに基づいて制裁金額を決定している。同ガイドラ

インによると、違反行為が行われた取引市場における当該事業者の直近
事業年度の売上高（直近関連売上高）の30％を上限とする金額[*3]で欧州
委員会が決定した額を基本額として算定する。「これに違反行為の継続
年数を乗じ、」同業者間のカルテル行為など、いわゆるハードコアカル
テルと呼ばれるケースの場合には、「これに直近関連売上高の15〜25％
（「entry fee」と呼ばれる部分）を上乗せして基本額を算定する」。「した
がって、ハードコアカルテルの場合には、『直近関連売上高×30％×継
続年数＋直近関連売上高×15〜25％』が基本額となる」ことから、基本
額の算定の段階でかなり高額となることが予想できる。なお、15〜25％
の決定は、あくまでも欧州委員会の専権事項となっており、その理由や、
背景、直接的決定要因も不明な要素が残る（平尾・龍『前掲書』89頁）。

    [*2] https://eur-lex.europa.eu/legal-content/EN/ALL/?uri=CELEX:52006XC
       0901（01）

    [*3] 同上 Guidelines on the method of setting fines imposed pursuant to
       Article 23（2）（a）of Regulation No 1/2003（2006/C 210/02）21.

  そのうえで、「特定の要件、たとえば、再度の違反、審査妨害、違反行
為の先導者（以上、増額要件）、違反行為をすぐにやめたこと（カルテル
事件以外にのみ適用される）、参加が限定的・効果的な審査協力、公的
機関による奨励があったこと等（以上、減額要件[*4]）が考慮され」、「基
本額の調整が行われ、最終的な制裁金額が算定される」とされている[*5]。
  アメリカ司法省との司法取引の交渉とは異なり、欧州委員会での手続
では、弁護士経由での面談の場やオーラルヒアリングの手続があるもの
の、基本的には行政手続であり、書面主義を中心とする点で一般的な意
味の交渉と呼べる性質の手続はない点に留意が必要である。

    [*4] Guidelines on the method of setting fines imposed pursuant to Article
       23（2）（a）of Regulation No 1/2003（2006/C 210/02）28から31.
       https://eur-lex.europa.eu/legal-content/EN/ALL/?uri=CELEX:52006XC
       0901（01）

    [*5] 公正取引委員会ホームページ「世界の競争法」より引用。
       https://www.jftc.go.jp/kokusai/worldcom/kakkoku/abc/allabc/e/eu.html

⑤　EUのリニエンシー制度

　カルテル事案における制裁金の免除または軽減に関する告示によって1996年に導入され、その後、2002年および2006年に改正されて現在に至っている。対象行為は、欧州連合の機能に関する条約101条1項違反のうちの水平的カルテルに該当する行為で、制裁金の全額免除および制裁金の減額が内容となっている[*6]。すなわち、制裁金の減免を得る要件として、カルテルに参加したとする会社が、カルテルの嫌疑に関する捜査を遂行させた場合、あるいは、カルテルの嫌疑や違反に該当すると判断できる情報や証拠を第1番目に提出する場合（Commission Notice on Immunity fromfines and reduction of fines in cartel cases II A（8））には全額免除の余地を、このような要件を満たさず、全額免除を得られない場合も、欧州委員会にとってきわめて付加価値のある証拠を提出した会社に対しては、1番目は30〜50％、2番目以降は20％までの減額が認められる（Commission Notice on Immunity fromfines and reduction of fines in cartel cases（26））といった制度となっている。

　　＊6　Commission Notice on Immunity fromfines and reduction of fines in
　　　　cartel cases（Text with EEA relevance）（2006/C 298/11）
　　　　　　https://eur-lex.europa.eu/legal-content/EN/ALL/?uri=CELEX%3A520
　　　　06XC1208%2804%29

⑥　実務上の留意点

　④、⑤において規制の概要を述べたが、日常業務において留意すべき反競争的な行為として挙げられるのが「情報交換」であり、EUでは厳しく判断される傾向にある。特に競合他社との秘密情報の交換は、たとえ明確な違反の意図がなかったとしても、本来知り得ない情報の交換の結果、反競争的な効果を生じさせたと判断されるリスクの高い行為とされる。そして、その線引きも当局の裁量としてケースバイケースであって、明確ではないのが実情である。

　このような状況からも平時からのグローバルコンプライアンス教育と

現場への徹底がより重要性を持つようになっているのである。

（4）中国独禁法
【事例問題】

> 日本のメーカーのA社は、中国の販売子会社B社を通じて、中国国内で顧客へ部品の供給を行っていた。その際に、A社はB社に対して、B社から顧客へ販売する価格リストを作成して、その金額で販売するように指示をしていた。A社の行為は法的に問題があるだろうか。

「中華人民共和国独占禁止法」（以下「中国独禁法」[*1]という）（2007年8月30日公布、2008年8月1日施行）は、全8章57条から構成され、第1章：総則、第2章：独占的協定、第3章：市場支配的地位の濫用、第4章：企業結合、第5章：行政権力の濫用による競争の排除及び制限、第6章：独占的行為と疑われる行為に対する調査、第7章：法的責任、第8章：附則、により構成される。独占禁止法の施行後、企業結合の届出基準に関する規定を含む、各種の規定、ガイドライン等が制定・公表されている。独禁法の執行等同法に関する業務の組織、調整および指導について責任を負う機関として「独占禁止委員会」を国務院が設置し、独占禁止委員会は競争政策の策定、市場における競争状況の調査・公表、ガイドラインの策定、法執行業務に係る調整等を行うこととされている（同法9条）。そして、独禁法の執行機関（以下「国務院独禁法執行機関」という）として、商務部、国家発展改革委員会および国家工商行政管理総局の3機関が認定されており、商務部が企業結合に係る規制、国家発展改革委員会が価格に係る独占的協定・支配的地位の濫用行為に係る規制、国家工商行政管理総局が価格以外に関する独占的協定・支配的地位の濫用行為に係る規制を行うこととされている（なお、本項は公正取引委員会ホームページ[*2]より作成）。

　＊1　仮訳につき、https://www.jftc.go.jp/kokusai/worldcom/kakkoku/abc/

allabc/c/china2_files/china-kariyaku.pdf

＊2　https://www.jftc.go.jp/kokusai/worldcom/kakkoku/abc/allabc/c/
china2.html

① 　中国独禁法の適用範囲

　中国独禁法は、国内の経済活動における独占的行為、また、国外で行
われる行為のうち、国内市場における競争を排除または制限する影響を
及ぼす行為に適用される（同法2条）。独占的行為には、①事業者間でカ
ルテル等の独占的協定を行うこと（同法2章）、②事業者が市場で支配的
地位を濫用すること（同法3章）および③事業者が競争を排除もしくは
制限する効果を有し、またはそのおそれのある企業結合を行うこと（同
法4章）が含まれる（同法3条）。例外的に、独禁法は、①事業者が知的
財産権に関する法令の規定に基づき知的財産権を行使する行為（同法55
条）、②農業生産者および農業生産経営にかかわる組織が農産物の生産・
加工・販売・輸送・保管等の事業活動において実施する共同行為等に対
しては適用されない（同法56条）。ただし、事業者が知的財産権を濫用し
て競争を排除または制限する行為については、独禁法が適用される（同
法55条）。

② 　中国独禁法の規制の概要

　中国独禁法は、①独占的協定、②市場支配的地位の濫用、③企業結合
ならびに④行政権力の濫用による競争の排除および制限、を主な規制対
象としている。

1）独占的協定

　独占的協定とは、「競争を排除し若しくは制限する合意、決定又はその
他の協調行為」をいうとされる（同法13条）。合意または決定は、書面か
口頭かを問わず、「その他の協調行為」とは、事業者が明確に書面もしく
は口頭による協定または決定を締結していないが、実質上、協調または一
致した行為が存在することを指す（国家工商行政管理総局令53号2条）。

　独占的協定は、(1) 競争関係にある事業者間で締結されるものと、(2)
事業者と取引先の間で締結されるものに区別される。それぞれ、次の内

容を含む独占的協定は禁止される。競争関係にある事業者間で締結される独占的協定として規制される行為としては、①価格の固定または変更、②生産数量または販売数量の制限、③販売市場または原材料購入市場の分割、④新技術や設備の購入制限、または新技術および新製品の開発制限、⑤共同の取引拒絶等（独禁法13条）があり、事業者と取引先の間で締結される独占的協定として規制される行為としては、①再販売価格の固定、②再販売価格についての最低価格の設定等（同法14条）がある。

また、事業者団体が、当該事業者団体が属する業界の事業者にこれらの独占的協定を締結させるような環境づくりをすること等も禁止されている（同法16条）。

そこで、本【事例問題】のA社の行為について見てみると、明確にA社はB社に対して、再販売価格の維持を指示しているので、違法となる。

なお、独占的協定が、①技術の改善または新商品の研究開発、②品質の向上または費用削減、③中小事業者の競争力の向上、④社会公共利益の実現等を目的とする場合であって、市場における競争を著しく制限するものではないこと、および消費者が当該協定による利益を享受しうることを事業者が証明したときは、独禁法13条および14条は適用されない（同法15条）。

2）市場支配的地位の濫用

市場支配的地位を有する事業者は、当該市場支配的地位を濫用して、競争を排除または制限してはならない（同法6条）。市場支配的地位とは、「事業者が関連市場において、商品の価格、数量若しくはその他の取引条件を支配することができる、又は他の事業者による関連市場への参入を阻害し、若しくは参入に影響を与えることができる、市場における地位」をいうとされる（同法17条）。なお、「他の事業者による関連市場への参入を阻害し、若しくは参入に影響を与えることができる」とは、他の事業者の関連市場への参入を排除すること、合理的な時期までの関連市場への参入を遅らせること、または当該関連市場へ他の事業者を参入させたとしても参入コストを上昇させることにより効果的な市場競争

の展開を困難とさせることをいう（国家工商行政管理総局令54号３条）。

① 市場支配的地位の認定

　事業者が市場支配的地位を有するか否かの認定は、当該事業者の関連市場における市場占有率および競争状況、販売市場または原材料調達市場に対する支配力、当該事業者の財政的および技術的状況、他の事業者の当該事業者に対する取引上の依存度、関連市場への参入の難易度等に基づき判断される（独禁法18条）。

② 市場支配的地位の推定

　事業者が以下のいずれかの要件に該当する場合、当該事業者は市場支配的地位を有するものと推定される（同法19条）。

　ア　単独の事業者の市場占有率が２分の１に達している場合

　イ　２つの事業者の市場占有率の合計が３分の２に達している場合

　ウ　３つの事業者の市場占有率の合計が４分の３に達している場合

　なお、イまたはウに該当する場合においても、そのうちのいずれかの事業者の市場占有率が10分の１に満たないとき、当該事業者は市場支配的地位を有する事業者であるとは推定されない。また、市場支配的地位を有すると推定された事業者であっても、市場支配的地位を有するものではないことを証明する証拠がある場合には、当該事業者が市場支配的地位を有するものとは認定されない（同法19条）。

③ 濫用行為の例

　ア　不公平な高価格で商品を販売し、または不公平な低価格で商品を購入すること（同法17条、国家発展改革委員会令７号11条）

　イ　正当な理由なく、原価を下回る価格で商品を販売すること（独禁法17条、国家発展改革委員会令７号12条）

　ウ　正当な理由なく、取引先に対して取引を拒絶すること（独禁法17条、国家工商行政管理総局令54号４条、国家発展改革委員会令７号13条）

　エ　正当な理由なく、取引先に対して排他条件付取引または拘束条件付取引を課すこと（独禁法17条、国家工商行政管理総局令54号

5条、国家発展改革委員会令7号14条）

オ　正当な理由なく、商品の抱き合わせ販売または不合理な取引条件を付加すること（独禁法17条、国家工商行政管理総局令54号6条、国家工商管理総局令7号15条）

カ　正当な理由なく、取引条件における差別的待遇を行うこと（独禁法17条、国家工商行政管理総局令54号7条、国家発展改革委員会令7号16条）

3）企業結合（事業者集中）

　競争を排除または制限する企業結合およびその可能性のある企業結合については、国務院独禁法執行機関によって、当該結合を禁止する決定が行われる（独禁法28条）。ここでいう企業結合とは、①合併、②株式または資産の取得による他の事業者の支配権の取得、③契約等による他の事業者の支配権の取得、または他の事業者に対して決定的な影響を与えうるようになることとされる（同法20条）。ただし、国務院独禁法執行機関は、事業者が、競争促進的な影響が競争減殺的な影響を明らかに上回ること、または社会公共の利益に適合するものであることを証明することができた場合には、企業結合を禁止しない旨の決定を行うことができ（同法28条）、また、禁止されない企業結合に対して、競争減殺的な影響を軽減するための制約条件を付加する決定を行うことができる（同法29条）。

　① 届出義務

　　企業結合が国務院の定める届出基準（下記②参照）のいずれかを満たす場合は、事業者は国務院独禁法執行機関に対して事前の届出を行わなければならない（同法21条、国務院令529号3条）。ただし、企業結合を行う事業者が親子関係にある場合または共通の親会社を持つ場合（それぞれ50％以上の出資関係）は、国務院独禁法執行機関に対する届出は行わなくてよい（独禁法22条）。なお、届出に係る手数料は設けられていない。

　② 企業結合の届出基準

　　ア　企業結合を行うすべての事業者の、直近会計年度における全世

界の売上高の合計が100億元を超え、かつ、そのうち２以上の事
業者の直近会計年度における中国国内での売上高がそれぞれ４億
元を超える場合（国務院令529号３条１項）

イ　企業結合を行うすべての事業者の、直近会計年度における中国
国内での売上高の合計が20億元を超え、かつ、そのうち２以上の
事業者の直近会計年度における中国国内での売上高がそれぞれ４
億元を超える場合（同令３条２項）

③　届出前の対応

企業結合を行う事業者は、正式な届出を行う前に、当該企業結合の
届出に関する問題について、商務部に相談を行うことができる（商務
部令2009年11号８条）。

④　企業結合審査

国務院独禁法執行機関が実施する企業結合審査においては、第一次
審査のほか、必要に応じて第二次審査が実施される（→図表５-３-１）。

図表５-３-１ ●中国独禁法における企業結合審査

	内　　容
第一次審査（25条）	・届出受領日から30日以内にさらなる審査の要否について決定 ・さらなる審査は行われないことが決定した場合、または期限を過ぎても決定が行われない場合には、事業者は当該結合を実施することができる ・決定につき、事業者に対して書面で通知
第二次審査（26条）	・第一次審査の決定日から90日以内に企業結合を禁止するか否かを決定 ・決定につき、事業者に対して書面で通知
第二次審査の延長	・次のいずれかに該当する場合、審査期限を最長60日まで延長可能 　１．事業者が審査期限の延長に同意した場合 　２．提出された文書および資料が不正確であるためさらなる事実確認を必要とする場合 　３．届出後の状況に重大な変化が生じた場合

事業者はこれらの審査による決定が行われるまで企業結合を実施することはできない。

⑤　企業結合審査における考慮要素

　企業結合の審査においては、(1)市場占有率および市場支配力、(2)市場集中度、(3)市場参入および技術進歩に与える影響、(4)消費者および他の関連する事業者に与える影響、(5)国民経済の発展に与える影響等について考慮される（独禁法27条）。

⑥　外国事業者の参加する企業結合

　外国事業者による国内事業者の買収またはその他の方法による企業結合への参加が、国家の安全にかかわる場合には、独禁法の規定により当該企業結合の審査を実施するほか、国家の関連規定に基づいて国家安全審査を実施しなければならない（同法31条）。

4）行政権力の濫用による競争の排除および制限

　行政機関および法令の授権により公共事務を管理する権限を有する組織（以下「行政機関等」という）は、行政権力を濫用して、競争の排除または制限をしてはならない（同法8条）とされ、一定の行為が禁止されている。

③　法執行手続

1）独占的行為と疑われる行為に対してとられる手続

①　調査

　国務院独禁法執行機関は、独占的行為（独禁法3条）と疑われる行為について調査を行う（同法38条）。調査をする際には、事前に国務院独禁法執行機関の主要責任者に書面で報告し承認を得たうえで、①調査対象事業者および関連場所への立入検査、②調査対象事業者、利害関係者またはその他の関連する組織もしくは個人（以下「調査対象事業者等」という）に対する質問および関連する状況について説明の要求、③調査対象事業者等の会計書類、契約書、電子データ等の閲覧および複写、④証拠物の封印および押収、⑤事業者の銀行口座の調査等の措置をとることができる（同法39条）。

図表5-3-2 ●中国独禁法における制裁金

	通常の場合	情状が重大な場合
個人	2万元以下	2万元以上10万元以下
事業者および その他の組織	20万元以下	20万元以上100万元以下

調査対象事業者等は、国務院独禁法執行機関の法に基づく職責の履行に協力しなければならず、国務院独禁法執行機関の調査を拒否しまたは妨害してはならない（同法42条）。調査対象事業者等が、国務院独禁法執行機関が実施する審査および調査に対して、①資料または情報の提供を拒否した場合、②虚偽の資料または情報を提供した場合、③証拠の隠匿、廃棄もしくは移転等の調査の拒否または妨害行為を行った場合には、国務院独禁法執行機関は、当該事業者等に対して是正を命じなければならない。国務院独禁法執行機関は、これらの行為が行われた場合、個人ならびに事業者およびその他の組織に対して図表5-3-2の制裁金を課すことができるほか、当該行為が犯罪を構成する場合には、法に基づき刑事責任を追及することができる（同法52条）。調査対象事業者および利害関係者は、意見陳述の権利を有する（同法43条）。

② 決定

国務院独禁法執行機関は、独占的行為と疑われる行為について調査を行い、事実確認を行ったうえで独占的行為の成立を認めた場合には、独禁法に基づき処理の決定を行わなければならない（同法44条）。なお、調査対象の事業者が、国務院独禁法執行機関が許可した期間内に具体的措置をとって当該行為の結果を解消することを承諾した場合には、国務院独禁法執行機関は、調査の中止を決定することができる（同法45条）。

③ 措置

国務院独禁法執行機関は、独禁法に規定される禁止行為が行われた場合、各行為について図表5-3-3のとおり措置をとる。なお、価格

図表5-3-3 ● 中国独禁法における禁止行為に対する措置

	独占的協定	市場支配的地位の濫用	企業結合[1]	行政権力の濫用
措置の内容	・違反行為の停止命令 ・違法所得の没収	・違法行為の停止命令 ・違法所得の没収	・企業結合実施の停止命令 ・株式・資産の処分、営業譲渡等の措置による企業結合前の状態への復元命令	・改善の命令 ・責任者の処分
制裁金	（実施後） 前年度の売上高の1％以上10%以下の制裁金 （実施前） 50万元以下の制裁金 （事業者団体） 50万元以下の制裁金	前年度における売上高の1％以上10％以下の制裁金	50万元以下の制裁金	
執行機関等	国家発展改革委員会 国家工商行政管理総局	国家発展改革委員会 国家工商行政管理総局	商務部	上級機関[2]（国務院独占禁止法執行機関は、上級機関に対して処理について意見提出）
関連条文	46条	47条	48条	51条

※1　独禁法28条によって、企業結合が禁止されたにもかかわらず、事業者が企業結合を行った場合等。
※2　たとえば市政府が行政権力を濫用した場合、省政府が当該行為の是正を命じる。

以外に関する独占的協定および支配的地位の濫用については、自主的に違反行為をやめた場合に、当該事業者に対する処分が減免される場合がある（国家工商行政管理総局令53号10条、54号14条）。

なお、2015年2月10日には、市場支配的地位の濫用に該当した（高額使用料の強要、他の不必要特許の抱き合わせ販売、提訴権の放棄）として、米クアルコム社に対して60億8,800万元（約1,200億円）の罰金と停止措置が命じられた。

2）不服申立て

国務院独禁法執行機関が行った、企業結合を禁止する決定（独禁法28条）および企業結合に対して制限的な条件を付加する決定（同法29条）に不服がある場合には、事業者は、法に基づき行政不服審査を申し立てることができる。行政不服審査の決定に不服がある場合には、法に基づき行政訴訟を提起することができる（同法53条）。国務院独禁法執行機関が行ったその他の決定に不服がある場合には、法に基づき行政不服審査を申し立て、または行政訴訟を提起することができる（同法53条）。

3）民事責任

事業者は、独占的行為を行って他者に損失を生じさせた場合には、法に基づき民事責任を負う（同法50条）。

4）リニエンシー制度

事業者が国務院独禁法執行機関に対して、自己の行った独占的協定の締結に関する事情を自主的に報告し、かつ、重要な証拠を提供した場合においては、国務院独禁法執行機関は、当該事業者に対する制裁金を軽減しまたは免除することができる（同法46条）。制裁金減免の要件および内容については次のとおりである。

価格に関する独占的協定については、締結した独占的協定の関連状況を自発的に報告し、かつ、重要な証拠（ここでいう「重要な証拠」とは、政府価格所管部門が価格独占協定を認定する際に重要な作用を果たす証拠を指す（国家発展改革委員令8号14条））を提供した事業者のうち、①最初の報告者に対しては、制裁金を免除すること、②2番目の報告者に対しては、50％以上の範囲で制裁金を軽減すること、また、③その他の報告者に対しては、50％以下の範囲で制裁金を軽減することができる（同令8号第4条）。

価格に関するもの以外の独占的協定については、締結した独占的協定の関連状況を自発的に報告し、かつ、重要な証拠（ここでいう「重要な証拠」とは、国家工商行政管理総局が調査を開始または独占協定行為の認定に重要な役割を持つ証拠をいい、独占協定に参加する事業者、関連商品の範囲、締結した協定の内容および方式、協定の具体的な実施状況

等を含むものを指す（国家工商行政管理総局令53号11条））を提供した
事業者のうち、全面的かつ自発的に調査に協力した１番目の事業者に対
しては、制裁金を免除する。その他の事業者に対しては、制裁を軽減す
ることができる（同令53号12条）。（以上、公正取引委員会ホームページ
より作成）

4 海外腐敗・汚職防止法（アメリカ・EU・中国・新興国）

　本項では、国際取引に伴う法令違反のリスクとして経営課題ともなっ
ているアメリカ腐敗・汚職防止法（Foreign Corrupt Practice Act）お
よびイギリス反贈収賄法（UK Anti bribery Act）を踏まえ、取引法務
において留意すべき点を中心に触れることとする。なお、リスクベース
アプローチに基づく法令遵守体制、リスク管理体制の確立等については
『企業法務２級（組織法務）』において詳しく触れることとし、本項では
主に国際取引法務に関わる部分に絞って考察することとする。

（１）国際取引における腐敗・汚職防止条項の背景

　近時、欧米の企業との取引契約において、腐敗・汚職防止条項が設け
られることが多くなってきている。こうした腐敗・汚職防止条項の多く
は、各国の反贈収賄法令の遵守義務、遵守に関する広範な監査対応義務、
違反があった場合の損害賠償に関する規定等が定められることが多く、
一般的に日本国内での取引契約に比べ厳しい内容となっている。その背
景には、特に欧米で贈収賄等に対する規制が厳格化されたことがある。
　そもそも、国際ビジネスにおいては、取引先の従業員、そのエージェ
ントからさまざまな支払いや金品、接待の要求を受ける場合も現実には
存在する。相手が公務員であれば犯罪になる国も少なくないが、現実に
はエージェントなどを使って汚職に手を染めるケースも少なくない[*1]。
国によっては、国のリーダー、有力議員、政党の有力者から末端の公務
員に至るまで腐敗・汚職が蔓延している国もある。後述するアメリカ腐

敗・汚職防止法（Foreign Corrupt Practice Act：FCPA）は、アメリカ企業等による外国公務員への汚職防止のため、1977年に制定された。しかし、皮肉なことにこうした規制がアメリカ企業に競争上不利に働く結果を招き、アメリカは経済協力機構（OECD）に対する働きを強め、1997年、OECDで「外国公務員贈賄防止条約」*2が採択された。2017年10月現在、同条約の締約国は43カ国である*3。

*1　山本孝夫『英文ビジネス契約フォーム大辞典』536頁・255頁

*2　http://www.oecd.org/corruption/oecdantibriberyconvention.htm
　　https://www.mofa.go.jp/mofaj/gaiko/oecd/jo_shotori_hon.html

*3　https://www.mofa.go.jp/mofaj/gaiko/oecd/komuin.html

　わが国も同条約の批准をして、平成10（1998）年不正競争防止法の改正で外国公務員贈賄罪を創設し、平成16（2004）年にも改正して外国公務員贈賄罪の適用範囲を拡大する等、規制を強化した。すなわち、それまで処罰の対象とは必ずしもなっていなかった外国公務員に対する支払いやオファーは、不正競争防止法違反として違法行為の対象となったのである*4。法令のガイダンスについては、経済産業省「外国公務員贈収賄防止指針」（2017年9月改訂））*5。

*4　山本孝夫『英文ビジネス契約書大辞典〔増補改訂版〕』234頁・650頁

*5　https://www.meti.go.jp/policy/external_economy/zouwai/pdf/
　　GaikokukoumuinzouwaiBoushiShishin20170922.pdf

　2011年には、イギリスにおいて、外国公務員への贈賄行為に対しても、厳しい罰則を定めたイギリス反贈収賄法（UK Briery Act）が施行された。

　以上のような傾向が国際取引においても影響し、たとえば、輸出入機規制や独禁法規制の遵守とともに法令遵守の一環として反贈収賄に関する規定を設けたり、独立の反贈収賄防止の規定を設ける等、規定の方法はさまざまではあるが（山本『英文ビジネス契約フォーム大辞典』536頁・255頁、『英文ビジネス契約書大辞典〔増補改訂版〕』234頁・650頁）、取引契約においても取引関係の基本的な前提条件として各国の反贈収賄

法令の遵守義務を契約上の義務に高め、法令違反があった場合の即時の関係遮断（即時解除）や損害賠償責任追及が可能となるように、反贈収賄に対する企業の社会的責任を明確にすることが国際取引において一般的になってきている。

（2）各国の腐敗汚職防止法

① アメリカ腐敗・汚職防止法（Foreign Corrupt Practics Act：FCPA）

FCPAの遵守のためのリスク対応、組織的対応については、『企業法務2級（組織法務）』第1章第8節に譲ることとするが、本項では取引法務に影響する部分に重点を置いて以下述べることとする。

FCPAの特色として、国内の行為を対象とするのみならず、域外適用が認められていること、国際人権問題とともに競争政策上の問題として贈収賄を位置づけていること、FCPAを実効性のあるものとするために、内部告発者に対する報奨金制度やメールでの内部告発を可能とする等のしくみを設けている点[1]が挙げられる。

　＊1　https://www.justice.gov/criminal-fraud/foreign-corrupt-practices-act

贈収賄禁止条項は、個人及び企業が外国公務員に対してその形式を問わず一定の価値あるものを提供し、ビジネスを獲得（obtaining）・維持（Maintain）し、不適切な利益を獲得することを禁じている。その趣旨はフェアな競争確保にある。さらに企業に対し贈賄行為を禁じるポリシーを定め、贈賄行為によるリスクを低減するようにも求めている（Martin T. Biegelman, Danniel R. Biegelman, "Foreign Corrupt Practice Act Compliance Handbook," *Wiley Corporate F&A*（2010）p. 26）。FCPAの特徴として、それぞれの関係主体や客体の範囲が広範にわたっていることが挙げられる。

外国公務員の「贈賄行為」の意義が広く解釈されており、金銭支払いの申込み、支払い約束、支払いの承認、贈与の申込みや約束、何らかの価値物の提供・承認等が広く含まれ、こうした行為が包括的FCPAの贈収

443

賄禁止条項の対象となっている。また、贈賄の主体も合衆国で事業を営むアメリカ市民権保持者、居住者、会社、パートナーシップ、協会から独立事業家に至るまで広い（FCPA77条dd項の2）。さらに、外国企業であってもアメリカ合衆国内において株式を発行する会社は、いわゆる株式発行者（Issuer）としてFCPAの適用対象となり、SECに定期的にレポートを提出する義務を負う（FCPA78条dd項の1）。贈賄行為によって賄賂を得る外国公務員の定義も広く、政府の役職員以外に代理人や政府機関（Instrumentality）も含まれ、政府所有や統制下の病院やマスメディアの役職員なども含まれる点に注意が必要である。加えてFCPAが適用される管轄の拡大がある。1998年のFCPA改正によりアメリカ合衆国域外に管轄権が広がり、アメリカ国外の外国企業や個人であって株式発行者でないもの（Non-issuer）であってもFCPA適用を受けることが可能になり（Id. at p. 29.）、アメリカ国内で直接または間接的に行為を行い、それが贈賄行為と関連性を持てば、FCPA違反の責めを負うことになりうることになった（*Id.* at. p. 29.）（FCPA78条dd項の3）。

　以上の例に見られるように、FCPAの域外適用により海外で展開している日本企業もそのターゲットになり、FCPA違反の摘発を受けて調査対象となり、訴追されて高額な解決金（Settlement Fee）等の支払いが求められ、多額の金銭的ダメージを被るリスクが高まっているといえよう。
　なお、FCPAについては、アメリカ司法省による「A Resource Guide to the U. S. Foreign Corrupt Practices Act」[2]が発行されており、法令の趣旨、適用範囲、解釈等を理解するのに役立つ資料として実務においても大いに参考になる。
　　＊2　https://www.justice.gov/criminal-fraud/fcpa-guidance

②　イギリス反贈収賄法（UK Briery Act）
　イギリス反贈賄法（UK Bribery Act）は2010年に制定され、2011年7月より施行された。①民間企業に対する贈賄も処罰対象となっている

点で、日本の会社法とも酷似している点[*3]（日本国会社法967条参照）、
②FCPAでは限定的には許容されているファシリテーションペイメント
が許容されていないこと、③罰金額の上限が存在しない点に特徴がある。

> [*3] ただし、日本国会社法上は、取締役に対する贈賄罪が規定されているの
> で、UK Bribery Actの規制対象よりは限定的である。

　特に前記①の民間企業に対する贈賄処罰は、政府関係者や政府機関の
役職員以外のみならず、通常の民間企業に対する不適切な支払い・接待
等、一定の価値を提供する行為についても、リスク管理が必要になる点
は留意事項であり、この点でも世界で最も厳しい反贈収賄法令といわれ
るゆえんである[*4]。

> [*4] 茂木寿「グローバルビジネス最前線、地域別の汚職・腐敗問題を中心と
> した政治問題」企業リスク、52頁

　また、FCPAと同様にUK Bribery Actの域外適用の問題があり、イ
ギリスと何らかの関連性のある企業の行為は本拠地や行為の場所を問わ
ず、摘発される可能性がある（茂木『前掲書』50頁）。ただし、外国企業
や個人のイギリス国外における違反行為の調査については、アメリカの
場合と同様、現地国における反贈収賄法の有無やイギリスの公益を侵害
するかどうかといった観点も考慮したうえでの判断となると考えられる
（Ministry of Mustice, *The Bribery Act 2010 Guidance*（available at: ）
at p.11.）。この点についても、今後の司法判断の積み重ねには引き続き
注意が必要であり、ケースの分析を通じた自社や海外子会社のリスク分
析を続けていくことが必要となることは、FCPAの場合と同様である。

　なお、UK Bribery Actについては、英国司法省による「Bribery Act
2010 guidance」[*5]が発行されており、法令の趣旨、適用範囲、解釈等を
理解するのに役立つ資料として実務においても大いに参考になる。

> [*5] https://www.gov.uk/government/publications/bribery-act-2010-guidance

③　新興諸国における反贈収賄法制等

1）アジア全般

　アジアは全体的に汚職リスクが高いといわれている。というのも、世界各国の腐敗認識指数に関するトランスペアレンシー・インターナショナルの2018年度調査[*6]によると、世界180カ国中、タイ・フィリピン99位、ベトナム117位、ミャンマー・ラオス132位、カンボジア161位等、腐敗・汚職リスクの高い国が集中している。

　　＊6　https://www.transparency.org/cpi2018

　日本企業とのかかわりでは、ベトナムのODA案件でのPCI事件（2009年）、日本交通技術事件（2015年）のほか、タイの発電所建設をめぐる贈収賄疑惑（2018年）等も現実に発生しており、アジア地域の国での国際取引においては注意が必要だ。

2）中国

①　法制

　中国に関して、近時注目を集めているのは、商業賄賂に関する摘発である。商業賄賂に関して中国法では刑法、不正競争防止法のほか、行政法規等によって規制されている（日本貿易振興機構北京事務所ビジネス展開支援部展開支援課「中国における商業賄賂立法の最新動向―日本企業が商業賄賂に巻き込まれないための留意点」2017年3月、1頁）。さらに、賄賂行為が共産党幹部に及ぶ場合は、共産党内規の適用も受ける（日本貿易振興機構北京事務所『前掲書』2頁）。すなわち、刑事罰、行政罰、さらには民間企業から民事賠償責任を追及される法的リスクが生じる。

　特徴的な点は、公務員相手の賄賂に限らず、民間企業間の商業取引についても商業賄賂として認定されるケースがある点である。

　また、近時の刑法改正も全体的には厳格化の方向であり、賄賂罪の非公務員への適用、処罰の厳格化、賄賂・汚職があった場合の関連職業への従事禁止、罰金刑の追加がなされた。不正競争防止法も商業賄賂の定義の明確化、適用範囲の拡大、供与約束の犯罪化、処罰金額の引き上げ等であり、全体としては厳格化の方向である。

②　執行の傾向

　習近平体制以来、腐敗汚職撲滅運動が展開され、摘発事例も増加傾向にあるとされるが、法適用の政治問題化、恣意的な法執行に関する批判等（茂木『前掲書』53頁）もあり、共産主義国家であることにより、欧米の法執行状況とも性質が異なる面が多々あること、情報開示も限定的であること等は否定できない。前述の商業賄賂罪の執行においても当局の裁量が大きく、認定基準が統一されていないようであり、アメリカやイギリスのようにガイドラインが発表されているわけでもないようである。

　2014年にイギリスの製薬会社の中国現地法人が商業賄賂罪に問われ、46名の容疑者が逮捕された事件が起こった。この事件で関与した高級管理職には懲役2年〜4年の刑が、さらに法人には30億元の巨額の罰金が課せられて注目を集めた。日本企業も2016年9月に15万元の罰金、1,700万元を違法所得として没収される事件もあった（ビジネス展開支援部展開支援課「中国における商業賄賂立法の最新動向—日本企業が商業賄賂に巻き込まれないための留意点」2017年3月、1頁）。このように、外国企業への監視を強めている点は否定できない*7。

　＊7　國廣正・五味祐子・中村克己『海外贈収賄防止コンプライアンスプログラムの作り方』、10頁

3）インドネシア

　インドネシアでは、贈収賄防止法、汚職防止法があり、贈収賄行為に関して個人には最高5年の懲役または最高2億5,000万ルピーの罰金、企業の場合は罰金刑が課される。私人間の贈賄について直接の規制はないが、詐欺等の構成要件に該当した行為について犯罪となる場合があるとされる。

　また、外国公務員への贈収賄禁止については、公益に影響があることが証明できる場合には、適用される場合があるとされている。

　近時の最高裁判所規則の改正で、企業のコンプライアンスプログラム構築措置が刑事責任の追及基準とされたことから、企業のコンプライアンスプログラムの構築が奨励されている。

4）マレーシア

　汚職防止委員会法と「公務員の贈答品に関するガイドライン」で規律される。重大収賄事件では20年以上の懲役および供与された金銭等の5倍の額または1万リンギットのいずれか高いほうの罰金、法人に対しては、無過失責任を課す規定が近時の改正で追加され、供与された金銭の10倍の額または100万リンギットのいずれか高いほうの額の罰金とされ、厳格化の方向である。私人間の贈賄も規制対象となり、外国公務員への贈賄も刑罰の対象となっている。

　一般的傾向として、取り締まりは厳格である。

5）シンガポール

　汚職防止法、刑法で規律され、個人・法人を問わず、禁止行為に対しては10万シンガポールドル以下の罰金もしくは5年以下の懲役またはその両方を刑罰としている。この点は、私人間の贈賄、外国人公務員であるかを問わず同様に適用される。

　一般的な傾向として、立法の内容も欧米の基準に近く、取り締まりも厳格で、透明性のある市場形成への国家意思も明確といえる。

6）タイ

　刑法、反賄賂法、国家公務員による犯罪に関する法律等により規律され、違反行為に対しては、5年以下の懲役または10万バーツ以下の罰金もしくはその両方が課される。やや特徴的なのは、当該贈賄行為が法人の利益のために行われた場合、反贈収賄の内部統制措置を置かないと贈賄によって生じた損害または贈賄によって得た利益の2倍の罰金が課される場合があるとされる。外国公務員への贈賄にも適用がある。

　ただし、私人間贈収賄を規制する直接的な規定はないようである。

　近時の傾向として、国家反賄賂委員会が賄賂を防ぐための内部統制ガイドライン等を発表する等、全体としては厳格化の方向に移行しつつある。

7）ベトナム

　2019年7月施行の汚職防止法および刑法により規律される。個人に対する刑事罰はあるものの、法人に対する刑事罰がないようである。私人

贈収賄外国公務員への贈賄禁止に関する刑事罰の適用は2018年１月から施行されている。

　近時、前述のとおり、日本企業によるODA案件、PCI事件、日本交通技術事件等、日本企業が対象となる摘発も目立ってきているため、留意が必要である。

④　日常取引における注意点

１）日常におけるモニタリング

　『企業法務２級（組織法務）』第１章第７節で詳述するとおり、国際的企業であれば、具体的な取引にあたっては国際透明指標（International Transparency Index[8]）等の国際的に定評のある指標を活用し、贈収賄が発生する可能性に応じて事業展開する国々のカントリーリスクをあらかじめ洗い出す必要がある。具体的には、事業を展開する国をハイリスク国、ミドルリスク国、ローリスク国等に分類・区分する。そのうえで、たとえば、カントリーリスクがハイリスク国に指定されている国については、より厳しい取引基準や取引前審査を実施する等、当該取引において危険因子が具体化するおそれがないか等をあらかじめ調査（Due Diligence）したうえで取引関係に入り、事後においても、定期的に内部監査を実施することにより、残存リスクが存在しないかのモニタリングを継続する必要がある。

　　＊8　https://www.transparency.org/

　とりわけ、取引先の属性チェック、過去の違反事案の有無のチェック等を含むいわゆるバックグランドチェックは、企業としての注意義務の履行でもあり、契約交渉に入る前の重要なプロセスとして位置づけられる。

２）第三者との取引管理とリスク

　外国公務員に対する贈賄行為の重大な事例の多くは、エージェントやコンサルタント等の第三者を通じて提供されるケースといわれている。アメリカ司法省が発行している「Resource Guide to the U. S. Foreign Corrupt Practices Act」[9]においても第三者の問題が独立して取り上げられており、望ましい対応、企業の注意義務としてとるべき措

置について記載されている。多くのFCPA違反で共通の問題は、コンサルタント等の第三者がコンサルタント報酬支払い等の名目で贈収賄が行われることが多いためだ[*10]。また、多くのFCPAの摘発事例では、贈賄行為の実行行為は子会社で行われている。法務担当者が留意すべきは、多くの問題の取引が一見適法な通常取引から出発していることである。たとえば、コンサルタント料支払い自体を見れば一見通常の取引に見えるが、コンサルタント自身が政府関係者である場合、報酬の支払い自体が直接賄賂と評価されるリスクも否定できない。政府関係者といえるかどうかが取引当初の現場では判然としないことすらあり、後になって公務員の身分を有していることが発覚する場合もある。特に、コンサルタントに対する報酬が業務の対価の相場に照らしても、著しく高額の場合や役務と対価との牽連性が希薄な成功報酬体系による場合、あるいはペーパーカンパニーとして業務実態がほとんど存在しないような場合、報酬の相当部分が賄賂の原資になってしまうリスクが高くなると考えられる。ビジネスが行われている現地における相場や慣習、法令のみに依拠した判断ではなく、FCPAやUK Bribery Actの執行方針を踏まえたリスクアプローチをとることによって管理していくことがきわめて重要になる。

* 9　https://www.justice.gov/sites/default/files/criminal-fraud/legacy/2015/01/16/guide.pdf
* 10　フランス当局が捜査を行っている日本のオリンピック招致委員会に対する贈収賄捜査は。実際に関与したコンサルタント会社は事実上のペーパーカンパニーであり、案件終了後すぐに解散する等、実態に疑義が生じたこと、提供した数日のサービスに対して報酬額が高額であること等が疑惑の主たる要因となっている。

３）具体的な契約条件の設定にあたっての留意事項

　上記のようなリスクがあるため、エージェントやコンサルタントの起用にあたっては、継続起用の要否・可否・当否を検討したうえで、自動更新ではなく、原則契約期間１年としてモニタリングが機能するようにすること、役務内容が明確か、対価は当該役務内容に見合うものとなっ

ているか、といった点も契約審査において特に留意する必要がある。

　また、公務員等に対する不正支払禁止条項、公務員等との関係が存在しないことの表明保障条項等の設定、成功報酬体系などの報酬形態や現金払い等の支払い方法は回避・制限すべきこと、支払先銀行口座は契約当事者と一致するものとするようにすること、腐敗行為の疑いを認識した場合の報告義務を課すこと、監査権の確保、賄賂の疑いが生じた場合の無催告解除権等の規定を設けておくことが、重要な契約上のリスク管理になると考えられる。

　なお、組織的な体制については『企業法務２級（組織法務）』第１章第７節を参照願いたい。

5　国際税務

（1）移転価格税制

　移転価格税制とは、海外の関連企業との間の取引を通じた所得の海外移転を防止するため、その移転価格を通常の取引価格（独立企業間価格）に引き直して課税する制度である。企業が海外の関連企業との取引価格（移転価格）を通常の価格と異なる金額に設定すれば、一方の利益を他方に移転することが可能となるので、このように適正な課税をすることが目的である。

　独立企業間価格の算定方法は次の方法とされている。

①　伝統的な取引基準法
　ア　独立価格比準法
　イ　再販売価格基準法
　ウ　原価基準法
②　その他の方法
　ア　利益分割法
　イ　取引単位営業利益法

図表５-３-４の算定方法は、OECD移転価格ガイドラインで国際的に

図表5-3-4 ● 移転価格税制のしくみ

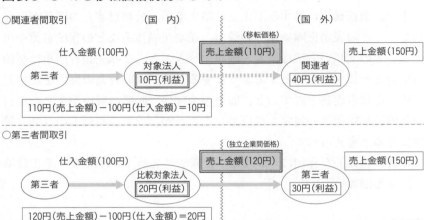

出所：財務省ホームページより

認められた方法と一致している。すなわち、OECD移転価格ガイドラインは、適切に各国の課税権を配分し、二重課税を回避することを目的として作成された。具体的には、移転価格の算定方法および移転価格課税問題の解決方法を示し、税務当局間または税務当局と多国籍企業との間の紛争を最小化し、企業活動の円滑化に資することを意図している。

　以上見てきたように、各国において移転価格税制へ適合した卸売価格の設定は非常に難しい。どこの国においても、まさに「所得移し」といわれないように、国際的な企業の場合には、各国における卸売価格を調整して、各国の移転価格税制への調和を図るべきである。本社の管理部門において世界的に統一した調整を図るべきであろう。

（2）国際的デジタル課税ルール

　国際的な「デジタル課税」ルールが検討されている。その背景として、「GAFA」とも呼ばれる巨大IT企業が大きな売上げや利益を挙げていながら、従来のルールでは十分に課税できていないという問題がある。つ

　まり、ネット通販など、その国に拠点がなくても、国境を越えたデータのやり取りや取引で利益を上げている企業に対して十分な課税ができていなかった。フランス（巨大IT企業に限り売上高の３％へ課税）、イギリス、イタリアは、2020年より、独自にデジタル課税を実施しようとする動きがある。

　このため、137の国と地域が参加してOECDが中心となり、2020年２月に新たな課税ルールの国際的な枠組みについて大枠で合意した。世界全体の売上高が７億5,000万ユーロ（日本円で約900億円）を上回る企業を対象とし、「10％を超える利益率」を基準にすべき（10％を超えた利益を消費者の居住地へ配分すべき）だとする議論がされている。今後の検討課題としては、①大企業に絞るための具体的な最低売上高の基準、②「デジタルサービス」や「消費者向けのビジネス」の具体的な範囲、③課税対象となる「利益率」の具体的な設定、④二重課税の扱い、などがあり、2020年末の合意をめざして協議を続けている。

Column ☕ **コーヒーブレイク**

《デジタル・プラットフォーマー取引透明化法案（仮称）の制定》
　政府は令和２（2020）年２月18日に、巨大IT企業による市場寡占が懸念されるデジタル市場の透明性を高めるための新法案を閣議決定した。インターネット通販やアプリストアの運営事業者に対して、契約条件の開示や契約変更時の事前通知を義務づけるものである。巨大IT企業は運営状況を毎年度、政府への報告を義務づける。違反があれば改善命令や勧告の対象となる予定である。対象企業は政令で定めるが、米アマゾン・ドット・コムとグーグル、アップルや、日本企業では楽天、ヤフーなどが含まれる見通しである。デジタル・プラットフォーマーである大手IT企業が市場を寡占しやすくなっており、弱い立場の中小取引先企業を不当な契約から法的に保護するねらいがある。
　なお、同法案は令和２年度中に施行予定で、施行３年後に見直しを検討する。

第 **4** 節 ## アメリカ訴訟と弁護士の選任・管理

学習のポイント

◆高額賠償を支えるアメリカの司法制度の特徴とアメリカにおける民事訴訟手続の留意点を学習する。
◆証拠開示手続と企業内対応およびアメリカの陪審制度の傾向を学習する。
◆国内外の弁護士に共通する法律事務所の選任・管理について学習する。

1 アメリカの訴訟制度

(1) 高額賠償を支えるアメリカ司法制度の特殊性

　アメリカの裁判制度には、証拠開示手続（Discovery）がある。パテント・トロール（小規模企業や個人）が大企業に証拠を出させることができ、小規模企業や個人に有利な制度である。日本にも当事者照会制度があるが、実際上機能していない。アメリカにはさらに、陪審裁判（Jury Trial）がある。これは、外国企業に対して極端な不平等裁判である。原告が外国企業の場合の勝訴率は、アメリカ人60％、外国人30％以下という統計が出ている。原告ですらこの数字である。外国企業が被告になると、もっと不利になる。

　アメリカにはまた、三倍賠償制度（treble damages）のほかに、損害賠償の算定方式として、仮想交渉方式やentire market value ruleがある。これらの方式は、ミノルタ事件で適用された。仮想交渉方式を

適用して、撤退に要する費用の25％と算定された。また、entire market value ruleを適用して、オートフォーカスという部品のvalueのみでなく、カメラ（製品）全体が基準とされ、その25％と算定された。

　アメリカにはさらに、成功報酬制度（Contingency Fees）がある。日本では着手金がいるので、言いがかり的な訴訟は回避できる。成功報酬制度では、負けたときは払わなくてよい。勝ったときだけ、勝った額から報酬を受け取る。パテント・トロールは、判決をもらえれば70％、和解すれば30％を弁護士が受け取る、といった契約をする。パテント・トロールには、有利な制度である。

　以下では、具体的にアメリカ司法制度の特殊性を見ていく。

① 移民国家であるアメリカの特殊性

　周知のようにアメリカは移民国家だが、このことからアメリカの特殊性が導かれる。すなわち、人種・歴史・文化・価値観・言語などすべてが異なる多くの国からアメリカでの新天地を求めて移住してきたわけであるが、異なる人種間で結婚などにより混血が増加する部分もある一方で、マンハッタンのチャイナタウンのように一生中国人社会の中で暮らす人々も多くいる。アメリカの人種の混ざり具合を昔は「人種の坩堝（るつぼ）（Melting Pot）」と呼んでいた時代もあったが、現実は、各人種が混ざり合わずに、その個性を維持しながら同じ場所にひしめき合っているのであり、「ミックスサラダ（Mixed Salad）」と呼ぶのが適切であると現在はいわれている。

　こうした多様な人種が同じ場所でひしめき合って暮らしているという状況から、何か紛争が発生したときに、同じ人種間であれば話し合いによって解決することも期待できるが、価値観・文化の異なる異人種間ではそれが期待できない。つまり、アメリカで唯一共通の価値観である、法律ルール（裁判）で解決することが必要になってくるのである。

② 訴訟社会・高額賠償社会アメリカを支える恐るべき司法インフラ

　アメリカの訴訟社会・高額賠償社会を支えている司法インフラとしては、「陪審制度」「証拠開示制度」「懲罰的損害賠償制度」「成功報酬制度」

および「巨大な弁護士数」がある。以下説明するように、こうした司法
インフラのもとでは、アメリカの訴訟では、資力のない一個人が勝訴す
る確率および高額賠償を得る確率が格段に高くなる。日本の司法インフ
ラと大きく異なるのである。

③　陪審制度（Jury System）

　アメリカの特許制度の司法インフラを支える重要な制度として、陪審
制度による陪審裁判が挙げられる。アメリカ合衆国憲法上、民事訴訟に
ついては、アメリカ国民は、20ドル（約2,100円）を超える事件について
事件の当事者は陪審裁判を受ける権利を保護されている（アメリカ合衆
国憲法修正7条）。

　アメリカにおいて、特に特許訴訟で高額賠償が出される（とりわけ、
外国企業に対して厳しい）背景には、陪審制度の発達があるといわれて
いる。ちなみに、陪審裁判の場合には、以前は、特許クレーム（権利請
求範囲）の解釈についての判断権は「陪審」が持っていたが、マークマ
ン事件連邦最高裁判決によって、特許クレームの解釈は、陪審ではなく
裁判官が行うこととなった。

④　証拠開示制度（ディスカバリー制度）（Discovery）

　アメリカでは、（とりわけ、特許裁判を扱う連邦巡回区連邦控訴審裁
判所において）証拠開示制度が充実しており、裁判の最初の段階で、相
手方から重要な証拠を提出させることが可能である。特に、個人発明家
が大企業を相手に特許侵害訴訟を提起した場合でも、争点に関連する限
りにおいては、一個人が大企業に対して重要な証拠を開示させることが
可能である。こうして重要な証拠を開示させることによって、個人発明
家の勝訴の確率は格段に大きくなる。日本ではいまだ限定的な証拠開示
が認められているにすぎず、この点で大きく異なる。

⑤　懲罰的損害賠償制度（三倍賠償制度）（Punitive Damages）

　懲罰的損害賠償制度とは、侵害行為が故意に行われたと認定された場
合には、裁判官や陪審員の裁量により、懲罰的な意味合いで、実損害金
額を超えて損害賠償金額を増額することができる制度である。懲罰的損

害賠償は、実損害額の２倍から1,000倍まで認定されたこともあり、青天井といわれている。

　アメリカのメーカーがPL訴訟で訴えられた事件では、約8,000億円の懲罰的損害賠償が認定されたケースもある。この場合の故意は、特許侵害を知りつつ、あえて当該製品の製造・販売を続けることで足り、特許権利者の利益を積極的に侵害しようとする意図まで要しないとされる。特許侵害の場合には、製造物責任訴訟などで認められる懲罰的損害賠償が認められない代わりに、三倍賠償制度が採用されている。

⑥　成功報酬制度（Contingency Fees）

　アメリカでは、弁護士の数が多く、依頼人の買い手市場になっている。その中から民事事件の委任の際の弁護士報酬が成功報酬契約になることが多いといわれている。特に、資力のない一個人が訴訟を提起する場合に、日本のように高額の着手金を支払う場合には、それが障害となって訴訟が起こしにくいのである。それに対して、アメリカでは、成功報酬、つまり敗訴の場合は弁護士報酬はゼロ（勝訴時のみ弁護士報酬を支払う）が一般的なので、これにより一個人が訴訟を起こしやすくなっており、訴訟が増加する１つの原因となっている。

⑦　世界の過半数という巨大な法曹人口＝訴訟社会

　アメリカでは、弁護士人口がすでに100万人を超えており、弁護士間で仕事の取り合い、競争が非常に厳しいといわれている。顧客も買い手市場であり、弁護士へは成功報酬制度で事件を委任することができる。日本と比べて訴訟が非常に起こしやすいといわれている。アメリカの弁護士数は、2016年12月時点で125万人に達したといわれており、弁護士の数が多く、すべての弁護士に仕事が十分に行き渡るわけではない。この事情がAmbulance Chaserと呼ばれる事件勧誘につながり、訴訟の増加、濫訴の増加につながっていくのである。

⑧　アメリカ特許訴訟のリスク

　アメリカのソフトウェア会社とライセンス契約をすると、紛争が起きたときの裁判管轄についてライセンス契約書に記載されることが多く見

られる。裁判管轄としてよく見られるのが「カリフォルニア州サンノゼ市連邦地方裁判所」である。なぜカリフォルニア州のサンノゼ市連邦地方裁判所で紛争解決する必要があるのであろうか。これは、ソフトウェア会社側の権利（ソフトウェアの場合は著作権）が最も強く保護されるからだといわれている。特許保護の場合には、テキサス州（東部地区）連邦地方裁判所やニューヨーク州（南部地区）連邦地方裁判所が考えられる。

　このように、アメリカ企業の側では、できる限り知的財産権訴訟を知的財産権の保護が厚いアメリカ国内で有利に進めたいと考えているので、日本企業は、注意が必要である。アメリカで特許訴訟を行う場合の日本企業のリスクについては上記を検討すべきである。

（2）アメリカにおける民事訴訟手続の流れと実務上の留意点

① 提訴と証拠開示手続

　アメリカの特許訴訟事件の中で、最終トライアル（公判）審理と陪審評決・判決までいくケースは全体の約5％であり、ほとんどの場合は判決までに至らずに途中で和解により解決する。途中で和解せずに、最後のトライアル（公判）審理と陪審評決・判決までいったとしても、その期間は通常2年から3年程度、長ければ7〜8年は要する。

　アメリカの訴訟手続は、概略図表5-4-1のようになっている。

図表5-4-1 ●訴答手続（Pleadings）の流れ

訴状（Complaint）→陪審裁判の請求（Jury Demand）→送達（Service）→答弁（Answer）→反訴（Counterclaim）→各種申立て（訴え却下の申立て：Motion to Dismiss）→仮処分の申立て（Motion for Preliminary Injunction）

〔証拠開示手続（Discovery）〕

　訴答手続の後は証拠開示手続が開始される。事前に開示計画についてconferenceが行われ、後述（3）の種類がある。

② トライアル（アメリカでは事実審理は１回勝負）と陪審評決・判決
〔事実審理（Trial）の流れ（陪審裁判の場合）〕
　・陪審選定（Jury Selection）
　・陪審審理（Jury Trial）
　・冒頭陳述（Opening Statements）
　・原告立証（Plaintiff Case）
　・被告反論（Defendant Case）
　・証拠調べ（Examination of Evidences）
　・最終陳述（Closing Statements）
　・陪審評決（Jury Verdict）
　・判決（judgement）
　注）陪審評決で出された賠償金額が大きい場合に、判決で裁判官が下方修正（減
　　額）することがある。

③ 陪審裁判
　合衆国憲法修正７条は、コモンロー（普通法＝原則的判例法）上の訴
訟において、陪審による裁判を保証している。特許侵害訴訟であっても、
原告もしくは被告のどちらかが陪審を請求すれば、陪審が適用される。
たとえば、特許侵害訴訟において損害賠償を求める場合、陪審を求める
ことは可能である。しかし、合衆国憲法は、コモンロー上の訴訟に陪審
による裁判を保証しているが、エクイティー（衡平法）に基づく救済に
は、陪審の適用はしない。したがって、差止請求はエクイティーに基づ
く救済に該当するので、たとえば、特許侵害訴訟において差止めだけを
求める場合、陪審の適用はないことになる。
　陪審は、事実に争いがあるときに事実認定をする。しかし、法律問題
については裁判官が判断し、陪審は関与しない。
　特許侵害訴訟において、以前は陪審はあまり要求されなかったが、近
年は約70％の事件で陪審が要求されている。

④ 上訴（Appeals）
　・控訴（Appeal）

　　District Courtの判断を争う場合に連邦巡回区連邦控訴審裁判所
への控訴が認められている。原則として、事実認定の部分は争えず、
法律論で理由がある場合に限る。
・上告（Petition）
　　連邦巡回区連邦控訴審裁判所の判決に不服がある場合には連邦最
高裁へ上告することができる。連邦最高裁では年内の審理件数が
200件前後と限られているので、上告受理される可能性は限られて
いる。
⑤　弁護士の選び方・対応弁護士チームの構築
以下の諸点に留意すべきである。
・最初に予算を示してもらうことが重要である。
・予算に応じて訴訟対応チームを組んでもらう。特に、各メンバーの
具体的な役割や機能を明確にすることが重要である。
・有能なパラリーガルを活用することも重要である（専門性＋低コス
ト性からコストパフォーマンスが高い）。
・チームとコミュニケーションや対応戦略を練るうえで、社内の事情
にも明るい日本人弁護士の関与は不可欠となるだろう。

（3）証拠開示手続（Discovery）と企業社内対応について
①　種類と対象者
情報開示手続には以下の種類がある。
・質問書（Interrogatory）
　　文書で質問を行い回答を求めるものである。
・資料提出要求（RPD：Request for Production of Document）
　　訴訟の争点に関連する書類（Relevant Documents）を相手方当
事者へ要求できる。
・証言録取（Depositions）
　　質問書や書面提出要求によって事件に関与した重要人物が判明す
ると、さらに詳しく事実を調査するためにその人物を尋問する。裁

判所の法廷ではなく、法律事務所の会議室やホテルの一室で行われる。尋問される証人、両当事者の代理人（弁護士）裁判所の事務官（Court Reporter）および通訳が出席し、証人は宣誓したうえで尋問に回答する。

・自白要求（Request for Admission）
　　相手方当事者への事実の承認を求めるものである。

・現場視察（Entry Upon Land for Inspection）
　　事故現場の視察を行う。

・検査（Physical and Mental Examination of Persons）
　　負傷の程度など身体検査で承認するものである。

　証拠開示には、いろいろな手段がある。書面で質問状を出して、書面で答えてもらうやり方や、どのような書類があるかわかっている場合には、その書類を出すよう求める書類提出要求がある。あるいは、一番重要な証拠が出てくる証言録取（Deposition）がある。証言録取は、裁判所の外で、書記官または事務官が同席して証言を取るという制度である。相手と自分の強弱がわからないから、裁判を続けるのである。証言録取を通じて強弱がわかるようになり、和解へ向かいやすくなる。

　デポジションは、時には事件の勝敗の帰すうを決定する重要な証言が出てくるので、社員がデポジッションで証言を行う場合には、以下の諸点に注意すべきである。

アメリカ・デポジション（deposition）の心得

1．通訳を必ず付ける。
2．事実をありのままに簡潔に答える。
3．相手の弁護士の希望に添えない回答であっても立派な回答である。
　「知らない」「わからない」「覚えていない」もOK。
4．断定的な答え方はしない（「〜と記憶している」と答える）。

5．余分なことは言わない（口は災いの元）。

6．知っていることだけを答える（「誰々が知っているはず」などと他社へ影響が及ぶような答え方はしない）。

7．相手の弁護士の質問をよく聞く。わからなければ質問の内容を何度も確認する。

8．こちらの弁護士の質問をよく聞く。次の質問や回答のヒントになる。

9．1時間に1回程度は休憩をとる。

10．書類を見せられた場合には、すべてのページに目を通して完全に内容を理解してから質問に答える。英語の文章でわからないときは全文日本語訳をしてもらう。

11．前日や当日のホテルでのランチ・ディナーは個室でとること（個室でない場合には発言内容に注意する）。

12．アメリカ人に誤解されやすい日本人の癖（話すときに相手の目を見ない、何かを思い出すときに天井を見る、笑いすぎる）に注意する。

　提訴があって、被告が答弁書を提出した後、証拠開示手続に入る。原則として、当事者間で任意に証拠開示を請求できる。証拠開示手続は、時間、コストの3分の1〜2分の1を要する膨大な作業である。日本の裁判が遅いといわれるが、アメリカの裁判がそれほど早いわけではない。証拠開示手続が終わると、公判前の手続（スケジュールの確認など）の後、公判に入る。評決の損害賠償額があまりにも高い場合には、判決で下方修正することが認められている。陪審判決（Jury Verdict）と判決（Judgement）とは、必ずしも一致しない。判決に不服がある場合には上訴となる。事実審は第一審のみであるから、第一審が大事である。

② 原則と例外

　証拠開示手続は、当事者間で任意に要求するのが原則であるが、従わない場合には裁判所から命令（Court Order）が出される。これに従わなければ罰則が課される。これは、単に裁判所からペナルティーを受けるにとどまらず、陪審裁判では証拠を隠しているものとされ不利となる。

その結果、負けてしまうケースもある。

　上記の証拠開示方法はあくまでも原則であり、いくつかの制限（例外）がある。弁護士秘匿特権（Attorney-Client Privilege）、訴訟準備資料の秘匿特権（Work Product Doctrine）、あるいは企業秘密の秘密保護命令（Protective Order）のいずれかの場合には、当該当事者は、証拠の開示を正当に拒否することができる。

　ワークプロダクトとは、訴訟の進め方のメモや、事前に事件の評価をしたものなどをいう。企業秘密については扱いが相対的であり、「ほかに簡単に入手できない場合には出せ」といわれる。

③　弁護士秘匿特権（Attorney-Client Privilege）

　法的アドバイスを得るための顧客と弁護士との間の交信内容は、弁護士秘匿特権として保護されるので、証拠開示要求によっても要求当事者に対してその内容を開示する必要がない。顧客と弁護士との間で秘密性を維持した情報が弁護士秘匿特権の対象となる。たとえば、特許を侵害しない旨の鑑定書および特許無効鑑定書などは、弁護士秘匿特権が適用される。秘密性を維持するために、鑑定書へアクセスできる者を社内でも限定しておく必要があるだろう。

④　訴訟準備資料の秘匿特権（Work Product Doctrine）

　弁護士が訴訟準備のために作成し、準備した資料については、秘匿特権を行使して証拠開示要求を拒否することができる。

⑤　企業秘密の秘密保護命令（Protective Order）

　企業秘密（トレード・シークレット＝Trade Secret）により法的に保護される情報については、裁判所から秘密保護命令を得て、情報開示要求を拒否することができる。

⑥　社内文書管理規定の構築と実施

　すべての関連証拠が開示対象となる証拠開示要求に備えて、社内文書管理規定の構築と実施が重要になってくる。

（4）eディスカバリ

① eディスカバリの概要

2006年12月1日に改正アメリカ連邦民事訴訟規則FRCP（Federal rule of Civil Procedures）が施行され、eディスカバリ（電子的証拠開示手続）が導入された。これはアメリカ全土の連邦裁判所に適用される。アメリカ50のすべての州では導入済みである。

最近の情報開示の対象はペーパーではなく、電子データが圧倒的に多い（うち電子ファイルの70〜80％がWord、PDF、Excelなどの文書ファイル）。電子データの利用により、時間がかかる、不可能であるという言い訳は通用しなくなったといえる。

変更点については下記のとおり。

① 電子保存された情報（Electrically Stored Information = ESI）が対象

② FRCP34（b）…要求当事者が文書の提出形式（forms of production）を指定できる

③ FRCP25（b）（2）（B）…合理的に入手できない情報源（information from sources that are not reasonably accessible）→保護命令（Protective Order）

④ FRCP26（f）…ディスカバリ計画協議でESI提出形式など合意が必要（システム能力を考慮）

⑤ FRCP37（f）…ESI善意廃棄に対する免責規定（Safe Harbor）→ただし、誠実な運用（Good Faith Operation）が要求される

② eディスカバリを求められた訴訟事例

2005年のアメリカでの裁判事例では、被告のある金融機関が、約1,700本のバックアップデータがあったにもかかわらず、内容確認をせず、部分的なデータをすべてあるとして提出した。その後、ほかにも関連データを含むテープがあることが判明し、再度提出を行ったが、さらに別の場所にも関連データを含むテープが残っていたことが判明した。このケースでは最終的に証拠を意図的に隠したとして懲罰的損害賠償の支払い

が命じられることとなった。

③　eディスカバリ対策のポイント

　新しいルールでは、「データ保全」の考え方が採用されている。これは、日常使用するデータ消去機能を停止して、関連データを確実に保存する考え方である。

　2006年12月1日にアメリカ連邦民事訴訟規則が改正され、eディスカバリが導入された。これはアメリカの連邦裁判所に適用される。州レベルでも導入している。データベース化されていない電子データは時間がかかるが、不可能という言い訳はできなくなった。全社的なシステムを構築して対応する必要がある。

（5）アメリカ陪審制度

　アメリカ合衆国憲法修正7条では、訴額20ドルを超える民事事件について陪審裁判の権利を保障し、加えて、その結果（陪審）評決が連邦裁判所によって、原則として再審されないことを保障している。ところで、アメリカにおいて特許法は連邦法により規制され（アメリカ合衆国憲法1条8項）、連邦法に関する紛争は、連邦裁判所において審理・処理されることを要する。したがって、アメリカにおいて、特許事件は連邦裁判所において審理・処理されなければならず、しかも、訴額20ドルを超える民事事件について、当事者の一方の要求があった場合には、陪審裁判による審理を受けなければならない。そこで、たとえ、特許事件の内容が高度に技術的であり、専門知識を持たない一般人である陪審員が事件の争点などの理解が困難もしくは不可能であっても、連邦憲法で保障されている陪審裁判による審理を受けなければならないという不都合（後述）が出てくるのである。

（6）特許陪審裁判に関するKimberly A. Moore先生の研究成果への考察

　そもそも陪審裁判は当事者のどちら側が要求する傾向にあるのだろう

か。また、全体の特許侵害事件のうち何割くらいが陪審裁判を要求され
るのだろうか。この質問に対しては、Kimberly A. Moore先生（元George
Mason Law School教授、現在連邦巡回区連邦控訴審裁判所判事）によ
る研究結果が回答している。

　図表5-4-2を見ると、おおむね60～70％の事件で陪審裁判が要求さ
れている。1970年までは10％に満たなかったのであり、1982年のアメリ
カのプロパテント戦略の推移とともに、陪審裁判を要求する割合が上昇
してきた（活用されるようになった）点が非常に興味深い。

図表5-4-2 ● 陪審裁判が要求される割合

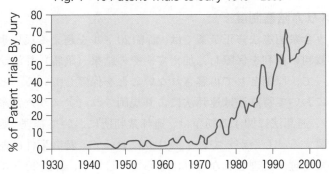

Fig. 1：% Patent Trials to Jury 1940 - 2000

　それでは、陪審裁判は、そもそも当事者のどちら側が要求する傾向に
あるのだろうか。図表5-4-3で示されるように、原告側が要求するこ
とが圧倒的に多い。原告単独で要求する場合の49％に、双方で要求する
22％を加えると、全体では何と71％の原告が陪審裁判を要求しているこ
とになる。この理由は、後述するように、特許裁判では原告側が勝訴す
る可能性が高いからであると思われる。

　次に、陪審裁判により特許侵害訴訟はどの程度その結果が影響を受け
るであろうか。つまり、裁判官による裁判（Bench Trialと呼んでいる）
と比べて、結果はどちらが有利になる傾向があるだろうか。たとえば、

図表 5-4-3 ● 陪審裁判を要求する当事者の割合

当事者	陪審裁判を要求する割合※
原 告	49%
被 告	7％
双方が要求する場合	22%
いずれも要求しない場合	22%

※1999〜2000年の4,256件の特許侵害事件をベースに算出

出所：Kimberly A .Moore "Jury Demands：Who's Asking?"
George Manson Law & Economics Research Paper "No.02-06
（February 2002）

図表 5-4-4 ● 陪審裁判と裁判官裁判でどちらが有利か

	個人勝訴率	会社勝訴率
陪審裁判の場合	78%	12%
裁判官裁判の場合	約50%	約50%

出所：Kimberly A .Moore, Populism and Patents, *George Manson Law &
Economics Research Paper* "No.04-30
（July 2004）

個人の場合と会社の場合とで勝訴率に違いがあるのか、原告がアメリカ
人である場合と外国人（法人を含む）の場合とで勝訴率に違いがあるの
か。Kimberly A. Moore先生による研究結果がこれらに対する回答を示
しており、図表5-4-4のような興味深い結果を示している。

陪審員は明らかに、個人の当事者（個人発明家など）に有利な判断を
している。反対に、陪審員は明らかに、会社の当事者に不利な判断をし
ている。

故意侵害が認定される場合は、陪審裁判と裁判官裁判とでどちらが有
利か。

特許侵害訴訟でいわゆる「故意侵害」が主張される割合はどうか。1999
〜2000年の4,254件の特許侵害事件をベースに算出した結果、提訴事件
のうち92.3％で「故意侵害」が主張されている。そのうち、多くの事件が

図表5-4-5 ● 故意侵害が認定された件数と割合

	143件の内訳	故意侵害が認定された件数
裁判官裁判の内訳	48件	29件（60.4％）
陪審裁判の内訳	95件	53件（56.0％）

出所：Kimberly A .Moore, Empirical Statistics on Willful Patent Infringement

判決を待たず和解されてしまうこともあり、「故意侵害」の有無が判断された事件は2.1％（143件）にすぎない。さらに、この2.1％（143件）の中で、「故意侵害」が認定された件数と割合は図表5-4-5のとおりである。

これを見ると、故意侵害の認定については、微妙な差ではあるが、陪審員より裁判官のほうが厳しい判断をしている（より多く認定している）ことがわかる。

アメリカ人と外国人（法人を含む）の場合とで勝訴率に違いがあるのだろうか。

1999〜2000年の4,254件の特許侵害事件をベースに算出した結果、アメリカ人と外国人（法人を含む）の場合とで勝訴率に違いがあるかどうかについては、図表5-4-6のとおりである。すなわち、その結論を今度

図表5-4-6 ● アメリカ人と外国人の勝訴割合

	アメリカ人の勝訴割合	外国人の勝訴割合
裁判官裁判	50％	50％
陪審裁判	64％	36％

図表5-4-7 ● アメリカ人と外国人の敗訴割合

	アメリカ人の敗訴割合	外国人の敗訴割合
裁判官裁判	50％	50％
陪審裁判	約50％	約50％

出所：ともにKimberly A .Moore, Xenophobia in American Courts, *Northwestern University Law & Review,* Vol. 97, p. 1497, 2003

は敗訴率で見ると図表５－４－７のとおりである。

　これを見ると、明らかに、裁判官より陪審員のほうが外国人に対して不利な判断をしていることがわかる。これは、裁判官より陪審員のほうが外国人に対して偏見を持っていることが原因であると見られる。アメリカの陪審裁判では、偏見を持たれた結果敗訴しても、控訴理由とはならない点に注意する必要がある。

　以上の統計で、どちらが有利・不利というのは、個々の事件の内容によっても当然に影響を受けるものである。そこで、以上の統計は、統計の対象となった約4,000件の判決について、それらの内容がどちらに有利・不利というわけではなく、対等・均質という前提で評価をすべきと思われる。つまり、その前提に立てば、上記のKimberly A.Moore先生による研究結果は、一定の傾向を示すものであるといえるのであり、この観点から非常に興味深い。

　なお、陪審裁判コンサルティングで有名な会社には以下がある。いずれも西海岸に拠点を有するので、日本企業には便利である。
　・ランド・ストラテジック・ソリューションズ社（代表：蓮池礼子氏）
　・Decision Quert社　など
（本項の出所：牧野和夫『アメリカ特許訴訟実務入門』2009年）

2　弁護士の選任・管理（国内外の弁護士に共通）

（1）弁護士情報の入手方法

　弁護士の知り合いがいない状態（ゼロ）から、事務所を探すには個々の弁護士について、一般の会社は少ない情報しか持ち合わせておらず、それぞれの案件について適切な弁護士を選任することは、きわめて重要でありながら、至難の業でもある。法務担当としては、さしあたり次のようなステップで弁護士についての情報を入手するべきである。
　・法務部の団体（経営法友会や国際企業法務協会）に加入し、他社の
　　法務担当に率直に聞いてみる。

・公開セミナーの講師経験あるいは論文や著作から得意分野を推測
する。
・米Martindaleや弁護士年鑑（『全国弁護士大観』）あるいは弁護士に
ついて記述した情報書誌から知る。
・顧問弁護士（意外に海外のネットワークを持っている場合が多い）
に紹介してもらう。
・ネットで検索して、ホームページのニュースレターなどから候補と
なるかどうか選別する。
・実際にお試しで一度依頼をしてみて、手応えをみる。

（２）顧問契約について

　顧問契約（retaimer）を締結すると、弁護士は安心して法律相談等に
ついて会社との継続的な関係を構築することができるという利点がある。
医者でいえば、いわゆるホームドクターのようなものであろう。顧問と
なれば、法律相談の有無にかかわらず定額の報酬を支払うこととなり、
一般的に案件ごとに見た場合は、個別案件で弁護士を依頼した場合に比
し、割安となっている例が多い。しかしながら、ひとたび顧問契約を締
結すると、なかなか弁護士の変更がし難く、いろいろな案件についてま
ず顧問弁護士に照会するということになる。その場合、顧問弁護士の得
意分野であれば結構であるが、不得手な分野にかかわる案件について適
切なコメント等を得ることが難しい場合が出てくる。昨今、グローバリ
ゼーションもあって、さまざまな分野における法務案件が拡大する傾向
にあるのであるから、できれば個別案件ごとに適切な弁護士を起用して
いきたいものである。特に知的財産分野については、案件ごとに適切な
弁護士を起用したほうが高い勝率が得られるともいわれている。
　ただ、株主総会の弁護士は顧問の弁護士を起用するほうが無難である。
その理由は明らかであろうが、総会は毎年開催されるものであり、その
場で出される株主の質問や運営の仕方も決まったものである例が多い。
１人の弁護士に継続的に携わっていてもらうほうが、一般的には総会の

運営上安定的であるし、効率的でもあるだろう。

（3）弁護士の専門性の活用について

　医者はそれぞれ、内科や外科など専門分野を看板に掲げて診療活動を行っている。医療の分野では、実際には専門分野はさらに細分化されているのが現状である。多くの弁護士も、実際は得意分野を持っており、そのような分野における業務が一番勝率が高いのは余儀ないことであろう。従来も、訴訟に強い弁護士とか、債権回収に秀でた弁護士は噂で聞くことができた。しかしながら、昨今の業務分野の細分化は、さらに詳細なものとなっていることは医者と同じである。M&Aが得意であるとか、ファイナンス法に優れた弁護士等々がいる。企業の法務担当としては、したがって、すばやくそれぞれの弁護士の得意分野を把握するべきである。最近は、弁護士のほうから得意分野を明らかにする場合も多い。さらに、弁護士の論文や著書のチェックも大いに参考となる。

（4）大規模事務所か個人事務所か（主に国内案件の場合）

　法律事務所も監査法人ほどではないが、合従連衡の時代に突入しており、これからもさらに大型合併が続いて起こる可能性がある。大きな事務所は、実績を積んでおり、経験豊富な弁護士もたくさんそろっている。

　大型案件になると、たとえば契約書等大部の法律文書を短時間に読み込んだり、当方の書類をそろえたりしなければならないので、大きな事務所は人手の点からも、頼りがいがあるところである。

　しかしながら、一般的に弁護士手数料も高く（多くの場合、大きな弁護士事務所はタイムチャージ制を採用している例が多く、さらに弁護士のランクによってレートが異なるということもあるので、思いがけず高額となる場合がある）、紹介がない場合であるとなかなか近寄りがたい印象を与える。

　個人事務所の場合は、たいてい1人の弁護士が切り盛りしているか、多くても数人で運営している例が多い。このような事務所は親しみやす

く、いろいろな案件についてある程度のレベルの回答をすぐに出してもらうことができる。すなわち、小回りが利くという利点がある。しかしながら、大型案件を手がける体力に欠ける面があることと、どうしても弁護士の能力による限界が露呈してしまうケースが見られる。会社にとっては、近い弁護士事務所ほど、相談しやすいものであるので、弁護士事務所を選択する場合、予想外に選択の重要な要素となるのは地理的な利点である。

（5）弁護士に案件を依頼する上での留意点（国内外の弁護士に共通）

　案件の依頼の仕方の要点は、聞きたい内容を整理して要領よく尋ねることが大切である。助言を受けるべき事項について、適確な法律見解を引き出すように努めなければならない。→図表5-4-8

図表5-4-8●弁護士に案件を依頼するうえでの留意点

1	依頼案件について、弁護士への依頼の目的をしっかりと認識しておく。相談にあたっては、弁護士に何をしてもらいたいのかをはっきりさせておく。
2	依頼の主体は、業務部門であるなどと逃げ腰にならず、法務担当であるべきである。事実関係の複雑な案件の場合は、業務部門の同席を求める。
3	事前に業務部門から事情聴取を行い、問題点を整理しておく。
4	報酬についてはっきり決めておく。特に、米欧インドの場合は要注意。
5	相談内容を、あらかじめ弁護士に知らせておく。
6	持参するべき書類等を準備しておく。相談の時間を効率的に使える。「時は金なり」
7	法務担当も事前によく検討のうえ、自前の法務見解を持っていくべきである。

第5章　理解度チェック

次の設問に、○×でまたは該当するものを選びなさい
（解答・解説は後段参照）。

1　継続的な契約で適用される契約条件に合意したものを「個別契約」といい、その条件のもとで個別の注文書で締結される契約を「基本契約」という。

2　NDAは法的に万能であるので、NDAを締結していればどんな機密情報が相手方へ開示されても安心である。

3　移転価格税制とは、海外の関連企業との間の取引を通じた所得の海外移転を防止するため、その移転価格を通常の取引価格（独立企業間価格）に引き直して課税する制度である。企業が海外の関連企業との取引価格（移転価格）を通常の価格と異なる金額に設定すれば、一方の利益を他方に移転することが可能となるので、このように適正な課税をすることが目的である。

4　アメリカの独禁法は、日本と比べて緩やかに規制されており、それほど厳格に守る必要はない。

5　紛争が発生し、当事者間の話し合いで解決できない場合、最終的には、訴訟（裁判）による解決が考えられるが、解決のためには、裁判以外の解決方法もいくつか考えられる。当事者間で話し合いで解決する和解あるいは示談というやり方もあるが、中立的な第三者による解決として、第三者が当事者の対立する主張を聞いたうえで当事者に対し和解を勧める場合（斡旋）、あるいは、解決案を提示する場合（調停）と、単なる解決案ではなく当事者を拘束する判断をなす場合（仲裁）がある。

EU一般データ保護規則（GFPR）に関する次の記述のうち、誤っているものを1つ選びなさい。

6

ア　EUデータ保護指令においては、各加盟国で国内法化する必要があったのに対し、GDPRは国内法化は不要となっている。

イ　GDPRにおいては、EUデータ保護指令よりも個人の権利が強化され、事業者の義務は厳格化された。

ウ　日本法人のEU域内の支店の従業員情報の処理を日本法人である本店が行う場合、GDPRの適用を受ける。

エ　日本はEUから十分性の認定を受けたが、EU在住のデータ主体の個人データの処理に関する規制ついては、引き続き域外適用を受ける。

オ　GDPRが適用されるのは、EUデータ保護指令と同様、EU加盟諸国である。

EU一般データ保護規則（GDPR）と取引法務に関する次の記述のうち、誤っているものを1つ選びなさい。

7

ア　EU域外への個人データの移転は、欧州委員会による十分性の認定、標準データ保護条項（SSC）または拘束的企業準則（BCR）による方法が挙げられる。

イ　日本はEUより十分性の認定を受けたので、当該日本企業がEU域内に事業所を持たない場合もGDPR上の管理者や処理者となる場合がある。

ウ　GDPRにおける「移転」のルールは、法人格の異なる法人への提供に限り適用され、同一法人格内での移転であれば適用されない。

エ　EU域内からEU域外へのクラウドサーバーへの個人データの移転は、GDPRが規定する「移転」に該当する。

オ　GDPRが規定する「移転」には、第三国から他の第三国への個人データの再移転も含まれる。

8 | 陪審裁判は、外国企業に対してもフェアで平等であるので、陪審裁判を受けるリスクは特にない。

9 | 陪審裁判は、民事訴訟の当事者の双方が要求しないと陪審裁判にならない。

10 | 十分性　GDPRの国外送信禁止規定の例外としての個人情報を十分に保護している国の認定（いわゆる十分性の認定）を日本はいまだ受けていない。

11 | 弁護士の選任　訴訟対応のための弁護士チーム編成については、予算を度外視して、勝訴するために、過剰な弁護士チーム編成が必要である。

第5章　理解度チェック

解答・解説

1 ×
「個別契約」と「基本契約」の説明が反対である。

2 ×
NDAは万能ではないことを前提に、NDAのドラフト・レビュー・締結・管理を実施すべきである。NDAが万能ではない理由としては、①法的な救済（損害賠償）や罰則が不十分、②漏えい事実の証明が事実上不可能、③相手方会社の社員を管理することは事実上不可能、といった諸点を挙げることができる。

3 ○

4 ×
三倍賠償、域外適用など日本の独禁法と比べて厳しく規制されている。

5 ○

6 オ
GDPRが適用されるのはEU加盟28カ国にアイスランド、リヒテンシュタイン、ノルウェーの参加国を加えた計31カ国であり、いわゆる欧州経済領域（EEA）と呼ばれる国と地域である。

7 ウ
同一法人格内での移転であってもGDPRの「移転」の規制が適用される。

8 ×
外国企業には差別的な陪審評決が下されることが多いので（アップル対サムソン特許訴訟が好例）、陪審裁判は、できるだけ回避すべきである。

9 ×
当事者の一方の陪審裁判の要求があれば、陪審裁判になる。

10 ×
2009年1月に十分性の認定を受けている。

11 ×
訴訟対応においては、予算管理は非常に重要であり、過剰な弁護士チーム編成は不要である。

┃ 参考文献 ┃

北川俊光『国際法務入門』日本経済新聞社、1995年

土井悦生・田邊政裕『米国ディスカバリの法と実務』発明推進協会、2013年

牧野和夫・河村寛治・飯田浩司『国際取引法と契約実務〔第3版〕』中央経済社、2013年

松岡博『レクチャー国際取引法〔第2版〕』法律文化社、2018年

森昌康「第10章 紛争処理」『知的財産権キーワード事典』プロスパー企画、2003年

山本孝夫『英文契約書の書き方〔第2版〕』日本経済新聞社、2006年

牧野和夫『英文契約書の基礎と実務－知識ゼロから取引交渉のプロを目指す』DHC、2012年

牧野和夫『アメリカ特許訴訟実務入門』税務経理協会、2009年

山本孝夫『英文ビジネス契約フォーム大辞典』日本経済新聞出版社、2019年

山本孝夫『英文ビジネス契約書大辞典〔増補改訂版〕』日本経済新聞出版社、2019年

野島広泰『改正個人情報保護法と企業実務』清文社、2017年

平尾覚・龍義人『競争法グローバルコンプライアンス〔増補版〕』第一法規、2019年

國廣正・五味祐子・中村克己・池田晃司『海外贈収賄防止コンプライアンスプログラムの作り方〔改訂版〕』第一法規、2019年

（一社）日本商事仲裁協会ホームページ（http://www.jcaa.or.jp/）

財務省ホームページ（http://www.mof.go.jp/）

索引

──ビジネス・キャリア検定試験のご案内──

（令和2年4月現在）

●等級区分・出題形式等

等級	等級のイメージ	出題形式等
1級	企業全体の戦略の実現のための課題を創造し、求める目的に向かって効果的・効率的に働くために、一定の専門分野の知識及びその応用力を活用して、資源を統合し、調整することができる。（例えば、部長、ディレクター相当職を目指す方）	①出題形式　論述式 ②出　題　数　2問 ③試験時間　150分 ④合否基準　試験全体として概ね60％以上、かつ問題毎に30％以上の得点 ⑤受　験　料　11,000円（税込）
2級	当該分野又は試験区分に関する幅広い専門知識を基に、グループやチームの中心メンバーとして創意工夫を凝らし、自主的な判断・改善・提案を行うことができる。（例えば、課長、マネージャー相当職を目指す方）	①出題形式　5肢択一 ②出　題　数　40問 ③試験時間　110分 ④合否基準　出題数の概ね60％以上の正答 ⑤受　験　料　7,700円（税込）
3級	当該分野又は試験区分に関する専門知識を基に、担当者として上司の指示・助言を踏まえ、自ら問題意識を持ち定例的業務を確実に行うことができる。（例えば、係長、リーダー相当職を目指す方）	①出題形式　4肢択一 ②出　題　数　40問 ③試験時間　110分 ④合否基準　出題数の概ね60％以上の正答 ⑤受　験　料　6,200円（税込）
BASIC級	仕事を行ううえで前提となる基本的知識を基に仕事の全体像が把握でき、職場での円滑なコミュニケーションを図ることができる。（例えば、学生、就職希望者、内定者、入社してまもない方）	①出題形式　真偽法 ②出　題　数　70問 ③試験時間　60分 ④合否基準　出題数の概ね70％以上の正答 ⑤受　験　料　3,300円（税込）

※受験資格は設けておりませんので、どの等級からでも受験いただけます。

●試験の種類

試験分野	試験区分			
	1 級	2 級	3 級	BASIC級
人事・人材開発・労務管理	人事・人材開発・労務管理	人事・人材開発	人事・人材開発	
		労務管理	労務管理	
経理・財務管理	経理・財務管理	経理	経理（簿記・財務諸表）	
			経理（原価計算）	
		財務管理（財務管理・管理会計）	財務管理	
営業・マーケティング	営業・マーケティング	営業	営業	
		マーケティング	マーケティング	
生産管理	生産管理	生産管理プランニング（製品企画・設計管理）	生産管理プランニング	生産管理
		生産管理プランニング（生産システム・生産計画）（加工型・組立型）		
		生産管理プランニング（生産システム・生産計画）（プロセス型）		
		生産管理オペレーション（作業・工程・設備管理）	生産管理オペレーション	
		生産管理オペレーション（購買・物流・在庫管理）		
企業法務・総務		企業法務（組織法務）	企業法務	
		企業法務（取引法務）		
		総務	総務	
ロジスティクス	ロジスティクス	ロジスティクス管理	ロジスティクス管理	ロジスティクス
		ロジスティクス・オペレーション	ロジスティクス・オペレーション	
経営情報システム	経営情報システム	経営情報システム（情報化企画）	経営情報システム	
		経営情報システム（情報化活用）		
経営戦略	経営戦略	経営戦略	経営戦略	

※試験は、前期（10月）・後期（2月）の2回となります。ただし、1級は前期のみ、BASIC級は後期のみの実施となります。

●出題範囲・試験日・お申し込み方法等

　出題範囲・試験日・お申し込み方法等の詳細は、ホームページでご確認ください。

●試験会場

　全国47都道府県で実施します。試験会場の詳細は、ホームページでお知らせします。

●等級区分・出題形式等及び試験の種類は、令和２年４月現在の情報となっております。最新情報は、ホームページでご確認ください。

●ビジキャリの学習体系

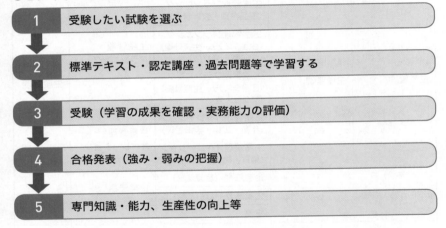

1	受験したい試験を選ぶ
2	標準テキスト・認定講座・過去問題等で学習する
3	受験（学習の成果を確認・実務能力の評価）
4	合格発表（強み・弱みの把握）
5	専門知識・能力、生産性の向上等

●試験に関するお問い合わせ先

実施機関	中央職業能力開発協会
お問い合わせ先	中央職業能力開発協会　能力開発支援部 ビジネス・キャリア試験課
	〒160-8327 東京都新宿区西新宿7-5-25　西新宿プライムスクエア11階 TEL：03-6758-2836　FAX：03-3365-2716 E-mail：BCsikengyoumuka@javada.or.jp URL：https://www.javada.or.jp/jigyou/gino/business/index.html

企業法務 **2級**〔第3版〕
（取引法務）
テキスト監修・執筆者一覧

監修者

牧野 和夫　芝綜合法律事務所　弁護士・弁理士・米国ミシガン州弁護士

執筆者（五十音順）

飯田 茂幸　リーガルオフィス白金　司法書士
…第2章（第3節**5**を除く）

神谷 智彦　タワーズワトソン株式会社　法務部　アシスタントジェネラルカウンセル
…第5章（第2節・第3節）

牧野 和夫　芝綜合法律事務所　弁護士・弁理士・米国ミシガン州弁護士
…第1章（第1節**1**・**5**・**11**・**13**・**15**〜**17**、第2節**3**・**4**）、
第5章（第1節・第4節）

桝本 菊夫　株式会社ダーツライブ　代表取締役社長
SEGA AMUSEMENTS TAIWAN LTD. 董事
…第1章（第1節**6**〜**8**・**14**・**18**、第2節**2**）、第2章（第3節**5**）、
第3章（第1節）

皆川 克正　皆川恵比寿法律事務所　弁護士
…第1章（第1節**2**〜**4**・**9**・**10**・**12**、第2節**1**）

山下 哲郎　芝綜合法律事務所　弁護士
…第3章（第2節）、第4章

（※1）所属は令和2年3月時点のもの
（※2）本書（第3版）は、初版及び第2版に発行後の時間の経過等により補訂を加えたものです。
　　　初版、第2版及び第3版の監修者・執筆者の各氏のご尽力に厚く御礼申し上げます。

企業法務 **2級** 〔第2版〕
（取引法務）
テキスト監修・執筆者一覧

監修者

牧野 和夫 芝綜合法律事務所　弁護士・弁理士・米国ミシガン州弁護士

執筆者（五十音順）

神谷 智彦 タワーズワトソン株式会社　リーガルマネージャー

桝本 菊夫 株式会社ダーツライブ　代表取締役社長

山下 哲郎 芝綜合法律事務所　弁護士

（※1）所属は平成27年3月時点のもの
（※2）本書（第2版）は、初版に発行後の時間の経過等により補訂を加えたものです。
　　　　初版及び第2版の監修者・執筆者の各氏のご尽力に厚く御礼申し上げます。

企業法務 **2級**〔初版〕
（取引法務）
テキスト監修・執筆者一覧

監修者

牧野 和夫　大宮法科大学院大学 教授　弁護士・米国弁護士・弁理士

執筆者（五十音順）

川村 延彦　サンライズ法律事務所　弁護士

金原 洋一　川崎汽船株式会社 総務・法務グループ 経営法務チーム長

中村　豊　株式会社NTTドコモ 法務部長

伏見 和史　日本大学 総合科学研究所 教授

古山　隆　古山隆司法書士事務所 所長

牧野 和夫　大宮法科大学院大学 教授　弁護士・米国弁護士・弁理士

（※1）所属は平成19年9月時点のもの
（※2）初版の監修者・執筆者の各氏のご尽力に厚く御礼申し上げます。

MEMO

MEMO

ビジネス・キャリア検定試験標準テキスト

企業法務 2級
（取引法務）

平成19年10月31日　初　版　発行
平成27年3月31日　第2版　発行
令和2年3月31日　第3版　発行

編　　著　　**中央職業能力開発協会**

監　　修　　**牧野 和夫**

発 行 所　　**中央職業能力開発協会**
　　　　　　〒160-8327 東京都新宿区西新宿7-5-25 西新宿プライムスクエア11階

発 売 元　　**株式会社 社会保険研究所**
　　　　　　〒101-8522 東京都千代田区内神田2-15-9 The Kanda 282
　　　　　　電話：03-3252-7901（代表）

ISBN978-4-7894-9522-6 C2036 ¥3300E